足够好的父母

[美]
布鲁诺·贝特尔海姆
（Bruno Bettelheim）
著

宋欣欣 丁晶 钱捷
译

A GOOD ENOUGH PARENT

A Book on Child-Rearing

机械工业出版社
CHINA MACHINE PRESS

图书在版编目（CIP）数据

足够好的父母 /（美）布鲁诺·贝特尔海姆（Bruno Bettelheim）著；宋欣欣，丁晶，钱捷译．—北京：机械工业出版社，2022.12（2024.6 重印）

书名原文：A Good Enough Parent: A Book on Child-Rearing

ISBN 978-7-111-72277-9

I. ①足… II. ①布… ②宋… ③丁… ④钱… III. ①家庭教育 IV. ① G78

中国国家版本馆 CIP 数据核字（2023）第 002442 号

北京市版权局著作权合同登记　图字：01-2022-1643 号。

足够好的父母

出版发行：机械工业出版社（北京市西城区百万庄大街 22 号　邮政编码：100037）

策划编辑：刘利英　　责任编辑：刘利英

责任校对：梁　园　张　薇　　责任印制：张　博

版　　次：2024 年 6 月第 1 版第 2 次印刷　　印　　刷：北京建宏印刷有限公司

开　　本：170mm×230mm　1/16　　印　　张：26.5

书　　号：ISBN 978-7-111-72277-9　　定　　价：90.00 元

客服电话：（010）88361066

（010）68326294

致特鲁德·贝特尔海姆以及

我们的孩子露丝、内奥米和埃里克

致读者 A Good Enough Parent

尽管在写这本书的时候，我脑海里浮现的大部分是母亲，而且也会将读者设定为女性，但是通读全书，除了特指母亲的情况外，我都使用“他”来指代父母。另外，女孩的数量又多于男孩，于是在指代孩子上我也有些不知所措。诚然，父母在抚养孩子上都功不可没（尽管有时候不尽如人意），但母亲的角色总归是更重要一点的，尤其是在生命早期。因此我能想到的一个解决办法就是用“她”来指代父母，用“他”来指代孩子，这样提到孩子或是父母的时候，读者就一目了然了。然而后来我又发现，把父母全部想成是女性，孩子全都想成是男性并不是一件容易的事情。还有一个办法就是干脆都用“他或她”来指代，具体到某种性别的时候再选用相应性别的人称代词，但是这却与我守旧的思考和写作方式格格不入。

然而，这都不是我不采用以上两种指代方式的主要原因。重点是我觉得我是在和读者进行交流。就好像这些年来我和妈妈们、儿童机构的工作人员或是养育爱好者们的谈话一样。我从来不会说“他或她”，也不会用“人们”来避重就轻。“他或她”和“人们”这样的表达方法不适合我们面对面的交流，而直接沟通却恰恰是我觉得最重要的。所以，我后来发现，无论我指的是哪种性别，孩子还是成人，使用“他”这种古老的人称代词都不失为一个明智的选择。我是在维也纳长大的，人生中几乎一半的时间是在那里度过的。和德国一样，在维也纳，“孩子”的词性也是中性。因此，对我来说提到孩子的时候，用“他”会更得心应手一些。我希望在英语里也不要去拘泥于某个特定的性别，不只是对孩子，对成人也一样。然而，这在英语的语境下是不可能的，所以我会觉得使用那种传统的语言是最舒服的。

目　录 A Good Enough Parent

第二部分 发展自我

第三部分 家庭、孩子和社群

第一部分

父母和孩子

第 1 章

引言：早期体验的重要性

歪曲的根只会长出歪脖子的树。

——亚历山大·蒲柏，《道德论》

（Alexander Pope，*Moral Essays*）

本书凝结了我在探索和尝试成功养育的途中付出的所有努力。成功养育并不意味着被养育者一定会获得世俗上的成功，但是他在回首整个成长历程时幸福感会油然而生，即使每个人都会有缺点，但他的自我满意度依然会很高。我觉得另一个成功养育的标志，就是个体可以恰到好处地去应对人生中层出不穷的离合悲欢和艰难险阻，能做到这一点主要是因为内在所感受到的安全感。当然，只有傲慢无礼的傻瓜才能做到对自我毫无疑虑，否则，谁都免不了会有感到不确定的时候。然而对一个被成功养育的人来说，无论外在世界如何变幻莫测，他依然能保持一个富足的内在世界，并因此感到满足。最后，一个在有着健康亲密关系的家庭里成长的个体，也能够很好地和他人建立起长久的、令人满意的亲密关系，而这恰恰为他和他们的生活赋予了意义。他也能够从工作中找到意义和满足感，发现他的工作值得他为之努力奋斗，因为他根本不会满足于一个毫无意义的工作。

早在 70 多年前，我就开始思考养育这个议题，从最初不谙世事的少年到后来略显青涩的青少年。至今，我的激情从未消减。在最初的几年里，除了理论方面，我对个人实践方面也很感兴趣。通过自己的个人体验以及对周围人的观察，我试图去理解养育孩子这个浩瀚的议题。虽然我的父母很好，但我觉得他们在养育上还是存在不少瑕疵，甚至有些养育方式是无论如何都无法接受的。总之，我认为很多养育孩子的方式都可以也应该被大刀阔斧地进行一些修缮，在此，对精神分析全新的理解也确认了这一点。

在我即将步入而立之年时，也就是大约 55 年前，我曾从事过一项艰巨的任务——帮助那些因心理受到重创而出现严重心理问题的儿童，因此研究儿童养育对我而言就变成了当务之急。在精神分析原则的指引下，我试图使用我认为有益的养育方式去治疗自闭症儿童，他们和我在家里一起生活了很多年，有时候是一个，有时候是两个一起。直到 20 世纪 40 年代，我的尝试还仅仅限于上述的两个和其他几个孩子，再后来，当我身处另一种截然不同的环境之中时，这种尝试就自然地延展到大量罹患严重心理问题的儿童身上。这些孩子生活在芝加哥大学索尼娅·山克曼儿童精神病防治学校，他们在那里一边学习，一边接受治疗。许多书籍及文献都曾提及这项工作，在此我就不再赘述了。

在抚养我自己三个孩子的过程中，我学到的最重要的一件事情就是不管你多么尽心尽力，养育自己的孩子和其他孩子之间在心理上还是大相径庭的，尤其是在情感上。从这些经验中，我了解到哪些是对孩子有益的，哪些是会伤害到他们的，以及为什么会造成这样的结果，所有这些也为本书奠定了坚实的基础。

在本书的创作过程中，除了那些我自己在育儿过程中的亲身体验，过去 40 多年来我在养育问题上传道授业解惑的经历也使我受益良多。在咨询上，我所面对的是两个截然不同的群体：一个是动机很强的高智商的妈妈群体，她们有着健康的孩子；另一个是致力于严重心理障碍儿童康复的儿童精神病防治学校的工作人员，他们整日和孩子们生活在一起，用适合孩子们的方式对他们进行教育和康复治疗。我所做的就是尽可能地去引导和帮助他们，使他们能够以己之力，找到适合自己的方式，更好地去处理他们在养育孩子上遇到的问题，无论是自己的孩子还是那些需要他们照顾的孩子，最终达到双赢。而教条般地去告诉他们要怎么做或不要怎么做却是无济于事的。因为建议其实只是泛泛而谈，而真正落实到实际生活中你会发现无论是成年人还是儿童都是个体化的，他们所处的情境也是变幻莫测的。在育儿的情境中，成年人会深刻体会到，我们既是孩子的养育者，也是曾经被养育的孩子。

人际互动就好像国际象棋里复杂多变的一招一式，但即便如此，它也只是错综复杂的人际互动中至简的隐喻。就好像国际象棋比赛，每次开局都是一成不变的。参赛者都不约而同地认可并自愿遵守的比赛规则是明确且不能擅自更改的。而对于参赛双方而言，结果和目标也是不言而喻的：将死对方的国王。

然而发生在父母和孩子之间的互动却并非如此。所有亲子间的纠缠都由来已久且错综复杂。除了那些已经固着的典型的神经症性的亲子互动（这种互动会让所有发自内心的、温情的尝试都功亏一篑）之外，所有的亲子互动中的每时每刻都是新鲜而充满未知的。尽管很多时候父母会试图用一些规则来管教孩子，但在很多情况下，处于弱势的孩子只是在屈从而并非真的心甘情愿。这种因受胁迫而生的顺从，只会妨碍我们的孩子去发展出更具有建设性的应对问题情境的方式。因此，在本书中，我并不想一条一条地去列出具体的操作流程，而是想要去推荐一些既可以促进父母和孩子的能动性，也能够让他们在这种互动中做自己的方法，最终这会鼓励孩子们发展出成功应对现实的能力。

即使家长对自己的观点坚信不疑，认为遵守规则是天经地义的，也并不能保证孩子就会心服口服地去接受这些观点和规则。从内在体验上来说，无论孩子还是父母，都在遵循着自己的规则。另外，大部分的父母和孩子在恪守自己规则的同时，还会在互动过程中毫无征兆地去改变各自的规则。有时他们甚至没有意识到这悄然发生的变化，而且都不知道这改变是怎么发生的。究竟是什么在促成或决定着一段良好的亲子关系，在这点上我们并没有清晰的认识，也未曾达成什么共识。然而儿童的养育和国际象棋之间最明显的区别在于：真实的生活不是游戏，是大意不得的。

然而，这两者在某些方面却是大同小异的，就好像无论在怎样复杂的互动中，你能预想到的也只有几步而已。你走的每一步棋都取决于前一步对方的反应。因此，始终保持对变化中整体形势的正确评估是极为重要的：第一步棋你下得再好，充其量也只能帮助你更好地去应对对方的第一步棋。

初出茅庐的新棋手常常会沉浸在自己的计划里，而不会兼顾前后，统观全局，这很快就会以惨败告终。无独有偶，若是家长根据如何教育孩子的理论制订了一套翔实计划，并想要严格地遵循计划行事，也一定不会成功。家长必须根据孩子实时的反馈持续且有弹性地调整步调，在过程中不断对变幻莫测的整体情境做出正确的评估。就好像在国际象棋比赛中，只是闷头实施自己的计划而不去观察对手以及双方在互动中的反应，失败肯定是意料之中的。充分地对孩子的意图及反应进行考量，对于家庭教育来说也是至关重要的。而在与父母的意见相左时，很多孩子会因为恐惧而隐藏自己真实的情感，这样一来，父母的计划也会受到阻碍。

优秀的棋手脑海里可能会预设一些招式或是对方可能的反应，但这也只是因为他具有每走一步都会对整体情境进行思考及评估的能力。在亲子关系中，具有这种思考能力的家长，几乎不需要什么所谓的建议。他们知道自己该怎么做，会不断在孩子的一举一动中对情境进行重新评估。因此，可以这样说，能够得心应手地使用养育建议的家长，其实是不需要这些建议的；而无法持续对整体情境进行评估的家长，就算拿着这些建议也会束手无策。因此，家长需要的并不是解释和建议，而是帮助他们更好地去理解孩子内心可能正在发生什么。如果我们能够学会真正从内心理解孩子，同时也试着去理解我们自己的动机，那么走上育儿的康庄大道也是自然而然的了。

如前所述，本书是基于我在养育过程中一些能够更好地帮到他人的发现：引导人们去自己领悟养育的精髓，合理地对待自己的目标，正确对待自己以及孩子；引导人们努力去达成这种让亲子双方能够达到合作共赢的理解和态度。这不仅能使双方作为个体得到进一步的发展，也能让他们之间的亲密关系更进一步。我发现获得这种态度和理解的关键在于：对双方情境进行全面细致的审视之前切忌自以为是，哪怕答案看起来是那么显而易见。另外，我们是不可能在置身事外的情况下做到理解孩子的。若是可以在既定的情境下，用心去理解身处其中的自己，试着去理解我们在情境中起到的作用（主动或是被动的、有意识或潜意识的），那么我们的看法必定会发生变化，与此同时，我们的应对方式也会随之改变。

生而为人，是不可能总是按部就班的，我们时不时地会需要在一些猝不及防的情境中或是迫在眉睫的关头迅速做出反应。然而，长久之计却是让自己先冷静下来，去审视自己的想法和反应产生的原因，然后去揣测在孩子的内心发生了什么。如果父母能对一个情境了如指掌，并在其中努力去理解自己和孩子的行为的话，就会做出一个双赢的回应。事实上，恰恰是这样的自我探索，为理解和帮助我们的孩子提供了最好的线索。

这种对亲子互动的理解，在我先前的作品，如《与母亲的对话》

（*Dialogues with Mothers*）和《心灵之家》（*A Home for the Heart*）部分章节的讨论中也是有迹可循的。在本书中，我想要尽可能简单明了地表达：对那些目标明确、敏而好学的家长来说，重点在于怎样鼓励和引导他们在理解和处理亲子互动情境及困境时如何坚持独立思考，而不是人云亦云。

我希望在对为数不多的典型案例或情境类别的深入讨论中，能够更清楚地表达这一观点：独立对情境进行思考并准确地辨识危机，对家长和孩子来说都会受益匪浅。因此，一个好的开始总是会伴随着这样的假设：无论孩子做什么，都是因为他坚信自己所做的或将要做的是他在所处情境中所能做出的最佳选择（即使听起来有点荒谬）。本书中的讨论几乎涵盖了养育中所遇到的大部分问题。它旨在帮助读者培养思考的能力，从而自如地应对各种情境和问题。就以往的经验来看，我相信本书所介绍的内容已经足以让读者（如果是真的求知若渴）掌握儿童养育的方法，从而实现更有效的养育，并享受和孩子之间令人满意的关系。

事实上，那些告诉父母该如何养育孩子的书已经并不新鲜。在 20 世纪，尤其是 20 世纪 50 年代的时候，很多父母在养育孩子的过程中遇到问题束手无策时，总会想要从书中寻求答案和慰藉，于是，这类书应运而生并风靡一时。伴随着 20 世纪大规模都市化及工业化进程，传统的家庭生活及育儿方式土崩瓦解，长久以来沿袭的习惯被打破，大家庭模式及其带来的经验不再有效，同时，这也让我们丧失了安全感。

目前来说，现代大部分的中产阶级在童年的时候都没有过照顾孩子的经历。以前，我们都生活在一个大家庭中，亲戚比较多而且都住在附近；那时候，大一点的哥哥姐姐都会承担起照顾年幼孩子的责任，有些孩子也会被托付给住在家里或是隔壁的堂兄堂姐，或姨姑叔舅来照顾，通常他们比年幼的孩子也大不了几岁。远亲不如近邻，邻居家的孩子有时候也会来搭把手，这在乡村文化里是习以为常的。因此，很多人在为人父母之前就已经学到了足够的育儿知识，在养育自己的孩子时也会更踏实。当他们真的需要建议时，也可以向自己的父母、亲戚、牧师或医生求助，他们确信自己会得到想要的帮助。

而如今，世界发生了翻天覆地的变化，要在这样一个纷繁复杂的世界里成功地养育自己的孩子，对父母来说不失为一个很大的挑战；而且，他们中的很多人还是在经验匮乏的情况下硬着头皮承担起这份责任的。不幸的是，空间和情感上的距离所形成的代沟，也会让年轻的父母感到焦虑（这并非空穴来风），当他们试图向父母寻求养育上的建议时，要么会被批评，要么会得到一些已经是老掉牙的建议。

这类书得以风靡的一个明显的原因是：时代的飞速发展，使很多人相信科学研究可以源源不断地为他们提供新的知识养料，所以他们觉得需要依赖专家。这种对“专家”建议的渴求，在这种信仰情境中可以得到很好的解释——如果一个人足够努力，且运用科学的方法，那么他就可以随心所欲地得到任何想要的东西。作为人类进步源泉的科学，已经将传统智慧取而代之，一跃成为新的信仰。

在人类心理学领域，“正确使用科学方法会让一切成为可能”的信仰，在行为主义的理论里得到了最明确和极致的表达。这最初是由行为主义心理学家 J. B. 华生（J. B. Watson）阐述的。他认为一个孩子早期所处的环境，决定了他日后会成为什么样的人；所以，根据孩子所处的环境以及环境对他的影响，可以判断出他将成为天才或者恶棍，抑或是其他。根据这一荒谬的学说，新生儿的心灵和人格成了一块白板，父母、教育者或者心理学家可以在上面随心所欲地书写任何他们所期待的特质。匪夷所思的是，这种认为人类是可以完全被操纵的理论竟然一直以来大行其道，而很多父母一直以来都没有意识到他们所接受的理论竟然是这样的。事实上，每一个父母的经验都提醒我们，孩子从出生的那一刻起就反应各异，他们在很小的时候就拥有了自己的心智，并会为了维护自己的心智不惜违抗父母，尽管那些努力可能会由于所处的发展阶段而付诸东流。

也有人觉得行为主义的这个理念是可以接受的，因为它提到了“每个孩子的出生都是一个崭新的开始，未来都是真实而不可限量的”，另外，它还强调了“要获得一个心仪的结果，需要认真且严格的训练”。

时至今日，一些行为主义坚定的拥护者仍然声称可以通过训练获得任何想要的结果。如今，“训练”又被冠以了“条件反射”和“行为矫正”这样更“科学的”名称。然而，行为主义学家强力倡导的基本理念却从未改变。他们坚信一个孩子的命运完全取决于婴儿期的养育。很多人没有意识到，他们对自己的同胞所使用的这种条件反射理论是源于巴甫洛夫对狗的研究以及斯金纳对鸽子的研究。这些反射理论是在实验室里研究动物时产生的。有些动物会被训练走迷宫，而条件训练的结果就是让这些动物在背离自己生活习性的情况下存活下来。而条件训练对人类会产生怎样的后果呢？当人类本能地应对环境的方式被“条件训练”的方式取而代之后，只会产生完全的适应不良和神经过敏。

在20世纪的第二个25年里，行为主义流派一跃成为美国最盛行的心理学流派，人们开始拒绝传统的育儿方式，膜拜一种崭新的、“更科学的”方法，而这种新方法看起来又恰恰是这个纷繁复杂的世界所需要的。一直到今天，行为主义流派在美国的心理学界的热度也一直居高不下，在很多人还没有意识到这是“行为主义”的情况下就已经深入人心了。

这种对行为主义心照不宣、未经检验，并因此被不加批判地接受，与和行为主义截然不同而且更有效的科学理论——进化论和遗传学的原则，是背道而驰的。进化论和遗传学都用不容置疑的证据证明着：人类是绝不可能被完全操纵的；而呱呱坠地的婴儿，他的心灵也并非像行为主义所说的那样像白板一般，相反，他们与生俱来的天性在很大程度上限定着后期人格发展的可能。根据遗传学，一个人后天的发展很大程度上取决于父母双方身上特定的基因复合物，它们独一无二（除了同卵的双胞胎）。人类经过数百万年进化的结果被我们通过基因继承了下来。基因、天赋和进化的过程，都在某种程度上限定着教育或生活经验对个体的改变。

在行为主义横行美国的同时，与其明争暗斗的弗洛伊德（Freud）的人类发展理论也开始风靡。弗洛伊德既提到了进化遗传的难驾驭性，也强调了早期经验的重要性，尽管我们对遗传下来的特性无能为力，但早期经验却可以调节其在人格中的表达。精神分析在进化论的基础上增加了一个观点：胚胎在子宫里的发育重复了动物进化的特定阶段。无独有偶，婴儿和幼童的发展，也呈现了人类历史发展的重要阶段。

对于养育究竟能起到多大的作用，弗洛伊德心理学可没有行为主义那么乐观，因为它看到了遗传的不可变性和人类各个发展阶段的必然性。弗洛伊德认为，在本我和自我以及父母和教育者希冀的“超我”之间的矛盾会产生一种深刻的内在冲突，而人类将会不可避免地陷入这种冲突带来的困扰中；我们必须不断地与自私、攻击性以及自我中心相抗争，就如我们对亲密依恋的渴望一样，都是进化遗传和人格发展的一部分；以自我为中心的驱力是为了自我保护，而利他倾向可能是为了保全和延续我们的族系(尤其是通过孩子将血脉传承下来)，或是为了让我们所爱的人得到幸福。“自我中心”和“利他”之间总是有些水火不容。

精神分析理论坚信，个人的生活经历决定了遗传特征被塑造的方式。因此，精神分析所信奉的是：早前发生的事情会在极大程度上影响接下来发生的事情。因此，早期经历对个体未来生活的影响是至关重要的，这不仅是因为早年的经历是日后发展的基础，还因为它在很大程度上决定着个体将如何体验未来的生活。基因和进化史塑造了个体的潜质，而这些特质将会以何种方式在现实生活中呈现出来，早期经历就功不可没了。因此，在和孩子交流的时候，对他们独有的人格特质的尊重是至关重要的。相比那些通过强迫或是“条件训练”去打造梦想中的小孩的父母，那些善于觉察和体恤他人，并每时每刻都会根据孩子的需要敏锐而恰到好处地做出回应的父母，更容易帮助孩子成为自己想成为的人。这样的父母不仅能认识到并允许孩子在特定的发展阶段做出相应的努力，也能支持并允许孩子自己找到更好的解决办法。这些阶段包括：婴儿发现自我、分离个体化；逐渐由原始的快乐原则走向现实原则（快乐原则会诱使他不计后果地寻求即刻满足；现实原则是基于他意识到，如果他对期待进行一些调整，结果通常会更好，或者为了获得更重要的长期利益最好延迟满足愿望）；获得自我控制，如在如厕训练中；在俄狄浦斯阶段建立个体化的雏形；适应要求并将这些要求内化为超我；以及经过青春期的发展，获得相对成熟、独立以及独特的个人认同。

儿童对每一个新的心理和社会发展阶段的把控，需要来自父母的理解和及时的支持，这样才不会在之后的人格上留下心理伤痕。父母一定不要委曲求全并心心念念去创造一个心仪的孩子，而是要帮助孩子（在合适的时机）去更好地发展，去成为他想成为的人，成为能够成为的人，让他的天性得到充分的展现，从而拥有一个独一无二的人生。

这两种理论系统（行为主义和弗洛伊德主义）有一个共识：在一生中，我们的态度、行为和人格是能够改变而且确实发生了变化的；但随着年龄增长，可变的弹性也越来越小，因为我们会不自觉地以一种习惯的方式去看待和处理事情。简而言之，我们变得更僵化了。随着年龄的增长，那些可变的部分对我们人格和生活的影响也变得越来越有限了。所以，早期经验之所以那么重要，就在于它会为我们日后所发生的一切打下坚实的基础，发生得越早，对我们的影响也就越大。

根据行为主义的观点，那些早期的经历缔造了我们的现在。而精神分析对早期经历的强调是和潜意识以及意识在生活中对我们的作用有关。相对于潜意识而言，意识的心智发展相对缓慢，在某些方面会无形中受到潜意识的支配。精神分析认为，只要一息尚存，潜意识就会唆使我们用过去的经历来解释在我们身上发生的事情。比如，潜意识让我们相信这个世界对我们要么是接纳和认可的，要么是拒绝和排斥的，这恰恰是源于我们和父母关系的早期经验。以此类推，这种态度会延展为“我是好是坏”的信念，延伸到我们是否有能力去应对生活，或是我们究竟可不可爱、是会被表扬还是会希望破灭的感知中。而这些对我们影响深远的态度，竟是基于一种极为模糊的感觉。在我们推理能力尚不完善，还不能很好地理解自身体验的意义时，这种感觉也会更加强烈。再加上，这些持续控制我们体验的态度源于潜意识，很多时候我们很难知道其因何而生，以及它们为什么显得那么真实可信。

如若弗洛伊德的理论是正确的，那么可以明确的是，童年经历不仅影响自尊的发展及我们在关系中对自我的感知，还决定了我们对未来的解读方式，会诱导我们按照预设去经历所有的事情。因此，那些可以影响孩子人生的人，无论是谁，都应该试着帮孩子形成一个对自我和对世界积极的视角。孩子未来的幸福，以及应对生活、与他人联结的能力，都将取决于此。

弗洛伊德曾说过，精神分析教育（一种既强调潜意识的重要性，又强调要利用潜意识的力量去更好地实现社会或个人目标的教育），最想要达成的结果是使人们更有能力“好好爱人，努力做事”。对个人来说，这意味着在个人和社会领域都可以获得最大满足的能力：能够去爱也能被那个共度一生的人所爱，并且对社会有价值。这样一来，尽管生活中仍会遇到各种艰难险阻，尽管仍可能怀才不遇，但是个体仍然会为自己努力取得的一切而感到骄傲。我们可以通过帮助孩子们发展出应对各种生活事件的方法来达成这一目标。然后，孩子就不再会轻易被各种事件打败，而是会通过体验获得更好的洞察力和力量，尤其是对自己内在世界的洞察。

因此，上述两种主要的流派在儿童心理方面都强调，对儿童来说，在走向成熟的过程中所经历的各个发展阶段才是重中之重，一旦大意，后果可能不堪设想。因此，现代父母都应该搞清楚，在和成长中的孩子相处时应该担心的是什么！然而不幸的却是，他们常常明知故犯。

一边是这些学说，一边是大多数父母育儿经验的匮乏，所以自然会有很多父母开始焦虑不安，担心自己做不好父母或是害怕他们会伤到自己所爱的孩子。父母的那些焦虑尽管是可以理解的，但会给双方带来极大的伤害。我在致谢中解释书名的时候，提到温尼科特关于“足够好的母亲”的这个概念。他是这样描述的：婴儿在妈妈的脸上看到了自己，或者说，找到了自己。足够好的妈妈会对婴儿抱有深深的共情，婴儿的情感也会因此反映在她脸上。不够好的妈妈是很难做到这一点的，她的内心被焦虑所占据，她会担心自己做得对不对，也会担心自己会不会让孩子失望。婴儿很难从妈妈脸上看到自己，会条件反射地对妈妈的担心做出反应，进而开始担心自己。更糟糕的一点是，在原本熟悉的脸上他读到了陌生的感觉，这会让他感到一种强烈的孤单，而从妈妈脸上看到自己的婴儿却会在那一刻感到和母亲深深的联结。

因此，要想成为足够好的父母，就必须对自己的养育方式及亲子关系有信心。既能够认真对待亲子关系，同时也不会过于焦虑，不会因为自己不够好而感到内疚。对为人父母充满自信也会让孩子充满安全感。因此，我希望父母不会因为看到本书而对自己的亲子关系感到内疚和焦虑，而是可以脱口而出“对啊，我就是这么做的”，或者至少他们会说“嗯，这就是我想做的”。总之，我希望父母通过本书会对自己为人父母的能力更自信，而不再时刻处于担心自己不够好的焦虑中。

父母要在养育孩子的时候放轻松一些。尽管这点很重要，但是现在还是有很多父母为了孩子心力交瘁，时常觉得不堪重负。当一个人坚信自己对任何情境的处理都会影响孩子的一生时，那么即使是最常见、最不可避免的问题都会成为压倒骆驼的那根稻草。所以，现代父母不再相信人类的命运掌握在上帝手中，也不相信什么冥冥之中的天注定。他们渴望通过最好的指引，来完成养育孩子这项重大的任务。那么，问题就来了：什么是最好的指引？让一个专家来告诉父母该做什么不该做什么吗？还是帮助父母独自做出一个合理的决定，做出让他们感觉良好的决定？

没有一本书可以海纳百川般将养育中的所有问题，及其形形色色的表现方式都囊括其中。为了自己和孩子的福祉，在遇到问题时，父母必须找到属于自己的解决之道。不假思索地照本宣科，对父母和孩子双方来说都方枘圆凿，父母也会觉得不舒服。就指导而言，真正可行的是与孩子讨论，并且就特定情境下对孩子和自己的反思来提出建议。

我认为，父母最重要的任务是去理解事件本身对于孩子的意义，并在此基础上，用对双方都有利的方式来处理，这样一来还会促进亲子关系。理解事件意义最好的方式，就是试着回忆发生在我们孩提时类似的事件对我们来说意味着什么，为什么它会有这样的意义，那时的我们希望父母会有怎么样的反应，希望父母怎么去对待事件、我们以及他们自己。这样一来，我们就可以创造性地去使用我们曾经的生活事件。当我们回忆起这些事件，并在养育我们孩子的过程中去修通它们时，它们就会被赋予崭新且更深刻的意义。

养育孩子，是一项创造性的艺术而非科学。我在这里想要试图介绍一些如何思考和运用这门艺术的方法。然而我无法告诉读者，如何去体验这门艺术，或如何去欣赏其内在，尽管别人的观点可能会提高我们创造性使用自己方法的能力，但是具体怎么做还是要靠自己。正如 T. S. 艾略特在《论诗歌与诗人》（*On Poetry and Poets*）中所说的："也许，关于这首诗有很多需要了解的，或者学者们可以教给我很多，以免让我误解；但我相信，一个有效的诠释，必然也能诠释我在阅读此诗时的情感。"

那些采纳了诗人这种自我觉察态度的读者，会发现自己的养育方式不仅更有趣，而且可圈可点了；他们也将发现，养育孩子是一种对自己和孩子来说都更令人兴奋、更幸福的体验。

第 2 章

专家建议还是内在经验

建议很少被欣然接受；那些对它趋之若鹜的人往往最讨厌它。

——切斯特菲尔德伯爵，《教子信礼》

（Earl of Chesterfield, *Letter to his son*）1748 年 1 月 29 日

指令性的东西真的让人哭笑不得，人们总是声称只有使用他们的方法才能把烤肉穿在一起。这种假设扼杀了所有的创造性。事实上，殊途同归，穿烤肉串的方法数不胜数，当有人只让你跟着做而不让你看到问题的全貌时，这样很难不出问题。你会失去做这件事情的热情。不仅如此，他们告诉你的方法也不见得是最好的。

——罗伯特·M. 波西格，《禅与摩托车维修艺术》

（Robert M. Pirsig, *Zen and the Art of Motorcycle Maintenance*）

一个孩子的发展及其将来会成为怎样的人，很大程度上受到父母养育方式的影响。因此，父母向专家去寻求帮助无可厚非，尤其是当父母对孩子的行为百思不解，或是对孩子的未来充满焦虑时；当他们不确定是否要采取行动或是要怎样做时，或是当他们因为试图去纠正孩子的行为而引起

孩子不悦或抵触时，更是如此。

然而过去几十年里，许多父母对儿童养育类的书籍以及里面的建议趋之若鹜的重要原因还不止于此。其中有的出版社拼命鼓吹“怎么做”，就好像人生只是一场按部就班就可以成功的游戏。很多对弗洛伊德理论的吹毛求疵以及行为主义也都成为这种观念滋生的温床，就好像只要按照这些步骤，就一定会出现既定的结果似的。

“DIY”（do-it-yourself）的经验告诉我们，只要有好的图纸和准确的说明，我们就可以按照指令制作出令人满意的东西；反之亦然，没有指导说明我们就会不知所措，一事无成。这就可以很好地解释，为什么现在这类“怎么做”的书籍可以如此地风靡在各个领域，甚至那些和最私密感受及亲密关系相关的领域也不能幸免，很多人也对书中的建议趋之若鹜。我们是如此害怕失败，以至于这种养育类的书籍在这种想要正确育儿的渴望下比比皆是。

此外，在社会上，还经常会存在一种“别无他途”的很偏执的看法，好像就只有一个正确答案。只要我们严格按照这种建议，实现目标就水到渠成了。因此，当事情变得纷繁复杂时，很多父母会认为是方法上出了问题。就如同我们在组装一个物品遇到困难时去查看图纸和说明，会发现是某个步骤出了问题，这时候只要我们纠正了这个错误，继续按照指示去操作，各个组件就会各归各位。

恰恰就是上述双刃剑信念，是“怎么做”手册里的理论基础。事实上，“怎么做”运动向我们呈现的是一种简单易行的做事方法。在制作某样东西时，尤其是需要我们动手将各种零部件组装到一起的时候，这种信念是行之有效的。在我们的社会中，很多大规模的生产领域在这种理念下取得了巨大成功，这也使人们产生了一种错觉：在生产领域行之有效的方法应该也适用于人类关系和人类发展领域。

依赖“怎样做”书籍来养育孩子的父母，在潜意识层面，或者更多在前意识里，已经在把和孩子之间最亲密的私人互动与组装机器相提并论了。

潜意识和前意识的概念几乎贯穿整本书，因此我会在这里讲一下它们之间的区别和联系。

潜意识或者前意识中发生了什么通常是很难被意识到的。然而通过仔细检视自己的想法、感受和动机，我们就可以触及前意识的内容。虽然可能是一个艰难的过程，但这有可能将前意识中发生的事情带入到意识中。相反，在人们的意识和潜意识之间有一道几乎难以逾越的屏障。在潜意识中所发生的事情是意识思维所无法企及的，因此也是被极度压抑的。如果想要深入觉察潜意识的话，就必须要去对抗这种巨大的阻抗。这需要全神贯注的努力和决心，以及艰苦卓绝的头脑工作来穿越横亘在意识和潜意识中间的屏障，即便如此，效果也是微乎其微的，或者说几乎是难以企及的。

在之前提到的例子中，我们说过有很多父母用组装机器的方法来理解和养育自己的孩子，有些父母对这种说法感到匪夷所思，对于这类父母来说，决定他们想法和行为的理念仍然是潜意识层面的。还有一些父母，通过仔细思考，并认真分析自己的想法和动机后意识到，他们确实在把孩子的机能和机器的运行相提并论，这类父母没有把这种类比压抑到潜意识中，但在意识到这点之前，这个类比是前意识的。

在任何情况下，父母可能都会毫不迟疑地说，他们希望孩子应该“表现”或者“运转”得更好——这是寻求建议的普遍动机。然而那些主要关注孩子是不是过得好、是不是真的享受生活的父母，是不会考虑他们的孩子“运转”得如何的。事实上，运转良好的机器和好好生活之间是不能相提并论的，而正是在两者之间的这种前意识类比，才导致父母在付出没有得到相应的回报时对孩子产生不满。继而还会得出一个结论，一定是他们养育孩子的“技艺”出了问题，他们一定是使用了“错误的流程”，不然应该是万无一失的。就是这种思维促使父母依赖手册去学习怎样才能表现得更好。然而，真正重要的并不在于“表现得好或坏”，而是如何成为好的父母。

这并不是说父母不应该去思考如何养育孩子，也不是说他们就应该听天由命。父母应当用自己的行为和自己践行的价值观为孩子提供方向。他们需要摒弃这样的观点：万全之策就一定会万无一失。无论我们怎么对待孩子以及为他们做什么，都应当源于我们对特定情境的理解和感受，取决于我们希望和孩子之间发生什么样的关系。

罗伯特·波西格在《禅与摩托车维修艺术》中提到这样的观点：即便是在组装器械时，遵循建议或指令都会使我们丧失当下的那种创造感。就人类经验而言，相比我们在组装时从指令中获得的便利而言，创造感的流失则是更大的损失。因此，即便我们所做的只是把零部件组装到一起，我们在这件事情上所寄予的情感也会让我们从中得到不一样的满足感。在与孩子的互动中，如果我们仅仅依他人提供的建议行事，无论对自己还是对孩子，都很难真正有良好的感觉。这就剥夺了自发性互动，而自发性互动可以强化人类有意义以及真正感受到满足的体验。

在说明和图纸的指导下，将零部件组装起来看似易如反掌。我们对结果充满期待，对于自己理解和遵循指令的能力并不担忧。如果因为这项工作的难度超过预期而感到疲劳、沮丧或乏味时，我们知道中途放弃除了劳力伤财之外不会有什么；我们也知道就是请别人帮忙完成或是休息一下再继续也不会产生什么严重的后果。

相比之下，父母在养育孩子的过程中遭受到挫折时的感受是极其复杂的。我们的举止行为既要满足自己的需求，又要帮孩子发展独立人格、逐渐获得对这个世界正确积极的看法，而这并不容易，也往往超出了我们的情绪资源可支持的范围。不知道怎样组合一些设备并不会打击我们的自爱，但当我们无法独自找出养育孩子的“正确”答案时，我们会担心自己不是称职的父母。于是我们带着焦虑和不安，走向可能在书中找到的建议。

我们越迷茫、越迫不及待，想要找到解决方法的压力就越大。我们越不安，就越不能深思熟虑，希望得到权威指导的愿望也就越迫切。因此，父母愿意相信各种指导和其正确与否并没有太大的关系，更多的是出于父母想要正确照料孩子的愿望。否则，对于选择哪一类的图书就会有统一的标准，而这种统一性是不存在的。自相矛盾的是，我们越是去遵循哪个建议，事实上就会越排斥它，因为我们对它的渴望是源于一个我们内心深处认为可以靠自己力量解决的问题。

另外，我们常常会不由自主地想，是不是遵循了这个建议一切就会变好，或者这样做会不会给孩子造成更大的麻烦。这个问题是值得思考的，因为就算建议是没有问题的，我们也可能因为一些内在或外在原因无法正确运用它，从而导致事情变得更糟！在许多复杂的情况下，成功运用建议很大程度上取决于对建议的理解是否透彻、是否能恰如其分地将建议融入特定的情境以及父母和孩子的天性中，以及如何成功地将其付诸实践——所有这些，都可能存在很多陷阱。

最佳建议建立在充分检视和评估所有具体细节（比如问题领域的史前时期）的基础之上，这样的建议在书里永远都找不到。即使是经过对特殊情境的仔细分析后给出的建议，我们也很难原封不动地去运用它。这可能会使事情变得更复杂，因为之后不仅问题本身会让我们觉得烦恼，不能按部就班地使用建议也会让我们产生挫败感。这也是建议最终会受到排挤的理由：如果横竖都要摸索着去前行，那么用自己的方法总归是更好的。

即使我们在极力寻求关于育儿的建议，但在前意识中，我们仍是心存疑虑的。我们深知，在寻求建议之前发生了太多事情；问题不是凭空出现的，它包含着父母和孩子身上很多个体化的部分。即便当时的情境以及我们的行为和作者所描述的如出一辙，甚至我们所面对的问题就是普遍存在的，但我们每一个人都是独一无二的。因此，也不会有哪个给父母写书的作者能够面面俱到洞晓造成困境的所有因素。尽管我们已经说服自己：那些建议应该适用于一切类似的情景，但依然会让我们心神不宁，还是会不确定它们是否真的适用于我们的情境。我们也知道，不管这些建议适用与否，给予建议的人都不会有任何后果，但若是我们的执行是错误的或不恰当的，或者建议本身就有问题，又或者是我们对建议的理解不够充分，那么给我们和孩子带来的伤害可能是不可估量的。

在这里，可以与使用组装零部件的说明来进行比较。在我们尝试按照说明来安装的时候，有时候会发现很多问题，说明有可能是错的，有可能晦涩难懂，也可能风马牛不相及，这时候我们可以置之脑后，或是可以找到更适合的方式。也就是说，我们的境况不会因此而变得更糟糕。然而与孩子打交道就不一样了，要去修正那些因不当建议（含糊不清，或大错特错）、对建议理解不充分或是使用时机不当带来的不良后果却是难上加难的。我们知道，当我们开始遵循建议时，我们和孩子之间的初始情境就开始悄然变化了，我们无法回头，或是重新来过。

在我们看那些组装说明的时候，我们几乎不会因为别人可能不需要看这个说明而感到沮丧。然而当我们阅读那类怎样更好地与孩子打交道的书籍时，却会涌上一种沉甸甸的感觉，会觉得别的父母可能对此更胜一筹。为什么其他父母都没什么问题，而我们却不得不去查阅诸如如厕训练或者饮食习性之类的贴士？当然我们也会经常从书上获悉其他父母也会有类似的体验，但在与一些父母交谈时却会有一些新发现。有些孩子自己进行如厕训练，有些孩子总是一夜酣睡，还有些孩子对新婴儿的到来欢喜雀跃。因此，有一个需要解决一个问题的父母，就有另一个没有制造这样问题的孩子，至少在忧虑的父母看来是这样的。

另外，当父母尝试采纳建议时，他会被一种潜意识的怨愤所俘虏：是孩子的行为迫使他去寻求建议的。从相对冷静的成年人视角来看，父母们通常会觉得他们的孩子不该遇到这样的困难，或者应该能够自己设法解决这些麻烦。如果其他孩子能做到，为什么我们的孩子做不到？或者——最糟糕的——孩子遇到不寻常的困难是我们的错吗？如果我们沿着这个思路去思考的话，这种忧虑会让我们更难平静地去采纳某个建议，而这种平静恰恰是正确理解并且恰当使用建议所必需的前提。

所以，不幸的是，我们常常是带着各种负面的情绪在学习养育孩子的建议。我们担心自己已经犯下了不可挽回的错误；或者担心建议和我们的信念或习惯背道而驰；或者很难心甘情愿地按照建议行事；或者当我们按照建议进行时孩子出现了抵抗。在意识层面，或者更可能是前意识中，我们可能也会担心，如果我们按照书里告诉我们的方法去做，可能会使家庭内部产生冲突，激起配偶或孩子祖父母的强烈抨击。因此，我们担心我们使用这些建议会受到批评，这种担心反过来加重了我们自己对那些本来就不确定或是看上去难以操作的建议的疑虑。

那些决定去查阅养育类书籍的父母，在之前肯定已经对问题有过很多的思考了。即便是那些声称他们“就是不知道怎么办”的父母，也肯定已经尝试了很多方法，并且想了很多。尤其是孩子的问题比较严重的时候——噩梦、如厕、偷窃——我们肯定已经对最佳解决方案进行了反复的考量，而且肯定也听取过别人的意见。

我们也会想，小时候我们的父母是怎么处理这些问题的，我们也知道哪些方法我们是认同或是反感的。然而无论我们是否认同他们的做法，在特定的情境中，那些方法都给我们留下了深刻而持久的印象，而且不管我们是去借鉴还是继续对其中某些方法嗤之以鼻，它们都会继续被赋予权威的意味。无论如何，我们过往经历的那些残留——对问题的当下态度的“史前时期”，都会影响到我们对书中建议的反应。

我们心知肚明，对任何一个情境都有许多种处理方法，但能使我们的孩子受益的却寥寥无几；所以，我们在寻求建议时经常会默默祈祷，这些建议和我们已经尝试过的或想过的不谋而合，这是很正常的。若果真如此，那就会给我们带来巨大的满足感，反之会带来巨大的失落感。通常情况下，当我们发现我们的做法是错误的时，那种沮丧会严重影响我们对最佳方案的使用；我们甚至还可能故意针锋相对，来发泄对“专家”的怨恨。

这是因为我们想要说服自己，我们一开始就是对的——只有我们做父母的才知道对孩子来说什么有用，什么没用。

事实上，我们去寻求育儿建议的大多数时候，都希望这些建议会和我们之前的想法不谋而合。如果父母想按照自己的想法来，却被来自邻居、朋友或亲戚的不同意见弄得心神不宁，那么当他发现自己的观念和专家的建议不谋而合的时候会得到极大的安慰。C. C. 科尔顿（C. C. Colton）在《拉康其人》(*The Lacon*) 中说："尽管我们寻求建议，但真正想要的是认同。"当我们的情绪强烈卷入和孩子有关的所有事情中时，尤其如此。

诚实的父母会承认，他们在杂志或者书中找到的自己接受并奉行的每一条建议里，都有许多自己排斥的部分。随便从整柜的育儿书中拿出一本书就能发现这个问题。虽然所有的育儿书籍都是所谓的"专家"写的，但也是仁者见仁，智者见智。事实上，虽然存在各种儿童及儿童发展方面的专家，但只有熟悉父母和孩子之间具体发生了什么的人，才能成为他们的专家。

父母寻求建议，也只能从浩瀚书海中选出一本，在这本书里他能发现一些能说服自己的观点，它们之所以有说服力，也是因为这些论述和自己的观念不谋而合，并且他希望其他的书也会这样。不然他还能怎么做？为了拓宽视野，对于那些与己无关的领域，我们可能会阅读所有与我们看法相左的著作，但一旦涉及我们自己的孩子，我们更愿意去咨询那些和我们有着相同理念的人。

即便是那些非常令人信服的建议，如果不易操作的话也很难去遵循。不仅别人的建议是这样，我们自己的建议，还有那些客观上相对容易遵循的建议亦是如此。比如，每一本提到该主题的书都会建议，要将有潜在危险的物品放置在孩子够不到的地方，但每天都有儿童因吞咽异物而就医。我们每个人的行动力可能都像玛丽·沃特利·蒙塔古（Mary Wortley Montagu）那样，她在给玛尔伯爵夫人的信中写道："有时候我给自己的建议是令人信服的，但我却无法接受它。”

让父母感到安慰或者与其观念一致的建议更容易被遵循，即便有些与“专家”意见相左。这就是为什么仍然有很多人遵循，让婴儿“哭个够”，不要抱他、不要去安抚他这样的建议。婴儿的哭声会让父母感到不舒服，所以是否遵循这种方法与其是否会给父母减轻负担有关。那些让我们感到不适的人会让我们产生莫名的愤怒，孩子连绵不断的哭泣会让父母潜意识中烦躁不安，于是他们说服自己——经常去抱孩子不好。被哭声惹恼的父母，即便最终还是像他们经常被建议的那样抱起了孩子，在这种恼羞成怒的状态下抱起孩子对孩子也是毫无益处的，这反而证明了抱起孩子不好这个观点。做做样子容易，难的是去安慰那些让我们恼羞成怒的人，对我们的孩子也不例外。所以，如果父母使用了令自己反感的建议，结果也会适得其反。

有很多父母对待自己孩子的方式很怪异。当问及他们原因时，他们几乎众口一词：他们听说或读到过，这是最好的方法。然而，他们也看到过与之相反的建议，但他们觉得操作起来不方便或是有悖于他们的观念，所以他们就继续去查阅书籍文献，直到找到自己能够接受的建议。

总而言之，在阅读这类读物的时候难免不带入个人的感受，这些感受多多少少会影响我们对建议的理解，所以根本谈不上客观，而客观性恰恰是最重要的，它能够让我们纯粹而不加个人投射地去看待那些建议。而且，一旦我们找到相关的建议，就很难抛之脑后。我们强迫自己去忍受、接纳或是拒绝它们，最后使其成为我们自己的一部分，或者至少会马不停蹄地去思考它们。而且，我们需求建议的契机往往都是我们和孩子身陷困境时，可能是孩子嫉妒某个同学或是生某个人的气，也可能是他怕狗或是害怕去学校，或者小孩子尿床、吃太多或是不吃饭时，这让我们根本没有时间去冷静下来思考，从而根据这些建议做出一个明确的决定。我们总是身处重重压力之下，孩子总是不去上学或是对狗持续恐惧，拒食或是暴食，大胆鲁莽或是由于幻想中的危险向我们寻求保护。即使孩子没有请求我们为他们“做些什么”，也会有一种莫名其妙的使命感让我们不得不去向他们伸出援手，这种焦虑根本不可能让我们对建议保持一种客观的态度。这些问题也可能会在某个时候悄然消失，但是我们又会开始患得患失，我们总是担心它们会在某个触发事件之下突然卷土重来，因为我们心知肚明，从以往的经验来看，好景都不会太长，问题总是会在不经意的时候以某种其他的形式再次出现。所以这就引发了我们对建议的反复思考，被某些部分困扰，又在某些方面欲罢不能。这样一来，我们就无法就建议进行一个客观的评估：这个建议是否适用于我们目前的问题？

很多书总是告诉父母应该如何与孩子们相处：要去理解孩子，要有耐心，最重要的一点要有爱。就算成不了理想中的父母，我们至少也想成为非常好的父母。事实上，当孩子的某些行为使我们失去耐心，并引发我们强烈的情绪时，这些积极的态度也就瞬间跑到爪哇岛了。他们的冥顽不灵让我们觉得不可理喻。他们有时候会让我们觉得万箭穿心，有时候让我们觉得尴尬不已，他们弄坏我们最珍贵的东西，把食物弄得我们全身都是，有时候他们还会对我们或是兄弟姐妹拳打脚踢来发泄愤怒，在这种时候我们经常会发现爱他们成为一件很难的事情。虽然有时候我们可以戏谑地去接受这些行为，一笑了之。然而很多时候，尽管我们理性上明白这种行为在这个年龄再正常不过，但还是会怒不可遏。

当然，不可否认，大多数父母在大多数时候都是很爱自己的孩子的，“永远爱自己的孩子”让他们忙得不亦乐乎。当我们能够倾其所有地去爱我们的孩子时，那种快乐是无可比拟的。然而，有爱的地方就有矛盾。根据弗洛伊德的说法，一个母亲对第一个孩子的爱是所有关系里最积极、最整合的，但即使是这样的爱，也是存在矛盾的。不仅我们对孩子的爱里会夹杂着恼怒、沮丧和失望，孩子对我们的爱也是如此。

在很多冲突情境中，那些深谋远虑的父母都会说服自己：这些都是孩子成长中的必经之路。他们也希望自己孩子的心智和价值观可以得到健康的发展。令人遗憾的是，当父母觉得自己视为生命的孩子在挑战和质疑自己的价值观和生活方式时，这些正确的想法就形同虚设了。

在这种情况下，我们需要换位思考。试想一下，在那个年龄的我们是怎样的，孩子所做的所想的或许我们都曾有过，我们也曾让父母暴跳如雷，也曾想要去反抗或者也曾奋起抗争，主动或被动地去挑战他们的生活方式或是某些行为。如果我们还记得那些场景，也许就会想起那时的痛苦，作为孩子的我们在反抗和争吵之后是多么的惶恐不安，父母沉浸在他们的情绪之中，对于我们的痛苦视若无睹，而我们却敢怒不敢言。

举一个例子，一个十岁的女孩和妈妈之间发生了矛盾，争吵愈演愈烈，最后女孩骂了妈妈，争吵结束。这让母亲心痛不已，这种感觉久久不能散去。母亲不明白为什么这会引起自己如此强烈的反应。虽然这也挺严重的，但毕竟不是第一次发生，为什么这次会让她觉得受到了巨大的打击？一番思考之后，她开始搞明白：这次事件激活了深埋心底的某些记忆——她也曾在父母反对她抽烟的时候对他们恶语相向。尽管在年少的时候她经常因为受到父母的伤害而发誓要以牙还牙，但是当父母真的心痛不已时，她还是觉得有些出人意料，她无法相信自己真的可以伤到他们。她一直以为自己对父母来说根本无足轻重，他们根本不会有什么感觉。直到她被女儿深深伤到的那一刻，她才意识到，那时的出言不逊会给父母带来怎样的伤害。这些骤然涌起的回忆，让她瞬间理解了父母，当时的她以为父母对她的愤怒无动于衷，她坚信父母只想自己而从来不会考虑她的感受。然而现在，在她和女儿的关系中，她忽然理解了女儿的痛苦。这种感同身受也让她觉得不那么难过了，女儿的出言不逊是因为对自己妈妈的失望，这和曾经她对父母的心灰意冷几乎一模一样，她只是以偷偷抽烟的方式去表达反抗，而父母过于激烈的反应根本是在小题大做。

因此，当我们想起类似情境下的我们时——也曾公然挑衅，也曾假装目空一切——还有我们为那些所作所为付出的代价，每每想到这些的时候，我们的愤怒就会烟消云散，会被对孩子的感同身受取而代之，孩子那副我行我素唯我独尊的模样其实是为了隐藏内心的痛苦。恰恰是我们童年的那些记忆使我们可以重新拾回我们对孩子的耐心和包容，而且当我们意识到，有时候他们的蛮横无理，正是在告诉我们他们此刻在经受我们曾经所遭受过的那种痛苦时，当我们在孩子身上看到过去的自己时，我们对孩子的爱也自然会回来。然而要想有这样的体验，我们就要允许自己去重温那些曾经（仅仅通过读几本书无法让我们重现那些曾经的体验），因为那些细节会让我们有种亲临其境的感觉，那不是简单地回忆，而是饱含深情地去重温过去。

就拿被孩子恶语相向这个例子来说，有的父母会按照一些建议来做：遇到问题时要保持冷静，甚至有的父母会去练习一些自我控制的技术。当父母这么做的时候，他们的行为会让人觉得有些做作，有时候甚至有点机械化，毕竟这不是父母真情实感的流露。继而会让孩子觉得更加的冷漠。当我们因爱生忧的时候，去记住那些所谓的温和建议已经很不容易了，更别说去做到温和相待了。因为我们那么爱他们，也因此变得如此的脆弱，爱之深痛亦深，因此我们内心的情感平衡也会被破坏，这可是我们得以保持耐心和宽容的关键。如果我们对孩子漠不关心的话，他们就很难激怒我们。

因为我们在孩子身上可以看到很多自己的东西，所以孩子和我们的关系也有着一种天然的亲密，我们对他们有多认同，他们对我们就会多接纳，其程度远远超出我们的想象，认同的方式也多种多样。当我们从他们身上看到我们自己引以为傲的一些特征时，我们会觉得很欣慰。然而我们对孩子的亲密感不仅仅来源于正面的认同，也源于负面的认同。当我们在孩子身上看到自己身上所排斥的某些特质时，我们会很沮丧，这是我们许久以来想要克服的缺点。在这一系列的情感过程中，要耐心、宽容、温和之类的建议是无济于事的。另外，当我们在孩子身上感受到失望的时候，恰恰是因为我们曾经或至今都在与这些如出一辙的毛病抗争，当我们认识到这点时我们就会幡然醒悟，事实上困扰我们的是自己而不是孩子。这样一来事情就容易多了，这会让我们避免因为自己的问题而去惩罚孩子。

事实上，只要我们足够理智，情感足够隔离，几乎所有父母都能做到理性、耐心和宽容，也就是说不去触碰自己真实的情感，但很多和孩子有关的情况都会唤起父母的真实情感。更麻烦的是，很多时候我们觉得自己中立且理智，但是事实根本不是这样。这里有一个例子。

有一对高级知识分子，他们老来得子，希望自己的孩子成为他们期待的模样——一个有涵养、博览群书、成功的绅士。他们只能在他身上看到自己想看到的。在孩子小时候他们还能忍受他的孩子气，看起来一切安好；但是随着孩子慢慢长大，十几岁的时候，孩子忽然对学习丧失了兴趣，尽管他还是跟得上课程，而且从不惹事，但是父母还是因为他沉迷体育忽略学业而沮丧不已。他们对孩子进行了严厉的批评并表达了他们的失望。尤其是父亲，他是一位如此杰出的科学家，对孩子的前途忧心忡忡，开始给他施加各种压力以使其重新燃起对学习的兴趣。然而适得其反，而在父亲认为“学习即一切，不学习就一无是处”之前，他们的关系是很亲密的。

而儿子对此却有着自己的看法。他和父亲都不理解的是，他之所以逃避学习，是因为他觉得自己一生都无法在这个领域超越父亲，所以他才选择了父亲不擅长的体育。男孩并没有意识到，对学习的抗拒背后隐藏着他的愤怒：父母的批评和对自己未来的担忧是对自己赤裸裸的不信任——事实也确实如此。他独特的存在受到了质疑。他需要的是无条件的信任，而这种信任可以让他相信自己，但父母的做法却让他无所适从，开始对自己的一言一行都产生怀疑。这深深地伤害了他，也引发了他更大的愤怒，进而使他更加抗拒成为父母期待的样子。他所要的，不是成为父亲低劣的复制品，而是成为一个自食其力的人，而看起来在这一点上父母是不能接受或者无法赞同的。

父母坚信自己的出发点是好的，儿子必须为了他未来的幸福放弃自己的兴趣，专心学习。他们对孩子寄予厚望，这在很大程度上影响了他们和孩子之间的关系。现在孩子受到深深的伤害，只是因为他所深爱的父母对他本身的熟视无睹，而无论是过去还是现在，孩子都一如既往地爱着他们。他将自己严严实实地包裹起来，这样父母的批评就不会伤到自己，他开始用公然挑衅的方式来掩饰自己对他们深深的失望。这种情况让所有的家庭成员都感到很绝望，他开始把大把时间消磨在那些和自己有着共同体育兴趣的朋友身上，于是这也就引起了父母的愤怒，因为这样一来，孩子就会和父母以及他们对他所寄予的厚望渐行渐远。

在父亲开始四处寻求育儿建议的时候，他还是坚信这一切都是暂时的，等孩子长大了就会认同父母的价值观，就会将这种价值观继承下来。只是他的信念毫无根据。最后，父母开始在绝望中向专业人士寻求“如何改变儿子生活方式”的方法。他喋喋不休地向治疗师抱怨着儿子，想要得到改变儿子的秘籍。而治疗师则在试着引导他去回忆自己的童年和青春期，以及他和父母的关系。当他回忆起青春期后期的时候，一件几乎被完全遗忘的事情忽然浮现了出来。原来，他也曾有和父亲针锋相对的时候。父亲当时想让他子承父业，但他拒不服从，他决定选择一个和父亲完全不同的领域，也因此他成了科学家。因为这件事，他们之间出现了很深的裂痕。然而渐渐地，父亲还是很艰难地和儿子的反抗和解了，并最终开始对他的成就引以为荣。

当他意识到这两段关系之间的平行联系之后，他开始试着去认同自己的儿子，从对专业的选择到他人生的经历——在寻找一条不需要与父亲竞争的人生道路的过程中成就了自己。他自己父亲姗姗来迟的认同很大程度上促进了这种变化。直到此刻，他才完全意识到这一点，在接管父亲生意的这件事情上，他从来不曾思考过的是，在生意场上，他永远都不可能像父亲那样成功，他会一辈子都活在父亲的阴影之下。当意识到这一点的时候，他不仅能够接受儿子的人生，也对儿子产生了深深的共情。一夜之间，父子关系重新回归曾经的亲密，开始能够毫无保留地爱着彼此。

两个父亲都坚信，自己对孩子的未来做出了最明智的判断，并为之倾其所有：科学家的父亲认为继承父亲的产业是一条成功的捷径，而科学家却认为只有学术才能给人生带来满足感，但是他们都没有意识到，那些理性思考的背后隐藏着深深的、主要的潜意识动机，这些潜意识动机的力量被误认为是意识或愿望的力量。这些潜意识动机是复杂的、多层次的，但是最有力量的。它们包括：第一是对儿子的认同以及希望用子承父业来维持这种长期的认同；第二是被妥妥压抑的潜意识，即父亲想要在儿子面前保持自己的优越感，他坚信在同一领域儿子永远都无法超越他。因此，在内心深处，这两个人都希望自己的儿子在某种程度上是自己不完美的复制品，这样他们之间的父子纽带就可以永远地维系下去，这样一来他也不会感到自己作为父亲的优越感被质疑了。为了追随这些潜意识的欲望，两个父亲都需要说服自己，他们的强人所难是因为他们为孩子所选的是最好的，他们的出发点绝对没有掺杂任何私念。他们需要这种自我催眠，这样一来他们就可以秉持着一颗好心来对孩子进行各种控制。两个儿子在潜意识中对此都有所觉察，所以他们决定放弃做父亲的赝品。

这种子承父业的想法并不仅仅是为了维持父母的优越感，也基于一种想要和孩子建立一种强烈的、令双方满意的关系的愿望。最开始，父母卓越的能力保证了孩子的安全和幸福，孩子热爱和欣赏满足自己需要的父母。后来，孩子开始拒绝被动地去接受父母的生活方式，这样一来，亲子关系中古老而稳固的重要元素就受到了威胁：父母在处理问题时所表现出的优越性，这种优越性是婴儿期和童年期双方联结的重要纽带。因此父亲希望可以通过子承父业的方式来延续这种纽带，这也是人之常情。因为这种愿望听起来很自私，所以它被深深地埋藏在潜意识中，并且被“对孩子来说这是最好的选择”这样的信念取而代之。

当青少年开始坚持其作为一个独立个体的愿望时，父母也到了对自己力量的衰退产生焦虑的年纪，因此事情开始变得扑朔迷离。这样一来，孩子迈向独立的脚步会被体验为对父母权力的威胁，如果能够进入一个可以延续父母优越性的职业，那么至少在工作上可以将这种威胁降到最低。美貌和魅力都在走下坡路的母亲，对即将站在人生巅峰的女儿表现出深深的嫉妒，《白雪公主》这个故事可谓经典中的经典。同样，在面对年轻继承者的力量和成就时，父亲对儿子会产生嫉妒之心，这个例子可以在《所罗王和大卫》的故事中找到。在这些流传至今的故事中，随着国王和王后年龄的增长，他们开始试图去摧毁那些正在或已经超越了他们的年轻人。

现代的很多父母，通常试图通过保持和孩子一样美丽、年轻、强壮和有魅力的方式，来掩饰垂暮之年的自己对那些即将成为新生代生力军的孩子的感受。在美国的文化中，变老是极为可怕的。而在中国古代却恰恰相反，越老越会受到尊重，父母根本不会嫉妒年轻孩子们的成就，也不需要和他们竞争。然而美国目前的文化是年轻导向的。所以，任何与年龄相关的事情，比如孩子长大，都会被看成一种威胁，很多人试图通过让自己显得和孩子一样，或者至少外表上看起来和他们一样年轻、强壮、魅力四射，来弱化这种威胁对自己的影响。

以前的时候，很多母亲会通过压抑女孩在青春期发育时刚刚萌芽的性感，来减少对自己将来某一天会被取代的恐惧。如今，在年龄上不占优势的母亲，更可能会和女儿去竞争女性魅力。而父亲们和儿子竞争的却是身体层面的强壮有力。这种和孩子之间的竞争，会搞得父母不像父母，更像一个大哥哥大姐姐。这种年龄层面的竞争将父母拉到了孩子的位置上。不管怎样，父母总归是希望维持自己的权威性的，权威性主要源于代际差异，而这种竞争却明显地削弱了这种权威性。代际优越感在这种竞争下不复存在，而孩子需要这种代际优越感所带来的安全感，以使自己将父母看作是尊敬的长辈，而非竞争对手。

因此，在一个相对进步的发展过程中，孩子试图去拥有一个和父母截然不同的人生，一个属于自己的人生，而这对于大多数父母来说却是很难接受的。另外，从心理上来说，很多父母希望成为孩子生活的一部分，身体上和孩子一样年轻强壮有吸引力，同时又希望自己因为丰富的人生阅历和博学多识而受到孩子的尊敬，这种矛盾的期待使事情变得复杂起来。只有父母能够意识到自己在潜意识层面和孩子的竞争，问题才有解决的可能。另一方面，如果父母能在意识层面接纳自己这种内心活动，那么当孩子身处最美好的青春年华时，我们就可以由衷地为他们的成功喝彩，而不是出现潜意识的嫉妒反应。而这种潜意识的反应常常会被“怎么做才是对孩子最好的”“父母永葆青春对双方都好”之类的合理化解释所掩盖。

如果不能对潜意识层面的活动进行识别，那么，“孩子选择这个职业对他来说是最好的”这种合理化就会变成一层形同虚设的薄膜，会有效隐藏在行为背后的驱力，诸如对自私的认同、保持优越感的愿望，甚至是嫉妒这类强有力的情绪。因为我们希望与孩子平等相处，还希望做一个足智多谋且负责任的父母，所以我们很容易被合理化的部分所诱惑，从而忽略了行为后面的情绪动力。然而对孩子来说，他们更容易对自己或是我们的潜意识做出反应，而很少被理性思考所影响，他们很容易感受到我们卷入的强烈的情绪。这样一来，就好理解了，当父母觉得孩子的所作所为在客观现实上没什么价值的时候，孩子就会感到无所适从、不知所措。

若是我们可以承认，我们在对待孩子的时候情绪经常会占上风，就可以更好地去应对孩子对我们以及我们的期望所产生的情绪反应。许多父母都会有一套合理的说辞，而且通常还会恼羞成怒：“我一直都在试着对他保持耐心，但是没有用！”情绪没有失控的时候，父母当然更容易保持耐心，但确实有时候耐心会被情绪打败。另一方面，若是我们为了遵循某些“要保持耐心”的建议，努力强迫自己佯装耐心、将自己的感受抛到脑后，会显得极其不自然，有种装腔作势的感觉。

只要我们允许自己在情绪上卷入，在和孩子互动时我们经常会这样，至少在某种程度上是卷入的，我们就不会东施效颦，僵化地去使用建议。情绪起着很大的作用，理性和感性混在一起也经常会产生冲突。幸运的是，大部分时候我们的行为和身份认同是稳定的，和生活教会我们的以及被生活所塑造的部分是一致的。一旦我们意识到这一点，并且认识到经历如何影响我们的行为，我们就能更好地理解决定我们行为的因素以及我们为什么要这么做。

基于对父母反复而细致入微的观察，孩子几乎可以迅速而精准地判断出父母的行为和他们的信念、价值观以及惯常的行事方式是否一致。越小的孩子就越会去观察父母（他们很喜欢从观察中得出一些结论，尽管这些结论并不总是对的）。如果他感到父母的行为“与他们的性格格格不入”(如果父母拿着建议照猫画虎，而没有事先深思熟虑，并使建议更好地融入自己的情感的话，就很容易出现这种现象)，就会感到困惑不已，并且会用极不信任的态度来回应父母这种不同寻常的行为。

如前所述，那些所谓的建议通常都是泛泛而谈的，更像是一个抽象概念以及对某种结论的陈述，永远不可能量体裁衣，最多是举一些相似情境下的例子。那些亲朋好友左邻右舍好心提供的建议和解决办法也是如此。他们的建议大多来自他们自己的生活经验，而他们和他们的孩子与我们及我们的孩子是截然不同的，因此他们的建议并不适合我们。每个父母和每个孩子都是自成一格的，他们的人生经历也是独一无二的，因此他们对特定情境及彼此的反应也是独一无二的。另外，每个人身处的环境条件也不尽相同。如果父母能从自己或者孩子“应该”怎样或“如何去做”之类先入为主的观念中解放出来的话，那么就会避免很多家庭悲剧的发生。

罗伯特·波西格说得对，“按部就班、毫无差池地去遵循某个指令是极为困难的。你会丢掉对工作的感觉”。“指令”意味着只有一种方式，这在某种程度上剥夺了我们主动去寻找解决方案的创造性。当亲子关系不再是自然发生的，那么就会被空洞和机械化所占据，想要去修复的话就不能只是简单地去把“所有问题”呈现出来，而是能够以自己的方式去充分理解它，并在此基础上，找到一种适合我们的创造性的解决方案。当我们对问题和问题衍生物进行探索时，理解就由内而外悄然发生了，当然这也有赖于我们去寻找适合自己和孩子个体化解决方案的努力。这是波西格著作的主题，《禅与摩托车维修艺术》描述了他和儿子的摩托车越野之旅。这次旅程，也是父亲的自我发现之旅。在这次旅途中，他试着去理解他和儿子关系中的所有问题，并加深了对自己的了解，一路上他对自己的看法也发生了翻天覆地的变化。

我们每个人都必须像他一样努力更好地去了解自己，最重要的是，因为我们只有更了解自己，才能更好地去理解我们和孩子的关系，在此基础上才会有一个更加丰富而精彩的人生。不管别人有多么丰富的专业知识，都无法帮助我们发展出自己在育儿上的认识；只能由我们自己来实现，在我们努力从我们的意识中铲除各种妨碍这种理解的东西时才能实现。只有我们努力在这个层面获得更好的理解，父母和孩子双方才能获得持续而健康的个人成长。然而书籍包括你正在看的这本，能给我们带来的只是一些儿童养育中出现的整体问题，以及问题的来源、意义和重要性，还有一些可能的思考方法。

A Good Enough Parent

第3章

父母还是陌生人

一般命题不能裁决具体案件。

——O. W. 霍姆斯法官（Justice O. W. Holmes）

霍姆斯法官曾经说过，一般命题不能裁决具体案件。对于一般命题，他没有一丝的轻视，但是他清楚，裁决具体案件的时候一定不能放过所有错综复杂的细节。因此，要做出一个公正的决断，不仅仅要明察善断地去运用一般性的律法，还要仔细去留意具体案件的特殊之处。无独有偶，弗洛伊德也一直强调：不仅要去理解精神分析的原理，也要去理解这些原理在具体情况下独一无二的呈现方式，这两点都很重要。精神分析的著作或培训，完全可以使学员了解人生中的一般性问题及其各种变化。这种“了解”让我们得以去理解每个具体情境背后的东西，具体到对个案的深入理解也只是一个开始。就像法官或精神分析家一样，对父母来说，下一步就是在自己内心唤起对一般问题的共鸣，还有这个问题所呈现出的具体形式的共鸣。这样一来，他们的理解就不会只在理性层面，同时还有共情和情绪层面上的。

来自外界的建议直接跳过了发现的过程，这样一来，父母很可能就会误以为获得理解可以是一件不劳而获的事情。然而不管父母得到一个多么正确的实用性很强的建议，这些建议都无法引发独立思考，从别人那里获取建议会损害他们面对问题的主动性，降低他们殚智竭力、努力寻找到解决方法后的满足感。对于儿童养育者来说这点很重要，养育儿童牵涉到很多复杂的情绪，我们难免会滋生出一种很自恋的想法，即我们的方法才是唯一且最佳的。诚然，通过外界的帮助，比如咨询专家，来试图理解自己陌生领域的问题是一个合理的途径。然而，照猫画虎其实不能给我们带来确认感，只有我们真的可以设身处地去理解某个特定情境，以及在那种情境下我们能做些什么时，这种确认感才会产生。

我们无论在智力上还是情绪上，都付出了大量的精力去努力寻找摆脱困境的正确方法，去理解我们身陷困境的缘由以及困境本身。总是能够理解父母的孩子，可以意识到这一点，他们觉得自己值得让父母如此投入，这也让他们产生良好的自我感觉。我们对他们付出的程度，是我们得以走近他们的重要因素，我们也因此可以达成我们的目标：一种令人满意且成功的亲子关系。

标准和规则

当被告知我们孩子的行为从这个年龄来看是正常的，这对我们没什么帮助。这种说法也经不起推敲。当涉及亲密关系时，“正常的”究竟是什么意思？它意味着“普通的”，没有哪个孩子只想成为一个“普普通通的人”，我们也不希望自己的孩子只是普通的。我们的孩子应该成为也想要成为对我们来说很特别的人，而不仅仅是“普通的”个体。他们理所当然渴望自己对我们来说是独一无二的。所以，尽管“标准”这个概念有其统计学意义，但是在有着强烈情感的亲子关系中却无关紧要。这种对“常态”的顾虑也表明，科学抽象性概念正在慢慢侵入本应是最亲密的关系之中。

当我们和孩子尽享天伦之乐时，我们无论如何也不能相信他所呈现的其实和这个年龄的孩子并无大异。我们对他的爱使我们坚信他是独一无二的，而不只是凡夫俗子。如果我们的孩子坚信，他们的父母在统计学上和其他成年人并无多大差异，没有更好也没有更坏，而且对他们和他们幸福的关心也没有多特别，自己并不值得多特别的爱的话，我们也不会满意的。

另外，当我们被伤害、担心孩子受到伤害影响到他们的未来时，有人告诉我们孩子的行为是“正常”的，这对我们无济于事。作为父母，当我的孩子很鲁莽地开车，甚至很危险时，若是这时有人告诉我在这个年龄这很“正常”的话，并不能减轻我的担忧。我宁愿他“不合时宜”地成为一名谨慎的司机。

在亲子关系中从行为标准的角度来考虑，就意味着我们在将孩子和陌生人做比较，就削弱了他们对我们的独一无二性。在外人的眼里，我们的孩子可能是浩渺人海中很普通的一个，外人是相对于我们一起生活的很深的亲密感而言的。外界以这种方式去评价我们的孩子是完全没有问题的，当然我们也没有办法去强求别人。如果父母也像陌生人那样不偏不倚地来看待孩子，从统计学角度来衡量孩子与成千上万其他孩子之间的异同的话，就好像他用统计学的方法给孩子找了个位置，亲子关系以及父母对自己作为父母的感觉就会发生一些变化。

有的心理学研究从各个年龄段出发，为其建立行为标准，但这忽略了形形色色的个体差异，而正是这种个体差异使每个孩子变得独一无二。当父母用这些标准比对自家孩子时，往往会忽视个体差异，特别是在孩子的行为远远优于标准时，父母特别容易忽视个体差异。比如，有些孩子轻而易举就能超过平均值，此时一切安好。但是有的孩子却需要耗费九牛二虎之力才能超过平均值，父母理应担心处于这种过度压力之下的孩子。既然有些父母会对低于标准线的孩子进行鞭策，“别辜负自己的能力”，那理论上就会有父母提醒已经超过预期水平的孩子慢下来，以使他们免于超负荷，但是极少有父母会这么做。

关于这种态度的例子不胜枚举。青少年标志性的行为包括为独立而战，为反对如宵禁之类的管束而斗争，以及反抗父母的价值观。因此，当青春期的孩子没有挑衅式地去维护自己的独立性时，那些深谙青少年行为标准的父母应该鼓励他们表现得像这个年龄段的孩子一样：充满挑衅、倔强、邋遢、受制于疯狂而波动的情绪。如果孩子完全没有这些特征的话，父母应该鼓励他去表现得更像个典型的青少年。当然，极少父母会这样做。父母什么时候问过孩子：“你这时候本该在青春期混乱中挣扎，为什么却表现得那么成熟？”我从未听到父母要求孩子在学业上“别辜负自己的能力”的同时，也要求孩子的行为更像个典型的青少年——反应更“标准”一些，或是更消极地应对成年人的要求。然而屡见不鲜的却是，父母用带有责备性的口吻告诉孩子“言行举止应该与年龄相符”时，他们的意思是希望孩子更像个成熟的成年人。事实上，孩子已然是一个标准的青少年，而他所表现出的也恰恰是这个年龄应该的样子，符合这个年龄群体的标准。

当青春期的孩子对我们所说的和所拥护的表现出不屑一顾时，当他们反抗我们、使我们痛苦、令我们沮丧时，我们很难从容应对。我们很难想到孩子正在“以典型的青春期的方式应对他的发展任务”，并告诉自己这些令我们忧心忡忡的行为不过是“长大和成熟的正常过程”。当我们因他做一些可能触犯法律或对身体有危险的事情而焦虑时（这些都是现实的恐惧），那些“青春期正常行为”的提法对我们无济于事。倘若我们能设身处地去理解他们这种行为，去共情他们内在或外在的混乱状态，那么我们也许就能帮助他们去处理变幻莫测的青春期中所遇到的重重困难。如果我们将孩子和他所经历的，以及我们和他一起经历的，去和标准进行对照，是很难拥有这样的态度的。不管这对大多数人来说是有多正常，我们都希望自己的孩子与众不同，这样他就会更安全，我们也不会为他的青春期煞费苦心。只要他是我们无法理解的人，那么无论有怎么样的标准，无论我们怎么尝试，我们都不能真正接纳他和他的行为。如果我们因为觉得他这就是标准的叛逆，不期待他有任何不同，而干脆强迫自己装出隐忍和听之任之的态度，那么青少年会认为我们是因为觉得他很“普通”才出此下策。这会让他大为光火，尽管他确实和同龄人相处融洽，但对他来说，有什么会比独一无二、与众不同更重要的呢？

那么，这会是另一个僵局吗？其实不然。当然，如果青少年的行为激怒了我们，使我们想要和他一较高下或是干脆默默忍受，那么就很容易演变成一个僵局。我们必须要做的，是在自己内在经验的基础上，发展出对孩子所表现出来的混乱和承受的压力的共情。孩子的问题也会唤醒我们自己处于该年龄时面临同样问题时的痛苦记忆，而现在的我们对于处理这样的青春期危机具备了更强的能力。通常来说，这更像是一个发现自我和成为自我的问题，而不是关于对抗父母的问题。我们的记忆从不是关于“应对发展的任务”，也不是关于“正常长大和成熟”的，而总是和具体情境相关，比如，“我们能在外边待多久”“和谁在一起”，这些回忆能协助我们去共情孩子遇到的麻烦。那些自己为何要和父母抗争的记忆、希望自己勇于和父母抗争的往事，帮助我们意识到那些琐事本身微不足道。真正重要的，是我们希望和父母自由抗争的同时又能和他们保持亲近。事实上，我们也经历过这种荆棘满布、有联结的、通常又很矛盾的情感大杂烩。

如果我们对这些还记忆犹新的话，又怎么会无法对孩子所经历的一切共情呢？对于孩子这个年龄来说，他的所作所为是无可厚非的，但是我们最多也只能在意识到这一点的情况下勉强接受他的行为。然而来自我们对自身回忆的共情性理解，却会缩短我们与孩子之间的距离，并在我们之间搭建一座强有力的情感桥梁。

这种重要的共情，既源于我们带着同理心对孩子行为本身的理解，也来自我们意识中和潜意识中对自己类似经历的记忆，孩子的这些行为可以帮助我们再现这些记忆。那时的我们是压抑了这些愿望还是将其付诸了行动，在此刻都是无足轻重的，仅仅是对这些愿望的回忆就可以促使我们以青少年能接受、我们也乐于提供的方式，来度过属于他的困难时期。对于儿童或者青少年来说，如果他能感受到父母是真实的、忠于自己的价值观和信念，以及最重要的是父母也曾经历过这些，他就会感到更安全，也更愿意听从父母的引导。

规则

有些人坚信会有一套可以来对付孩子的规则，这个信念本身与共情性理解的态度就是自相矛盾的。共情性理解只能源于那些我们亲历的、对我们来说独一无二的经历，同样，孩子的经历对他们来说也是独一无二的。信赖规则会为我们省去很多麻烦，我们不需要具体问题具体分析，还帮我们规避了我们所需要承担的责任。另外，因为所有的规则都来自一般化，它们并不考虑个体，这样就使我们不必考虑孩子的独特性以及我们之间关系的独特性。

为了避免检验每种具体情况，以及避免反复说教，有些父母喜欢建立规则，通常是关于孩子该如何做的规则，他们自己却很少受到规则约束。有些孩子也喜欢被立规矩，这样一来，他们就不用自己去对每个特定情况的感受进行检验，也可以去反抗规则而不用直接反抗制定和执行规则的父母（反抗没有人情味的规则，比反抗对孩子来说很重要且对其有着强烈感情的人来说，要容易得多）。规则将不满从个人情境中提取出来，并将其转移到抽象思考领域，正如同规则的优点及其在特定情境中的应用一样。同样，规则也将父母与孩子之间的关系从个人领域中一笔勾销，并将其上升到一种理论上的以及没有人情味的讨论或不满中。孩子和规则以及规则中所隐含的东西联系起来，而不是和生命中最重要的父母建立联结。根据规则行事，最终使父母和孩子之间渐渐疏远起来。

虽然在非个人化的情境中，规则省去了我们做决定的过程，但规则是物化和去人格化的。这就是波西格所考虑的：在实际生活中，当我们去组装一个物件时，可能要“按照规则”来做，很难不被规则所奴役，至少会被这种感觉所影响。规则是自发性和积极情感体验的敌人。

当孩子因为想帮我们而自发地去做一件事情，只是通过礼尚往来让我们知道他是多么感激我们为他所做的一切时，父母和孩子双方都能体验到真实的愉悦感，一旦规则被制定并被孩子或多或少地遵守时，就掠夺了父母和孩子之间真实的愉悦感。只有强迫的人才愿意依照规则行事，因为他们强迫不允许有其他的选择。我们中的其他人，无论是遵守规则的孩子还是执行规则的父母，都很少因遵守规则而感到满足。规则可能大部分时候也确实是方便的，但几乎从不是愉悦的。遵守规则也不会增加父母和孩子对彼此的感情。父母和孩子之间的规则，无论它们源自哪里，都物化和机械化了本应是最个人化、最人性化、最具有自发性的关系——每天都能给我们新的享受的关系。

安全：父母的一种态度

在所有孩子养育的问题中，哪怕是当环境超出了父母能够影响和控制的范围，比如火灾、地震、疾病、家庭中的死亡，父母和孩子都既是问题也是解决之道。父母可以影响孩子如何体验事件，以及事件对孩子有什么意义。例如，一个孩子可能会把一场严重的疾病甚至是威胁生命的疾病，体验成积极事件，只因其在父母那里激起了一心一意的投入和爱，这会让他们比任何时候都更亲近。

不管问题是什么，对其核心情感及心理层面、本质及来源的洞察，无疑会让我们更接近其解决之道。然而要弄明白这些问题，父母必须运用自己的领悟力，而不是使用诸如提供建议之人的领悟力。弗洛伊德发现了这一观念（精神科医生的洞察足以改善病人的问题）的谬误之处。即使这些洞察绝对正确，也不能使病人获益。一个人只有自己洞察到自己的内心正在经历着什么，才能从中获益。这同样适用于养育子女的问题，即使这些问题根植于超出了父母矫正能力的情境。

在伦敦大轰炸（the London Blitz）期间，安娜·弗洛伊德（Anna Freud）对以下事实印象深刻，许多孩子因巨大的焦虑而感到痛苦，甚至在安静的白天也无法入睡，表现出很多因轰炸而引起的神经症性症状，而另一些孩子却可以从容不迫地接受这一切。她详细地描述了有一天一个小女孩是如何喜气洋洋地宣称，她是全伦敦最幸运的人，因为几个小时前她和妈妈在海德公园散步时看到一棵树在天空翱翔，只有她幸运地见证了这一刻。那是一颗炸弹在附近爆炸了，将那棵树连根拔起。小女孩的解答独一无二。相较于令她高兴的奇观而言，这一事件的危险性几乎没有给她留下什么印象。

这个幸运的女孩，有一个知道自己阻止不了轰炸而努力使自己的女儿不要因此焦虑的母亲。她不允许战争及其毁灭性干扰她和女儿的幸福关系，这种幸福关系使她们双方能一起享受原本可能非常可怕的经历。尤其是，当她被建议进入防空洞时，她留在了自己的公寓中，她说，因为女儿已经睡着了，她不想吵醒她也不想吓到她。无论发生了什么，母亲在大部分夜晚都设法睡着，这也给了女儿一种安全感。如果母亲整夜焦虑不安，她的女儿也将无法在夜间好好休息。有些母亲可能会因自己的恐惧而迁怒于孩子，这个母亲只是向她的女儿传达了她所感受到的巨大的幸福感，她没有觉得是发生了什么不幸的事情。这个小女孩和母亲一起感受到了这种幸福，并将这种幸福感归因于看到一棵树在天空翱翔。许多父母认为不得不忍受伦敦大轰炸的苦难是很可怕的，他们将这种感觉传递给自己的孩子。而有些母亲，就像这个母亲，因为能在大轰炸中和孩子待在一起而感到幸福，她们的这种幸福感令孩子印象深刻。父母体验事件的方式使孩子的世界大不相同，因为这是孩子向自己诠释世界的基础。

对伦敦大轰炸期间的许多家庭进行的研究表明，母亲的焦虑水平（大部分父亲都因服兵役离开了家）和孩子的焦虑水平高度相关。那些在夜间留在自己的公寓里并在轰炸期间相对能酣睡的母亲，总体上她们的孩子也是这样的。而那些被焦虑击垮的母亲，她们的孩子被更严重的焦虑所折磨。而且，虽然有个别例外，但在可以被更详细地研究的家庭中，通常显示，那些在战争前就展现出高水平焦虑的母亲，在大轰炸期间的焦虑最严重，她们孩子的焦虑也最严重。在和平时期相对有安全感、基本没有神经症性焦虑的母亲，在轰炸期间的焦虑水平也最低，她们孩子的焦虑水平也最低。

前几年，对加利福尼亚州一个被地震摧毁的社区的研究，也显示了一些类似的结果。一些孩子长期受到严重焦虑的折磨，而有些有相同经历或者更糟糕经历的孩子却显示出相对轻微的后期反应。受到严重影响的孩子，尽管他们的焦虑明显是由地震造成的，但其根源却远在扳机事件（即地震）之前，而且如果父母不因自己的忧虑而增加孩子的焦虑，孩子就更容易康复。

战争期间，以色列孩子的行为也显示了相同的结果。这些孩子暴露于严重的轰炸和许多其他可怕的经历中。在“战火中的儿童”（“Children Under Fire”）这项研究中，阿尔弗雷德·M. 弗里德曼报告说“父母的恐惧反应对幼小儿童来说是极具创伤性的”。而如果父母能忍住自己的焦虑，并为孩子提供强大的情感支持和社会支持，“承受战火重压的孩子，其焦虑程度几乎不会出现明显的异常”。

举一个我自己的例子，在我 6 岁那年，位于我家一条窄街对面的一栋四层楼房半夜起火了。整栋楼瞬间被大火吞噬，火光照亮了整个夜空，散落到我们房子上的火星被消防员浇灭了。那时我已经睡着了，父母叫醒了我，把我带到窗边去看这罕见而奇妙的景观。因为他们很镇定，并且和我谈论着火光的颜色和形状，因此我并不觉得它可怕。从他们的描述中，我和伦敦大轰炸里的那个女孩的感受如出一辙。我所想到的只是我的父母把我叫起来并带我去窗边看那瞬间的“美好”，所以我才能看到这罕见而别致的景观（我的房间在后面，从那里看不到火）。等火势渐渐弱下来的时候，我重新回到床上，很快就又睡着了。

接下来的几个月，我每次出门都会看到街对面的残垣断壁，但我从未感到害怕，从来不会觉得自己可能会身处险境，或者我们的房子会着火。我所想到的就只是我曾幸运地见证过一次罕见的奇观。我从父母那里得到的安全感，使我不会轻易地感到害怕。

父母的焦虑会引发孩子的焦虑，这是不言而喻的。然而，父母和孩子自身的特异性，使得焦虑的来源和性质可能会有所不同，其表现方式也会不同。如果人们对相同的危险表现出不同程度的焦虑，那么这些差异的来源就不是环境因素而是其他因素，这一点是很难被识别的。为了便于表达，我们可以把这些其他因素称为一个人基本的信任与不信任、乐观与悲观、内心安全感与不安全感的程度。一些深度调查总会揭示，尽管在很多案例中，事件本身会在易感人群身上引发强烈的焦虑表现，但是如果没有该事件，可能仍然会出现相对潜伏的焦虑，但这些基本态度早在事件发生之前就已经形成了。这些人可以去觉察，是什么导致了他们最初的不信任感、深层的不安全感以及对世界和他们可能的命运的悲观主义。洞悉了这一点，这些感觉就会减轻一些，对当前危险的焦虑也会减少很多。一旦人们认识到，和眼下的危险相比，大部分当前的焦虑都和之前没有意识到的未解决的早期经历有关时，人们就更有能力处理眼前的情况并能帮助孩子们应对自己的焦虑。

父母的焦虑会使父母和孩子的生活变得愈加艰难，因为孩子会用更严重的焦虑回应父母的焦虑，然后就会造成一个恶性循环。幸运的是，在正常环境下，人们不需要去应对轰炸或自然灾害。然而无论什么突如其来的事件唤起了父母的焦虑，他们的焦虑反应都会在孩子身上产生极端的甚至是惊恐的焦虑。孩子会对任何引起父母焦虑的事情做出反应，就好像那真的是一件惊天动地的事情。

原因在于，孩子微弱的安全感不取决于他自保的能力，而是取决于他人的友善，这点孩子自己也心知肚明，他在依赖父母的安全感。当父母忽然失去了应对能力时，孩子已经拥有的哪怕是很少的安全感也会在瞬间崩塌瓦解。孩子的世界是完全坍塌的，而对父母来说，尽管焦虑，但是应对技能还是在的，或者对这个世界的信任还是在的，比如，他们会相信在火灾发生时消防员会很快赶来，地震后营救工作会马上展开，诸如此类。年幼的儿童却没有办法形成这样的保护膜，他们的安全感和抚慰只来自父母。如果父母看上去束手无策或是无力以对，孩子会感到绝望。孩子对现实的评估基于从父母那里接收到的信号，因此事情对他们来说会显得更加糟糕。当“产生焦虑的原因”这样的信号突然出现时，他们的情感反应所匹配的不是可能的危险，而是从父母那里感知到的焦虑。对于引起父母焦虑的原因他们通常是一无所知的，或者只有最模糊的概念，这就在某种程度上增加了他们的无助感。来源不明的焦虑比原因明确的焦虑更让人心烦意乱，因为如果对危险本身有所了解的话，我们至少就能在某种程度上采取措施应对它。

这里可以举一个非常常见的例子。一位家长在孩子上幼儿园时存在一些分离上的困难。分离焦虑是人类一种最基本的焦虑，在某种程度上我们都有。作为婴儿，我们害怕被自己的主要抚养者抛弃，这个人通常是母亲。父母对这种焦虑体验的应对，在很大程度上决定了我们自己在以后的生活中如何处理分离焦虑。这个运作过程以及母亲的焦虑如何引发或极大地加重了孩子的焦虑，在孩子第一次被送到幼儿园时就可以看到。

还有一些孩子，对幼儿园的新环境是有些畏首畏尾的，最初也会很难和送他们去幼儿园的人分开，主要是妈妈。尽管如此，仍然有些孩子很快就能平静下来，但另外一些孩子却需要花费很大的力气去平静。这完全取决于孩子从妈妈那里接收到的信号。如果这些信号传递给他的信息是，这是一个安全的、令人向往的地方，那么他很快就可以安然地去开启这一段新的旅程。如果孩子最初难以让妈妈离开，激起了妈妈的一些反应，这些反应让孩子感觉到妈妈也在担心即将发生的事情，而且妈妈也不想离开他，那自然就会强化他的恐惧。这种恐惧又证实并增加了妈妈最初的担忧，孩子哭喊着，紧紧地攀着妈妈，妈妈对于他是否能应对新环境、送他来幼儿园的时机是否恰当感到越来越不安。即便母亲明确向孩子保证留在学校是安全的，但是此时被焦虑所裹挟的孩子只会对妈妈分离焦虑的情绪做出反应，而不会对妈妈的话做出反应。

使这一过程延续下来的，更多是妈妈的焦虑而非孩子的焦虑。这和一个妈妈知道但是孩子却一无所知的事实相关，这个事实就是，这次分离只是一个漫长过程的开始，最终孩子会拥有自己的生活，他会完成学业，走出校门，走进生活，不再依赖父母。通常是对更严重的分离的焦虑预期点燃了妈妈的分离焦虑，而对分离的焦虑预期来自妈妈自己婴儿期的经历，这样的焦虑预期无时无刻不存储在她的潜意识中。一个教三岁孩子的老师曾经告诉我，这个过程以及对班里其他孩子的影响是可能出现在任何一个幼儿园的。

在这个老师的经验里，只有妈妈有分离困难时，孩子和妈妈的分离才会出现困难。如果一位妈妈真的感觉幼儿园对孩子来说是有益的，她会通过行为向孩子传递这样的信息。她在孩子第一次去幼儿园时，没有过多犹豫就离开了，孩子很快也快乐地投入到和老师以及其他孩子的活动中。然而如果妈妈内心对于离开孩子是心存疑虑的，那事情就截然不同了，她徘徊不前，刚要走但一看到孩子局促不安马上就折返回来，她通过这些行为向孩子传递了自己的疑虑。很快孩子就感觉到妈妈认为离开他不是一件好的事情，同时也开始对继续留在幼儿园产生了犹疑，他开始哭着找妈妈，尽管在这一刻之前他还在高兴地玩耍。

对这个老师来说，她自己儿子的行为特别有趣，而且能说明在这种情况下发生了什么。有一次一位妈妈来送孩子入学，她走几步，然后又回来，反反复复，每次这个孩子都会更加易激怒，更加不顾一切地黏着妈妈。他感觉妈妈并不是真的想离开他，所以通过不让她离开来满足妈妈的期待。然后这个孩子哭得越来越厉害，尽管老师还在，别的孩子也开始哭喊起来“我要我妈妈”。最后这个老师的儿子也加入进来，大哭着说他要妈妈，尽管在那之前他都玩得很开心，而且他从未在进入幼儿园时表现过任何分离焦虑，即便是在妈妈不教他的时候也是如此。而这一天，妈妈是他的老师而且就站在他旁边；他也知道妈妈一整天都会和他待在一起。孩子的哭闹一下子让她不知所措。当她向儿子指出自己一直都在时，他疑惑地停了下来，但也只是一小会儿，然后就哭得更大声：“那我要我爸爸！”

当孩子观察到妈妈因为自身的分离焦虑不能和孩子分离时，孩子的分离焦虑就被激活了。在这种焦虑的痛苦中，他们开始对妈妈的不在场极度绝望，因为妈妈的不在场是分离焦虑的起源和基础。妈妈就在身边的小男孩也被分离焦虑的总体氛围瞬间淹没。当妈妈向他指出妈妈在所以他没有必要哭着找妈妈时，他就不得不为自己的行为找一个正当理由，他就开始找爸爸（虽然爸爸从未送他上过学，他也从没有在去学校时哭着找过爸爸）。让这个孩子哭着找爸爸的，不是爸爸的不在场，而是孩子的分离焦虑。

遗憾的是，在这种情况下，老师让这位妈妈直面自己的问题，或者让她看到自己给孩子带来的困扰，这些都无济于事。这位妈妈可能会下意识地让自己轻松一下，但是焦虑并不会因此减轻，甚至会在之后以更微妙的方式表现出来。所以，善意地建议她“放手”，看起来好像有点用，但这会让潜在的问题更加隐匿，从而可能会阻碍问题的解决，长远来说，这可能会产生更严重的问题。

邀请这位难以放手的妈妈试着回忆她自己第一天上学时的情景可能会

更好，回忆她可能的愿望和焦虑，以及这些愿望和焦虑来自何处。记住她自己当时的感受以及最终是什么帮助她让妈妈离开，这会让她找到自己的方式来使分离对她的孩子来说更容易一些。她可能也会认识到，孩子对她的依恋并不会因为入学而断开。作为一种内在经验，这一认知会给予焦虑的妈妈所需要的安全感，从而让她能对孩子放手。

当父母经由体验回忆起自己小时候在相似情况下的感受时，就可以更深刻地理解孩子的焦虑。这样的共情，使他能够理解自己为什么会影响孩子对学校的态度。因此，在这种情况下，最有意义的是帮助父母去回忆自己儿时的焦虑。这样，他就能够理解自己儿时的焦虑在自己和孩子的分离焦虑中扮演了什么角色。然而父母通常只有在理解了孩子焦虑的本质以后才能发现这一点，孩子的焦虑和在学校真正会发生什么几乎没有关系，而是和失去妈妈的恐惧有关。每个孩子特有的行为细节都为其焦虑的原因提供了最好的线索，如果我们能发现这些线索（比如，小男孩从哭着找妈妈变为“那我要我爸爸！”），我们就能搞明白到底发生了什么。

父母和孩子的焦虑相互依存彼此影响，无论父母和孩子是否真的能发现其根源，结果都是父母为了理解孩子而深入探索过去，以及孩子感觉到父母的初衷是为了自己这一事实，使得孩子和父母在与困境的斗争中更加亲近起来。这就是为什么我说孩子和父母既是问题，也是解决之道。

除非父母有恰当的内在经验，否则专家的建议是徒劳的，甚至这样的建议会妨碍他，使他无法耐心地去探索自己儿时问题的缘由以及自己的人生及其本质，而对这些的探索会让他和孩子更加亲近。而正确的内在经验也显示，当我们在一个由个人情感造成的复杂情境中去使用建议时，这个情景可能会变得更加复杂，因为新的个人情感被激起，这时，哪怕是最好的建议也会显得肤浅且没有同理心。这也是我为什么想再次重申，在这本书中我不希望提供“专家建议”，而是希望激发读者去探索自己在孩子养育问题中的真情实感。

A Good Enough Parent

第4章

他们的问题，我们的原因

我们能够了解一个人的首要条件是他在本质上存在着一些和我们相似的部分。

——J. A. 弗劳德（J. A. Froude）

大多数夫妇在得知妻子怀孕的那一刻，都是满怀希望又焦虑不安的。他们可能全心全意想要这个孩子（这样全心全意想要孩子的态度没有我们以为的那么常见），但他们期盼孩子到来的情感仍然可能很复杂，也许还很矛盾，在孩子出生后，他们对他的情感同样也会复杂又矛盾。

在孩子呱呱坠地之前，父母就充满希望和担忧——对于他们即将出生的孩子以及对孩子的出生会对他们的生活带来什么。一个女性无论对为人母有怎样的想象，都会在遭遇现实的时候悄然改变。一个一直都对生孩子不感兴趣的女性，可能会在看到孩子的第一眼就爱不释手，她甚至都没有办法理解当初怎么会对成为母亲和生孩子这么美好的事情犹豫不决。或者一个渴望成为母亲的女性，可能会对需要投入的成本（或者因为要耗费大量时间）而感到失望。她可能会慢慢发现，比起她原来美好的想象，照顾婴儿要付出更多、更麻烦，却很难得到相应的回报。

此时，父亲的态度就变得很重要了。如果他觉得婴儿是鸠占鹊巢，夺走了妻子过多的兴趣、时间和精力，而他则变得无关紧要，这种心态对他自己、他的妻子，以及他们的婚姻和孩子都会产生负面的影响。还有的父亲，孩子的到来让他欣喜若狂，在妻子产后或因照料婴儿感到精疲力竭的时候，他可以提供及时的帮助和爱的支持，这会让“喜得贵子”这件事情成为家中真正的喜事。

从生命伊始，父母和孩子之间无休止的纠缠就开始了。因此，父母，尤其是母亲，带着什么样的感受去迎接新生命以及生活中即将发生的变化就变得至关重要了。他们共同做的每一件大事小事，都是他们关系的一部分，都是意义非凡的。不是只有“重大问题”才会在孩子的人格形成以及亲子关系的建立中起作用。事实上，许多父母认为微不足道的事件，却对孩子的成长起到了重要的影响，它们传递着来自父母的信号，而正是这些信号引导着孩子们对这个世界的感知。虽然有时候为人父母意识不到这些，但是这确实在发生着。父母的语言和姿势、语气和表情，都会为每个事件增添别样的意义，他的无动于衷也会影响到事件本身。父母外显的行为以及发生在他意识和潜意识中的事情，都会对孩子产生很大的影响，给孩子提供各种线索。而孩子对自己和对世界的看法的形成，恰恰是基于这些线索。

就像本书最初提到的那样，养育孩子的首要目标是要让他能够知道他想成为什么样的人，然后才是成为一个对自己和自己的生活方式都满意的人。最终，使他能够去做所有看起来对他来说重要的、值得拥有的和有价值的事情，能够去发展有建设性的、令人满意的、可以丰富彼此人生的人际关系。他也能够去承受人生中不可避免的压力和苦难。在所有这些方面，父母不仅是孩子最重要的老师，也是孩子可以作为参照物指引自己方向的人。他其实一直都在观察和研究父母，观察他在做什么，是怎么做的，以及是以怎样的方式去呈现、否认甚或压抑情感。这样，父母就向他展示了要成为怎样的人以及如何成为这样的人——后一个总是因前一个而起。对于孩子当前和未来的生活而言，这些是比具体技能的获得更为重要的知识。后者无疑是有用的，只是在父母心里显得过于重要了。

在孩子的成长过程中，在他逐渐成为自己的过程中，有哪些重要的步骤呢？哪一步是孩子养育中至关重要的？有些思想流派强调看护、断奶和如厕训练，应该怎么做以及带着怎样的情感去做？还有一些流派强调同孩子说话、和孩子玩耍、为孩子洗澡以及把孩子放到床上的方式的重要性。而有些流派则发现父母对孩子的焦虑和问题的反应很重要，父母是如何帮助孩子去应对焦虑和问题的？还有些流派则聚焦于父母的情感，他们对孩子的愿望和对孩子的担忧，他们的喜好，以及他们对彼此的感受如何。哲学家尼采的话不无道理："父母未解决的性格和观念之间的冲突在孩子身上延续下来，并书写了孩子内心的痛苦历史。"事实上，孩子人生中及其家庭中发生的任何事情、任何情况都可能对其人格和观念产生巨大的影响，但同样的事情放在另一个孩子身上结果可能会截然不同。这不仅取决于事情发生的情境，在很大程度上也取决于事件发生时孩子的年龄，以及父母情感的性质和强度。

关键因素是父母在特定情境下处理自己事情的方式，因为这会帮助孩子去理解发生了什么。父母的内在态度（表现在各种情况下的行为中）对于孩子来说是最有影响力的。而且，就孩子的经历来说，孰轻孰重我们在当时是无法判断的。我们对一件事情的重要性的评估和孩子可能会完全不同。

这就是为什么那些会通过谨慎评估孩子的想法来调整自己的行为和反应、赞扬和批评（两者对于养育孩子同等重要）的父母才是足够好的父母。足够好的父母，会尽可能地从成人和孩子两个不同的视角来对事情进行评估和反应，把自己的行为建立在对两者的合理整合上。同时他们又能够接受孩子因为不成熟而只能从自己的角度理解事情的事实。

知易行难，当我们强烈的情绪被唤起，或是事情迫在眉睫时，是很难去保持这种双重视角的，无论事情对自己或对孩子当下的身心健康或未来的成功有多么重要。我们都会无比确信我们这种成熟的视角是正确无误的，而且我们很难走出这种参照系，去认真地从孩子的角度来思考问题。孩子究竟为什么会做出这种不合理、不可思议或是危险的事情？在我们看来那么微不足道的事情他却如此地渴望，或是如此焦灼，他的动机究竟是什么呢？

一件事情在我们看来越重要、越显而易见，我们就越不容易去考虑孩子的出发点。我们意识到，他的冲动转瞬即逝还毫无根据，他还因此摇摆不定不计后果，我们为什么还要努力去对他的想法和行为背后的东西追本溯源以及认真对待呢？而且，很多母亲认为是不可能搞清楚一个行为怪异或是堕落的孩子的动机的。

当一个孩子的行为不被接受时，绝大多数聪明的父母会试着苦口婆心地给他讲道理，告诉他错在哪里，自己对在哪里。遗憾的是，一旦孩子下定决心，这些善意的努力就很难说服他对自己的方式或想法做出改变了。在孩子小的时候，确实会很听父母的话。然而这种顺从常常会让父母误认为他们所说的道理已经被接受了。或者更糟糕的是，父母更在乎的是他“做”了没有，而不是他相信与否。在父母看来问题被解决了，对孩子来说并非如此。孩子有可能会因为被阻挠而心生不满，甚至，他还可能对父母产生愤怒。因为父母强迫他做违背自己心意的事情，而他也没有机会去发现这些理由本身的问题。

成年人总是不自觉地就去说服自己的孩子，他们甚至没有意识到自己在这样做。父母的推理能力总是比孩子更胜一筹，因为孩子还不能以有说服力的方式去整理自己的论据。然而父母所认为的说服力，即成年人高超的辩论技能以及对相关事实的把控能力很容易被孩子理解为对自己观点的打压。对于父母总是自行其是的体验，让许多孩子会首先预设父母的行为并因此产生负面的情绪，而这些情绪既阻碍了他对自己论点的坚持，也妨碍了他对父母观点的理解。

所以孩子会感觉自己被父母说得哑口无言，这是一种令人受挫且无力的体验。这与信服是完全不同的，我们缄默不语，但更加地固执己见。孩子不再争辩，父母就会认为自己的观点占了上风。孩子通常会在父母询问的时候表示赞同他们的观点，但这只是为了终止这场争论。父母常常把服从和信服混为一谈。

父母往往很难意识到的是，其实他们彼此的理由和行为对对方来说都没那么重要。双方的目的越是背道而驰，他们就越难去接受对方的观点和动机，这对父母和孩子来说是同轨并辙的。在青春期之前，孩子通常都很难同时持有两种或更多不同的观点，总是非此即彼。这一实际情况会给父母和孩子双方带来更大的困扰。只有成熟的心智才能理解从各个角度产生的不同观点。因此，父母必须认识到，他们在观点、兴趣、所关心的事情以及目标之间和孩子是极为不同的。尽管表面上看来孩子的某些想法可能是错的，但是我们也要去认真对待这些观点。如果冲突中的一方无法认真考虑对方的观点，就很难产生令人满意的解决办法。

孩子对父母的绝对依赖会使他对父母言听计从，而父母也乐此不疲，他们认为服从即合理，但是孩子可能是带着极大的不满来执行父母的指令，因为自己无力抗拒。被迫违背自己的信念去做事情是一种很痛苦的体验，即使结果还好，我们也会想如果当初尊重自己的意愿可能会更好。所以，每当父母无法在僵局中找到一个好的解决方案时，这段关系就会令双方痛苦不堪。

只有父母接受了孩子的愿望和观点，才有可能找到一个皆大欢喜的方案，尽管这些愿望和观点可能天真且幼稚。接受孩子的愿望和观点，并不意味着我们必须在实际中去接受它们，也不是说我们在觉得它们是错误的、危险的或者是不可行的情况下还要去满足他们。法国有句谚语：理解一切就是原谅一切（“Tout comprendre c’est tout pardonner”）——完全理解、了解他人的观点和行为，就等于原谅他们，但并不意味着你必须赞同他们。这句广为流传的谚语出自“理解一切使人宽容”。这句话可能出自歌德（Goethe）的“理解了，就不会责备了”。因此，要求的是宽容和不责备的态度。

所以，足够好的父母会去了解孩子的动机，尝试理解他的想法及愿望，从而更好地理解他的需求及其缘由。我们就可能以他的语言而不是我们的语言，和他探讨他的目标和实现的方法，以及如何才能更好地达成目标。那么，我们就能引导孩子更好地去追求自己想要的东西。他不会为了满足我们的目标而去付出这样的努力的，即便那些目标在我们看来合情合理又极为重要。对孩子来说，被认真对待以及感到被父母理解是极为重要的。既然孩子所追求的是这种理解，那么在他不得不调整自己的行为时，这种想要被理解的需求被满足可以成为他能接受的一种补偿。

实际上，绝大多数人都只在感受到自己的观点被充分尊重时，才愿意并且能够认真考虑相反的观点。去考虑和我们截然不同的观点，需要相当大的内在安全感，无论对于哪个年龄段的孩子，这种安全感都是缺失的。但如果我们感受到别人愿意努力去理解我们的初衷，并且认真对待它们的话（以及认真对待我们），那我们就更容易对其他观点进行讨论，甚至可能更愿意接受那些观点。

父母和孩子之间常见的不和谐的根源在于，父母希望孩子像他们一样来看待问题，并据此做出反应，而无视圣保罗（St. Paul）曾经警告过的——孩子非成人，他只能像孩子那样思考和理解问题。甚至泰伦斯（Terence）在更早之前就说过——有多少人就有多少种观点。事实确实如此，即使是背景几乎相同的成年人，对同一现象的看法可能也是不尽相同的，过去经验的总和及特定的参照结构决定了我们的看法。对于父母和孩子来说，事情就更复杂了。因为他们在经历、客观程度以及理解上的差异，可能比来自不同背景的成年人之间的差异更大。因此，如果我们真的希望孩子可以以我们认为是正确的或是对他好的方式理解问题，我们就应该设身处地去思考这事件或体验对他来说意味着什么。在此基础上，我们就能调整自己的行为，我们深以为意的方式也会发生作用。这并不容易。即使是在最普通的日常生活中，比如我们和孩子之间相安无事时，也是不容易的。

我们和孩子看问题的角度是截然不同的，这一点我们心知肚明，但是一旦身陷和孩子的冲突之中，各种理论知识都会瞬间被抛到脑后。比如，父母和孩子特别容易在超市里发生冲突。每每这时，双方通常都相信自己的愤怒是理所当然的，而对方的愤怒则是不合理的，这是一种观点上的冲突，会让双方都怒火中烧。就像安娜·弗洛伊德曾说过，一个蹒跚学步的小孩在超市走着走着迷路了，焦虑地哭喊着找妈妈，但他从不会说“我走丢了”，反而会责备妈妈说：“你把我弄丢了！”很少有母亲会承认是自己把孩子弄丢的，她肯定希望孩子一直和自己待在一起。在她的体验里，是孩子离开了妈妈，而在孩子的体验里，是妈妈离开了他。站在当事人的角度来看，两种观点都没有错。实际上，妈妈和孩子的注意力都被别的东西带走或分散了。妈妈的目的是购物，选东西的时候自然会分心。而孩子有可能是在东张西望，还有一种可能是妈妈全神贯注地盯着货架上的物品看，而忽略了旁边的自己，这让他感到很沮丧。所以，他踉踉跄跄地走开了，或者在妈妈走到另一条路上的时候，他还在原地打转。忽然间他发现妈妈不见了，就急匆匆地在超市里乱跑着找妈妈，跑着跑着忽然惊慌失措，发现自己走丢了。

妈妈理解孩子的焦虑，但是她会觉得无论如何孩子总归是在超市里，不至于找不到，因此她很难去对孩子的焦虑做出相应的回应。如果用成人的语言来描述孩子的焦虑，就像是毫无征兆地突然被丢到一个荒无人烟的地方。敏感的父母可能会看到这一点，但是对她来说，去承认是她将孩子置身于如此焦虑的状态之中是一件痛苦的事情。她很难承认自己当下所关注的是挑选东西这件事，和孩子的痛苦相比是多么微不足道。另外，孩子流露出的对于被忽视的不满也会让她感到愤怒，她会觉得“丢了”是孩子的错，不是她的错。所以，更多的是为了逃避自己对孩子关注不够的内疚，而不是因为自己对孩子的感受的迟钝。妈妈需要慢慢恢复到成年人的清醒去看待这一情境，这种清醒是以成年人能获得的资源为基础的。

虽然从妈妈的角度来看这个观点是可以理解的，但是从孩子的角度来看又是有失公允的。孩子先是因为迷路而感到焦虑，现在妈妈的误解更是让他感到绝望。如果我们不能对这种日常生活中的小事件以及孩子的内在体验做出恰当回应，后果就会不堪设想。

无独有偶，如果我们能对孩子的恐惧进行恰当的回应，事情就会朝好的方向发展，但是如果我们不仅对他的恐惧置之不理，还觉得他们小题大做想要求关注而恼羞成怒的话，就会让孩子更加不知所措。那么孩子就不仅仅是在身体的层面上迷路了，在心理上也会因为被误解而迷失，而父母及他需要的理解恰恰是他安全感的唯一来源。在他看来是我们把他带到这个让人眼花缭乱的地方，这些东西吸引了他的目光，让他没有办法把注意力时刻都集中在我们身上，所以都是我们的错。

这里还有一个例子可以继续阐述视角上的差异。一个孩子不小心把一个贵重物品摔坏了。父母因为物质上的损失而大发雷霆，并指责孩子笨手笨脚。而从孩子的角度来看却是截然不同的。东西摔坏是预料之中的事情，他也知道父母一定会生气地批评他，这已经让他很焦虑了。更糟糕的是，他知道父母肯定不会不小心摔坏这种东西。因此，他会觉得是自己不够好，一方面他对父母的愤怒惊慌失措，同时还掺杂着极具毁灭性的自卑感和自我贬低。如果父母能够时刻去关注孩子的心理状态，他们就不会因为物质上的损失而恼羞成怒。相反，他们会更关注那个正在为自己的行为感到自责、难过，同时又惊慌失措害怕父母生气的小可怜。这样一来他们就不会去关注那个被摔碎了的东西，而是会集中精力去处理孩子内在的痛苦。

这两个十分普遍的例子表明，当我们能同时从自己和孩子这两个角度去看待事情时会有多么的不同。在第二个例子中，如果孩子能试图整理自己模糊而混乱的印象，他才是那个更可能从两种视角去理解问题的人。即使他不去想为什么我们引诱他去得到那个让他爱不释手的东西，他也会因为我们的痛苦而感到难过。一方面他害怕我们生气，同时又会因为自己的毛手毛脚而感到难过，这个小意外将这种感觉更清晰地呈现了出来。我们只关注到我们的损失，而孩子却可以两者兼而有之，在关注到这一点的同时还能感受到自己的难过。人们可能会好奇，在这种情况下，到底谁的理解力和成熟度更高呢？是父母还是孩子呢？

这里面涉及的不仅仅是视角的问题，同时还有一些现实的差异。超市的布置是以成人的需求为主的，他们毫不费力就可以找到物品，而对孩子来说就不一样了。孩子只能好奇地看着货架上的物品，但是无法触及，又会让他感到很挫败。成年人可以轻而易举地抓住一些物品，可是那些东西对孩子的小手来说却太大了。我们一旦被情绪冲昏头脑，就很难去意识到这些身体上的差异，当我们和孩子互动良好时，会下意识地去弥补或是减少这种差异。我们会弯腰去和孩子进行眼神的交流，会和他一起席地而坐，每当这时他总是会很开心，因为他可以感受到我们在努力缩小我们之间情绪和经验上的差距。同样地，当我们把他高高举起来，让他骑在我们的肩膀上使他能够站得高看得远的时候，他会从中获得极大的快乐，因为那样一来他就可以从我们的视角来观察这个世界了。然而，即使如此，在安全感上我们依然还存在着较大的差距，骑在我们肩膀上的孩子会和地面失去接触，而我们却脚踏实地。

这是我们的日常观察。只有我们肯花费时间和精力从孩子的视角去看待这个世界的时候，我们才能更好地去理解，任何东西在他们的眼里都是那么庞大。那些东西很大，又被放得那么高，那种怎么也拿不到的感觉让他很沮丧。成年人不费吹灰之力就可以拿到桌子上视力所及范围内的所有东西。而孩子只有被举起来或是坐在高高的椅子上才能看到这些，否则他的视线只能触及桌子下的范围。就算他坐在一个稍高的椅子上了，但还是无法够到桌子上的东西，这种感觉会让他很受挫。另外，坐在高椅上也并没有那么安全，一不小心就会摔下来，而且要下来的话也需要我们的帮助。我们只要稍微弯一下腰或是坐在地板上，就可以拥有小孩子看世界的视角。然而对于小孩子来说，只有被我们抱起来才能拥有成人的视角。他必须要依赖我们的帮助，才能像我们那样看事物、爬楼梯、过马路，所有这种简单的情境都需要成年人的帮助。这就导致了一定程度的不安全感和依赖感，这种感觉是很难被成年人所理解，但是如果我们想要做一个足够好的父母，就必须去理解和共情这些感觉。在超市里（这是屡见不鲜的），如果我们能够有那么一刻可以设身处地地考虑到孩子的感受，去理解孩子那种因为看不到我们而瞬间被恐惧淹没的感觉，我们就不可能在那个当下对他暴跳如雷。只有在平静的状态下，我们才能感受到他被父母理解、看见后放松、平静下来的心情。

当我们能够很好地从孩子的角度去理解整个事情的来龙去脉时，孩子的经历在某种程度上就会被我们以自己的方式，而不是以他的方式去整合成我们的经历，这样一来，他就会作为一个个体被深深地理解到。然后在所有的情境下，我们都可以从两个视角做出反应。这就使得我们得以真正地参与进来，不是作为平等的个体，我们本来就是不平等的，而是作为一个和他们同等重要的搭档，参与到我们人生中最普通又极为重要的事业中，也就是像一家人一样共同生活。

理解孩子并间接地去感受孩子的体验，同时对情境做出相应的反应，这通常还会带来一个非常有价值的副作用。我们可以因此回忆起童年时期重要却被遗忘许久的、相似的或平行的事件。这就使得我们可以更充分地去理解这些事件曾经对我们的意义，去理解它们在我们的人格和世界观的形成中所扮演的角色。这样一来，我们就能更好地去理解我们的孩子，而我们的自我也会变得更加的丰富。甚至之前那些深深埋藏、悬而未决的问题也会在不经意间得到解决。现在，这些问题使得孩子的反应、我们自己小时候遇到同样问题时的反应以及我们当下作为成年人的反应，一览无余。我们也会作为一个个体在情感上和孩子变得更加亲近，同时也能够更好地去理解并欣赏孩子本来的模样。

第5章

学校表现：一个饱受争议的议题

不要强行粗暴地训练男孩子学习，
而要用他们感兴趣的东西去引导他们，
这样他们就更容易发现自己的天赋。
——柏拉图，《理想国》，第七卷（Plaro，*The Republic*，Ⅶ）

父母和孩子常常在学校作业这个问题上意见相左，从这点也可以看到观点的冲突是如何成为亲子关系的绊脚石的。尽管概念或体验是一致的，但是对双方却有着截然不同的意义。父母对孩子学业忧心忡忡，更深层的原因常常是对孩子未来的担心。然而对孩子来讲，未来等同于明天，最多是几天以后。不用提“成年”，就连离开学校对他来说都是遥遥无期的，如此不可思议和难以想象。（即便是成年人，很多人也很难去想象15年以后的自己。）恰恰是因为孩子无法理解“未来”这个概念，所以对他来说，现在才是至关重要的。父母的不满既然发生在当下，那就意味着现在的感觉占了上风，但父母愤怒的根源（对“未来”的担忧），对孩子来说却毫无意义。

一个无法忽略的事实是，对大多数孩子而言，学业的成功和父母对孩子学习本身的兴趣息息相关。然而这种兴趣应该建立在日常生活之上，因为那是孩子的日常，也是他理解生活的方式。与父母以及与智力相关活动的良好关系是大多数孩子在学校取得成功的关键因素。一切对自己挚爱的父母而言重要的东西，都是孩子所感兴趣的，包括好好学习。他也想取悦父母，想要现在就获得他们的认可（也希望获得老师和其他重要的人的认可）。而全神贯注于学习看起来是一条捷径。

学习好的孩子会得到万般宠爱，父母的满意、老师的表扬以及好的成绩。因此，如果一个孩子具有在学业上出类拔萃的能力，但是结果却出人意料的话，那么这种失败一定事出有因。对孩子来说，这种原因显然比成功后的奖赏更难以抗拒。要去了解这种原因，我们就必须要换一个角度来看待学习，那就是失败比成功更具有诱惑力。“这是不可能的”，父母这种先入为主的观念会阻碍他们去理解孩子为什么会选择失败而非成功。如果父母试着去理解孩子的这种看似不可理喻的选择的话，他们就能够去理解孩子的想法，进而找到这种想法的逻辑过程，更重要的是如何解决他们之间的冲突，只有理解之后才能找到改变孩子选择的钥匙。这样一来，父母和孩子就可以并肩作战了。

这里有一个很好的例子。艾拉是一个十几岁的孩子，父母可以算得上功成名就。对于父母来说，孩子在学业上斐然的成就是非常重要的。然而，和成绩优异的哥哥相比，艾拉却平淡无奇，因此哥哥自然而然成了父母的骄傲。尽管艾拉以前的成绩也名列前茅，但是忽然就一落千丈了。父母的焦虑当然也是情理之中的，或者说对艾拉学习态度的担心也不是一天两天了。妈妈开始试着限制艾拉看电视的时间，让她多读些有用的书，但收效甚微。为此妈妈也和老师讨论过，但老师对此也是一头雾水。

带着对这种情况的不满和困惑，妈妈开始去寻找一些关于如何引导孩子好好读书以及提高成绩的专业建议。她开诚布公地表达了对女儿的担忧，女儿对看书没什么兴趣，整日和朋友混在一起，还很爱看电视。妈妈也直言不讳地表达了对女儿的不满。然而直到被问及家庭状况时，一个从未被提及的重点才浮出水面，她的丈夫几个月前离开了他们，这让她不堪重负。显而易见，这次分离对她来说打击很大，唯恐避之而不及。她很清楚这件事情给整个家庭带来的影响。那一刻她突然觉得自己应该承担更多的责任，她不能看着孩子误入歧途。当她强行逼迫艾拉好好学习时，结果却适得其反。

这位妈妈并没有想过女儿的行为背后可能隐藏着一个合理的理由，所以她也从未思考过这个理由是什么。相反，在她看来，女儿就是懒惰和游手好闲。

如果妈妈一开始就对女儿行为背后的良好动机坚信不疑的话，就好像她希望女儿好好学习是为她好一样，妈妈就会开始反思：为什么艾拉以前的成绩都说得过去，忽然就一落千丈了。在自己的专业领域思考任何问题的时候，妈妈都会将环境因素考虑进来。然而到了女儿这里，妈妈就很难和往常一样理性思考了。到底发生了什么让女儿的成绩发生如此大的变化呢？在成绩直线下降的前后到底发生了什么？如果妈妈能够考虑到这些问题的话，她就会想到这一切和那个重要的生活事件——亲爱的爸爸离开了——是息息相关的。

妈妈担心婚姻的破裂会对孩子产生毁灭性的后果，因此想方设法阻止这一后果发生，导致她一叶障目，无法看到女儿真正的需求。她的恐惧和决心建立在“成绩不好就不要找理由”的基本信念之上。对于女儿的理由她嗤之以鼻，在她看来女儿就是懒惰、浮躁或是头脑简单、游手好闲，这让她陷入深深的痛苦之中，也使她无法真正理解女儿的行为。她对自己的认知深信不疑，但是就是不愿意承认艾拉和她的需求其实是一致的：让爸爸回家。

妈妈认为，女儿成绩一塌糊涂是因为她不知道学习的重要性。而实际上却恰恰相反，这个女孩整天耳濡目染，当然认同读书改变命运的想法。于是，她利用爸爸对自己学习的关注来实现自己当下最重要的目标：让爸爸回家。艾拉冰雪聪明，她当然清楚如果自己的成绩一切如常的话，爸爸就会觉得自己的离开对她没有什么影响，继而就可以安心过自己的生活。她开始红灯高高挂，这可是不曾有过的事情，爸爸的担心会让他回到原来的生活中。她用一落千丈的成绩来引诱爸爸回家，尽管在意识层面她只是觉得需要爸爸的支持才能更好地发挥自己在学习上的能力。妈妈在自己的问题中不可自拔，只是希望不要再出什么幺蛾子。相比之下，艾拉更积极乐观，她相信爸爸会回来的，而且她在用一种她能想到的最好的方法来实现这个目标。在这一点上妈妈和她的初衷并无二致，尽管妈妈看不到这一点。

因此，虽然看似截然不同的行为呈现的是父母和孩子观点上的冲突，但实际上却是异轨同辙。艾拉的行为可能看起来有点幼稚，也没什么远见。然而对于这个年龄的她来说，她还能做些什么呢？况且，有什么能比成绩下降更能引起父母的关注呢？

绝大多数父母很难意识到，很多时候孩子和他们的目标其实是高度一致的。孩子和父母的人生盘根错节，彼此缠绕，以至于根本无法和父母的想法划清界限。比起成年人，孩子更多地受到潜意识的影响，因此，他们很容易对父母潜意识的部分做出反应，对于意识的部分反而会置之不理。所以，孩子做出的反应主要是针对父母潜意识的。在孩子的世界里，日出日落的节奏是和父母息息相关的，父母貌似可以掌管一切，而这和我们所说的客观现实却似乎没什么关系。

妈妈强烈地希望丈夫能够回心转意，但是基于自己对丈夫的了解，他能否回头其实她是毫无把握的。她希望丈夫回来，但是对他的感觉是五味杂陈，他的离开让她心痛不已。发生了那么多事情之后，她对他的感觉变得极为复杂。她坚信他不会再回来了，所以她也很难看到女儿期盼爸爸回来的这个动机。

相比之下，艾拉就简单得多，她只看到妈妈想要破镜重圆的愿望，并对此做出回应。想要破镜重圆只是妈妈复杂情感中的一面，但这和艾拉的渴望是不谋而合的，所以艾拉破釜沉舟在所不惜。艾拉不理解妈妈怎么就看不到这一点。艾拉活在当下，未来不在她的考虑范围内，她所体验到的是当下爸爸的离开所带来的真切的痛苦，而妈妈却在担心她的未来。

在这个女孩有限的经验里，她只看得到爸爸作为父亲的部分，而无法理解他作为父亲之外的一个普通成年男人的其他部分。她对他的了解仅仅停留在父亲的层面，而其他部分对她来说是无足轻重的。现在这个对她来说极为重要的关系濒临破裂，除了竭尽全力去修复外，她想不到其他的办法。她看不到父母关系的真实面目，她能看到的也只是作为孩子想看到的关系。在她眼里，让爸爸回心转意是可能实现也是相对容易实现的，所以她竭尽所能去实现自己和妈妈一致的这个愿望。

在这个案例中，遗憾的是，艾拉的母亲却坚信女儿在忤逆她最大的期许，她看不到女儿正在为她们共同的愿望竭尽全力。她根本意识不到，在女儿稚嫩的心里，如果能让爸爸重新回到父亲的位置上，“不及格”是多么的微不足道！

我们能意识到的情感，就好像是我们视力所及的冰山顶端——冰山一角，而冰山的主要部分却隐藏在水平面之下，就像我们潜意识的情感和动机一般。艾拉一落千丈的成绩仅仅是她对困境做出的反应，支配这个反应的力量主要源自水平面之下，也就是说，是由她潜意识的冲动所支配的。因此，如果我们认为艾拉糟糕的成绩是她精心策划的话，就大错特错了。潜意识的运作是未知的、混沌的且让人难以捉摸的。潜意识的动机非常复杂，还经常互相矛盾，而且只有极少的一部分会以稍纵即逝的形式进入意识，然后再被瞬间弹回潜意识中。可能在某个瞬间她会有这样的想法：“如果我门门都不及格的话，父母就会觉得他们分开是一个多么不明智的决定啊，爸爸就会回来了。”但是，因为害怕这个想法，也害怕真的实施之后会带来不好的后果，于是她试图压抑这些想法。然而她无法阻止这些想法以潜意识的形式发挥作用，因此，她做的时候其实并没有意识到，自己在做什么以及为什么这么做。

每当深刻的情绪或复杂的情感驱使我们采取行动时，潜意识的动机可能也在起作用，也就是说，那些我们意识不到的动机在起作用。行为是“由多种因素决定的”，也就是说，虽然我们能意识到自己的一些动机，但是真正影响我们行为的因素却隐藏在潜意识中，而这恰恰是我们做出一些行为的真正动机。在这种情况下，我们的行为、思想和情感，都源于早期经历和情感的各种残留。因此，艾拉的成绩下降，除了潜意识想要告诉父母他们的分开给她带来的影响之外，某种程度上，也有可能是在她潜意识中蓄谋已久的一个过程。以此类推，艾拉行为的原因可能早在父亲离开之前就已经有了萌芽。她无法对文学作品产生浓厚的兴趣可能是因为她觉得父母关心的是知识和文学，以及它们背后的意义，而不是她本人。她可能觉得父母在自己感兴趣的事情上倾注了大量的时间，而在她身上却惜时如金，所以对于那些占据了父母大部分时间的东西，她充满了愤怒以至于根本无法沉浸其中。

无论事实是怎样的，孩子都会产生这样的感觉，即父母对其他事情的兴趣远远超过对他们的兴趣。那么，一切由父母主导的行为怎样才能消除孩子的这种疑虑，让他们相信他们才是父母兴趣和情感的核心。因此，对孩子本身及其所作所为给予认可是至关重要的。只有当孩子对父母的认可和接纳深信不疑时，在教育过程中不可避免会出现的批评指责才不会造成不可弥补的伤害。这里的危险在于，孩子的自信受到破坏，无法相信父母的善意，或是在这个过程中触发了孩子对父母观点的愤怒以及那种嗤之以鼻的情绪，艾拉的例子便是如此。

然而遗憾的是，艾拉无法向妈妈解释自己的想法。在意识层面，她不知道为什么忽然对学习没了兴趣，而且觉得妈妈强迫她读的那些所谓的好书索然无味。即使她知道自己的初衷，也无法表达，因为她知道妈妈是不会接受的。

悲哀的是，父母常常意识不到他们对于孩子来说有多么重要。如果妈妈能从这个角度去理解艾拉为什么拒绝读那些名著的话，她就会扪心自问："在我们看来如此重要的东西为什么到她这里，一点兴趣都提不起来呢？"最后她可能会得出这样的结论："就是因为对我们太重要了吧！"她不费吹灰之力就会产生这样的想法，即艾拉讨厌那些名著是因为她想取而代之得到父母心中最重要的那个位置。这至少会给我们带来新的解决问题的视角，而不只是不分青红皂白地去指责这个可怜的女孩。这样一来，父母就能够看到那个敏感脆弱的艾拉，她是多么需要父母积极的爱和关注啊！

和绝大多数亲子之间的僵局一样，想要解决问题就不能一味地想要孩子去服从我们的愿望。父母经常会把这个当成唯一的解决之道，并乐此不疲。我们可能有自己的考量，但是通过打击孩子来实现自己的想法，对孩子的自信心来说是致命的。另外，长江后浪推前浪，孩子最终会打败我们，成为最终的胜利者。打击孩子会让我们和孩子渐行渐远，最后会造成他们日后对我们的疏离。

因为孩子无法超越当下，也无法理解除自己想法之外的其他可能性，所以父母必须找到一个双赢的解决之道。要想达到这个目标，首先是信任孩子的动机。为了去探索发现这些动机，我们首先应该从这样的假设出发，即孩子和我们一样，他的初衷都是好的。（当然，这个初衷是基于他对事物的看法、他的年龄以及他所体验的特定的情境。）当我们朝着这条康庄大道前行时，我们会给孩子发出这样的信号：我们在和你并肩作战，而非背道而驰。然后，我们可以小心翼翼地问他："你的方法是不是遇到问题了，要不要我们一起想想有没有更好的办法？”

如果我们能够理性地对待我们的孩子，那么实施这样的方法就轻而易举，因为对另一方进行无罪推定是寻求正义的基本原则。然而如果孩子和我们背道而驰的话，我们会感到十分不舒服。如果在这个过程中，我们觉得自己受到了莫大的伤害，那么，在强烈情绪的驱使之下我们无法相信孩子的初衷是好的。火上浇油的是，我们总是会觉得自己把孩子带到这个世界上，对他无微不至、倾其所有，我们自认为对他的动机是了如指掌的。这种想法让我们根本不会想去探索他真正的动机。这是一个奇怪的悖论——我们对孩子的爱导致了对孩子的伤害。只有我们更客观地去看待这种亲密和共情，从孩子的角度出发，才能够发现或者他才会向我们展示真正的动机。只有这样，我们才能够从我们的定式思维中暂时地走出来，进入孩子的参考架构中去审视、去发现。

所有父母和孩子关系中都不可避免地充满情感的纠葛，这是人之常情。因为，只有父母对孩子饱含着这样的深情，才会让孩子确信他对于我们来说很重要，这种觉得自己重要的体验对他来说是刚需，从而让他相信自己对别人来说也是重要的。事实上，尽管对孩子来说，父母对他的谩骂指责让他苦不堪言，但是也好过冷若冰霜。情感冷淡或淡漠的父母，养育出的孩子要么情感冷淡，要么极易愤怒。

这里隐藏的一个风险是，有些父母会因为孩子的一个小错误，而小题大做，来宣泄和释放自己被压抑的情绪，而这些情绪本身和孩子是没有什么关系的。孩子会觉得委屈，并表现出强烈的抗拒。和我们一样，他想要接受的，只是那些真正和他有关的情绪。

还有一种常见的情况，是父母觉得自己和孩子在一条战壕里并肩作战，但是孩子却感受不到父母的丝毫关心，即使是刚正不阿、成熟度较高的父母，也难免会陷入这样的陷阱之中。如果父母将所有的注意力都放在孩子的学业上，并在孩子表现欠佳时大发雷霆，就会出现这样的情况。我们对孩子忧心忡忡，担心他的未来，担心他在学校和老师及同学的相处，担心他没有信心，甚至也可能担心他会给我们丢人，从而让原本合理的渴望被渲染上强烈的情绪。遗憾的是，对于父母在学业上的这种关心，很多孩子的体验都是负面的。有时候，孩子甚至会觉得我们只关心成绩，对他本人却不闻不问。这有可能会让他产生厌学情绪，他会觉得对我们来说学习比他重要。而实际上，可怜天下父母心，父母觉得自己关心的是他，但孩子却深信对于父母来说学习比自己重要。

另外，如果我们能够在日常生活中试着从孩子的角度来看问题的话，我们对他的信任就会与日俱增。拿工作来举个例子，很多人都会有这样的体验，我们觉得自己的工作毫无价值索然无味，无论我们怎么尽心尽力，在领导眼里就只有工作。在这种情况下，我们只会感受到被利用而不是被欣赏，我们会觉得自己被当作一个客体、一件物品，而非作为主体被温柔以待。

然而一提到孩子和学习，我们又开始坚信，我们对他成绩的兴趣和关心就是对他的关心，我们还希望他能看到我们的苦心，但是他的感受是截然不同的。让他止步不前的，不是懒惰也不是缺乏兴趣，而是他所体验到的巨大的失望，因为他坚信我们关心的只是成绩而不是他本人。因此，学校以及学校所代表的一切都很可能成为他怨恨的对象，他开始对作业深恶痛绝。在这种情况下，他又怎么会全力以赴呢？

还有一种可能就是有的孩子觉得在这场战役中父母占了上风，他可能在学业上做到过出类拔萃，但是他却将学业失败当作和父母斗争并打败他们的唯一可能，甚至以此以牙还牙。还有的孩子，为了证明自己不是父母或老师的傀儡，就会用荒废学业的方式去抗争，并以此证明自己的力量。

尽管有些孩子隐隐约约会觉得是学习导致他和父母之间的关系恶化愈演愈烈，但实际上，为了避免痛苦和焦虑，那种雾里看花般的痛苦被他生生地压抑到潜意识中。这些感受一旦被压抑，就无法进入孩子的意识层面，但会在潜意识层面对孩子产生绵延不绝的影响。这导致孩子根本无法投身于这可恶的学业中，尽管他也不知道对学习的这种无名火来自何方，他只想躲得远远的，甚至不惜付出“和父母反目成仇”的可怕代价。

为了坚持自我而被压抑的欲望会在潜意识中日益壮大起来，直到意识的防线全线崩溃。更糟糕的是，我们不知道自己为什么会有这样的欲望，甚至不知道这种欲望究竟是什么。我们的初衷只是想要坚持我们的方式，现在这种欲望变成了一股强大的非理性力量，迫使我们采取这种无法解释也无法控制的方式。

就是这种奇怪的自相矛盾，使压抑及其后果变得匪夷所思。为了不让外力控制我们的行为而压抑的东西，反而成了推动我们的力量。如果连成年人都无法理解这种潜意识的运作，孩子又怎么能够理解呢？孩子只会恼羞成怒，因为他无法阻止自己去做在意识层面不被接受的事情，比如反抗父母的愿望。例如，当父母因为学习对孩子大发雷霆时，孩子也会感到绝望，因为他很难让大家皆大欢喜。

为了避免承认对自己想做的事情无能为力，孩子就开始压抑这种感觉，将他无法做到的事情变成一件不想做的事情。无法控制自己的认知行为，对人类来说，是一件多么令人挫败又可怕的事情啊！

弗洛伊德写于 1915 年的重要论文《论压抑》，与今天的话题不谋而合：“在强迫性神经症中，人们一开始不确定被压抑的究竟是什么，是力比多（换言之是爱）还是敌意。这种不确定是因为，强迫性神经症是以退行为先决条件的，通过退行，施虐的努力取代了更为温柔的爱。指向所爱之人的这种恶意冲动被压抑了……”我们可以补充说，正是因为这个人是如此被爱着，所以恶意冲动被压抑了。人们越是爱一个人，就越会极力压抑对那个人的所有负面情感。

因此，如果我们问一个不能好好学习的孩子爱不爱自己的父母，他会毫不犹豫地回答“爱”，这个答案是真实的。他不能好好学习是因为他不喜欢学习并以此来对抗父母，但焦虑让他压抑了反抗的愿望。恰恰是因为对父母深刻而热烈的爱让他心生不满，因为对父母来说成绩高于一切，甚至于他。孩子不会接受“通过不学习来对抗父母”这样的解释，他会觉得不可理解，因为这个作为动机的想法被他深深压抑着，从而根本无法进入到意识层面。如果问他为什么爱父母却不好好学习的话，深陷这种矛盾之中的孩子只能无力地说“我也想学习啊，可是根本做不到”。这是他意识层面中所有的内容。毫无疑问，这种矛盾让父母和孩子都困惑不已。

我之前也说过，父母潜意识的过程也会深深地影响到孩子，父母也会在不知道的情况下对孩子的潜意识过程做出相应的回应。在通常情况下，父母会觉得自己应该接受孩子能力的局限性，并对此做出积极正面的回应，他们也会尽其所能地和孩子一起去寻找解决办法。然而，如果父母在意识层面因为孩子的成绩而对孩子的未来忧心忡忡，在潜意识的层面却认为孩子在和他对着干，当意识层面的焦虑被潜意识的愤怒强化时，许多父母就失去了耐心。当父母感受到孩子这种潜意识的对抗时，父母就会给孩子施加更大的压力。如果孩子把这种压力以及他感受到的强烈情绪，视为父母无视他且一心关注成绩的有力证据，就会感到很受伤。这种体验加剧强化了他潜意识的反抗。现在，他不仅对学校愤愤不平，对父母也开始心生愤怒，他的痛苦也愈加强烈。

因为根本的冲突在于父母和孩子而非孩子和学校，所以试图通过从学习上来改善这种冲突通常会适得其反。改善孩子的学习状况，对于解决潜在的潜意识冲突无济于事。解铃还须系铃人，父母首先要停止对孩子施加压力，然后想办法缓解孩子因觉得父母爱成绩不爱自己而产生的焦虑。

一旦父母可以认识到孩子不好好学习的根源是愤怒，因为他觉得父母看中的是成绩而不是那个有着自己的需要、愿望和焦虑的个体，那么通过努力让孩子相信自己的爱，相信父母爱的是他这个个体，父母希望他幸福快乐，才能从根本上解决问题。让孩子相信，父母对孩子学习成绩的担心只是冰山一角，冰山下面隐藏的更大的部分是父母对孩子未来幸福的关注，孩子就会得到很大的安慰。伴随着这样的认知，父母的态度也会发生变化，孩子也会从中认识到自己对抗学习的动机。如果父母能够切实理解这个部分，孩子就不再需要竭力压抑这样的动机。父母能做到多大程度的接纳，孩子就能在多大程度上做到自我接纳。所以，当他可以意识到潜意识的过程时，就能够下意识地去调整自己的动机，继而就能更加自由地去把握自己的学业和幸福了。

弗洛伊德曾用理论术语解释过强迫性神经症，对父母潜意识的反抗取代了最初对父母深刻的爱意，父母一门心思追求成绩让孩子感到自己对父母的爱被挫败和拒绝了。然而，当父母尝试去改变自己的态度并试图缓解孩子对于不被爱的恐惧，让他感受到我们对他的接纳时，爱的冲动就可以被最直接地表达出来，而不需要被压抑起来，被对父母的反抗取而代之。

比起在学校表现差更严重的是“学校恐惧”，因为不得不去学校的念头触发了无法处理的焦虑，孩子拒绝上学的原因可以是各式各样的，但是最常见的还是源于不想长大的愿望，他希望永远做那个被父母宠溺着的小孩子。去上学便意味着要长大，要放弃那些充满稚气的需求。然而这个愿望并不会直接导致对上学的恐惧，只有再叠加上更深层的焦虑才会出现这种现象，长大就会失去父母的宠溺，尤其是和母亲的亲密感。

当父母无视这种焦虑而逼迫孩子去上学时，那些孩子很容易发展出严重的身心疾病，而这种疾病会成为他们待在家里的合理理由。他们可能会发展出如下症状：强迫性呕吐——不想上学的想法通过生病的胃表达出来，或者偏头痛——似乎在表达学校的事情让他不胜负荷。那个苦苦哀求无果而被强行送到学校的女孩最后得了厌食症，她通过不吃饭让自己变得孱弱多病，这样就可以理所当然地待在家里了。孩子发展出的所有症状都是有迹可循的，这些心理上的困境促成了对学校的恐惧，从这点上看，孩子发展出各种症状是由很多原因造成的。比如，对于那个厌食症的女孩来说，对学校的恐惧使婴儿期强制喂养的冲突卷土重来，强制喂养是妈妈对婴儿的拒绝做出的回应，反过来婴儿会通过拒食来反抗。

在很多情况下，孩子主要的潜意识动机是害怕因为去上学而失去和母亲之间紧密的联结。如果家里还有弟弟妹妹的话，这种恐惧会加倍。这时候生病不仅仅是为了待在家里，更为了增加孩子的安全感，即妈妈不会忘记我，会更加关注我。孩子生病会得到更多的照料，这是一种继发性获益，这种获益对于想要和妈妈更亲密的孩子来说有着巨大的吸引力。

在这些情况下，如果我们告诉孩子他不是非要去学校，这个疾病很快就会消失。孩子在家舒舒服服地待一段时间，并在我们的指导下取得一些学业进步，自然而然会重新回归校园。

这种方法也不总是会奏效，尤其是当孩子对于长大有着更广泛的焦虑时。在一个极端的案例中，一个孩子被母亲当作那个 13 岁突然夭折的大女儿的替代品。这个孩子知道自己只是姐姐的替身，父母希望她像那个未曾谋面的姐姐一样。这会让她觉得自己也会在 13 岁的时候死掉。对她来说在学校一年一年升级的过程就意味着长大，她不想长大。强烈的求生欲主宰着她所有的想法，于是她开始抗拒上学，因为上学象征着长大。只有经过长期的治疗，让她相信自己不是姐姐的替代品而是她自己的时候，才能得到真正的疗愈。

这种情况的悲剧在于，父母想方设法地逼孩子去上学在孩子看来就算不是抛弃，也是在阻止他继续做小孩。强迫孩子去上学经常会适得其反，因为这会让孩子觉得自己的恐惧是不合理的。在这种情况下，学校及相关的一切都成了父母和孩子之间有力的隔阂。其实父母只需要告诉孩子，不管发生什么，他们都会永远爱他。这样一来孩子就不需要用这种极端的方式去表达对失去父母的爱的恐惧了。

在这种类似的困难情境下，父母需要去共情孩子的痛苦，去理解孩子那种深深的不安全感和害怕失去父母宠爱的恐惧，尤其是孩子对自己作为一个完整的人对父母而言是否重要的怀疑。当孩子不去上学或是成绩变差的时候很容易陷入这种情境，而只有对孩子进行共情才有可能化解这种僵局。对父母来说，要想发展出这种共情，最重要的是意识到自己对孩子是如此的重要。遗憾的是，当我们身在其中时很难意识到这点，孩子的反抗让我们觉得自己无足轻重。然而孩子对父母意愿的强烈抗拒，恰恰是情感介入最有力的证据。这些情绪，表达的是对父母深刻的爱而不是“我不喜欢读书，更喜欢游戏和电视”。一旦父母能够理解因为自己对孩子来说太过于重要才导致了现在的困境，那种因为被挑战而产生的恼羞成怒的情绪就会烟消云散，从而也能很快找到一个更好的方式向孩子表达，他们爱的是孩子本身而不是成绩。

要想做到这一点，发展对孩子的信任是必不可少的，相信孩子的内在力量，我们需要相信孩子有能力处理好自己的生活，我们只需要支持他、接纳他。对于孩子是否能成功的怀疑，正是我们担心他学习的根源，而这种怀疑对于本来就对父母的爱半信半疑的孩子来说是极具杀伤力的。事实上，孩子要想成功，他最需要的是我们对他必胜的信念。我们对孩子的信任能够让他发展出对自己以及能力的信心。精神分析家爱利克·埃里克森（Erik Erikson）曾详细描述过这种信任是如何对个体产生影响的。

孩子对父母潜意识的反抗屡见不鲜，在这种情况下，孩子不相信自己在学校其实可以做得很好。而孩子的这种反抗很可能通过犯罪或辍学等极端反应表达出来。

当然，学业不良也有可能是一种对独立的表达。足够好的父母也会对这个需要进行共情。举个例子来说，如果我们能够共情他这种通过不写作业来表达独立的需要，或者他害怕因为满足别人期待而变成提线木偶的恐惧，那么我们就不会认为他学习不好是因为懒惰或是愚钝。这样一来，我们对他的态度也会发生根本的变化。共情使我们可以秉持一种更为开放的态度，我们可以理解孩子无法专注学业是为了成为他自己。尽管他通过反抗权威来表达独立自我的方式并不妥帖，但我们会希望他变得更好，会给予必要的帮助，同时还要为他已经展翅翱翔而感到骄傲和自豪，这样一来，我们就会对他们的行为有一个积极的预设。而我们这种积极的态度一定会打消他担心我们更关注的是学业而非他本身的疑虑，并帮助他重新点燃对学习的兴趣。接受并理解他的动机，或者站在他的角度考虑这个问题，会让我们在不忽视自己初衷的情况下找到解决问题的方法。当我们对他独立的愿望表示接纳和认同时，他会感觉良好，也会慢慢意识到这并不是唯一或是最好的走向独立的方式。相反，逼迫孩子学习只会让他觉得自己像个木偶，感到被操纵。另一方面，父母对自我主张的接纳，可以帮助孩子找到更好的方式而不是靠厌学来表达独立。

当我们假定孩子的初衷是好的，我们会发现事实也的确如此，尽管这些动机源于对世界不成熟的感知，但是对孩子，我们还能要求他怎样呢？如果我们沿着这种假设继续推理，就会发现，尽管孩子的理由和我们的理由看上去有着天差地别，但殊途同归。当然，这不仅需要双方良好的意愿，也需要极大的耐心。当我们试着去理解并欣赏孩子的动机时，这就变得轻而易举了。这不仅会使我们的沟通变得更加顺畅，也会让我们心情舒畅，而且我们对孩子的共情会让我们更欣赏他，也为成为他的父母而感到更加骄傲和自豪。

A Good Enough Parent

第6章

我们共同的人性

生而为人，对我而言，任何人性的东西都不足为奇。

——普布留斯·泰伦提乌斯·阿非尔

(Publius Terentius Afer)

上一章中谈到的艾拉是一个典型的例子。她完全压抑了自己讨厌学习的原因，因此她对自己为什么讨厌学习一无所知。即使她想要表达自己的想法，她根本无法和妈妈说："我讨厌那些所谓的名著，因为在你眼里它们比我都重要。"她不是害怕说了以后会发生什么，而是这个原因被深深地压抑了，以至于她根本意识不到。这就好像有些孩子饱受心理上的折磨无法去上学，但是他们自己也是一头雾水。蹒跚学步的小朋友根本没有办法告诉我们他怎么了，稍微大一点的孩子就会完全被情绪控制，只能不停地哭喊，这种情绪更多的是焦虑。他们都无法很好地表达自己的想法，这种情况下我们应该怎么办呢？

有个妈妈来找我是因为觉得儿子的行为不可理解，经常让她气不打一处来。我让她举几个男孩最近的一些她觉得比较典型或极端的行为。她就给我讲了一个他们从郊区的家出发去一个大城市旅游的故事。过马路时，男孩忽然站在那里大喊大叫，死活都不走。在马路上闹出这样的事让她恼羞成怒。她问我像这种情况应该怎么处理。

我不喜欢随便给别人建议，因为我坚信在亲子关系中，浓烈的情感扮演着很重要的角色，作为父母必须找到自己独有的解决问题的方式。尽管对于一个成熟的思路清晰的成年人来说并不容易，但我还是建议她想象一下。我问她，在同样情况下什么会让她忽然失态大喊大叫，或者至少是有这种想喊叫的冲动。她忽然茅塞顿开，她说如果看到严重的交通事故之类的事情她可能会有这种反应。她开始恍然大悟，儿子一定是看到了什么可怕的事情被吓到了。当她想到这里时，忽然想起自己在儿子这个年龄的时候，也会经常害怕自己迷路或是找不到回家的路。可她却从来没有想过儿子有可能是被什么吓到了。她当时就在旁边，儿子会怕什么呢？现在她忽然意识到，有时候即使父母在场也并不代表就可以平息孩子那种对迷路的恐惧。即使和父母在一起，他也会担心走散找不到他们。只有当她回忆起这种童年时令她窒息的焦虑时，才能理解孩子的那种恐惧。一旦她能够明白这一点，就会去共情儿子的恐惧，而不是像之前那样恼羞成怒。我进一步指出，儿子也许不是担心自己，也有可能是在担心妈妈，怕妈妈过马路时受伤。这时的她如梦初醒，想到孩子可能会孤零零地被丢在这座空旷而陌生的大城市，举目无亲，两眼一抹黑，这是一件多么恐怖的事情啊！

担心被遗弃是儿童期一种很重要的焦虑，孩子能想象出各种各样被遗弃的方式。在这位妈妈所描述的这类情境中，尽管妈妈理智地解释说实际上并没有危险，但是当我们被恐惧的感受淹没时，理性是起不到什么作用的。尽管父母一脸自信，对环境表现得很镇定，但是孩子还是被情绪和恐惧淹没了。如果他认为父母根本不知道他有多焦虑，那父母的泰然自若和各种保证就成了一种障碍。看上去他们处在两个完全没有交集的世界，父母口中的世界和孩子眼中的世界格格不入，所以父母根本没有办法抚平孩子的恐惧。

如果我们换位思考，大部分人都能想到小时候被惊吓的体验，也许是进入一个陌生的伸手不见五指的黑漆漆的房间中，或是独自睡在那里。当我们因为觉得黑暗中似乎藏着什么可怕的东西而号啕大哭时，父母耐心地跟我们解释没什么好怕的，如果他们的语气和态度让我们觉得他们在笑话我们，我们就更加确信他们对黑暗中隐藏的危险一无所知。然而，如果他们开始对我们的恐惧共情，我们的恐惧就可以得到安抚，焦虑也会在瞬间减轻，因为我们会觉得在面对焦虑的过程中，我们不是一个人在战斗。

不理解我们恐惧的父母，并没有真的和我们一起待在那个环境中，在体验的层面上，他们是置身事外的。然而如果父母可以对我们的恐惧共情，并让我们觉得自己的恐惧是事出有因的，我们就会觉得他们是清醒明白的。然后我们就会相信他们所说的一切。提到那位妈妈所处的情境，我们需要切记的是，如果我们是对孩子的情绪状态而不是对评估是否客观进行回应，那么当时首要的任务就是减轻孩子的恐惧，而不是继续我们的理性解释。我们可以试着去安抚他，把他牢牢地抱在怀里，或是用其他什么方式来帮助他减轻恐惧，而不是希望处在焦虑中的他可以接受理性的解释。

当孩子的恐惧在陌生喧嚣的城市中被触发或是被加剧时，他的惊慌失措也有可能是因不知所措而感到无力，而不仅仅是对交通事故或是可能发生的事情感到焦虑。他妈妈小时候对于失去和母亲的联系的恐惧可能也是这样的。在很长一段时间里，她的这种焦虑都被隐藏在潜意识里，但是对这种焦虑的觉察，可以帮助她有意识地去理解困扰孩子的那种情绪。几年之后，她告诉我，当她去想象在什么情况下她会出现孩子的那种行为时，很多童年的回忆都接踵而至，这对她和孩子都是很有帮助的。这种共情的出现，会让他们目标不一致的情况发生改变，即使目标相左，她也可以更好地去考虑到孩子。简而言之，一旦她可以去共情孩子的行为，她就会自然而然地从直觉上而非单纯从理性角度去理解孩子的问题。

在孩子遇到困难或者不知所措时，试着对他可能的动机进行共情性的理解，并结合自己被唤起的记忆，让我们能从内心去接受他们的行为。否则遇到类似的情况时，愤怒会在瞬间就占了上风。而且父母有时候不仅仅会对孩子赖着不走的情况恼羞成怒，还会因孩子在生活中一点小事都做不好而生气，也会对我们的束手无策感到愤怒。因此，如果我们无法共情孩子所处的困境，我们的愤怒只会愈演愈烈，我们之间的关系也会一落千丈。

这种通常没有被识别的愤怒强烈时会遮蔽我们的双眼，让我们很难去对孩子的想法共情。因此我们经常没有办法帮他们安抚情绪，而我们的愤怒只会让他的焦虑升级。然而当我们去回忆我们儿时类似的经历时，我们就不会再那么生气。在这里理性的理解是远远不够的，我们必须从小时候类似的经历中去切实感受那时候的感觉和记忆，并从中找到可以抚慰孩子的线索。如果我们能回忆起那种让我们窒息的恐惧时刻，我们也会想起那时候我们希望父母会做些什么，孩子偶尔会有这种体验，这会对我们应该怎么做提供有价值的线索。

我们肯定不可能每次都能准确地回忆起那种相似的情境，有时候我们会完全想不起来，或者我们根本不曾遇到过类似的情况。前文那位小男孩的母亲能够想起自己童年期和儿子类似的焦虑，而这对艾拉的母亲来说就很难，因此她也很难去共情女儿。

当我们的回忆也无济于事时，我们就必须尝试其他办法，比如问问自己在什么情况下会像孩子那么做，无论外部环境和细节看起来多么相差甚远。例如，艾拉的妈妈必须放下那些执念，比如她对书籍和阅读的热爱以及她觉得文化知识有多么重要，女儿和她恰恰相反，艾拉对书的体验是充满厌恶的。真正横亘在这对母女之间的问题，根本不是看不看书，而是艾拉无法满足母亲的需要。看不看书只是真正冲突的“替罪羊”。

为了去共情艾拉的感受，她妈妈可以试着回忆对别人轻而易举就能做到的事情自己却无从下手的感受，回忆那种被迫满足父母愿望时的负面体验。回忆当时的感受，思考并探索那种情绪的来源，她可能就会恍然大悟，“这就是艾拉正在感受的”。然后她可能就会理解，女儿当时的处境是多么艰难且难以忍受，那时候她就不会再指责女儿。她可能会问自己：“当我完全没有办法去做到父母想让我做的事情时，我希望他们做些什么呢？这个对父母来说充满乐趣的事情却让我深恶痛绝。”此时，可能就会灵光乍现，找到一个对类似情况下的孩子都十分适用的好主意。这将是帮助艾拉走出困境最好的办法。

再举一个例子。一个孩子把别的孩子打了，这时候他的父母没有不分青红皂白地去指责自己的孩子，而是去问自己：“到底发生了什么，在什么样情绪的驱使下我会动手打别人，或者至少想要动手？”这样，他就不会上来就骂自己的孩子，而是看到孩子真正的需要，即怎样克服自己的愤怒，并引导孩子理解暴力不是解决问题最好的方式。

因此，不管孩子做了什么，足够好的父母都会坚信，那是孩子当时能找到的最佳的解决方案。除此之外，足够好的父母也会扪心自问：“到底发生了什么，我的孩子会做出这样的行为？如果在我不得不这么做的时候，怎么做我会觉得更舒服？”如果能够诚实回答这两个彼此相关联的问题，我们就会明白孩子为什么会那么做，即使他自己无法言说，或永远都不会告诉我们，我们也会找到帮助他走出困境的方法。

事实上，这个原则已经有超过 2000 年的历史了。泰伦斯如是说：既然我是人类的一员，那么任何人性的东西对我来说都不足为奇（Homo sum; humani nihil a me alienum puto）。也就是说，我们总是能找到合理的理由来解释另一个人的所思所想，这至少在理论上是可行的。如果这对一个彻头彻尾的陌生人都适用的话，那么对我们的孩子来说就更是如此了。

可能难以置信，但是我们有时候真的会做出一些曾经觉得不可思议的行为。在我的一生中，特别是在我的年龄尚小且经验还不足的时候，当我听说一些事情时，常常会想“我永远都不会这么做”。然而经历过两次世界大战、一个帝国坍塌以及两次德国集中营事件以后，加上形形色色的精神病案例，包括从罪犯和精神病人身上，我学到了很多和我之前的想法截然不同的东西。我发现，那些我曾经觉得自己永远不会做的事情，在某些（通常是极端的）情况下都是可能的。我经常有强烈的冲动想要去那么做，为了避免付诸行动我极力克制和控制，而这让我筋疲力尽。

我们不能期待我们的孩子做到严于律己。当孩子做了某事的时候，我们永远都不要自负地认为：“我永远都不会这么做。”相反，我们必须要承认，如果遇到类似的情景，我们也会产生类似的感受，之所以我们不会真的那么做，只是因为我们对这个世界有着更多的理解，以及更成熟的自我控制能力。如果我们可以接受这个真相的话，就不难理解孩子为什么会那么做了。另外，如果我们开始试着去理解这一切，我们就会发现自己和孩子以及我们和他人之间，其实在很多方面是惊人一致的。

为了让我们的父母之爱真的积极发挥作用，我们应该考虑如何让这个爱流动起来。我们所做的每一件事情以及方式和理由，都会在意识或是潜意识层面对孩子产生影响。即使我们所宣称的伟大的母爱也有可能是自私的，而且有时候也会让我们误入歧途，但深思熟虑至少会让我们更谨慎地前行。我们必须及时了解并评估我们的动机，不能满足于只检查我们能接受的动机。我们应该去检视我们行为的动机，看看这些行为是为了自己还是为了孩子，或者我们的行为究竟在受谁的影响，是父母、朋友，还是邻居。当然这并不是说我们不该为自己着想，而是说我们应该清醒地去看待事情本身，不要自欺欺人，更不要去欺骗孩子，让他们误以为我们都是为了他们。

比如一个司空见惯的欺骗孩子的例子：哄孩子上床睡觉。很多父母通常觉得孩子什么时候睡觉都可以，但是在他们有事时就并非如此。尤其在他们晚上疲惫不堪的时候，或是他们有事不想被打扰的时候，他们就会觉得孩子必须要赶紧上床，因为到时间睡觉了，而且他们需要睡眠。孩子当然需要睡眠，这没有问题，但是这和在哪个时间点睡觉并没有关系，也不意味着必须要几点睡觉几点起床，当然我说的是第二天不需要上学的小朋友。而且在我们的经验里，如果哪天睡眠不足的话第二天是可以补觉的，我们的孩子第二天也可以多睡一会儿。想在晚上不被打扰也没有什么错，真正的问题在于，父母认为自己逼孩子在那个时间点睡觉是为了孩子而不是为了自己，而且还对此深信不疑。在这种情况下，执着于那个就寝时间而不是灵活应对，恰恰反映了父母懒于关注孩子到底累不累、有多累，并且也懒得去管他到底想不想睡觉，而是用僵硬的规则来一刀切。我们的孩子冰雪聪明，他很小的时候就明白这一点，因此才会在上床前调皮惹事，也是在那个时候他意识到大人的睡觉时间是自由的，取决于我们当下的感受和所发生的事情。通常情况下，孩子都知道自己还不想睡，因为他还没有做完自己的事情或是想和父母多待一会儿，但是这并不意味着他对我们强迫他做不喜欢的事情没有愤怒。

对孩子来说最讨厌的是在他还兴致勃勃的时候告诉他：你累了。尽管孩子也承认父母对世界整体的认知要比他全面，毕竟父母确实知道的比他多，但这并不代表父母更懂他的感受。孩子不能很准确地表达他的感受，但是不代表他不知道。对于事情的出发点到底是为了他还是为了父母自己这一点，孩子是很敏感的。当我们开诚布公地表达自己的出发点时，孩子即使愤愤不平但是可以接受的，尽管这并不是一件很容易的事情，但至少我们的想法是情有可原的。然而当觉得自己被“甩掉”时，大多数人都会感到很受伤，孩子也不例外。如果有人试图掩盖我们被赶走的事实，说这完全是为了我们的利益，受伤的感觉就会瞬间转化为愤怒，对孩子来说更是如此，尽管他还不能很清晰地感知并用准确的语言说出他受伤和愤怒的原因。

尽管父母可能会意识到他们让孩子上床睡觉是为了做自己的事情，却依然试图自欺欺人地说是时间到了，孩子需要充足的睡眠，他们说的时候理直气壮。越是如此他们就越是没有办法接受自己在这个过程中的私心，孩子确实需要睡眠，但在这里却成了一个冠冕堂皇的理由。孩子能隐隐感觉到发生了什么，对父母的愤怒让他更加难以平静地入睡。他甚至会做噩梦，在梦里试着去报复这种不公平的待遇，也或者是为了释放那些因内疚而被生生压抑的愤怒。

如果父母可以诚实地面对自己的感受，即他们需要自己的时间，这样他们就可以带着同理心去接纳孩子因为被暂时排斥在我们的生活之外而感到愤怒。那么这个时候就可以找到一个折中的方案，比如说再多给孩子十五分钟。至少我们可以找到比“驱逐”更温和一些的方法，比如说和他再多待一会儿，给他读个故事，对稍微大点的孩子我们可以让他自己玩一会儿或者自己看会儿书。在孩子房间的灯熄灭之后要保持安静，尽量避免让这个被“甩开”的孩子觉得自己错过了什么重要的事情。

换句话说，我们必须从父母和孩子两个视角来看待让孩子睡觉这个问题，我们需要自己的时间，而孩子需要充足的睡眠。要让孩子确信，他被催着睡觉不是因为别人不喜欢不想要他。“爸爸妈妈不想要我了”，这是一种多么可怕的感觉啊！即使只是在晚上那一小会儿！如果我们能够设身处地地站在孩子的角度去考虑这个问题，我们自然会想办法帮他平复这种恐惧，让他对我们和他自己更有信心，这样他才能在轻松愉悦的氛围中进入梦乡。

关于应该几点睡觉这件事情可能会很麻烦，但总归不是一个很严重的问题。无论如何，它还是给了我们一个自我检视的机会，如果别人不分青红皂白逼我们到点睡觉，我们会有什么感觉，这会让我们可以更理解孩子的感觉。同时，也可以更好地去理解当我们限制他穿什么衣服、何时洗手、吃或不吃什么等日常生活时他的反应，我们也可以从中学到更多处理双方关系的方法。另外我们也可以扪心自问：如果有人强行要求我们对他言听计从，我们会有何感想，这样我们可能立刻就会怀疑我们为孩子好的初衷。我们也可以去问孩子当我们提出这种要求时他的感受是什么，他觉得我们这么做的原因是什么。这个关于父母动机的问题对孩子来说是一个全新的体验，但是只有在他觉得我们会认真倾听时他才会告诉我们，他需要觉得我们是真的想知道而不是一心想要去反驳他。

我们并非为了批评反驳而是为了了解他的观点，没有什么比这个更能让他相信我们对他观点的重视了。关心孩子对我们所作所为的真正想法，并且认真对待他的想法，会让孩子感受到我们的真心，我们是真正想要去了解而不是武断地得出某个结论。公正地对待孩子，就意味着我们要公平对待他对我们动机的看法，就像我们希望他可以认真公平地对待我们一般。如果我们真的相信，我们和孩子的想法并无二致，相信我们的初衷都是一样的，我们就会更好地理解彼此，尽管我们在有些问题上还会各持己见。

询问孩子对我们动机的想法和询问他的动机是截然不同的。在“自行其是”这件事情上我们双方的力量是悬殊的，我们可以强迫他言听计从，而他可能需要曲线救国才可以做自己想做的事情。如果我们还没有准备好邀请孩子来探寻我们的动机，没有准备好对他开诚布公，这种差距很容易就会让我们对孩子内心的探索变成一条单行线。即使我们已经做好了准备，让孩子向我们吐露心声并谈论他最隐秘的想法也是一个充满未知的过程，必须要小心翼翼，仔细斟酌。具体内容详见下一章。

第7章

“为什么”这个问题

质疑不是绅士间的对话方式。

——塞缪尔·约翰逊（Samuel Johnson）

我的孩提时代和大多数中产家庭的孩子并无二致，我有着聪明且对我关心备至的父母，他们也无数次问过我为什么这么想、这么做。但是现在想起来，我很少会觉得父母是真的对我的初衷感兴趣。他们经常会强行制止我想要做的事情，并对我的意图进行批评指责。尽管父母也会经常做出积极的反馈，但我对此却没有太多印象，反而是那些受挫的体验深深地印刻在我的脑海里。事实上我并不喜欢听到他们对我说为什么，因为我根本没有奢求过他们会公正公平地倾听。这让我对这个问题充满了愤怒，无论结果如何，我对这个问题都没什么好感。

然而，很多时候我只是反感“为什么”，主要是因为我被问得如此频繁，以至于我理所当然地会认为大人只有在反对或质疑孩子的所作所为，又担心给自己带来麻烦时才会这么问。他们总是问我为什么，甚至对于一些显而易见的事情他们也会这么问，所以我会觉得，成年人对小孩子根本一无所知，否则他们怎么会像“十万个为什么”。

回想过去，每次我被问到这个问题的时候，我最大的感受就是尴尬，对于这个问题我真的深恶痛绝。我内心的想法就是“你要是真的要了解我的话你自己就找得到答案。你之所以问我，是因为你觉得这个问题不值得你动脑筋思考”。如今，我可以把我当时的感觉总结为一种信念，即如果那些问我问题的人对我的想法敏感一些的话，他们就不会询问我的动机。我也记得，当我那些实事求是的回答除了受到批评指责外并没有给我带来任何好处时，我是多么难过。这种体验的痛苦之处在于，我所说的话不会对结果产生任何影响，我确信我的父母在让我解释之前就已经做好了决定。换句话说，就是我被说服了。“为什么”这个问题通常是在“你不会有什么正当理由”这样的预设下被提出来的。而且，即使我的回答真的得到了他们的赞许，我也会觉得他们是“强颜欢笑”，这种信念来自我对这个问题的愤怒而不是对父母态度的正确评估。

大多数孩子对“为什么”这个问题的看法大同小异，尽管大多数父母坚信这个问题不存在什么圈套。父母们认为“为什么”是个中性词，但孩子的感觉却非如此。《牛津英语词典》里给了第二个定义，即“暗指或提示否定的断言”，并添加了注释：“（‘没有理由为什么……’）；因此通常表示抗议或反对。”这就是我孩子气的直觉所感觉到的，每当我被问到这个问题时，提问者的态度是充斥着某种抗议和反对的意味，我的感觉就是建立在种种类似的经验之上。这让我烦不胜烦，于是就会用一种对抗父母的很防御的语气给出解释。

约翰逊博士的评论“质疑不是绅士间的对话方式”，恰当地表达了我童年时的感受。我总是觉得父母坚信我欠他们一个“合理”的解释和理由。我总是被要求回答各种问题，而他们却只有在他们有兴趣的时候才会告诉我他们的意图。这种不公平也是让我愤怒的原因之一。

当我的父母发自内心地赞同我正在做或是将要做的事情时，以及他们对我的追求（以及为什么我有这样的追求）心有灵犀时，我就不再会有那样的想法，我会感受到一种真实的愉悦。然后我就会兴高采烈地主动向他们解释我的动机，并就一些小误解进行解释。这会让我感受到极大的满足感和安全感，我可以向他们表达我们是多么的心有灵犀，至少在某些重要的方面是这样的。

当父母让我觉得他们在认真考虑我所做的事情，也思考过我的动机，而且尽管他们不认同却依然在试着共情我的计划时，我经常会主动向他们解释，因为我相信我会得到共情的、公正的倾听。我所需要的就是他们认真考虑过我的想法，这就够了。不过，如果之后他们告诉我他们所坚持的，我也会因为我们之间所进行的观念交流和互相尊重而感到开心。那么，即使意见相左，但是至少可以试着去接受彼此的观点。然而如果我感觉到自己在被质疑和审问，而且他们的反应让我觉得自己在对牛弹琴，那么相同的决定可能会让我产生很大的抵触。或者尽管我当时表面上听从了他们的观点，但是我的感受却很糟糕——这个世界太不公平。甚至在很多情况下，我理智上会觉得父母的决定是无比正确的，而且确实也对我有益，但是我依然会觉得自己没有得到尊重，再理性的洞察也于事无补。

也许下面这个发生在我十五岁时的经历可以更好地解释我的反应。这件事是如此重要，以至于在随后的六十五年里一直让我记忆犹新。我一直都是一个好学生，一个安静、内省甚至很温和的年轻人。我们班里一位男老师的行为一直让我觉得很不舒服，其他同学也有这种感觉，因为他的确和我们所遇到过的老师不太一样。有一天，他的行为实在激怒了我，我不假思索地攻击了他，并在其他几个男孩的怂恿和帮助下，把他推出了教室。在那一刻，我也被自己的行为惊呆了，这对我来说太不可思议了。我只知道我很生气，除此之外是否还有其他的情绪，对此我一无所知，也不是很清楚究竟是什么使我如此怒不可遏。

在之后的几十年里想起这件事情，都会让我觉得匪夷所思，到底是什么让我做出了如此反常的举动？我从未认为自己竟可以如此鲁莽、充满攻击性，而且当时那是一所君主专制下的奥地利高级中学，我竟然将一切规则抛于脑后逞了一时之快。我想要试着弄明白究竟是什么激怒了我，因为那位老师其实对我和其他学生都是一视同仁的。我的自我反思也是徒劳，而就算找到一个合理的借口也很难减轻我对后果的恐惧。我当时大脑一片空白。学校的校长是一位杰出的学者，也是一位严厉且恪尽职守的领导者。他不友好且严肃，我因为头脑中预设的惩罚而瑟瑟发抖。我担心自己会被开除，然后甚至会被维也纳所有高级中学拒收，这对我未来的人生将会是一个灾难性的后果。

第二天上午十点左右，校长来到我们的教室，这是极为罕见也很严重的事情，甚至可以说是不祥之兆。我们并排站在那里，默默地接受他铺天盖地的批评，他谴责那些在这个事件中不仅没有阻拦我还推波助澜的男孩，当然特别严厉地批评了我——这个恶劣行为的始作俑者。“伪君子”是他对我最温和的称呼，这个称呼也在表达他对我不可抑制的愤怒，因为在那之前，我都一直在“伪装”成一个“好男孩”。随着他严厉批评，我对惩罚的恐惧越来越强烈，后来同学告诉我他们也有同感。

在对我咆哮之后，他又对所有人长篇大论了一番，我们就那样战战兢兢地听着他的训斥，时间很难熬，像是一生之久。接着，一段沉默之后他竟然用平静的语气说了一句让我永生难忘的话，那种平静和之前的盛怒形成强烈的反差。他说：“当然，我也知道，如果X博士能达到这所学校老师的基本标准，就不会发生这样的事情。”说完他就平静地离开了。那学期我的品行分很低，但这也是我获得的全部惩罚，在那件事之前和之后我的品行分都是班里最高的。我那颗一直都惴惴不安的心在这个小小的惩罚之后慢慢平静了下来，我和我的朋友都百思不得其解。

然而，当时及之后都让我印象深刻的是我的动机并没有遭到质疑，我也没有被要求对自己的行为进行反省或是自我批评，甚至都没有被要求解释或是道歉。事实上，校长直截了当地表示他知道事情的原因。虽然他没有明确地“赦免”我，但是他不仅理解了这个事件，而且还在某种程度上表示接受，他觉得自己或是学校都应该承担一部分责任，因为给我们分配了一个连他自己都不能十分尊重的老师。

这是一种多大的宽慰啊！我想了一天一夜应该怎样为自己辩解，我指的不是为自己的合理性辩护，确实也有我的问题，但是我依然毫无头绪。老师的不称职根本不是理由，尤其是我知道我根本不在乎他到底称不称职，如果我非要说这个是我愤怒的原因，那才是真正的虚伪。我知道，和其他同学一样，我也取笑过他的无知、懦弱，更严重的是我们笑话他的言行举止甚至人格的愚不可及。我们笑话他、奚落他，并乐此不疲。所以，我为什么要自行让这个带给我们巨大快乐的源泉消失？(而且他还是一个让我们自视甚高的老师，这在某种程度上也减轻了我们在面对其他老师时的自卑感。)为什么我忽然想要把他赶走呢？而且我成功地达到了目的，因为在我们把他推出去的那天之后，他就再也没有走进过我们的教室。

我的行为很明显是具有象征意义的，但我的动机究竟是什么？对此我一头雾水。我曾经预想过在对我进行惩罚之前会有人就我的行为动机进行调查询问，尽管实际上我自己也不知道我为什么会做出这样的举动。然而我知道这对权威来说着实是一件完全不能接受的事情，我这么做也只会让那些直接或间接决定我命运的人恼羞成怒。我甚至当时还打算一不做二不休撒个谎算了，但是当时我的大脑却一片空白，连谎言的影子都没有，我几乎无计可施。我其实为我的行为找不到什么理由，校长对这一点心知肚明，所以他也没有给我撒谎的机会。我花了那么久才理解校长的良苦用心，他是多么智慧的一个人啊！

不出所料，X 博士被解雇了，取而代之的是一位德高望重的男士，我们尊重他不仅仅因为他的严谨治学和公允的态度，而且他身上还散发出一种安全感以及一种难以名状的男子气概。直到很多年后我才恍然大悟，校长让这位男士接替 X 博士，可能希望新老师来弥补修复我们在 X 博士那里所遭遇的消极的体验，所以特意选了一位与 X 博士截然相反的老师来接替他。

在这个事情之前，我就是一个极为平凡的无名小辈，但是这个事情之后，校长每次都会在我们擦肩而过时认出我来，他对我的态度很复杂，尊重里又掺杂着极具距离感的冷漠，虽然很难说有多么友好，但是他也从来都没有让我难堪过。多年以后，我才开始渐渐明白他对我的态度所表达的内容，他依然不赞成我当时的所作所为，也没有因此多喜欢我，但是他知道我的行为是情有可原的。

我的确花了一些时间来理解他的意图，但是尽管这样我对他的好感也没有增加——他太专制了，而且在政治和教育方面的价值观和我也背道而驰。要去欣赏或是喜欢一个价值观和自己截然不同的人，需要拥有成熟的判断力，而这恰恰是那时候的我所缺乏的。然而时过境迁，我的这种判断力慢慢被发展出来。我逐渐弄明白，这位严格、老派、专制的校长明白是什么激怒了我，因此他觉得没有必要通过质疑我或是向我询问理由来评估或是证实自己的想法。他很明白我行为背后的需要是什么，哪怕我因为破坏纪律给学校带来了一些麻烦。那个非常轻的惩罚恰恰说明了他并不希望我真的做出多大的改变，而且他也从来没有要求我写过什么悔过书或是保证书，这些都在证实我的猜测。

校长在不去质疑或是激怒我的情况下，很准确地向我表达了他的观点，随着年龄的增长，我也越来越理解他的良苦用心。他对我们那个年龄的孩子是了如指掌的，他知道我们心里都在想些什么，甚至在我们对自己都一头雾水的时候他也是了解的。尽管他不赞同我的行为，但是他理解那个行为背后的东西，源于 X 博士的不知所谓。他没有大费周章地探究我的动机，其中很大一部分原因是他觉得他所理解的主要的动机其实是无足轻重的。还有一部分原因是他正确地推测了那时候一个男孩子的心理状态，即这个男孩子很可能都不知道自己的深层心理动机。

尽管他是一个严于律己、奉公守法的人，但是他知道应该用怎样的方式去对待那时的我。他小心翼翼，避免伤害我脆弱的自尊。他甚至都没有让我当众道过歉。我没有觉得后悔，但是也可能会在他的强行要求下而假装悔过。如果有人强迫我当众去说出自己最隐秘的动机并为此辩解，即使我做得到，我的自尊也会受到极大的伤害，而这和学校培养自尊的理念是背道而驰的。如果我为了逃避惩罚而假装幡然悔悟，那就意味着我将会失去我个人觉得很重要的一个部分——坦诚。如果在被质疑的时候我坚持自我，死不悔改，在这样一个学校里后果是不堪设想的，为了让我表示对他的服从并去承担自己动机带来的后果，他就不得不去惩罚我。当然，这肯定不会改变我什么，只会让我坚信自己是个遭受了不公正对待的替罪羊，并因此而厌恶学校，憎恨校长。

也许在某种更深的意义上，校长意识到我行为的目的，即在象征性地表达我需要一位能让我们尊重的好老师。所以我只是象征性地得到了一个惩罚，没有两个小时以上的说教，也没有被记到期中报告中，更没有永久地留下品行不良的记录。校长知道我的爆发只是在特定情境下诱发的一个一过性行为。

只有我日益成熟，成长为一名经验丰富的老师和儿童治疗师，甚至成为一名父亲之后，我才完全意识到，他恰恰向我展示了一个优秀合格的教育工作者应该具备哪些条件，尤其是在遇到困境时，即想要理解孩子行为背后的原因及行为的目的时，我们必须先对孩子可能的动机做一些假设。

只有在理解的基础上，我们才能判断要不要认同这些动机，这并不会影响我们对待这个行为本身的态度，就好像我们觉得孩子的动机并没有多么的十恶不赦，但是我们依然认为我们必须要制止这样的行为。

了解孩子的动机一定要质问他吗？如果我们认同他的动机，那么就没有必要再去问他了。比如，孩子可能会出于爱心把我们很贵重的东西拱手送人，我们肯定不会允许这样的行为。然而在这种情况下，我们只需要向他解释不应该送给别人的原因，同时我们也要表达对他初衷的认同。如果我们对他的动机有所误解，他可能也会乐于向我们解释。因为我们由心而生的赞同让他感受到了被理解。他对我们的积极态度就会得到证实，这是非常重要的，这会让他在将来继续向我们敞开心扉。

当父母对这个行为无法认同时，情况可能就有点不同了。这个时候去衡量孩子的动机就变得至关重要了，但是我们必须要仔细评估孩子在多大程度上能够意识到他的动机。如果我们压根儿就不认同他的初衷，那么强迫他吐露心声会对他产生什么样的影响呢？他会不会觉得尴尬？他会不会被迫撒谎？再比如他如实回答了我们的问题之后，不出所料地得到一通批评指责，难道不会让他觉得说实话只会带来不好的后果吗？

还有一种情况就是成年人不仅不接受孩子的行为，而且也无法完全去理解他的动机。如果我们对孩子的回答满意，那么一方面看起来相安无事，但是另一方面，这并不妨碍这个问题是“圈套”的实质。孩子可能相信我们会认真且中立地倾听，这可能会使事情朝一个好的方向发展，他可以说服我们让我们觉得他是对的，但是这会给他带来一种很不舒服的感觉，即父母根本没有在第一时间理解到他，不然为什么要问他。这个成年人如此缺乏想象力，他只是想要轻而易举地将不可接受的动机扣在孩子身上，这只会影响孩子对这个成年人的尊重。因此最好的情况是孩子会出现一个矛盾的反应：我的父母是公正的，我需要做些什么才能让他们看到我的想法？为什么他们没有在一开始就无条件地信任我呢？

当然，孩子很多时候对自己的动机是一无所知的，就像我在把 X 博士推出教室时也根本不知道自己想要干什么一样。如果强迫孩子去承认这点，父母也不会真的就完全信任他，还有可能会觉得他在闪烁其词。然后孩子就觉得不仅他不理解自己的所作所为，就连经验丰富、久经沙场的成年人也无法理解，孩子通过获得更多的知识而获取安全感的途径就会受到影响。然后，孩子对父母的尊重就会进一步下降，而且也更难心甘情愿地接受他们的指导，因为他们并不比自己更了解自己。

退一步说，孩子不仅仅要对自己搞不清的动机惴惴不安，还要公开表达自己的这种迷茫，这对孩子来说实在是尴尬至极。如果必须要公开承认这个事实，他以后还怎么相信自己是知道自己在做什么的呢？如果他对自己知之甚少，而成年人也好不到哪里去，那他又怎么能去奢望自己可以了解自己和自己的动机呢？他又怎么能在日后变得更加明智？被迫去面对自己的无知会破坏孩子的自信，而这样的面质也会影响孩子和成年人原本还不错的关系，成年人的质问会逼着他暴露自己的不足。

而且，那些不知道自己动机的孩子，在被质问时会感觉到成年人对答案是有期待的。因此，他可能会因为不能面对自己对自己动机一无所知而撒谎。就像奥利弗·戈德史密斯（Oliver Goldsmith）说过的：“你要是不问我问题，我就不会对你撒谎。”被迫撒谎会破坏孩子的自尊，这会让他觉得自己像个骗子，这只会让他和那个用问题让自己产生不适的成年人渐行渐远。

因此，除非我们通过自己的判断获知孩子的动机，否则我们无法预估他是否会诚实回答我们的问题，我们也不知道我们的质问会带来什么负面后果。如果我们提前就知道孩子可能会有怎么样的反应，而且我们对自己的判断深信不疑，那么对他进行质问除了让他难堪之外毫无意义。

总而言之，如果孩子自己都不清楚自己的动机是什么，我们的质问只会让他感到无助和不安，同时还会平添对未来自己行为的不确定性。如果我们对他的动机已经了然于心，若是能以一种不让他自卑的方式让他有所了解的话，是皆大欢喜的。如果孩子的动机在我们看来是负面的，那么他要么会对我们撒谎，甚至自欺欺人，要么他就会被迫否认自己的动机，这不仅不会让我们和他更亲近，也会削减他对自己为人处事的信心。

在我的经历里，幸运的是校长和我的父母都没有质问我。这不难理解，我的父母担心我的行为会带来什么严重的后果，如果我真的如我所担心的那样被开除了的话，他们就会考虑在其他地方的小镇上帮我安排个学校。他们不仅没有指责我，还为我的学业制订了进一步的积极计划，他们的反应增加了我对他们的信任，我觉得他们会帮我找到一个解决办法的。第二天，当他们得知我只是象征性地得到一个小小的惩罚时，他们如释重负，觉得没有必要再去刨根问底了。我很开心他们没有问我，因为事实证明，在他们去世之前我都无法给出一个让他们和自己都满意的解释。三十年过去了，我才渐渐发现究竟是什么刺激我做了这么一件出人意料的事情，这看起来几乎是无法理解的。如果当时有人问我，我可能真的会撒谎，不是为了说服别人，而是为了掩盖自己对动机的“一无所知”。无论是承认还是公开表达这种“无知”，对我来说都是极具毁灭性的。

X博士经常皮笑肉不笑，呆头呆脑，说起话来也很娘娘腔。他在这个学科领域拿到了博士学位，可是还是一知半解，根本解释不清楚那些专业知识。男孩子正处于对自己萌芽的男子气概焦虑摇摆的年龄，我们需要一个能让我们认同的男性形象。而X博士很难给我们提供一个正向的认同，这就平添了我们的焦虑，我们可能也成不了男人，他的存在就是我们对自己最大的恐惧。这就是我们那么憎恨他的原因，也是在我把他推出教室时同学们都慷慨相助的原因。

我的同学也不喜欢X博士，但我可能表现得更加明显。是怎样一个迫切的内心需求让我的行为如此反常？事实上，就在我做出这个出乎意料且和我的性格完全背道而驰的暴力行为之前，家里发生了一件特别的事情——我的爸爸中风了，这使他有很长一段时间都完全不能动。我男性认同及人格形成的重要榜样就这样生生被剥夺了。不仅如此，我还面临这样一个可能性，作为家里除了父亲之外的唯一男性，我可能会接替父亲的位置。这对于一个因为对自己的男子气概充满质疑，同时又害怕自己不够像男人一样自信的十几岁的男孩来说，足以使其惶惶不可终日。父亲糟糕的身体状况（幸运的是，他慢慢恢复了）让焦虑的我变得不堪一击，我害怕自己可能会变成像 X 博士那样的人。这个想法实在令人难以忍受。每天在教室里和他相遇让我的焦虑与日俱增，直到有一天终于爆发了。只有通过最鲁莽大胆的行为，才能使我的焦虑平息下来，那一刻，这个需要变得如此强烈，以至于严重的后果都不足以让我停下继续的脚步。我的行为好像传达了这样的想法：如果 X 博士不能像个男人一样，那我必须像个男人，虽然我还太年轻。这个理由足够解释我的行为了，也能解释我为什么无法面对这个理由。以我当时的心智，我不足以认识到我焦虑的源泉以及焦虑的强烈程度，因为那会使我残存的一点安全感都土崩瓦解，而我需要的是不惜一切代价来加固自己的安全感。如果我意识到这个动机，会使我这个孤注一掷的行为失去积极的效果。

只有在精神分析的帮助下认识到我和父亲关系中这些隐藏的部分后，我才完全理解了我动机的复杂性。而且，必须有足够的成熟度和安全感，我才能去理解和接受我对“年幼丧父”的巨大焦虑。我花了如此漫长的时间才得出这样的结论，这更让我坚信，在孩子无法获知自己的动机时探究他们的动机是不合时宜的。那个老校长，在对精神分析和潜意识的运作一无所知的情况下，都知道不应该去探究我的动机。他知道这种质问会充满破坏性——尤其是在孩子的行为和平时大相径庭，或行为本身很出格时。当我们在意识层面无法理解一些事情时，就可以推断是潜意识在起作用。对于我们这种对潜意识作用一知半解的人来说，至少应该要有和那个校长一样的心理敏感度。我的行为忽然变得如此反常，完全不符合我的性格，那我一定是有充分的动机才会做出这样的行为。然而，他对我的动机并不感兴趣，他感兴趣的是究竟哪里出了问题，对于老师的无能他也是心知肚明的。因此他根据他所推测的与事件相关的原因来处理。他更重视的，是他对这个事情的看法，而不是我的看法。

他没有质问我的动机，而是根据自己对问题的预估得到了我一生的尊重，因为我自己对动机都是一头雾水，这种尊重恰恰是每个父母都希望在和孩子的关系中能够得到的。

第8章

共　　情

共情：聚精会神地将自己的人格投射到（以便充分理解）客体之中的力量。

——《简明牛津英语字典》

校长的长篇大论是他对愤怒的最真实的表达。之后他用平静的语气评论X博士是一个不称职的老师，不配做男孩领袖，他甚至认为X博士不配从事教师这个职业。当然他对X博士的不满有他自己的部分，但是他对于X博士的愤怒可以使他更好地理解我的行为。因此，他觉得没有必要通过猜测或询问，抑或严厉的惩罚来探寻我的动机。然而无论如何，他的理解是理智而非共情式的——在我面前他有一种近乎盲目自信的优越感，这使他几乎想不起自己曾经在学生时代所经历过的那些痛苦和挣扎。对他来说，我对X博士的厌恶是合情合理的；要接受我行为的合理性，他就必须要在情感上和我感同身受——曾有过被类似的动机刺激到的体验，但是在他的概念里只有现实层面的我和理论层面的他。他的优越感让他一叶障目，使他无法看到这个部分。

成年人要想真正地理解孩子，共情是必不可少的。它要求我们平等地对待他人——不是知识、智力或经验上的平等，当然也不限于成熟度的层面，而是能让我们产生平等的感受。这就要求我们对自己的情感范围了如指掌，不仅仅是那一瞬间的情感，也不限于是某个人习以为常的被唤起的情感。共情性回应意味着我们要设身处地，这样一来，我们不仅能感受到他人的情感，还能了解他人的动机。当我们尝试去做出一个共情性回应时，就意味着我们不能停留在表面，必须要从内在去理解他人，不能像一个兴致勃勃、充满好奇的观察者，单纯地从理智上去理解另一个人的动机。

校长试图从理智上去理解发生了什么。因为他对X博士也很不满意，所以他能理解我的行为，对他来说做到这一点已经很不容易了。然而要是想要真正共情我的行为，他就必须跳出这一事件，去反思究竟发生了什么才导致我的行为如此反常。他坚信他比我理解得更为深刻，而这已经足够了。以前我曾引用法国谚语来说明这个部分——真正的理解才能带来真正的原谅。换句话说，共情就是对他人感同身受：我们去体谅和感受另一个人的感受，这是一种同频共振的体验，是由表及里的，而不是简单地站在某个人的立场上。

弗洛伊德曾说过："共情是在潜意识的层面发生的。"他认为我们只能通过自己的潜意识来理解他人的潜意识。爱、愤怒、嫉妒或焦虑的情绪很多时候是很难用语言表达的，而且很多时候语言其实很难真实且准确地传达人们在抑郁或是快乐时的感受。然而如果一个人曾经体验过这些，那他就会更理解别人的这些感受。当我们和他人共情时，常常会不由自主地和对方亲近起来，我们就能够通过他所讲述的故事之外的东西更好地去理解他。再伟大的诗人，也需要借助象征性的语言来表达深刻的情感。隐喻和寓言都是诗人的语言，因为实在没有比这些更能直接且充分地表达诗人所想表达的东西了。要想更好地理解诗歌，我们不仅仅要读懂字面的意思，而且还要理解弦外之音。另外，我们还必须根据诗人的文字向我们的潜意识传达的信息，对象征、暗示和隐喻做出回应。

我们不能期待孩子们来主动说出他们内心深处的感受或是内在自我的心理活动，事实上他们自己有时候也很难意识到这个部分，更别说清晰地表达了。要想理解更深层的动机，我们必须依靠自己的共情反应。我们用理性思维来理解他们通过语言和行为传递给我们的信息，而我们的潜意识，要通过“对客体聚精会神地投射”来试图根据我们过去或现在的内在体验去理解他们。如果我们真的做到这一点，就能够真正地理解到他们，从而更好地了解自己。这就是为什么2000多年前的诗人米南德（Menander）说：“尽管‘理解自己’是一件美妙的事情，但也不尽然。在很多情况下，倒不如说，‘理解他人’是更美好的。”

为了解释共情的本质及其疗愈功能，儿童精神分析家克里斯汀·奥尔登（Christine Olden）曾描写过一个极为愤怒的8岁男孩。在治疗初期，他向奥尔登讲述了下面这个故事：“我妈妈是个讨厌鬼，我爸爸超级丑，而我的治疗师不仅丑还很可怕。”这是对他强烈愤怒的一种极端表达，这也是他来治疗的原因。他知道治疗师不会像他的父母、老师和大多数其他人那样对他的愤怒做出反应，于是他请另一个成年人来阅读他的表述。这向分析师呈现了他在这个世界中经常得到的回应。然而小男孩没有得到他所熟悉的那种惊恐的、指责性的回应，于是就挑衅地说：“这故事很特别，是不是？”这个成年人很认真地说：“这是一个很悲伤的故事。”这种出乎意料的反应使男孩大吃一惊，他一直都觉得自己的故事充满愤怒和攻击性。等他从惊讶中回过神来时，就问对方为什么会觉得悲伤。成年人告诉他，他之所以觉得悲伤是因为他看到“你是多么讨厌自己”——只有特别不喜欢自己的人才会只看到别人身上不好的部分，才会对别人和世界如此愤怒。

这位阅读者通过将自己放在男孩的位置上去感受，去体验那种对至亲至爱的人充满愤怒的感觉，从而对那个男孩感同身受。对他来说，只有体验过深刻悲伤的人才会这样，因为“无法喜欢自己的绝望”而产生悲伤。理解男孩内心最深处的感觉，并带着共情去接纳这些感觉，而不是一味地拒绝，这才是男孩改变对自己和世界的看法的开始。在治疗的初期，治疗师的接纳可能产生不了这样的效果，因为这个男孩很聪明，他知道无条件的接纳是治疗师的工作。然而一个不相干的人，一个既不了解他也没有义务去接纳他的人能够一针见血地看到问题的关键是悲伤而不是愤怒，这种洞见给他带来了希望。因为在这之前几乎所有的大人都只能看得到男孩的愤怒，那些对他来说最重要的人，他的父母，最终也只是消极地回应他的愤怒，而不是对他的悲伤做出积极的回应。无论出发点多么好，仅凭询问是无论如何都达不到感同身受的效果的，而且只会进一步强化他的信念，即没有人理解或者想要理解他。

就像我无法告诉任何人是焦虑引发了我对 X 博士的愤怒一样，这个聪明的 8 岁男孩根本无法找到自己愤怒的根源。

他也不可能找到自己强烈愤怒的根源。孩子强烈的愤怒感就像一道不可逾越的墙，将背后的东西遮蔽得严严实实。我们对此应该不陌生，很多年龄更大一些的年轻人也无法意识到自己愤怒的真正源泉。这是因为主宰他们全部生活的情绪是如此强烈（特别是愤怒的情绪），由于这些情绪对他们产生心理影响，使他们无法对这些负面的情绪进行理性的思考。他们完全被自己的愤怒占据，根本无法和愤怒保持距离以理解其背后的原因。

要和耗尽我们所有精力的情绪保持距离，跳过它们来追根溯源，即使对成熟的人来说也不是易事。然而，能做到如此是真正成熟的良好标志，可以这样说，真正成熟的标志是能够跳出自己和自己的情绪，即使在这些情绪很强烈时也能跳出来，从而客观理性地思考它们。然而在情绪很强烈的时候，就连年长很多的青年人也做不到这样。因此，当孩子被强烈的情绪驱动时，如果我们想了解他，就必须试着通过共情他内心深处正在发生的事情来理解他，然后根据我们内在相关的发现，用我们的情感和行为做出回应。要能做到这一点，我们就要避免自己被孩子的外在行为所激发的反应带走。

这个男孩只能表达出“那让我很生气”，“那”是他的潜意识，是他愤怒的源泉。如果对他盘根问底，他能做的也只是合理化，因为他根本不知道自己潜意识的内容。他可能依稀觉得自己合理化的想法是空洞、肤浅的，归根结底，分析无关紧要。因为盘根问底只会让他更愤怒，因为他不得不意识到他对自我了解的局限性。

如果我被逼问攻击 X 博士的原因，我只能实话实说“是什么东西”让我这样做的，我花了很长时间来确认“什么东西”，是一种被我压抑到潜意识中的具有很强的威胁性而且无法控制的焦虑。如果非要对那个东西盘根问底的话，我要么会沉默，因为我根本无法解释（这可能会被误解成顽固而不是无助），或者说出一些 X 博士作为老师的失败的地方。校长和我都会认识到这个解释是不充分的。最终，我会因校长逼我做我能力之外的事情而对他感到愤怒，我无法去解释，而他也会因为我的缄默不语而生气。如果奥尔登的病人被逼问自己生气的原因，也可能会发生同样的事情。当涉及最深刻的情绪时，父母想要找出孩子的动机是情有可原的，但是有时候父母也会在这样的动机之下对孩子进行逼问。而很多情况下孩子是心有余而力不足，他根本无从解释，而这样一来父母和孩子之间的矛盾就会加剧，甚至有时候会失去对彼此的信任。

今天，大多数父母都知道领导者也会有盲区——强大的潜意识对我们的很多行为起到决定性的作用，我们可能需要花费很多年才能把这些感觉带到意识的水平，强行侵入可能只会适得其反。既然我们压抑这些情绪是因为我们意识到它们很危险，使我们感到痛苦，那么被强迫去解释就会使焦虑愈演愈烈，而我们的压抑也会升级。但为什么要父母认识到这点是如此的困难呢？因为父母心知肚明，他们对孩子是有所保留的。我认为，很多亲子之间的问题都源于父母在意识中希望和孩子亲密，而在潜意识中他们觉得孩子只有对他们毫无保留才能真正属于他们。既然他是他们的孩子，那么任何内在的想法包括心理活动以及他自己的事情就不该对他们有任何隐瞒。他们愿意承认孩子有潜意识这个事实，但即使这样也不该瞒着他们啊，他们是他的父母！

回答“我不知道”

当我们发现自己陷入了和孩子的僵局中且无法唤起共情的理解时，至少应该试着对孩子的处境做出共情的回应。我们应该用成人资源为他提供一个可能的解决方案供他参考，但即使他接受了我们的建议，我们也要确定，他不是为了取悦我们或是避免继续讨论才接受的。因此，更好的办法是邀请他来评估我们的想法，并对其进行改进。这更可能使他做出反应；另外，这磨炼了他的判断力，而一个简单的问题是没有这种功效的。邀请他对我们的主意做出反应——“你怎么看”——而不只是接受它或为自己的办法进行辩解，这样一来我们就能了解到他内心的很多活动。通过告诉我们他的想法，在他用语言和理性语句表达这些想法时，这些想法对他来说也会变得更加清晰。

先前我也提到过，成人的观点和孩子的观点是极为不同的，因此成人通常很难理解孩子的逻辑。然而如果我们试着从他的角度看问题，然后对他的部分想法进行认同，比如我们支持或者至少不反对他的意图，如果我们能用这样的方式来给出建议的话，他就会心甘情愿地说出他内心的想法。

我们生气的时候就经常会想要一个解释，这就会让他感到被批评或是被质疑。几乎每个孩子都能从父母的语气、表情、身体姿态或其他潜意识信号中，读出“不认同”，尽管我们并没有意识到我们发出了这些信号，但孩子却很容易接收到它们。如果他害怕自己所说的话会得到负面的回应，他就无法心平气和地回答我们的问题，甚至会惊慌失措不知所云。

很少有孩子对自己与父母的关系很有安全感，没有丝毫焦虑。不管他过去有没有被批评过，他对所有的批评体验都是“对人不对事”的，也就是说是针对他本人的。所以，绝大多数孩子向成人陈述自己的想法时都会带着隐隐的担心，担心他的这种小心思被发现，甚或会因这样的想法而受到惩罚。这种担心与“需要认可”是背道而驰的。孩子本来觉得自己能力不错人也不坏，他主要担心自己没有能力或是人品有问题，而说出自己真实想法却可能导致他对自己有这样的感觉。

恐惧使他很难直抒胸臆，所以他倾向于选择不给提问者反驳的机会。尽管有时候他修正了自己的想法使其更容易被父母接受，但他却根本没有意识到自己这样做了。相反，他常常只会觉得自己不再会毫无保留地说出自己的想法了。很多成年人也无法真正地意识到，当他们去修饰那个故事时自己在想什么，或者为什么要去修饰这个故事。这一点，对于年龄越小的孩子来说就越困难。

意识不到我们为什么做某事并不意味着我们对此没有感觉，尽管因为这些感觉的理性过程进入觉察的入口被关闭了使我们无法理解这些感觉。为了安抚父母，孩子们就会隐瞒或修饰自己做某事的初衷，这让他对自己和我们都很生气，因为他不能像自己希望的那样直言不讳和自信，我们反应中可能包含的强烈的焦虑也不允许他这样做。他担心我们会批评他，他觉得用“我不知道”来回答更好，他也这样做了。这让他免于承担任何责任，因此他认为这不会给我们带来烦恼。然而这通常确实会惹恼我们，因为我们认为他拒绝回答我们的问题，而且在我们的想象中，要么是我们的孩子没脑子，做事不经大脑；要么就是他不够信任我们，不向我们袒露他内心的秘密。既然这些可能我们都不喜欢，而我们也很难接受“我不知道”是真的，我们就会在试图打破砂锅问到底时感到挫败。

事实上，“我不知道”常常不是借口或一种逃避的方式，而是孩子对困惑的准确表达。本来他可能很清楚他做了什么以及为什么那样做，而且他确信自己的行为和动机是正当的。然而当我们询问的方式暗含了“不赞同”的意味，他就开始陷入困扰了。看起来理所当然的事情，突然就不那么正常了，他的表达也因此受到了阻碍。

作为父母，我们必须意识到，我们对孩子来说有多重要。当他感觉到我们的不认同时，他立马就会对自己一直以来秉承的信念感到不安。之前看上去正确的事情，现在却是错误的，这不是因为他对自己行为的看法改变了，而是因为他的行为引发了父母的批评。此刻，孩子开始困惑，在他看来，他的行为是对他所经历环境的正确反应，但事实证明是错误的，因为给父母惹了麻烦，他想不明白。他不成熟的心智理解不了相对性和不同的观点。他所知道的就是，一件事情不可能既是对的又是错的，他完全糊涂了。

因为我们想要了解自己的孩子，所以我们问了很多问题，就是这些问题给我们和孩子带来了困惑。因为“我不知道”是一种无能的表达，他自己不得不这样说也心生不满，现在他又因为被逼问而感到自己愚蠢又无能，所以他把自己的困扰归咎于父母对他的询问。

当孩子用“我不知道”来回答父母的问题时，父母也感到挫败并因此恼羞成怒。尤其是当我们知道孩子本质上就很笨拙或对很多事情本来就搞不明白的时候，当孩子表达自己的无知时，我们就更不愿意启发他了。通常，我们确实享受自己作为孩子主要知识来源的乐趣。然而当父母对孩子的行为持批评态度，就孩子的行为进行询问时，父母可能会拒绝思考孩子可能不知道自己这样做的原因。父母很少去反思，孩子真的无法回答这个问题，因为原因被深深地埋藏在潜意识中。

在某种程度上，孩子会模模糊糊地意识到，就是因为父母对他来说太重要了，他才只能说“我不知道”。他觉得，由于考虑到父母才做出这种回答，却受到批评是不公平的。就这一点来说，孩子通常比父母更有洞察力，父母只能看到孩子固执地对真相三缄其口，这使他们很挫败，却看不到这背后的原因，即父母的观点对孩子来说是非常重要的，这会使他避免说出一些会让父母不满的事情。

当我们认为孩子没有充分表达时，也会出现这样的情况（比如说事关学校)，他回答我们“我做不到”。在其他大多数情况下，当孩子告诉我们他做不到某事时，我们的反应是接纳和同情。一旦我们开始秉着一种批评的态度，孩子就会开始含糊其词。孩子会感受到我们批评的态度并对此做出反应（不一定是有意识的)，用一种不情愿的态度，这种心不甘情不愿的感觉加剧了我们的消极态度。他觉得我们不会接受他的理由，所以他为什么要告诉我们呢？比起承认自己不愿意，倒不如说自己没有能力。当然，在很多情况下，没有能力是绝对真实的，尽管通常是潜意识的。

如果我们希望孩子给我们一个纯粹的答案，那我们必须让他知道，我们会尊重他的答案。我们可以通过我们的态度和回应时的措辞来传达这种承诺。那么，他就会觉得不必用借口来搪塞我们，也不必去承认自己的无知或无能。当他确认了我们的良好意愿，就会很乐意让我们（和他自己）了解他心里想的事情，这也会进一步强化我们的良好意愿。

即使我们对孩子看待事物方式的原因做出共情回应，有时候我们还是不能同意他对事物的看法，或者无法赞同他的处理方式。如果他相信我们的初衷是好的，他就能以积极的心态采取行动。他可能对我们的反对感到不舒服，但不会感到被打败。而且，如果他如我们所愿改变了看法和做法，那也不是出于焦虑而是出于爱才这样做的，不是因为他害怕我们不高兴，甚或会惩罚他，而是因为他想继续拥有我们对他良好的印象才这样做的。有些人对我们来说很重要，而且我们觉得他们在共情我们所思所想所做的，真的很奇妙，我们是多么愿意做出一些牺牲来获得或继续拥有这些人的尊重和良好意愿。我们对有些人的良好意愿心存疑虑，如果我们被这些人强迫做出同等牺牲，我们会因此感到怨恨。前者是一种荣幸，因此也能做好，后者充其量不过是一种令人不舒服的例行公事，因此往往会适得其反。

要避开会引发“我不知道”的情境是很困难的，能做的是最好不要询问孩子理由。即使他很清楚自己的动机，询问也不是绝对可取的，因为即使我们不批评他，他也可能不相信。事实上，大多数孩子的体验是，我们很少会让他对我们认可的行为做出解释。我们通常会在感到不满时询问原因，孩子知道这一点。举个例子，我们大多数人都不会这样问：“你为什么这么努力，成绩这么好？”我们问“你为什么不做作业”，而不是“这大好的游戏时间你为什么要回来做作业”。就算有，我们也很少会问“你为什么对你兄弟这么好”或者“你为什么把房间整理得这么好”。我们可能会乐于慷慨地赞扬品行良好的孩子，但不太会询问他的动机，尽管这些动机可能和不良行为的动机一样复杂，甚至一样有问题。所以，他知道，提问通常意味着不认可。

学着撒谎

事实往往没有那么简单，就算一个孩子非常有安全感或是坚信自己是正确的，在意识到我们不会共情他的情况下也能够主动解释自己的动机，即使在这种情况下也会出现问题。例如，我们问孩子为什么打另一个孩子，他会诚实地告诉我们另一个孩子该打，“他找打”。如果我们再继续刨根问底的话，他就会说那个孩子激怒了他。

很多父母会说“我们不能随随便便就大发雷霆”（尽管有时候他们觉得自己也做不到），或者会说“就算愤怒也不该打人啊”。在文明社会是不能轻易动手的，但这种诸如控制自己之类的事情，对大人来说轻而易举，但是对孩子来说却没那么简单。对冲动控制的程度根据成熟度的不同也不尽相同。当父母这样说的时候，孩子的体验是父母不理解他，或者他会得出这样的结论："当我诚实地告诉你我这么做的原因时，你总说是我的错。"令人惊讶的是，一个普通孩子会在短短几年收集大量类似的经验，他从每次经验中学习到的都是开诚布公会换来深刻的批评，经常还是来自他认为重要的人。这是孩子真实的体验，因此很难要求他不去粉饰这个事件来避免我们生气，因为他坚信他承担不了我们知道真相的后果。

对暴力的一个常见解释是"他让我这样做的"。这不是为了推卸责任，这是孩子对感受的真实表达，他觉得别人的行为让他顷刻之间被淹没在汹涌的情绪里，而这些情绪摧毁了他自我控制的能力。当父母观察到另一个孩子并没有先动手的时候，可能会告诉孩子："不，他没有打你！"我们想说的是这件事和那个孩子无关。然而从孩子的视角来看其实原因是多种多样的。总而言之，对成人来说当然可以去遵循非暴力原则，但去要求这么小的孩子拥有同样的能力是不公平的。

无独有偶，这里的问题在于父母经常从自己的视角来评估情境，从而对自己的行为做出一个预判，然后希望孩子也这样做。然而孩子更容易受情绪的影响，而且更难控制自己的冲动。法律也会考虑到个体的自控能力。作为父母，我们不也理应如此吗？我们不应该降低对孩子自控力的期待吗？

如果我们的出发点是相信孩子的行为是基于良好的初衷，我们就能做出如下假设：从他的角度来看，如果他打了另一个孩子，那唯一恰当的解释就是他一定是被严重地激怒了。若是基于这一假设，我们就不一定会问"你为什么打他"，因为我们对答案心知肚明。尽管我们仍然不知道到底是什么行为激怒了他，但我们可以带着对孩子的共情根据情况来提出我们的问题。那时他非常委屈，也许身体上的反击在那时是唯一可能的回应，这时我们就可以说："他让你这么生气真的太糟糕了！他到底做了什么？"孩子会觉得我们站在他这边，而且会再次确信我们理解他在那个情境下别无选择。那么他就会自然而然地将他看到的故事讲给我们听。这就避免了我们之间可能出现的僵局，剩下的问题就是让孩子看到其他替代性的解决办法，看到在被激怒时可能做出的更具建设性的反应。如果我们相信孩子本质上没有问题的话，那么我们就能等他不那么烦躁或生气时，再和他讨论父母为什么反对躯体攻击，以及为什么人应该提高自控力。在他不再被愤怒的情绪包围时，他就能倾听并接纳我们试图告诉他的内容。

有必要补充一下，如果我们自己对孩子实施了躯体暴力，我们就是在说服孩子接受这种变相躯体攻击的可取性。如果我们说服了孩子，那么孩子学到的就是如果你能侥幸逃脱惩罚，如果你相信自己是出于正当理由，那么躯体攻击是完全没问题的。因为孩子总是相信自己的理由是正当的，所以只有我们在和他的关系中做出永远不动手的榜样，即使我们认为有正当理由也不这么做时，他才能学会不再向别人动手。这就是我们对纪律和惩罚的思考。

第9章

关于规训

比起批评，孩子更需要榜样。

——约瑟夫·儒贝尔，《沉思录》

(Joseph Joubert, *Pensees*), 1842

很多父母都会关心教育孩子的方法，比如如何让他们更有责任感，如何学会为人处事的规则，这是人之常情。尤其是现在的年轻人，很多都开始对纪律视而不见。如今，不仅规训的理论五花八门，这个概念也是见仁见智。大多向我询问规训方法的父母，都更想听到我对惩罚孩子的意见，比如如何及时地对孩子做出惩罚，说到惩罚他们首先想到的是躯体上的。这些父母真的希望通过正确的方法来更好地抚养自己的孩子，他们总是在为如何训导孩子而忧心忡忡，却丝毫没有考虑到“规训”（discipline）[⊖]这个词真正的含义。如果他们查过字典，就会发现惩罚只是这个词最后的一个定义。《简明牛津英语字典》把“discipline”定义为：①向门徒或学者传授教导；教授；学习；教育。②教导的一个分支；知识的一个学科。③通过传授和练习来训练学者或下属，使其举止行为恰当合宜；心理和道德训练。④一种训练状况。⑤规则在被控制或命令的人群中被保持并可观察。⑥教堂里的规则维持系统。⑦纠正，惩罚；也可以是殴打，或类似的行为。《韦氏新世界英语词典》显示，美国的用法也没有太大区别：①知识或学习的一个分支。②提高自我控制、品格，或秩序和效率的训练；严格控制以加强顺从性。③如下训练或控制的结果，尤其是自我控制或有序进行。④一种规则系统，比如带领修道院成员。⑤纠正性或惩罚性的治疗。

我用了一大段篇幅来介绍这些观念，因为显而易见，尽管从词义上来说，“规训”也有惩罚的意思，但是绝不是它最重要的含义。对于规训，最重要的定义是教导。和英国相比，美国的定义更强调的是自我控制，这看起来也是美国父母对孩子最大的一个期待。所以，他们的问题是如何教导孩子，从而使他们发展出健康的自我控制。因为最后一个定义也有惩罚的意思，而这个意思其实更强调的是“纠正”，那么“惩罚”或者“殴打及相关”是不是纠正一个人最好的办法？这是有待商榷的。

《简明牛津英语字典》的第一个定义也就是“discipline”这个词最初的意思，进一步强调向“门徒”（disciples）传授的教诲，管教和门徒这两个词来自相同的拉丁词根（discipulus，意思是学习者）。对于我们大多数人来说，“门徒”这个词和基督门徒（Christ's Disciples）有关，基督门徒深深热爱和崇拜基督，对他的为人、生活和教学都顶礼膜拜，想要极尽所

⊖ discipline一词有多重含义，本章作者选取其中一种含义，最贴合中文中的“规训”。——译者注

能追随他。他们最深沉的愿望是努力追赶上他，这不仅仅是因为对他教学能力的信任，还是因为他们爱他，而他也爱着众生。若不是彼此之间有这种深刻的爱，不管老师的能力多强以及榜样本身的力量多大，都永远不会改变门徒整个的人生和信仰。他们的故事证明了爱和尊重会激励我们把另一个人的价值观和观念整合到我们自己的人生里，并努力去赶上他。无独有偶，教学、榜样和互动的爱的结合，可以很有力地阻止我们违背这个人的价值观。这样一来，向孩子灌输一个正确的价值观以及引导他们自律的可靠方法就显而易见了。

“门徒”这个概念，不仅仅意味着对具体技能的学习，也意味着从某一个老师那里获得这些东西，个体会因为对这个老师工作和生活的欣赏和认同，受到很大的影响，从而希望自己成为他那样的人。这通常包含着持久而亲密的私人接触，久而久之，一个人的人格就会受到另一个人深深的影响。因此，若是想要成为学科的专家，最简单有效的办法就是在短时间内成为某个真正掌握这学科专家的“门徒”。如果我们深谙“门徒”和“规训”的含义，就不会相信“规训”可以通过强迫的方式去实现。任何有意义的“规训”都无法通过“殴打”而实现，这和“门徒”的这个概念是背道而驰的。实际上，成为一个遵守律法的人最好的且唯一的途径，就是去认同且努力追赶自己欣赏的人——而不是被他们的言语所影响，言语“教导”最多只是其中的一个部分，而且还不能带有威胁的性质。如果我们的老师是喜欢我们的，或者我们至少是他喜欢的众多学生之一，我们就会更有动力想要成为他那样的人，或者是认同他。

年龄越小的孩子越容易去欣赏自己的父母。实际上，他也没有什么其他的选择，他需要通过相信他们是完美的来获得安全感。他不成为父母的样子还能成为什么样子呢？有谁还能比父母和他更亲近，比父母对他更重要呢？在这个世界上再没有人能像他的父母那样无条件地爱他，无微不至地照顾他。每个孩子都希望自己可以对父母爱自己这件事情深信不疑，担心自己不是父母最喜欢的人是同胞竞争的根源，而同胞竞争的程度在某种程度上也体现了这种焦虑。当然，父母有时候可能会偏爱某个孩子，尽管有时候他们也会自欺欺人，让自己觉得自己的爱是平等的。这样一来，那个不被喜欢的孩子的特质就会被忽略，而父母的爱也很难被平分秋色。在理想的情况下是父母对两个孩子都很喜欢，当然很多父母都是这样的，但是他们的爱会以不同的方式表达出来，对他们来说孩子是各有千秋的。随着孩子处在不同的发展阶段，孩子对父母情绪的影响也会发生变化，对很多父母来说，更多的情况可能是在某个时间段会偏爱其中的一个孩子，然后在另外的时间段会对另一个孩子关注更多一些。每个孩子在感受到“我不是他们最爱的那个”时都很痛苦。然而如果在足够长的一段时间内他们能够感受到自己是父母最爱的那个孩子的话，通常就足以维持自己是被偏爱的那个信念，至少在大部分时间里是这样的。幸运的是和其他许多情况并无二致，希望造就想法，而想法成就信念。当然，如果我们不能成为父母最喜欢的那个人，至少要成为他们最爱的人之一，这个规则只有在孩子不是接二连三遭受严重失望时才适用。

等孩子慢慢长大，他对父母的欣赏就不会再像小时候那样盲目了，随着他知识的拓展，父母渐渐变得不够完美。然而，尽管他会逐渐认同老师或是身边的朋友，但是他也不会停下成为父母最爱的人的脚步，因为对父母无条件的欣赏是如此根深蒂固，这种感觉在很长的一段时间内都扮演着很重要的角色，通常会到成年之后。

因此，幸运的是，很多家庭的孩子都想要成为父母的“门徒”，他们爱自己的父母，欣赏他们，并想要努力跟上他们的脚步，如果不能在方方面面都胜于蓝的话，那么至少在一些重要的方面是要更胜一筹的。如果这个想法不在意识里，就一定在潜意识里；但是我们都知道，在真实的家庭里往往很难达到这样理想的状态。在一些家庭里，有些父母确实会对一些小孩不够喜欢，对他们表现出失望，或者父母为人处事的方式也无法得到孩子的认同。孩子既不欣赏父母，也不想要和他们一样，这时候，他们可能会找到一个新的认同对象来仰慕，并努力将自己塑造成那个人的样子。

这是小孩子依赖的天性使然，他需要一个足够强大并可以给他安全感的人来照顾他，这种需要会一直持续到成熟以后。这一点的危险之处在于，当一个在小时候没有通过对父母的认同模仿而获得自我控制能力的孩子，成长为一个桀骜不驯的青少年时，也依然需要一个他可以参照模仿的对象，在这样一个需要的趋势之下，他很容易误入歧途去认同一个无组织无纪律的人。比如青少年违法犯罪团伙就是这样，这个团伙里高高在上的头目经常会成为这样的一个认同对象，被欣赏被模仿，这通常会给青少年带来灾难性的后果。这个团伙的纪律就是成员们要一起追求团队目标，并对团伙头目做到绝对服从，这是年轻人想让自己和所欣赏之人融合在一起的另一种表现。他很可能会欣赏一个和世俗价值观背道而驰的人，但他欣赏的点是很难被我们认同的。青少年在某种程度上是知道这一点的，但是有些部分却还是不甚明白。让自己臣服于一个他可以欣赏的人，而这个人反过来可以给予他接纳和安全感，这种需要是如此之强大，以至于理智的声音完全被淹没。

以孩子的依恋需要为基础来强化与各种问题相关的自我控制，更重要的是，促使孩子成为一个遵纪守法的人或者想要长久地成为这样一个人，还是取决于父母。就算一个孩子欣赏并爱着他的父母，同时也感受到了深深的爱，并希望能成为父母那样的人，即使在这种理想的情况下，实现那样的目标也不是一件容易的事情。很多父母自己都做不到严于律己，更谈不上在这方面给孩子提供一个明确且可以模仿的形象了。另外，还有很多父母试图向孩子传授自我控制的技能，这会造成孩子学习过程中的逆反，孩子也无法享受这个过程。

还有另外一个困难：当能感受到父母强烈的情感卷入时，孩子很容易做出消极或积极的反应，但是遵纪守法的行为通常不会受到情感的影响，即使感情极为强烈的时候也是如此。孩子对父母失控的印象通常会尤为深刻。父母需要无数次去展现自己自我控制的能力以及耐心，通过这个来向孩子传递价值观，并逐渐去影响孩子内化这些价值观。

严于律己是一个持久而缓慢的过程，有时候会像是一场拉锯战，回想起来会觉得稀松平常，就好像我们生来就是这样的，而且也感觉不到丝毫的痛苦。随着时间的流逝，父母早就忘记了他们之前的这个过程到底是怎样的，所以当孩子遇到困难时，他们就很难再做到不厌其烦。另外，他们也可能忘记了对灾难的恐惧，是那种恐惧的力量让我们变得自律，而现在他们甚至希望孩子轻而易举就拥有这项技能。

如果我们能够回忆起我们曾经的挣扎，那么我们和孩子的关系就会发生一个质的改变。曾经的自己是多么叛逆，我们小的时候自控能力又是多么差，当我们在父母的权威下不得不违背自己的意愿去遵守纪律时，我们经常会觉得自己遭受到了不公平的对待，或是我们会觉得自己像一个待宰的羔羊。伟大的歌德曾经告诫过我们，只有我们可以牢记那些我们曾经违反纪律的岁月，我们才能更好地去应对孩子忤逆的行为。他最有名的一句话是“年轻人，告诉我，我该怎么去忍受 / 这令人崩溃的傲慢行为 / 曾经，我也不止一次做出过这样傲慢无礼的举动 / 事实上，它的确让人难以忍受。”歌德在写下这段文字的时候可能是轻松自在的，并且可以去享受其中的幽默，因为他已然获得了内心真正的安全感，这种安全感可以使他平静且好奇地去理解年轻人的行为，否则，这些行为是无论如何都令人“难以忍受”的。允许自己去回忆年轻时的困难，甚至是难以忍受的，同样也是对自己的一种安全感。而对大多数人来说，在脆弱的自尊的驱使下，我们要么会想办法压抑或否认，要么就会试图忘记。

我们也不应该忘记小时候的我们是多么不可理喻，在我们感受到父母不耐烦和不理解的时候，我们曾经是多么愤怒。如果我们能够做到这一点的话，我们对孩子就能够更加不厌其烦，同时也能去共情他们和年龄相符的违反规则的行为。我们会时刻提醒自己，获得规则意识需要漫长的时间，而且也需克服巨大的内心阻力。

因为我们从很小的时候就会被灌输规则意识，因此，尽管在遵纪守法的这条路上苦难重重，但是父母总归是我们规则意识的领路人。很多时候虽然父母主动承担起了这个责任，但是他们却没有做好以身作则的准备。有句古老的谚语："循我语，但别效我行（Do as I say，not as I do）。"很多时候我们不得不承认，这对教育孩子来说是无济于事的。其实不管他们服不服从我们的命令，对他们来说，都更容易对我们的人格和所作所为进行回应，而不是我们的命令。孩子用行动来回应我们。他们越爱我们就会越认同我们，就会更像我们，更积极地去内化我们的价值观，这里指的不是意识里我们所秉持的，更包括那些隐藏在潜意识里却深深影响着我们行为的价值观。他们越讨厌我们，对我们越不屑一顾，在他们人格形成的过程中我们对他们的积极影响也就越小。

瑞典在 1973 年发表的一项研究表明，言行一致、遵纪守法的成年人，几乎不需要一遍一遍向孩子念叨自我控制的重要性，事实上他们也很少这么做。而另一方面，那些对遵守规则喋喋不休，"只许州官放火，不许百姓点灯"的家长却是收效甚微的。

瑞典政府开始反思他们社会系统的问题，为了消除贫富差距，避免社会分裂，政府为自己的公民提供了从出生到死亡的一整套完善的社会经济保障。尽管政府已经竭尽全力，但青年酗酒、违法乱纪，以及犯罪的比率都像美国一样直线上升，当然也不至于像美国那么严重，但是确实引发了政府的思考，他们对那些遵纪守法和违法乱纪的年轻人进行了认真的研究。研究得出，那些不遵守规则且有着社交缺陷的父母养育出的孩子更容易沦为罪犯。然而，为什么还有一些遵纪守法、家境殷实的家庭也会出现犯罪分子呢？为什么有的家庭有，有的没有呢？这项研究表明，经济背景和社会阶层对行为的影响没有明显的统计学意义。一个年轻人最终有没有走向违法犯罪之路和家庭的心理及情感氛围是息息相关的。

那些负责、诚实、自律的父母更容易养出遵纪守法的孩子，他们身体力行地践行着自己的价值观，他们会在孩子提出问题时耐心地向他们解释，他们觉得不需要将这些价值观强行塞给孩子，他们坚信自己的孩子会成为一个好人。事实的确如此，作为研究的一部分，即使让这些年轻人置身于一个违法乱纪的群体，也不会轻易被同化，因为父母的价值观已经被深深地内化在心里了。即使他们当中的一些人可能会因为好奇去接触过违法乱纪的团体，但多是试探性的，通常不会持续多久。他们会发现，这些人的生活方式对他们毫无吸引力，而且也不适合自己，既不符合他们的需要也不符合他们的兴趣。反之亦然——当少年犯被迫进入一个"正直的"同龄群体时，也没有什么明显的改善，他们甚至一刻都不会放弃自己不合时宜的行为。

另外，该研究也表明，问题孩子并不一定都来自问题家庭，也不一定都有一对有问题的行为异常的父母。更确切地说，结果表明，这些行为异常的年轻人的父母经常会因为价值观不一致而关系不和，他们也没有按照自己向孩子灌输的那种价值观来生活。虽然父母试图教给孩子一个他们认为正确的价值观和为人处事的方式，但是恰恰是由于孩子认同了父母的这种言行不一，因而无法内化这些价值观。父母希望自己的孩子比自己更加遵纪守法，但是通常他们的"违法乱纪"都是有过之而无不及。

进一步研究也揭示，如何更好地保护孩子不让他们误入歧途，父母信奉怎样的价值观其实并不重要，他们是保守还是开放，是严苛还是包容都无所谓。造成不同结果的是父母有多么严格地去践行自己向孩子灌输的价值观。

父母的学业成就水平是孩子学业成绩的最佳预测因素之一，这一点是众所周知的。这个发现并不出人意料。如果父母的学习水平对孩子会产生这样的影响的话，无独有偶，规训亦是如此。就像"规训"这一词的起源和定义所显示的那样，学习和规训的关系是如此密不可分。研究表明，在学习方面，反抗父母价值观的内在需要有时候会阻碍孩子的学业发展，因为他们潜意识想要打败各个方面都很优异的父母。在遵纪守法这个方面也是如此。一个孩子会觉得父母的要求过于严苛而拒绝效仿父母的行为。当孩子觉得自己很难达到父母要求的那样时，有时候会拒绝将父母视为榜样，这种情况下，父母的反应就起到决定性的作用了。有时候父母的态度生硬得让人感到压迫，有个9岁的男孩曾经用这样的愤怒来表达这种压迫感。有一天这个男孩对父亲脱口而出："我知道你为什么这么拼命地工作，你这样做是为了给你的孩子树立一个好榜样。"他的父亲大吃一惊，他并没有这样想过。他只是按部就班使他的工作一直都很顺利，而且在必要的时候他也会为了他觉得值得的原因去努力工作。无论如何，这种榜样的力量也是很强大的。他们的孩子步履蹒跚地去追随着自己的父母，当他无法比想象中更努力时，就会觉得很糟糕。因此，就算他对父亲的行为充满了怨恨，但是他也在不由自主地内化着父亲的行为。

男孩天真的话语可谓一语道破天机。这个男孩通过认为爸爸只是为了给他树立榜样，来试着对抗对父母行为内化的过程，这样他就不需要那么遵守规则了。幸运的是，父亲理解了这一切，并且向孩子解释他不是为了要去给孩子树立一个榜样而工作，他告诉孩子他知道去严格遵守规则是一件多么不容易的事情，他希望孩子可以活得更轻松一些，不要因为工作而不能享受生活。他还补充说自己也不是一直都这么努力的，他年轻的时候也喜欢悠闲自在的生活，直到有一天他在工作中发现了乐趣。男孩把父亲的话听了进去，同时也松了一口气，但是随着他渐渐长大，他变得更加自律了。他没有被迫去认同父亲的生活方式，但是最终将父母的价值观内化成了自己的价值观。然而如果他在9岁时就被期待像一个29岁的成年人那样严于律己、尽职尽责的话，结果可能会不尽如人意。

当父母只是顺其自然去做自己的时候，孩子的印象是最深刻的。而且，一个自尊自律的榜样是如此充满诱惑，没有几个孩子不想成为这样的父母。尊重自己的父母不需要通过孩子的尊重来维持自己的安全感。他自己的内心踏实平静，他不会觉得自己的权威受到威胁，他也会接受自己的孩子偶尔表达出对自己的不尊重，这对小孩子来说是再正常不过了。他知道，如果真的发生了这样的事情，那可能是由于孩子和年龄相符的不成熟的判断，随着时间的流逝和经验的增长，一切都会好起来。另一方面，对尊重的过度渴求也给孩子展示了一个没有安全感的父母，这样的父母不相信自己会自然而然地获得尊重。如果总是靠要求得到自己想要的东西，也会感受到对方不情愿的部分。而且，无论是有意识或是无意识都会感受到一种有求于人的不安全感。有谁会想要成为这样的人呢？不幸的是，没有安全感的父母通常会教育出没有安全感的孩子。就算孩子没有内化和接纳父母的价值观，缺乏自信的父母也足以将孩子养育成一个没有安全感的人。

规矩不是放之四海皆准的，在这个意义上，若父母是一个“言语的巨人，行动的矮子”，结果肯定不会尽如人意。事实上，父母不需要喋喋不休地去向孩子灌输他们的价值观，只要他们言行一致就好了。

本章开头引用了法国道德家儒贝尔的名言：孩子更需要榜样而非批评。也许就像现在一样，在他那个时代，父母也会迅速地对孩子的行为进行批评指责或是说教，而不是身体力行地为孩子做出一个有效的榜样。对孩子的行为进行纠正在短期之内可能会产生立竿见影的效果，但是相比于父母切实为孩子做出榜样来说，那个效果是稍纵即逝的。

别说对孩子发出命令，就算纠正孩子也会因为让他关注到自己的不足而影响孩子的自尊。就算他听从了我们观点，他也很难从改正中获得什么有益的帮助。这并不会帮助他形成一个独立的人格。只有当他自己意识到改变会让他得到梦寐以求的“自尊”时，他的行为原则或是对事情的一些固有的基本假设才会发生变化。

受人规训，或是按照别人的规则来进行生活，会很容易限制我们的自我控制能力的发展。当人生中最重要的部分和行为都受制于人时，孩子会觉得自己不需要去学习自我控制，因为别人都帮他做了。同时，在他成熟到能够理解自我控制的重要性之前，他不会学会自我控制。惩罚只会让我们服从命令，或者充其量只能教会我们如何服从权威，而不是让我们得到可以提高自尊的自我控制的能力。只有到了我们可以自己做出决定的年龄，才有可能学会自我控制。当然这个时间段也有可能会提前，但是再早也不会超过我们能够自我推理的年龄，因为自我控制的基础在于个体希望可以按照自我意志行事，这个决定是个体通过深思熟虑做出来的。

日本的父母和西方国家的父母对孩子的教导方式是截然不同的，美国的文化是基于父母命令对我们的控制，日本文化则是基于孩子对自己理性的自我控制。最近有一项关于为什么日本年轻人成绩优于美国人的研究。我们没有在教学方法和教材的对比中发现差异，但是当研究人员问到关于父母控制问题的时候，文化差异就很明显了，或者这也能为解释日本年轻人学业优于美国人提供一些线索。当西方的孩子在超市里乱跑时，妈妈通常会很愤怒地向他喊“停下来”，或者最多会相对温和地说：“我告诉你不要这样做！”而日本的妈妈通常会完全克制自己不去告诉孩子怎么做，相反，她会问他“当你在店里跑的时候，你觉得工作人员会有什么感觉”或者“你觉得这会让我有什么感觉”。

无独有偶，西方国家的母亲会命令孩子吃东西，或是告诉他吃什么对身体好；但是日本的母亲却会问“你这样挑三拣四，你觉得种菜的人会有什么感觉”或是说“你觉得你拒绝这些胡萝卜，会让这些为了让你吃而努力生长的胡萝卜有什么感觉”。总之，美国的小朋友很小的时候就被告知要做什么，而日本的孩子一直在被鼓励去考虑他人的感受（这是日本人社会化很重要的一个部分；对西方社会化而言，这一点似乎没有那么重要，因此我们也不甚在意），也被鼓励着去思考自己的行为而不仅仅是服从命令。

（关于学业成就问题，也是这项研究的关注点，可以假定，日本孩子早期获得的独立思考能力有利于他在学校更好地掌握知识。相反，美国的孩子没有被要求和鼓励根据自己的思考来做决定或行动，他希望别人能告诉他应该怎么做。在重要的时刻他不仅没有被鼓励独立思考，而且还被期待服从父母的命令而放弃自我思考的权利。）

日本母亲期望孩子能自己做出一个好的决定，也希望孩子不要让她难堪——在日本传统文化中，丢脸是最严重的事情之一。她的问题“你这样做时，你觉得这会让我（或者店主）有什么感觉”意味着他能通过改变自己的行为去帮助到母亲或是店主。让孩子进行独立思考并在独立思考的基础上去行动，同时还告诉孩子他这样做可以帮到别人，这也提高了孩子的自尊感，而我们都知道，命令一个孩子做一件违背自己想法的事情会破坏他们的自尊感。

在自律的发展上也是如此，日本人是十分自律的，母亲在等待孩子自己做决定上有着足够的耐心。他们的耐心给孩子树立了一个很好的榜样，这样的行为同时也隐含着这样一种信念：只要我们给孩子足够的时间和空间，他们就能够完全靠自己去做出一个正确的决定。这种信念也在某种程度上大大地提高了孩子的自尊感。

我曾经在日本生活过很长一段时间，在这期间我从没有见到过任何一个孩子被责骂，也没有见过哭泣或是打架的孩子。有一次我看到一位母亲在教孩子进入房间前先要把鞋脱掉，这让我印象深刻。我从来都没有见过有人会这样发出命令。实际上，这母亲一言不发，只是安静而充满耐心地等待孩子去完成这个动作。当然有时候她会表示他现在还不能进入房间，但她几乎不会说什么话，只是在那里耐心地等待着。在同样的情境之下，大多数西方的父母很难有这么大的耐心，他们会忍不住马上给出指令。在那种情况下，孩子可能会服从，但是他的愤怒可能会在未来的某一刻以一种不可控的方式表达出来。重点在于很多父母太过急于求成，他们想要把纪律强加给孩子，然而学会自律是需要时间、耐心以及信任的，就是相信孩子可以做出正确的行为的信念。

还有一项关于美国（或西方欧洲国家）和日本父母从幼儿园接孩子的方式对比研究。那个小朋友是这个幼儿园里唯一的日本小朋友，差不多一年的时间里，这位日本妈妈每天都在观察美国父母接孩子时的行为。美国的这些父母一到幼儿园就开始马上催促孩子穿衣服出门。就算有的小朋友还想要再待一会儿，但也还是会在几分钟内离开。而这位日本妈妈走进幼儿园，安静地坐下，她不费吹灰之力就吸引了女儿的注意力。然后她轻声细语地和孩子说着话，不温不火，她的女儿就继续忙着她感兴趣的事情。有时候这个离开的过程会花费差不多一个小时的时间，直到她们最终都心满意足地离开幼儿园。

这个孩子会感觉到自己的需要被尊重了，她的妈妈没有把自己想要离开的愿望凌驾在孩子的愿望之上，这位妈妈知道孩子需要在幼儿园和妈妈之间有一个缓慢的过渡。另外，这位妈妈也给孩子树立了一个自我控制的榜样，这比逼孩子学会自我控制要更容易被接受。这种示范比任何方法都更会让孩子体会到自我控制的价值。

孩子发展出自律的过程是需要时间的，对于这个过程的尊重绝不仅限于日本文化。例如，美国人类学家鲁思·本尼迪克特描述了印第安人是如何耐心地等待孩子自己准备好然后去做自己的事情的故事，他们的耐心让她感悟良多。她说自己很多时候都无法控制自己不去催孩子，但是每次想要这样做的时候，她就会感到在场的印第安人会投来不赞同的目光，所以她慢慢地停了下来。孩子需要时间，这样他就能够相信自己做这个苦差事是心甘情愿的，而不是被逼上梁山的，鲁思对没有尊重到孩子的需要感到很羞愧。

美国人总是行色匆匆，这也是美国文化的一部分。不幸的是，学会自我控制不是一蹴而就的，它需要花费大量的时间和耐心。我们的孩子从呱呱坠地的那一刻起就开始匆匆忙忙。在产科病房做的一项研究解释，就算是新生儿也很难逃脱被妈妈催促的命运，就连他们都不被允许在充足的时间里做出自己的决定。妈妈们最常见的表达是“快点”，再加上一个别的词，很多都是批判性的，“快点，醒醒！”“快点，你必须喝 1 盎司[1]多！”“快点，张嘴！”“快点打嗝！”“快点，表现好点！”

在所有这些鞭策和催促背后，不仅仅是母亲的不耐烦想要赶紧完成喂饭这个行为，还隐含了一个内在的信念，就是如果我们不逼孩子的话他

[1] 1 盎司 =28.35 克。

自己就不会去做。另一方面，日本妈妈的信念是她们不厌其烦的基础，她们允许自己的孩子独立思考，她们坚信自己的孩子一定会在合适的时间去做合适的事情，这一信念消除了她们对孩子未来的担忧，同时还在引导孩子，提醒孩子不要辜负她们美好的信任。而美国的孩子从出生伊始就饱受母亲那种信念的折磨，母亲认为如果不逼他、敦促他，他就永远都不会做出合理正确的举动。这种担忧把孩子搞得紧张焦虑，而且很不配合，这反过来又增加了母亲的忧虑，最后会不欢而散。

我们无法复制日本的例子，因为和美国的文化、历史和价值观都太不一样了。然而我们可以参考借鉴，在这个过程中至少表明在孩子实现自我控制以及发展自信的过程中，父母坚持自己的价值观并保持对孩子的信任是非常重要的。许多孩子之所以难以发展出足够的自信，是因为父母缺乏对孩子的信任感，还有的父母会质疑孩子以后会发展得不好。而很多孩子会觉得父母不相信自己一定是有着充分的理由，毕竟父母是最了解自己的人。父母一定是在他身上发现了他自己没有发现的严重的缺点，这个理由是如此充分，足以让我们的孩子产生严重的自我怀疑。所有这些都会严重地损害孩子的自尊和自信，而自律恰恰就建立在自尊和自信的基础之上啊！这就是为什么缺乏自尊和自信的孩子几乎发展不出自律。

任何扰动我们的情绪都会影响塑造着我们，比如孩子对父母的爱和欣赏，它们都有着或积极或消极的潜能。年幼的孩子无法正确地分辨道德的善恶。他只知道他的感觉是好的还是坏的，以及他自己的喜好。因此，子女对父母的爱会增加孩子对父母的认同，无论父母的道德品质如何，对父母的爱会让他认同父母好的部分，同时也会认同不好的部分。

例如，酒后殴打孩子的酗酒父母，他们的孩子日后很大程度上也会酗酒，或是会和一个酒鬼结婚。早在孩子理解酗酒和虐待之间的联系之前，他可能就先去欣赏认同了父母的力量，并因为他们给予的善良而去爱他们。对父母的认同在生命很早期就发生了，并且深深地锚定在发展中人格最底层，日后要想根除这种锚定需要父母花费九牛二虎之力。早期的认同可以影响一个人的一生，甚至对于一个成年人来说，个体会一直固着这种早期的认同，尤其是在某种深刻的情感被唤起时。

正如这个极端的例子所表明的，父母无法命令孩子去有选择地认同他们人格的哪些方面，几乎没有一个酒鬼会让自己的孩子步他的后尘。既然我们不知道孩子会认同我们的哪些特质，那么我们首先需要做到行为和人格一致。就像瑞典那个研究所呈现的那样。当然，我们都不完美，所以我们能期待的就是我们认为值得被拥有的特质会在我们的身上占主导地位，不是像那个 9 岁的男孩那样觉得父母希望他模仿自己，而是我们言行一致，让自己变得名副其实。如果我们努力想要成为这样的人，那么我们所拥有的特质也会对孩子展现出强烈的吸引力，他也会对这些特质进行强烈的认同。等他长大了，他就会慢慢去判断父母的哪些特质是他认为值得拥有的，哪些又是他希望摒弃的，然后可以决定要认同哪些。然而这些成熟的决定是建立在早期认同之上的，发生在形成理性思维的年龄之前。这样我们就很容易理解，为什么即使酗酒者的孩子成年之后在意识层面对酗酒深恶痛绝，但酗酒行为在潜意识层面却对他们有着如此强烈的吸引力。我们也因此看到了父母的规训在潜意识的吸引力面前是多么无济于事，孩子早在可以有意识地理解这种行为之前就已经先认同了这些特质。

第10章

为什么惩罚没有用

惩罚的力量在于使人沉默，而不是将人驳倒。

——塞缪尔·约翰逊，《布道词》

（Samuel Johnson，*Sermon*）

孩子通过对自己所欣赏的人的认同而获得“自律”，和我们想方设法将“控制”强行施加于孩子，这两者是截然不同的。强行逼迫孩子遵纪守法可能会适得其反，父母也会大失所望。因为惩罚会限制孩子，但是无法让他们学会自律，学习自律需要一个更好的方法。当孩子不当的行为激起父母强烈的情绪时，父母就会产生想要惩罚孩子的念头，如果他能够去理性看待这个过程，而不是自欺欺人将其解释为教育孩子的方式，那么他就会三思而后行，而不会冲动地付诸行动。否则的话，他们能欺骗的也只有自己。

孩子从惩罚中学到的是惩罚的合理性。等他们足够强大的时候，他们会以牙还牙。因此，很多孩子会用让父母难以忍受的方式来惩罚父母。我们应该铭记莎士比亚（Shakespeare）的话："他们拥有攻击的力量却从不伤害他人……他们的正直会获得天主的恩赐。"这里的恩赐当然包括被自己的孩子所爱，以及被当成榜样来效仿。

无论是躯体上的还是情感上的，任何惩罚都会让我们和惩罚者势不两立。在这里，我们要切记的是，情感上的伤害要比躯体上的痛苦更加刻骨铭心。比如对于一个说脏话的人，我们用牙刷去刷他的嘴巴以示惩罚，这个过程尽管有些恶俗，但是身体上的痛苦却是极其轻微的，然而他所体验到的羞辱感却是极为深刻的。在这个过程中孩子对显性和隐性的两种信息均做出了反应。显性的信息是他说了一些让人难以忍受的话，而隐性的信息是父母认为他的灵魂肮脏无比（通过嘴巴表达出来），他不仅仅是使用了邪恶肮脏的语言，连他自己都是邪恶的。惩罚很少会达到预期的目的，即规范孩子的用语。也许孩子以后可能会减少在公开场合说脏话的次数，但是在私下或是在幻想里的使用却是有增无减。孩子感受到父母更关注的只是公开的行为，而对于孩子说脏话的原因和动机却漠不关心。在孩子看来，父母只对自己想要的事情感兴趣，而无视孩子的需要，那么反过来，为什么孩子就不能像父母一样，只关心自己的愿望而将别人的需求抛之脑后呢？

在治疗中，孩子告诉我，这种惩罚之后他再也懒得说脏话了，只是自己一个人反反复复地念叨着这些词，受到再小的挫折，这一连串恶毒的谩骂也会脱口而出。他变得越来越消极，几乎很难和别人建立好的关系，这会让他更加愤怒，然后会骂出更粗鲁恶毒的话语。在这个极端的例子中，小男孩将注意力放在愤怒和自言自语的谩骂上，这妨碍了他和周围的人建立积极的关系，他对语言的回避最终让他丧失了交流的能力。最后，他告诉治疗师，用牙刷将他的“好话”和“脏话”一同洗掉了，所以他再也无法用语言来和别人交流了。

诚然，每个孩子因其人格特点更因其与父母的关系不同而对惩罚有不同的反应，但每个被惩罚的孩子都逃不开屈辱的感觉。我认识一个小姑娘，她为了挫败父母阻止她说脏话的种种努力，就假装父母刷洗她的嘴巴对她来说根本无所谓。父母进退维谷，最终无奈放弃。然而他们之间的关系被破坏了。对女儿来说，虽然她假装不在意，实际上却非常在意。她觉得自己比如此粗暴行事的父母要优越，但这种优越感虽然抵消了她的屈辱感，却也损坏了她去爱和尊重父母的能力。

我确信我在十多岁的时候偶尔会说脏话，但是仍记忆犹新的只有一次。我记不清当时为什么要发火，但是我的确对妈妈说了一些冒犯她的话。她大惊失色，非常难过，但是她什么都没有说也什么都没有做。后来妈妈把这个事情告诉了爸爸，爸爸看上去也很难过。然后他用一种很坚定的语气问我：“我真的一定要惩罚你，你才能注意自己对妈妈说话的方式吗？”事情到此就结束了，但给我留下了深刻的印象，我相信，这比任何惩罚都让我印象深刻。想到有可能对我进行惩罚，这让我那温文尔雅的爸爸感到痛苦。所以其实我根本不担心我会遭到惩罚，因为他们从来都没有打骂过我，我担心爸爸因为我而感到难过和担忧。尽管他心乱如麻，但是他还是克制住了自己，他也仅仅问了我一个问题，就让事情这么过去了。然而这个效果却出奇的好，从那之后我再也没有对父母说过脏话。（我的确也没有什么理由要这样做，但对同龄人说脏话我不会感到内疚。）父亲问我的那个问题只是一个警告而不是惩罚，但是那却足以让我觉得自己做错了，因为父母忍住了对我的愤怒，所以我觉得我也应该在和他们相处的时候试着去控制自己的情绪。惩罚很难达到这样的效果，惩罚可能只会激起我的反抗。因为有时候即使孩子知道自己错了，但是他依然会觉得除了身体和心理上的折磨外，可能还会有更好的方法来让他改正错误。大部分孩子对于惩罚都深恶痛绝，他越爱自己的父母，因惩罚受到的侮辱也会越严重，同时也会对惩罚者越来越失望。

大部分人都会对惩罚的情况唯恐避之而不及，从这个意义上来说，惩罚可能貌似有效。然而对罪犯进行惩罚的经历却表明，惩罚对于那些坚信自己不会被抓住的人来说是收效甚微的。所以，惩罚只会让孩子把问题行为从地上转入地下。惩罚越严重，他隐藏的力度就会越大。

面对成年人的期待也许他也会表达出懊悔，不管他是不是真的觉得懊恼。事实上他可能只是在对事情被发现而感到遗憾，因为他不得不为此“承担后果”。因此我们要切记的是，那种在逼迫下表达的忏悔其实是毫无意义的，那只是为了暂时平复我们的愤怒，或是让正在进行的惩罚快点结束。

相反，如果我们告诉他“我相信如果你知道这是错的，你肯定不会再这么做了”，这样会事半功倍。大部分时候是这样的。他可能会想：“如果我父母发现了，他们肯定会很生气。”然而这和相信自己做错了是两码事。无论他做了什么，在那一刻他可能依然觉得自己是对的。举个例子，妈妈禁止小朋友吃小饼干，但是这种禁止使“吃小饼干”变成充满诱惑的一件事，对小饼干强烈的渴望可能会成为他偷拿小饼干的理由。而父母的批评或是惩罚只是会让他觉得代价太大。“太不值得了，还是让小饼干留在罐子里比较好”，但是这个想法是发生在整个事件之后的。

如果我们告诉孩子，尽管我们不赞成或禁止他想做的事情，但我们相信他的善意，这种正向的回应会让孩子更能向我们敞开心扉。而且有时候尽管他还是不喜欢我们的反对意见，但是对于我们的积极看法他是心生欢喜的，欢喜到想要继续拥有我们对他的喜欢，即使牺牲掉一些他想做的事情也没关系。

孩子们很少会因为父母的责备而真的觉得自己做错了。很多时候他只是希望得到父母的爱，希望自己在父母眼里是好的，因此才会承认自己做错了。既然做父母认可的事是短期之内能够被爱的最好的方法，长此以往就会朝父母那边倾斜，孩子也因此认同了父母的价值观。因此，这样的认同是热爱和欣赏父母的结果，而不是被父母惩罚的结果。

虽然批评或是对惩罚的畏惧可能阻止我们再犯同样的错误，但是这却无法引导我们去做正确的事情。如果我们忽略这一点的话，父母和教育者就会陷入一个陷阱之中，他们通过“矫正”这一负面的意义来达到他们的目的。然而只有“自律”是通向正确的桥梁，自律是在内心愿望的驱使下由心而发去做某事，同时坚信在自己的价值观框架下是对的，这样的话个体也会自我感觉良好——就可能“问心无愧”。自律是建立在我们内化的价值观之上的，我们因为热爱、欣赏以及想要效仿那些以这些价值观生活的人们，因为我们希望通过这种方式被那些重要客体看到并得到他们的尊重。

避免犯错的一个主要原因是担心再受到惩罚，这其中良知的成分很少。而良知是有效激发我们做正确的事情的法宝，我们会觉得如果不这么做的话会受到良心的谴责，严重的话还会感到痛苦或是抑郁。总之我们只会因为害怕良心不安而去做正确的事情——为了让自己感觉良好，而不是为了避免惩罚。

尽管在这点上，我们对自己的感觉是非常重要的，但是很多外部因素对于强化我们的自尊也起到了推波助澜的作用。这些因素包括，我们希望得到重要客体对我们的认可并在他们的心目中维持好的形象。他们的想法只有在我们在乎的时候才会显得重要。即使他们拥有惩罚我们的权力，惩罚也无法影响到我们的行为。我们所做的行为上的变化也只是为了避免惩罚。

因此，归根结底我们也只能靠自尊来克制我们的某些欲望，如果欲望太过强烈，那么我们是否做、怎么做可能就取决于我们对这件事情性价比的评估。也就是说，在那种情况下，我们的生活会遵从情境性道德，情境性道德并不是牢牢锚定在人格最深层，它会随着当下的情境发生变化。因此，父母对孩子管教的目的应该是提高孩子的自尊和自控力，并使其足够强大且有弹性。这样一来就可以时不时对这个年轻人进行鞭笞，以防止其误入歧途。

还有一个我多次强调的观点是：无论孩子做了些什么，他给出的理由多么荒诞不经，或者他对情境的评估多么自欺欺人，但是做出那个行为的瞬间对他来说就是对的。因此，我们惩罚他的时候需要强调的是，我们相信他之所以那么做是因为那一刻他觉得是合理的。这样一来，他的自尊得到了维护，同时也可以积极地去倾听我们的想法。尽管我们可能会因为孩子犯了错误而大发雷霆，但是我们要切记弗洛伊德的话：理智的声音可能是坚决的，但是分贝却很低；而情感的声音常常会震耳欲聋，大到掩盖其他所有的声音，对孩子来说尤为如此。

我们需要小心翼翼地去呵护理智的声音，提高它对孩子的吸引力，这样一来即使声音很轻柔，但无论如何都会被听到。如果我们让情感占了上风，冲孩子大喊大叫的话，就算有效也维持不了多久，他可能会在惊慌失措之下被迫服从，但是我们都知道，他根本就没有听到理智的声音。我们的任务是创造一种可以让理智之声被听到的情境，不仅被听到还可以被听从。如果我们心烦意乱焦躁不安的话，我们可能就无法用柔和的理智的声音去和孩子沟通，同时如果他处于担心我们生气或被惩罚的焦虑中，那么这种理智的柔声细语也是无论如何传不到他的耳朵里的。

对孩子来说，对禁忌之物的渴望是多么的难以抗拒啊！哪怕是像小饼干这样的小东西，遗憾的是，我们常常会忘了这一点。这是因为我们已经不再会有这样的渴望，或者我们可以轻而易举地克制或是去满足这些愿望。然而孩子的渴望却是如此强烈，以至于一叶障目。如果我们试着去了解他的心理状态的话，必须设身处地去感受我们在这种情境下的感受，当某个被禁止的事情深深地吸引着我们，做到这件事又是如此轻而易举，而且也不会伤害到他人时，那么何乐而不为呢？也许还有一个更常见的例子：当我们超速行驶，或者违反交通规则、违章停车的时候，孩子对我们的错误行为也是心知肚明，只是不说而已。在这种情况下我们用超速不一定有害来给自己找借口。这对孩子来说当然难以接受了，为什么只许州官放火，不许百姓点灯呢？在这些情况下，所有的事情都在于我们做了些什么，而不是我们说了些什么。

如果我们能够清楚地认识到我们自己对超速行驶的合理化的过程，那么我们就能轻而易举地理解到孩子当时拿饼干的心理活动。然后我们就会明白，就像我们给自己的违章找理由一样，孩子也只是做了和我们类似的事情。如果我们可以从这个角度思考的话，我们又怎么会忍心因为他的小小的过失而对他大发雷霆呢？相反，我们会共情地去看待他的小错误，找到更准确的语言来让他相信还有更好的选择。我们态度温和地对待他的过失会让他有更大的力量抵挡住接下来的诱惑，但是这也只有在我们以身作则去抵抗住诱惑的时候才能奏效。

在这里，“偷拿小饼干”也可以象征各种各样，或是可能更为严重的违法行为。我们把这些行为看得越严重，就越不能按照前面的这个思路去思考。这个思路在很多情况下都是适用的。我们可以告诉我们的孩子，尽管我们不赞同他的行为，但我们知道在当下他的认知里那是合理的，这样就会开启一场对话。然而，如果我们让他觉得在我们眼里他的理由是那么无足轻重的话，无论他的理由是什么，他都会发展出一种信念，即我们只相信自己的想法。当他的思维方式和我们不一致的时候，他根本听不到我们的声音。在那种情况下，他很有可能会放弃，并开始对我们和我们的思考方式产生抵触的心理。

当我们告诉孩子他做错了，尤其是用一种生气且恨铁不成钢的语气告诉他的时候，他的自尊会受到伤害，他对我们的爱也会在这个过程中减少，一并减少的还有他想要模仿我们以获得认同的需要。而如果我们告诉他我们相信，他如果知道这个事情不对他肯定不会做，他的自尊以及对我们的爱也会随之增加。现在是想要被爱的愿望促使他去做正确的事情。而日后，作为成年人，自尊自重会引导他走上遵纪守法的康庄大道。

我并不是建议父母在孩子做错了事情的时候完全不去惩罚他们，听之任之，也不是说父母永远都不应该对孩子发火。每个深爱孩子的父母在孩子做错事情的时候都会产生强烈的反应，就算是最温和、脾气最好的父母也会在某些情况下变得怒不可遏。在这种情况下，足够好的父母和不够好的父母的区别就在于，前者能够意识到自己的愤怒和自己的关系更大，沉浸在愤怒中是于事无补的；而后者却相信他的怒气是因为孩子，因此他也觉得自己有权将愤怒付诸行动。然而当愤怒占了上风的时候我们是没有办法理性思考的，如果我们能切记这一点，那对双方都是受益匪浅的。当我们愤怒的时候，我们就很难清醒公正地去判断问题，我们更多的回应是针对情绪做出来的，而不是理性的事件，所以孩子也很难听进去我们的话。即使我们强压着怒火，小心翼翼地和他们讲话，他也仍然会感觉到我们是在努力压抑自己的情绪，他会对这些情绪做出反应，而不是对我们的话做出反应。当我们怒不可遏却还要佯装平静时，孩子也从我们这里学到了自欺欺人——这就是在瑞典研究中发现的一个强行对孩子灌输纪律的典型的行为类型。

再回到偷吃饼干的例子，如果我们等到孩子吃饱，直到肚子里再也塞不下其他东西的时候再和他谈，那孩子可能会更容易理解我们。等他对甜点的愿望被满足之后，他可能就更容易理解为什么我们会禁止他吃太多甜食的观点。因为远离情绪的干扰之后，温和的理智的声音就更容易被听到。

所有的一切听上去都是理所当然的，那为什么不能按照这样的程序进行呢？原因显而易见而且多种多样。其中一个是，我们不会仅仅满足于让他停下来，我们还想让他承认停下来是对的。下面一个例子可能可以说明这一点。

一个和孩子关系很好的妈妈，不得不拒绝孩子提出的想要一辆新的变速自行车的要求。这让男孩闷闷不乐，并开始不停地纠缠，妈妈请他坐下来，并开始长篇大论，喋喋不休地跟他解释家庭的经济状况。男孩耐心地听妈妈讲着，并试着去接受这些，但之后他对妈妈说：“我没有办法拥有这辆自行车的事实让我不开心，你光说‘不’，我是可以接受的。而你还要求我去听一堂这样的经济课就太过分了。”幸运的是，他妈妈看到了他的观点的合理性，并向他道了歉。她理解她的长篇大论没有让儿子变得舒服反而更难受了。那时候她无法去共情孩子的失望，而是希望他也能站在她的角度去看问题，但是这对于那一刻的孩子来说是无法实现的。

问题通常在于因为害怕孩子失望，所以我们没有办法共情他求而不得时的感受。我们只是希望他接受并理解我们的理由，但是这对那一刻被情绪淹没的他来说是无法想象的。如果妈妈能够接受孩子那一刻的失望，并在第二天他可以将自己的失望处理得差不多的时候，再去向他解释家里的经济情况，可能结果会有所不同，可能孩子还是无法接受，但是他能感受到妈妈已经在很尽力地处理他的失望了。相反，妈妈的侃侃而谈会让他有种感觉——妈妈希望我做得更加成熟和理性，这个要求对我来说太高了，我根本做不到。这种感觉会损害他的自尊和自我价值感。然而如果妈妈的解释是在事后发生的，而且在拒绝的时候也有共情，那么他就会觉得自己的失望是合理且可以被接受的，他的自尊感和价值感也会增强。那么，如果第二天妈妈再提到这个问题，孩子的感受可能就会完全不同了，他不仅不会因为感到被忽视而难过，还会因为自己的感受被认真对待，而且没有被觉得不可理喻而感到欣慰。

请引导我们远离诱惑

也许没有什么比偷窃更让父母头痛不已的违纪行为了，比偷窃本身更让父母不安的是孩子可能会长成一个“小偷”的预设。因此，通常情况下和父母的反应匹配的是他们对未来的焦虑，而不是真实发生的错误行为。那个小孩只是在不明是非的情况下拿了一个他想要的东西，他并没有打算成为罪犯，但是父母却因为觉得他会发展成一个令人唾弃的罪犯而痛苦不已。他已经知道错了，也准备好接受父母的批评指责，但他也只是准备好接受对偷拿东西本身的惩罚。他根本没有想那么远，首先他想不了那么远，其次他的思绪此刻已经被铺天盖地的压力淹没了。

这并不是建议父母要无视孩子的品行。无论孩子做了些什么，好的还是坏的，父母的反应都会在某种程度上影响他人格的发展。我们需要对严重的违法乱纪行为做出恰当的回应，这样孩子就能从这段经历中学到经验教训。如果我们对他的行为视而不见，或是表现得很敷衍，他可能会觉得我们在鼓励他的行为，或者以后会愈演愈烈。因此对父母来说，理解他当下的行为很重要，比如说这个来路不明的东西是怎么到他手里的。毋庸置疑，偷窃必须要被认真对待，但是尤为重要的一点是，父母的反应要和孩子的行为相匹配，而不是直接指向对未来的担忧。换句话说，对于类似的行为，我们不能坐视不管，也不能夸大其词，让孩子产生不公平的感受。

显而易见，这个来路不明的东西是需要物归原主的，他也要去承担相应的后果，除了道歉，如果造成了损失，是要对失主进行赔偿的。然而我们不能直接将其视为十恶不赦的罪犯，在我们的司法系统里，孩子是不能被定罪的，我们不应该比法律还严苛。让他独自去完成这个物归原主的过程可能不是最好的选择。我们需要对这个过程进行监督。而且在我们的陪伴下，他可以感受到他的所作所为让我们多么难堪，对于深爱父母的孩子而言，没有什么比让父母因自己蒙羞更糟糕了。

然而，我们的惩罚会大大削弱这种效果。这和司法系统很大程度上是异曲同工的，从情感的层面来说，惩罚在某种程度上将内疚感一笔勾销。我们在刑事司法制度上的经验也告诉我们惩罚其实是一个收效甚微的震慑方法。这只会让被惩罚者对惩罚者的愤怒愈加强烈，最后可能会觉得自己不应该受到惩罚；另外，惩罚也会让被惩罚者的内疚感失去存在的理由。相反，如果让孩子通过我们的痛苦和难堪来对自己的行为进行反思的话，结果会事半功倍。他会深深地铭记在心，而且不会重蹈覆辙。

对于满脑子都充斥着对孩子未来担忧的我们，其实孩子拿东西的渠道并不重要，东西来自我们或来自他人其实没有太大的区别，但是对孩子来说就截然不同了。如果我们不能很好地去理解这个区别的话，那么我们很可能就会前功尽弃。

几乎所有的孩子都有过抵挡不住诱惑在父母眼皮底下偷三摸四的经历，也有可能是从一个触手可及的钱包里抽点零钱。他这么做的原因当然各不相同，有可能是想要买一些自己喜欢的东西，也有可能想看看父母对自己的东西有多重视，或者有时候只是想让父母知道自己对某个东西的渴望。或者他想要和同龄人一样，或者想要用钱获得同龄人的友谊，也或者他自己丢过钱现在只是以牙还牙而已。这是发生偷盗行为时孩子能意识到的有限的原因，但是可能还隐藏着无数潜意识的原因。举个例子，他可能以为自己偷拿某个东西仅仅是因为想要，但是这个行为背后的原因可能是多种多样的，有时候偷东西可能是潜意识想要让那个不爱自己的父母难堪进而惩罚他；或者孩子会坚信自己偷东西只是为了得到它，但是潜意识里可能他更想证明的是自己有多么勇敢，或者那个需要有多么强烈，或者他可能更想通过这种尝试来证明自己会受到命运的青睐。

当我们的钱被孩子偷偷拿走的时候，在我们去和孩子交涉之前或许应该先扪心自问：我们是不是太大意了，就这么把诱惑赤裸裸地呈现在孩子面前？作为父母就算我们知道大多数孩子都抵挡不住这种诱惑，但是我们潜意识还是不愿意相信自己的孩子也是这样的。诚然，他这么做是不对的，但是在经受诱惑这件事情上，我们有保护到他吗？我们会向上帝祈祷“请指引我不要掉入诱惑的陷阱”，难道不是因为我们知道诱惑是多么难以抗拒吗？如果我们和孩子坦诚相待，告诉他诱惑对我们同样难以抗拒，如果真的做到了是一件值得炫耀的事情，这样一来，他可能就会试着去拒绝诱惑。

如果我们曾经警告过孩子要提防诱惑，告诉他拒绝诱惑是多么困难，而抵挡住诱惑又是一件多么值得骄傲的事情的话，他很可能就会想要试着去拒绝诱惑了。如果我们这样讲给他听，他可能就会选择美德而不是选择犯错。对于一个道德感比较薄弱、年幼无知的孩子来说，不被赞美的美德和犯错相比当然会逊色一些了。当他感觉到父母总是乐此不疲地通过满足自己的愿望来爱他的时候，孩子的道德感会进一步被削弱。毫无疑问，孩子的行为肯定是有问题的，孩子是拿了我们的钱去买自己想要的东西，但是我们自己又何尝不是？我们不也是一直随心所欲地去买自己喜欢的东西吗？这样一来，我们理直气壮的愤慨是不是有些伪善呢？

若要恪尽职守保护孩子以使其远离诱惑，我们会尽量小心谨慎让他免于接触我们觉得不好的东西。“我为什么要把东西藏起来？他就不应该拿不属于他的东西”——这简直是站着说话不腰疼，我们只是在为自己的失职找借口而已。

可能我对这个问题有点敏感，这可能和我的个人经历有关。我 10 岁的时候，和我们住在一起的一个人随手把钱放在家里。我在诱惑的驱使下偷偷拿了几张，虽然那个时候我压根儿对钱没有什么概念，更不知道自己要拿它们来做什么。接下来的时间我揣着那些钱坐立不安，十分害怕自己的行为被发现，担心“偷窃者是我”这个事实会被发现，然而同时我又是那么期待被发现，因为如果真的被发现，那么这个事情就了结了。随着时间的流逝，我的内疚感也与日俱增。第二天，也就是事发的 24 小时之后，我又偷偷将它们放回原处了。这让我大松一口气，但是同时也觉得万分疑惑，既然我根本没想要花这个钱，我当初为什么要拿呢？我越想越生气，觉得是那个人在诱惑我，更让我生气的是他的粗心，他竟然没发现钱丢了。在我的心里，其实我不曾原谅这个人，因为他先是因为粗心大意把钱乱丢，然后又那么不小心让我轻而易举地拿到钱并偷偷溜走了。

因此在我的个人经验里，我当然知道，一个孩子拿家里的东西可能一开始只是为了惩罚那个乱放东西的人，或者是为了弄明白家里人到底对我所做的事情有多敏感，他们有多在意。结果竟然没有人发现这件事情，这让我长舒一口气。然而更令我痛苦的是我的内疚感，这种内疚让我今后再也没有拿过不属于自己的东西，甚至想都不曾想过。

如果我被发现了，或者有人因为这个事情质疑我，我相信我肯定会为了减轻内疚感立刻就坦白了，但是我确信当时我没办法去解释我的动机是为了惩罚那个诱惑我的人。就算我父母是明理的人，甚至他们可能也觉得钱不应该乱放，但是我还是十分确定，他们除了认为我拿钱是为了想买些什么，不会去思考背后可能的原因。

我讲这个故事的目的是希望父母以后要谨慎一点，不要觉得孩子拿钱就是为了给自己买东西，而且还深信不疑。如此草率地对孩子的动机下定论很容易就会酿成大错。就像所讲的那个故事一样，如果孩子从家里拿了东西，那么他和东西主人的关系在这个过程中起着举足轻重的作用。因此，孩子的错误行为也要放在关系中去理解。例如，他可能会觉得兄弟姐妹更受父母的青睐，所以才会拿他们的东西，在这种情况下，他可能只会觉得自己在"劫富济贫"，纠正不平等的状况；还有的孩子会觉得父母剥夺了一些他的"合法权益"，或是在一些处理方式上让他受了委屈，所以他要通过拿一些东西来获得心理上的平衡；还有的孩子可能希望父母能看到他某些迫切的需要，而这些需要是父母没有识别出来，或是不愿意满足的。当然这也仅仅是几种可能，在实际情况下，孩子偷拿东西的原因是多种多样的。对于一些中产阶级家庭的孩子来说，通常他们在物质上会得到很好的满足，因此"小偷小摸"的行为通常和物质本身没有太大的关系。找到孩子真正的动机很重要。如果我们只是简单粗暴地认为孩子的"恶劣行径"就是为了获得物质上的满足那就太武断了。

孩子想要报复家庭成员中的某个人，同时也想要为自己争取到一些东西，这是为了获得满足，但是这种满足并不仅仅是和财物本身相关的需要。在这种情况下，如果我们可以去搞明白为什么他是从 A 那里拿，而不是从 B 那里拿是大有裨益的，我们只有控制好自己的情绪，保持一种开放的心态才能从孩子那里得到这些重要的信息。和所有人一样，孩子不可能在一个充满愤怒或是已经在心里对他做出结论的人面前敞开心扉，吐露他内心最深层的动机。

如果我们并没有真的试着去了解事件背后这些或隐或现的原因，那么孩子很容易就会觉得我们在乎的只是钱而不是他。显而易见，父母关心的肯定是孩子和他未来的发展，而不是自己的损失，而且通常也不会有什么太大的损失。只有当父母循循善诱地去表达他们真实的关心，让孩子感觉到我们真正关心的是他而不是东西本身，理解我们只是想了解他背后真实的动机时，孩子才能够意识到这一点。只有他确定我们更在乎的是他本人，而不是他的行为本身以及这些行为给我们带来的麻烦时，他才有动力去获得我们对他的好感，去维护他在我们心目中好的形象。

从家里拿钱这种事情，其实恰恰很好地说明了孩子和父母对于家庭财务的不同看法。孩子很难在涉及钱财时保持一个明确的界限，毕竟家里很多东西都可以被每个人自由地使用，为什么钱就不可以呢？尤其是看到父母可以随心所欲地对他的生活指手画脚，他可能也会想要获得这样的控制权。我们可以霸道地决定他要什么不要什么，他为什么不可以把我们的东西据为己有呢？我们经常会在他随便乱放东西时自行处置他的物品，为什么对我们随手乱放的钱，他就不可以随便拿呢？而且我们有时候也会教他去和别人分享一些我们觉得好的有价值的东西，那么他拿钱用与我们一起分享一些好东西又有什么区别呢？当然，通常我们教育孩子学会分享，说的是暂时借给别人使用而不是让对方永远拥有。父母让孩子把玩具和小朋友分享通常指的是借小朋友玩一会儿，孩子还是东西的主人，但是分享并不一定总是这样的。

在这里一个很重要的事实是，我们通常觉得我们可以随心所欲地处置孩子的物品，比如，什么时候能拿给别人用，物品如何保管放置，甚至什么时候丢掉它们。我们更会经常随便找个理由就把孩子的东西拿走了。那为什么他不能这样对待我们的东西呢？如果他真的是这样想的，那么在我们无法给他这种平等权利时，他可能就会自己想办法去满足这个平等的需求。当然，他毕竟还是一个孩子，没有办法把这些清晰地梳理出来，但是他的感受就是如此。而且，很多时候那些无法被清晰表达的强烈感受要比有意识的想法对行为的影响更大。

也许当孩子从父母那里“偷”东西时，呈现出的最重要的部分还是他对家庭的感受，既然他属于这个家庭，属于他的父母，那父母是不是也属于他呢？关于家庭的起源和目标有着各式各样的理论。当然，在婴幼儿还不能自理时，给他提供必要的照顾是家庭很重要的功能之一。然而还有一个理论说的是，家庭的形式最初源于一个资源共享的群体。在过去的某些时期，或是在某些社会里，家庭拥有的东西就是共同财产，那么每个人都可以根据规则和需要自行取用。如果家庭财产等同于我们的财产，那我们为什么不能随意使用呢？

因为孩子对我们的依赖性，所以通常他对家庭的感受比父母更敏感，这是在本能和前意识水平上的。作为一个相对原始一些的存在，他感知现实的方式也相对更原始和直接。那是他的家庭，那么家庭里的东西不也应该是他的吗？如果他属于父母，父母属于他的话，为什么父母的钱就只属于父母呢？当所有的家庭财产都是共同资源时，家的感觉就会更强烈，就会更令人安心。我们应该切记这一点，这让我们能够辨别孩子从家里和从外面拿财物的不同。如果孩子是从家里拿东西，如果我们明确表明在合理范围内家里的东西属于共同财产，但是他不应该偷偷摸摸地去拿这些东西，孩子就能够更深刻地感受到家庭的凝聚力，这一点是不能被忽视的。当我们说在“合理范围”内时，我们脑子里浮现的一定是小数额的钱，或是无足轻重的一些东西，它们根本不会危及家庭的未来。那些微小的损失带来父母很强烈的情绪反应并不是因为它们本身的价值，而是因为父母头脑里闪现的那些孩子以后会成为败家子或是小偷之类的意象。这种“夸大其词”对孩子来说一点都不公平，因此会让孩子觉得我们的反应强烈程度没有必要。孩子的这种感受反而会削弱我们对他惩罚的效果。还有一种情况就是当孩子被潜意识的力量所驱使，对自己拿东西的动机一无所知，这时候我们的处理方式也不一样。如果他总是反反复复拿一些东西，自己都觉得莫名其妙，那么他肯定是在经受着心理上的折磨，他根本停不下来，他需要帮助。这时候亟待解决的是那些他无法控制，但是又在驱使他去做和他想法背道相驰的事情的内在压力。在这里，解决问题最首要、最关键的一步就是去找到他行为的潜意识动机。

那是不是说我们就永远都不要惩罚我们的孩子了？回想我们自己的童年，大人们真的觉得惩罚可以让我们醍醐灌顶吗？当我们小时候被惩罚时，我们真的觉得惩罚改变了我们错误的认知了吗？那些令我们反感的体验，真的有那么大的价值吗？

在这里我并不是想把惩罚当成一个道德约束的工具，或者，从心理学上更准确地说，去思考和反思怎样引导孩子成为一个有道德、有教养的人是更重要的。如果我们能做到这一点，那么惩罚就可以退居二线了，对于这个目标来说，惩罚是没有什么价值的。然而我想要强调的还是：惩罚对孩子来说是一点都不受欢迎的，尽管惩罚在某种程度上可以让愤怒和内疚都得到宣泄。

毫无疑问，当孩子犯了严重错误时，惩罚偶尔也会让双方冰释前嫌。当父母因被情绪左右而对孩子大发雷霆时，情绪会得到释放，当他们的情绪得到释放之后就会对孩子感到内疚，在这些负面情绪被释放之后，他们对孩子的态度怎么都会得到一些改善。而对孩子来讲，他的内疚会大大减轻，因为他已经得到了“应有的”惩罚。即使孩子有时候会觉得惩罚过度。无论如何，父母和孩子都可以从困扰他们的情绪中解脱出来，可以重新获得平静。

这真的是帮助孩子成长为一个成熟而有责任心的成年人的最好方法吗？你真的见过在父母的暴力下变得更自律的孩子吗？如果父母惩罚过孩子后自己觉得不舒服或是内疚，或者他们觉得自己是不得已而为之，因此很可能是矫枉过正的话，那么惩罚可能增加孩子对父母的尊重和信任吗？换句话说，随意发泄自己的愤怒能给孩子树立一个自我控制的榜样吗？如果怒不可遏的父母能克制自己的行为而不是“冲动是魔鬼”的话，对孩子来说难道不是一个更好的榜样吗？如果父母在惩罚了孩子以后还觉得心安理得，那么他会是一个足够好的父母吗？对孩子来说，内疚感不也是一种成长和震慑吗？对错误行为的内疚感以及由此产生的良心上的不安，不是比惩罚效果更好也更持久的震慑物吗？和在恐惧的驱使下发展相比，这种方式更容易塑造出更受欢迎、更负责任、更健全的人格。

还有一些带有侮辱性，或是给我们带来切肤之痛的惩罚其实是一种创伤性的体验，可以直接造成毁灭性的后果，同时也会严重损害孩子对父母的信任，这种信任是孩子安全感最坚固的基石。因此，和其他创伤性事件如出一辙，惩罚带来的情绪也很可能被压抑。只有当积极的情感重新被建立起来，真的达到冰释前嫌时，痛苦和怨恨才可以作为惩罚后和解的产物被我们意识到。这种如此强烈的负面体验有时候也会被微不足道的积极的体验所掩盖。没有孩子会在遭受惩罚后真的觉得受益匪浅，这种想法都是在很多年之后，当他可以从不同的角度去看待过去的经验时才会出现。毫无疑问，惩罚之后的和解让人们可以去忍受惩罚带来的不适，久而久之会产生这样的信念，即和解之后的美好是惩罚带来的。实际上不是这样的。这样的和解最多可以避免出现人格上的伤疤，但是并不能证明惩罚可以使人更自律或是更加正直。

不管父母有意而为之的惩罚行为多么轻微，都会让孩子产生怨恨的情绪，惩罚越严厉，愤怒也会越强烈。谁会模仿或认同他所憎恨的人，不管这个人在其他方面多么令人钦佩？因此，就算是那些在我们或是孩子眼里看起来合情合理的惩罚都会妨碍我们的主要目标：我们的孩子应该爱我们，接受我们的价值观，并过我们认为道德高尚的生活。温和的惩罚当然要好过暴力的惩罚，但是本质上还是一样的，无论是出于父母还是孩子意愿的惩罚，都会削弱孩子想要成为我们的欲望，因此也会削弱他对自己以及对生活的良好感觉。

即使有时候躯体或是其他形式的惩罚不会引起长期的心理伤害（当然大概率是会引起的），但这也只能证明是运气好。足够好的父母能够弥补一些有可能会损害孩子人格发展的事情，但实际上弥补经常是收效甚微的，如果我们一开始就能避免这些错误，那么对孩子以及我们双方来说都会受益匪浅。

这就是我觉得惩罚无用的原因，就算孩子觉得自己应该被惩罚，但是惩罚之后还是会觉得委屈。孩子根本没有办法很好地去区分或是在意识层面去理解这个部分，但是不管怎样，他的感受都是异常强烈的。

为什么孩子会产生这样的反应呢？首先，惩罚威胁到了安全感，而这种安全感就在于孩子会将父母视为永远对他温柔以待的照料者；其次，憎恨那些恃强凌弱的人，是人之本性。如果让我们去依赖一个我们憎恨的人，那么肯定是没有安全感的。当然，每个孩子都会对父母的一些行为心生不满，但是正常情况下这种怨恨很多都是由于父母不得不去管教孩子引起的。此外还有很多时候父母只是觉得自己无计可施，这种憎恨和对那种擅自宣称有权惩罚我们的人的憎恨是远远不能比的。

对于那些相信惩罚是为了让孩子以后变得更好的父母来说，用惩罚来“教导”或是用循循善诱来“规范”孩子的言行举止其实是差不多的，但是对孩子来说这两者却有着天壤之别。如果他能感受到父母的善意，无论他对那些纠正或是禁令持赞同或是反对的态度，在内心深处他都相信父母的好意，他从不会怀疑父母永远是自己的保护者这个身份。惩罚孩子的父母，认为自己是为孩子好，是为了帮助孩子避免做出后果不堪设想的事情，他们坚信自己是在保护孩子，但是孩子的感觉确实截然不同，在这点上，如果我们可以想想我们的司法系统，就会理解孩子的感受了。

想想看，一个人在被判有罪前，他都可以就对他的任何一项指控为自己进行辩护。在被证明有罪前，他被假定是无罪的；不仅如此，他不需要亲自去为自己辩护，为自己辩护的是一位与控方有同等权利、特权和威望的律师。甚至更重要的是，整个辩护过程是由一位独立法官和陪审团进行共同裁决的，他们会给予辩控双方同等的尊重和信任。然而当我们的孩子被“审讯”时，他必须为自己进行辩护，而我们同时承担着控方和法官两种有些冲突的角色，而且根本就没有陪审团。

如果作为父母的我们能记住，我们在被裁决之前被赋予的辩护权利，那么我们就很难找到任何理由惩罚孩子，因为我们会看到我们在感情上是多么缺乏边界感和客观性，但这不是作为正义的审判者最重要的品质吗？最后我还要说一句，宣布判决的法官从来都不会亲自执行惩罚。我们兼作两者难道没有什么问题吗？

所以父母怎么做才能防止孩子误入歧途呢？理想的情况是，让孩子了解我们的失望应该就可以成为一个有效的制约因素。然而我常常怀疑这样是否足够。

正如我们之前详细讨论过的那样，教育的最佳效果是，学生不仅仅对老师本人及其能力钦佩得五体投地，还会因为对老师的这种喜欢以及希望老师可以喜欢他而尽量注意自己的言行举止。这就是为什么那些在爱和温暖的庇护下长大的孩子总会尽可能地做到最好以维护父母对自己的爱，因为他最害怕的莫过于失去父母对自己的喜欢和保护。

考虑到这一事实，当我们已经黔驴技穷，各种教育告诫已经无效时，那么会失去我们对他的爱或者喜欢的威胁可能是让他听我们话的唯一可行的方法，否则我们真的无法像他或是我们期待的那样深深地爱着他。很多父母在前意识里认识到这种威胁有多么大的杀伤力，他们带着极大的善意向孩子强调他们那无条件永不褪色的爱，这种自相矛盾也会削弱这种方法的时效性。然而这可能就是事实，虽然当时我们再三保证，但是孩子其实并不是很确定，因为他知道他经常会感受不到对父母的爱，因此当他觉得父母对自己失望或是生气时，又怎么能相信他们的信誓旦旦呢？事实上，这种信誓旦旦同时也剥夺了父母循循善诱使孩子改过自新的机会。另外，我们大多数人对孩子的爱也不是真的无条件，如果我们频繁地从孩子身上感受到深深的失望，我们的爱也会黯然失色。因此，我们试图让自己看上去更温和，很亲切，这种努力经常会适得其反。诚然，我们对另一个人的爱可以很深刻，这份爱可以深深地根植于我们的内心，能够经得起风吹雨打，我们对孩子的爱也可以如此。然而当孩子让我们深深失望的那一刻，我们的爱也会瞬间降到冰点，如果我们想让他改过自新，那么让他知道这个事实也未尝不可。

很多父母虽然没有清楚地意识到这一点，但是他们直觉上是知道用自己对孩子的爱来威胁孩子是最有效的。因此当父母对孩子大失所望无计可施时，这些父母会让孩子相信他们真的有一天会不再爱他了。当我们去唤醒孩子的理性思考时，让他知道他错在哪里以及以后的努力方向，并坦诚表达我们对他行为的绝望时，下一步我们会让孩子在潜意识里意识到事件的严重性，不仅仅是通过语言，有时候还会加上身体动作，尽管这些动作是象征性的，但是仍然会清晰地传递出他可能会失去我们的爱的危险信息。一旦得到这个信息，孩子就会为了巩固自己在父母心目中岿然不动的位置而找到一个合理的理由去改正自己的言行。重中之重的是，孩子改变的理由是源于他自己，而不是基于父母的理由。

具体的做法比如我们可以在特定的时间段里禁止孩子和我们待在一起，我们可以让他出去，或是让他待在自己的房间，或者我们回到自己的房间。父母要向孩子明确地表达："我对你太失望了，以至于这一刻我不想和你待在一起；甚至于这一刻我觉得无法和你保持身体上的亲近。"无论用什么方式去表达都是可以的。在这里，身体的距离代表着情感的距离，同时也是在潜意识的层面和孩子的一种对话，这也是这种方法屡试不爽的一个原因。

让孩子在身体层面和我们保持一定的距离，不能以一种惩罚的态度，而是我们允许彼此和刚才发生的事情保持一定的距离，冷静下来去重新思考这个事情，这一切都是在非语言的情境下发生的，会产生意想不到的效果。被遗弃的威胁也可能会给孩子留下深刻感受。前面我们已经说到，分离焦虑可能是人类最早期、最根本的焦虑。当主要照料者缺席时，婴儿会体验到这种焦虑，如果照料者永久缺席，也没有其他替代者的话，那么在严重的情况下会导致婴儿的死亡。任何一种可以唤起这种焦虑的东西都可以被视为一种威胁。因此，只要孩子觉得主要的照料者可能会抛弃他，无论这种感觉多么微弱，他也自然会对真实的、暗示的或想象的威胁感到焦虑。就算他年龄大到已经知道他的生命不会有任何危险，他也会感到沮丧，因为无论如何，在某种程度上，他仍会感觉他的生命真的会遇到危险。不同之处在于，在年长一些之后，恐惧不再是生理剥夺而是情感剥夺。

那些在童年期曾被自己深爱的父母强行保持距离的人，会清晰地记起当时自己被关在房间里的孤独和不知所措。如果他没有把被关在房间视为一种失去爱的威胁，并重新唤起潜意识中的分离焦虑，他就很难理解这种强烈的反应。尽管有时候他是喜欢独处的，父母在不在其实并没有太大的区别，但是这时候却会产生一种丧亲之痛。他之所以会有那种感受，是因为他明白，失去父母的爱是关乎生死存亡的，这对孩子而言是一种严重的危险，他知道一旦失去父母他将无法应付生活。

这种身体上的分离是我们对孩子行为的愤怒的有力表达，如果我们对这点有什么疑问的话，孩子的行为会教我们更好地理解这个部分。当孩子很讨厌父母时，他想到的最有效的方法是离开父母。孩子相信，这种威胁足以让我们改过自新，这一点清楚地表达了孩子内在真实的想法。因此，对孩子来说，身体距离上分开的威胁会给他带来难以磨灭的印象。

计划性地去实施这种惩罚，会使这种距离的保持失去情感上的冲击，因为真正起作用的不是有条不紊、计划周全地实施过程，而是强有力的情感表达。我的父亲在听到我对母亲出言不逊后对我的发问就有着这样的冲击性。那一刻他对我的失望就是最有力度的回应。（有趣的是，我没有回答，没有道歉，也没有保证我会改正。我太震惊了。我回到自己房间，反复回想这个过程。我必须让自己远离父亲这种极有杀伤力的情感冲击，他甚至都不需要要求我回房间。）

对孩子严重的不当行为产生强烈的情绪反应是人之常情，因为孩子的行为让我们如此失望，这种暂时的疏远其实是一件自然而然的事情。因此，在这种情况下，让孩子回到自己的房间，暂时离开父母是合情合理的。如果孩子将其体验为惩罚的话就另当别论了，这说明他认为父母能做的最糟糕的事情就是威胁他，会收回对他的爱。然而从深层意义上来讲，这并不是惩罚而只是一种情感上的流露。

被暂时剥夺待在父母身边的权利，在潜意识上重新唤起了古老的婴儿期焦虑，即失去父母的话他就彻底完蛋了。这种焦虑活跃在孩子的前意识中，会让他更深刻地意识到自己对父母的需要，这会让他努力去重新获得父母对他的爱。在短暂的分离之后，这种失而复得的安慰以及真实的幸福感，会增进他们之间的感情。

只有当父母的动机不在于惩罚孩子，而是为了不让自己对孩子的行为大发雷霆（因为强烈的愤怒会严重破坏他们之间充满爱的关系）时，这种方法才行得通。

想要惩罚和伤害孩子的父母可以极尽所能地去做这件事情，所以有些不那么好的父母用这样的手段达到自己恶毒的目的也是不足为奇的。因为这种方式不像身体上的惩罚那么激烈，所以他们可以接受自己这样的行为。因此他们就可以自欺欺人，告诉自己他们并没有把自己的愤怒付诸行动，而只是想帮助孩子改正自己不当的行为罢了。这样的父母甚至会几天或是几周都不和孩子说话，以这样的方式来惩罚自己的孩子。这会唤起孩子内在的焦虑，这种焦虑不仅仅会严重地破坏他和父母的关系，也会严重地损害到孩子人格的发展，因为父母潜在的敌意会让这种关系持续处于一种破损的状态。

有个母亲对女儿的惩罚简直令人发指。如果女儿的行为没有让她满意的话，她就会几个月都不和女儿说话，更过分的是，她还会到处向别人控诉女儿的恶行。在对女儿的控诉中她无意中暴露了自己真实的情感，她甚至还告诉别人女儿不是自己亲生的。这一定是她内心深处最真实的感受，而且这也是她无法接受女儿行为的原因之一。

因此，在亲子关系中发生的一切都取决于父母对孩子的感情。足够好的父母在要求孩子暂时离开他时会有一点不舒服，他们这样做是为了让双方更冷静地看待自己的负面情绪，让积极的情绪重新回到舞台的中央。不够好的父母会在被孩子惹恼时狠狠地惩罚孩子，并且毫不顾忌惩罚的方法。他这么做可能是因为恨，因为孩子的存在让他不得不去面对自己内心恶毒的那一面。我不相信这样的父母这么做是因为邪恶，我不相信会有这样的人，和其他父母一样，他们也是在对自己内在的需要做出反应，无论这些需要来自哪里。就好像那个否认女儿是自己的孩子的妈妈，她这么做并不是因为她是恶毒的（尽管她的行为给孩子带来了灾难性的后果），而是由于她受不了因为孩子不得不去面对她无法去爱而且不是一个足够好的妈妈的事实。因为她前意识里知道自己是一个多么糟糕的妈妈，所以会因为孩子给她内心带来的痛苦而对孩子进行报复。她并不是因为孩子的行为而去报复孩子，而是因为她无法面对自己是一个如此差劲的妈妈这个事实。

因此，这本书不是为了控诉那些不合格的父母给孩子造成的伤害，而是为了给想要做足够好的父母的那些人提供一些建议。所以，一段不是建立在爱的基础上的亲子关系，对双方来说都是非常可怕的，这一点我暂时就不赘述了。

足够好的父母会避免惩罚孩子，会极尽所能地利用任何机会赞扬孩子、弱化对他的批评：应得的赞扬让他感觉更好。

同样，赞扬是有效的，这并不是因为我们是价值中立的好法官，而是因为那是我们强烈的正面情感以及我们对孩子的优秀表现感到欢喜和愉悦的表达。我们对他不良行为的反应应该以情感反应为主，而不是我们的客观判断。这样一来，赞扬（象征着我们的爱和喜欢的增加）和爱的暂时撤离，是影响孩子人格形成的两条最好途径。赞扬会使我们和孩子在情感上甚至身体上更加亲密，例如拥抱，这一点他也是明白的。我们对孩子失望有时候会适得其反。我们当然有理由感到失望，但是失望并不是说我们就有惩罚的权利。孩子当然知道这一点，这就是为什么他一方面对我们的惩罚心生怨恨，同时又会调整自己的行为来减轻我们对他的失望。同样，他害怕我们失望的原因是他对我们的爱。

我们只有为孩子树立一个良好的榜样，才能引导孩子将这样的行为内化成自己人格的一部分，而且我们还要顺其自然，既不将我们的价值观强加给孩子，也不期望他们在发展出自我意愿之前就能效仿我们的行为。如果他们偶尔犯个错误，我们必须接受这是情有可原的，而且不会立刻因此感到失望。我们还必须随时保持对他们善良本性的信任，承认他们将我们当成榜样需要一个漫长的过程，就好像我们自己的人生一样，我们越能承认这对我们自己来说有多现实，那么对我们双方来说就会产生越好的效果，他们的发展也会越平和而容易。

同样我们也要对自己的情感保持诚实和坦诚，用实际行动来展示我们对孩子深沉的爱，虽然告诉他们我们深爱着他们是有意义的，但是也不需要总是挂在嘴边。我们必须相信，在我们回应他们的需要并且在他们遇到困难时伸出援助之手时，他们会更能体会到我们对他们的爱。当我们对他们心怀失望时，如果我们不是立刻上纲上线进行批评惩罚，而是通过保持一定的距离来表达我们对他们的失望，那么他们就会理解这种失望在关系层面的意义，因为事实上在我们不情愿的时候，我们也是无法靠近他们的。重中之重就是做真实的自己，不要过于粉饰，当然不要伪装得有多么完美，要竭尽全力地去过好自己的人生。这样一来，他们也会对努力生活、积极向上所带来的正向反馈印象深刻，在合适的时候，他们也会想要去效仿我们。

A Good Enough Parent

第11章

以成人之姿去探索童年

我们不应停止探索，
所有的探索，
最终都将去向我们开始的地方，
并使我们重新认识这个地方。

——T. S · 艾略特（T. S. Eliot）

为人父母，最有价值但也最容易被轻视的体验，是在和孩子的关系情境中，探索、重新经历并处理自身童年期的问题。正如艾略特提醒我们的，只有通过探索和重新探索“我们之所以成为我们”的轨迹，我们才能真正理解我们的童年经历以及这些经历对于我们人生的意义。如果我们获得了这些认知，这些事件对我们人格的影响就会发生改变。我们对自己故事的态度会发生变化，对于孩子类似经历的态度也会改变。我们在自我觉知中获得的成长，一定会让我们更好地去理解我们的孩子，尤其是当这种新的认知是由和孩子相关的经历所引发时。

不幸的是，我们曾经的经历在有意识的记忆中往往不复存在，很多经历因为发生得太早而只在心里留下了模糊不清的痕迹。我们无法再次体验它们，但我们至少可以观察婴儿的内在过程，观察婴儿对我们和世界的回应，在想象中去重现并探索那些体验。举个例子来说，如果我们意识到，婴儿清醒时只有两种相反的体验（要么是开心、身体舒服，要么是不开心、疼痛），就能帮助我们理解所有强烈情感的起源及其矛盾的本质。通常都是父母通过喂食或换尿布“扭转乾坤”，将婴儿从诸如饥饿的痛苦或者脏尿布带来的不适这样的负面存在状态中转到满足的存在状态，所以他把父母体验为“全能者”，是他所有开心和不开心的源泉。而且，父母要么是完美无缺的，要么就是糟糕透顶的。因此，矛盾的情感尤其是对父母的矛盾情感在我们的潜意识中建立起来。日后，父母和他们的替代者们（我们最重要的教育者），继续通过赞扬，或是批评及让我们感到挫败的方式给我们带来快乐或是痛苦。最初的矛盾情感就这样深深根植于我们的潜意识中，而后被各种数不胜数的生活体验继续滋养着。

理解了这种矛盾情感的婴儿期起源，尤其是和父母息息相关的部分，我们就能更好地去理解孩子对我们所呈现出来的矛盾情感。我们对这种矛盾情感的接纳度能直接影响到孩子以中立的方式感受这种矛盾并对其加以控制的能力——他们不再摇摆不定。通过对矛盾的接纳，其消极面也会被呈现出来，而不需要被继续压抑；它们被释放得越多，就越能被理性地思考和修正。

我们孩提时也曾经陷入过这种矛盾的情感之中。然而当我们将负面情感付诸行动时，会引来父母的责备，因此我们只能压抑那些情感，这些消极的力量就这样被封存在潜意识中了。当我们面对孩子身上这些如出一辙的情感时，那些曾经被压抑的情感就很容易被瞬间激活。如果那些我们想要压抑的情感没有被孩子的行为唤醒，那么就天下太平，我们可以接受孩子不完美的控制力，但是一旦那些情感被触发，我们就很难冷静地去处理孩子们的违逆了。

其实，压抑对父母负面的情感是可以理解的。毕竟我们需要父母，我们不想用敌对的方式来冒犯或是疏远他们。比较难理解的一部分是，小时候我们也会觉得父母有些地方做得不够妥当，而这部分认知也被我们压抑了。我们中的大多数人都很清楚地意识到我们继承了父母身上很多我们欣赏的部分，但是没有意识到，我们其实也认同并内化了父母对我们的消极态度。当我们用和父母如出一辙的口吻和语气批评我们的孩子时（我们也会对此大吃一惊），我们忽然开始意识到这一点。尽管我们曾经对父母的做法也很反感，也暗自下决心永远不这么对待我们自己的孩子，但我们还是这样做了。

当我们和孩子亲切愉快地交谈时，我们根本不会出现父母上身的感觉。在我们用积极的方式说话或是做事时，我们就是我们自己，我们使用的是自己的声音和语言。这恰恰因为我们对父母积极的认同没有被压抑到潜意识中，因此它也就有了随着我们的发展而得以调节的可能性，但负面的认同恰恰相反，就那样待在潜意识里停滞不前了。

相比和异性父母的关系，孩子和同性父母的相处更困难。原因是我们很容易在和同性孩子的关系中更多地体验到我们曾经和同性父母的关系中困难的部分。因此，作为母亲经常会发现自己在批评女儿的时候简直和自己的母亲一模一样，而父亲也会发现他和孩子的互动与自己和父亲之间的互动如出一辙。

我们都倾向于将自己未解决的冲突投射到孩子身上，这只是其中一个例子。如果我们可以好好利用这样的机会来审视和探索自己，就有可能为曾经悬而未决的冲突找到解决之道。坦诚面对自己的情感也会促进我们的理解，那些敌对状态恰恰源于我们对孩子的重要性以及他们对我们深刻的爱。当敌意被呈现出来时，我们要意识到我们所面对的只是爱的对立面而已。这样的认识会让我们的态度发生转变，尽管我们还是需要对孩子的攻击性行为进行干预，但我们的态度会从恼羞成怒转变成一种接受潜在的情感力量。我们甚至可能会意识到，我们在对孩子进行管教时，竟然复制了我们父母当时对我们的行为。我们会回忆起我们当时对父母行为的愤愤不平，这会在某种程度上平衡我们对待孩子的行为。这样一来，事情就会各归各位了，我们当前对孩子的愤怒就不会因为我们被压抑到潜意识中的情感被触发而愈演愈烈。更重要的是，我们也会意识到，尽管我们在童年时都会或多或少有一些攻击倾向，但是我们如今都成长成了遵纪守法的成年人，若是我们意识到这一点的话，估计就不会因为担心孩子长大后无法无天而竭尽全力地纠正他们了。

如果孩子对父母矛盾情感的负面部分被过度压抑，就会影响积极情感的表达，而积极情感其实只是矛盾情感的另一面而已。我们都知道，很多孩子只有在不需要继续压抑那些对父母的负面情绪时，才能真正地和父母建立爱的依恋。

当然，如果我们通过内省能意识到我们对孩子的情感也是不是完全没有矛盾，也就不会刻意去压抑我们自己对孩子的消极情感了。孩子有时候不成熟，缺乏控制力，这经常会激发我们的负面情感，如果我们刻意隐藏这些情绪，也会对我们的关系产生负面的影响。

理解噩梦

前面提到的关于我们对父母矛盾情感的起源，稍作修改也适用于整个童年期。我们和孩子早期的经历大部分都是潜意识的，因此不会直接以记忆的形式呈现出来，但是孩子后期的一些发展其实是复制了我们的一些经历，而这些经历不一定是潜意识的或是被压抑掉的，或者并没有被压抑得那么深。虽然要全都记起来也要花点功夫，但是也比唤起早期记忆要容易。

即使有些人可以记住噩梦的大概内容或是能想起那些不舒服的感受，也很少有人能像孩子一样将噩梦的细节记得那么清楚。我们都知道年幼的孩子会对他们不理解的事情感到焦虑不安，但是，除此之外我们对产生噩梦的原因知之甚少。对于年幼的孩子来说，他们的噩梦主要源于他们发展中的超我，这个超我会由于一些“罪大恶极”或是“无法接受”的想法或行为而对他们进行惩罚，这一点很少被意识到。在这些想法中或会有性冲动、反抗权威的愿望，或想杀掉一方父母或同胞等。在充分整合良心的早期发展阶段，噩梦作为领跑者，在我们的人格发展中发挥着重要的作用。它不仅在孩子当前的发展中起到重要作用，在我们的发展中亦是如此。

对这一点的认识有助于我们更好地去对待孩子的噩梦，并且会对处于发展中的良心给予充分的尊重和肯定。我们对自己的噩梦了解得越多（成年人也不能幸免于噩梦），就越能更好地帮到我们的孩子。我们常常如此轻易地忘掉我们的噩梦，也就意味着我们将那些想要寻求表达的充满孩子气的渴望和恐惧压抑了起来。对某些童年经历的遗忘，是因为想要忘却那些经历，但是其实哪怕只是一些隐隐约约的恐惧，也在我们心底残留着淡淡的印迹，让我们无法获得自由。现在许多人还依然由于一些非现实的焦虑而备受煎熬，例如，对花园里的蛇之类无害的动物的恐惧。他们的恐惧常常源于被遗忘的童年噩梦，在那些噩梦里他们有被蛇吞食的危险。

因此，我们可以把孩子的噩梦作为一次探索和再探索的机会，就像艾略特所说的那样，隐藏在我们自己噩梦背后的内容，依然会在我们内心留下痕迹。然后，我们就可以真正理解我们的噩梦了，进而认识到它们在我们生命中的意义。这对我们和孩子来说都是一种福祉。因为这样一来，通过理解自己，我们就能够带着一种人性化的共情去帮助孩子面对噩梦，无论是转瞬即逝的痛苦，还是会对人格形成产生重要影响的感受。无论对于我们哪一方而言，这种深刻的共情都是非常难得而且很有意义的。

与只有模糊记忆的噩梦不同，和去学校有关的焦虑对大多数人来说都一直有着深远的影响。事实上，有些人终其一生都在向别人、更是向自己证明，那些对学业和社交失败的孩子气的恐惧是不切实际的。因为这些担忧通常是被我们意识化的记忆部分，所以，尽管只是碎片化的，但是我们对孩子第一次去学校的恐惧还是很容易产生共情的。不幸的是，当孩子稍微大点的时候，父母就很难在这个问题上对他们共情了。在这种情况下，基于对自身经历的理解会大有裨益。

这些情境代表了我们和孩子互动的许多情况。努力理解相似事件对我们产生的影响是大有裨益的，因为这会让我们更了解自己。我们会更深刻地理解某段经历在我们的人生中、在我们与父母的关系中的意义。我们也能更深刻地理解，当孩子体验并表达类似的经历时，我们的经历会对我们的态度造成怎样的影响。这样的理解使我们能够更好地共情我们的孩子，而这无疑使我们的关系更加深刻、更有意义，使我们能够更好地去享受这段关系。因此，由于这些共同的经历，我们不仅可以影响到孩子的态度，同时我们自己的态度也在发生转变，因为我们更好地理解了那件事对于曾经的我们意味着什么。

父母会和孩子做一些事情，或是为他们做些什么，孩子对父母做这些事的理由是非常敏感的。是父母觉得有责任做这些事，还是他们真的觉得很享受？妈妈给我读故事是因为她只是想让我安静下来，还是她认为这是她的责任？也许她认为我会喜欢这个故事，或是我喜欢她来读给我听，或者两者皆有？很明显，如果孩子能感觉到妈妈渴望给他快乐，这对他来说将是一次回报更高的体验。

当给孩子读故事时，尽管他们共同参与了一个单一的活动，但孩子和父母的体验是截然不同的。然而，当父母也对故事做出自己的回应时，彼此感受的分享就开始了。父母也许会因为一些童年回忆而被故事所打动。曾经有人对我说，他们在读我的童话书《童话的魅力》（*The Use of Enchantment*）时忽然就明白了，为什么某个故事在他们童年时会如此重要。他们莫名其妙地就被深深吸引，那个故事唤起了他们的焦虑或快乐，或者两者兼而有之。然而直到现在他们才明白为什么会这样，是因为这些故事让他们联想到某个人或某件事，所以才如此重要。

当我们还是孩子时，我们想要父母一遍又一遍地读某个故事，当时我们可能不知道为什么，但是现在我们理解了，在潜意识里我们希望那个故事可以向读故事的人传递某个重要的信息。有个人喜欢的故事是《海角一乐园》(*The Swiss Family Robinson*)。通过对这样一个故事的幻想，她在不幸的家庭环境中找到了一丝安慰。这本书对另一个年轻女孩也很有意义，这个女孩的父母常年不在身边，她被托付给亲戚来照顾，尽管这些亲戚在生活上对她无微不至，但她还是无法控制对他们的愤怒，因为他们取代了父母的位置。直到长大后她才意识到，她曾经缠着父母和亲戚大声给她读《海角一乐园》，是因为她希望他们能够理解"孩子需要父母的陪伴"这个信息。在潜意识里，她希望他们能从这个故事里了解到，她是多么希望父母能回来或是带她一起走。

一旦这位女士意识到，孩子一遍遍地想要听某个特定的故事，可能是因为他希望父母可以接收到故事里传达出来他所以为的信息，那么给孩子读故事对她来说就成了一个更为有意义的体验。另外，她开始特别去留意孩子要求她读的故事，因为在她小时候无论是父母还是亲戚最终都没有意识到她想要通过《海角一乐园》这个故事传递的信息，她对此是多么失望，一想到这个她就会觉得悲从中来。

对她来说，给儿子读故事被赋予了新的意义。以前，她给儿子读故事是因为她记得听故事曾经对她来说很重要，她想让儿子快乐。现在她明白了，她的儿子可能是在通过听故事的请求想要向她传递点什么，也可能是想传递一个对他来说很重要的问题。她享受表达信任的方式，而他渴望告诉她一些对自己有意义的事情，尽管有时候有点"曲线救国"的感觉。

理解了《海角一乐园》对自己的重要性，这位母亲获得了一个看待自己童年的崭新视角。现在她意识到，她曾以为的被她视为通过逃入幻想而满足愿望的想法，其实是明智的、目标导向的行为。这些行为的目的是从父母长期不在身边的痛苦情境中安全地解脱出来。以前，她觉得自己无力改变那些让她窒息的环境，但现在她看到，她已经竭尽全力尝试过了。此后，每当她给儿子读故事，她都会记得，正是通过这种体验，她开始对曾经的自己刮目相看，并且这一积极的自我意象也在伴随着她的成长。

这里所谈到的关于读故事的感悟也适用于孩童养育的许多其他方面，大同小异而已。以成人的视角去理解我们童年时期的经历，可以给我们带来崭新且重要的领悟。当这些悄然发生的时候，父母和孩子正在一起做的事情就会成为双方共同的重要体验，尽管他们处在不同的维度上，但这并无大碍，重要的是，他们使彼此获得了新的领悟，为成长提供了更好的环境。对孩子来说，在这种共同体验中平等是最重要的因素，因为每个参与者在扮演提供者的同时也是受益者。

在个体人格发展的过程中，许多童年期的经历不可避免地被深深刻印在潜意识里。当成人人格已经完全形成并趋于稳定后，这种和童年期的割裂与否就不再那么重要了，但到那时，对很多人来说，这种割裂会成为人格的一部分。和童年期暂时的割裂是必要的，但是持久的割裂会剥夺我们的内心体验。而恢复这些内心体验，会让我们在精神上保持年轻，也使我们能够和孩子更亲密。

A Good Enough Parent

第12章

把父母的过去告诉孩子

古老的、不愉快的、久远的事情，以及很久之前的战斗。

——沃兹沃斯，《孤独的割麦女》

（Wordsworth，“The Solitary Reaper”）

孩子们当然会对我们有他们之前的生活充满好奇，想要了解我们的童年以及从前的生活。我们中的大多数人都愿意给孩子讲我们的故事，孩子们会通过这些故事感受到和我们之间更多的联结，通过那些成就更好地了解我们。这个动机是互惠互利的，我们想让孩子更了解我们，而孩子也想更了解我们的故事。如果真的这么简单也就罢了，但通常操作起来并非如此，这里面常常掺杂了更多复杂的情感，而结果也常常会适得其反。

为了更好地说明这一点，我们会假设我们和孩子有着一个截然不同的童年，当然这也是事实。这增加了父母希望他的孩子了解是什么造就了他的愿望，并使孩子对父母之前的故事也更感兴趣，但是同时也会让孩子更难理解父母，因为孩子的理解只能建立在自己经验的基础之上，这是人之常情。让我们再做进一步的假设，如果父母曾经遭受过物质上的严重匮乏，但是现在他们确是在物质丰裕和相对轻松的环境下养育孩子。这样一来，这种讨论可能会适得其反。为了让大家更好地了解这种想法带来的后果，我将会举一个众所周知的极端的例子：大屠杀。在看这个例子的时候，我们必须要了解的是，至少就外部环境而言，父母是比我们的孩子要艰难一些的，而这个例子，只是将可能发生的事情放大了而已。

对幸存者来说，大屠杀无疑是一件最惨无人道、最具创伤性的生活事件，对于亲历者来说不可否认地会产生深远的影响。而他们的孩子在很小的时候可能就会意识到这一点（早在他们的认知可以理解这段历史之前），因为这对他们父母产生的影响是无比巨大的。尽管他们会很好奇，但想要问的时候也会犹豫不决，尤其当他们感受到这个话题所渗透出的强烈且艰难的情感时。

对于父母而言，他们可能不是很想去谈论这段经历，一方面是因为这段记忆太过痛苦，唯恐避之而不及；另一方面是他们觉得孩子理解不了大屠杀，但是其实更深层的原因是他们不想给孩子幼小的心灵带来沉重的负担，不想让孩子知道父母竟然遭受过如此惨绝人寰的灾难，也不想让孩子知道生活残酷而可怕的一面。如果父母出于对孩子的保护而对大屠杀的事情三缄其口——没有哪个幸存者的孩子能够完全逃过大屠杀所带来的影响——孩子会把这种沉默解读为一种排斥，从而引发一些担心和疑虑，他们会认为父母刻意地将自己排除在他们人生最重要的阶段之外。他们也可能会觉得，父母的沉默是因为坚信他们无法理解自己所经历的，虽然这很真实，但是这也会让孩子们觉得这种不信任是一种对他们能力不认可的表现。

因此，尽管父母对自己这部分重要的经历闭口不提的初衷是为了保护孩子，但是孩子可能会将其体验为“我不够好”。作为回应，他们可能也会通过向父母隐藏自己生活中对自己重要的部分来寻求平衡。尽管有的时候孩子也会隐隐约约感受到父母可能是为了保护他们，但是那种被排斥、被疏远以及觉得自己不够好的负面感受是明显占了上风的。

如果幸存者们将大屠杀的故事如实告知他们的孩子们就万事大吉了吗？当然不会，事情可能会更加复杂。父母所遭受过的那些巨大的痛苦会让孩子觉得自己的生活太容易了。可能会让他们产生这样的念头：无论如何我都不能再让我的父母受苦了。尽管这是一个无法实现的目标，但是孩子会觉得他们有责任以取悦父母的方式补偿父母曾经遭受的痛苦。因此，当他们在成长过程中不可避免地让父母感到担心或是失望时，内疚感就会油然而生。这对关系而言是有害无益的，就算内疚不是父母直接给他们的，孩子也会对带给自己内疚感的父母产生愤恨。这一次当父母开始试着信任自己的孩子，试图公平对待他们，并希望通过袒露自己的过去来增进他们的联结时，却再一次以失败告终。

这种对父母的内疚感不仅会带来很多问题，还会很危险，即当孩子觉得生活艰难或对一些事情犹豫不决时，父母就会搬出自己大屠杀中的经历来做类比。这样一来孩子很容易就会觉得父母是故意让他们感到内疚，或是试图用这种内疚来控制自己。久而久之，孩子会坚信这是父母对他们的“情感勒索”，只是为了控制并改变他们，而不是为了和他们分享生命中最重要的故事。这样一来他们不仅不会感激父母对他们的开诚布公，反而会因此而怨恨他们。

孩子的这些想法可能并非空穴来风。父母可能没有意识到自己的这个动机：想要通过自己的过去来对孩子进行控制，使他们更听话、更感恩。或者父母也可能没有意识到他们对孩子无忧无虑童年的妒忌，这也会让他们对自己曾经所遭受的匮乏而愤愤不平。于是，这些情绪会让父母的往昔在脑子里日渐清晰，并不由自主地去谈到这些。

虽然父母并没有意识到这些情绪，而知道这些情绪的存在也会让他们大惊失色，但孩子很可能会在前意识中对他们所感知到的这些情绪做出相应的反应，会不自觉地感到愤怒而不是宽慰。他们甚至会觉得是自己的一些恶劣行径激发了父母谈论这些可怕经历的欲望。

孩子比成人更容易以自我为中心，当然更容易相信，父母做任何事情都是和自己有关的。他们更想搞明白：为什么他们选择此时此刻告诉我？他们的目的是什么？孩子可能会认定（也许这不一定对）父母对真相的袒露不是因为想满足他们充满爱意的好奇心，而是被他们某种行为所诱发的。

作为成人，如果我们不能放下怨恨，即使是那些寻常的匮乏也会对我们产生影响（经历过艰难困苦的成人很少能够幸免），这种态度会悄无声息地潜入到我们的叙事中，并为其雪上加霜。孩子们更容易对潜意识的过程而非客观内容做出反应，他们会感受到这种愤怒，并即时对其做出反应。尽管父母过去的经历对他们而言是陌生的，但是他们对父母的情感是熟悉的。他们以自我为中心的特质会让他们觉得父母因为他们优渥的生活而心生嫉妒。也就是说，他们感受到我们愤怒的情绪时，他们会觉得他们成了被怨恨的对象，然后他们就会将愤怒转移到这一切的根源上：你们为什么要告诉我这些。

如果父母在前意识或是潜意识中，的确认为孩子应该因为父母曾经遭受的匮乏而感恩现在，那么孩子就会因为享受了并不是自己要求的优越条件而感到内疚，这会让他们愤愤不平。他们可能更想知道，没有这些的话他们会不会更好——至少他们不需要为这些感恩戴德。绝大多数的父母发现，他们其实都会有意无意地对孩子优于自己的童年做出反应。而且大部分父母也发现让孩子去对自己无法选择的“优越条件”感恩几乎是一件不可能的事情。

父母将自己所承受以及经历过的艰难困苦告诉孩子，孩子可能会觉得自己无法像父母一样承受那些，他们会感到无能或是自卑。想到父母在那么艰苦的环境中都可以做得那么好，他们可能会想要在比较中检验自己的勇气，这会让他们在发现自己也有可能做到之前就已经举起了白旗。他们更关注当前自己的感受而不是父母曾经经历了些什么，那些久远的过往对他们来说遥远而模糊，看上去甚至有些不真实，他们也很难设身处地地去想象。

我在以色列遇到一些早期迁徙者和他们的后代，我发现这种态度在以色列集体农场的创立者和他们的后代身上尤为典型，当然这不局限于这个群体。这些年轻人会公开表达他们的不满，他们会觉得父辈已经将建国立业、安置犹太人之类的大事都做完了，都没有给他们什么展现宏图大志的机会。然而在这种想法之下，也隐藏着一种担心：即使他们拥有和父母同等的机会，他们可能也没有办法像父母那样做得那么好。虽然他们会公开对老一辈所做的一切表达钦佩之情，但是私下里还是会对自己的自卑感到愤愤不平，而且对于听父母讲过去的故事这件事情他们是非常矛盾的。少数的年幼孩子可能会进行一些补偿性的幻想，幻想他们长大后会和自己的父辈一样成就一番事业，但是即使这样，等他们长大成人之后，当他们学会以更现实的眼光看待事物时，这种宏伟的幻想就会破灭。除了质疑自己不如父辈，以及钦羡这些先驱者不得不去战胜这些令人难以置信的困难之外，他们还会有什么样的感受呢？

以色列的年轻人过去经常说："哦，我们父母和他们的宏图大志！"这种说法同时表达了他心不甘情不愿的钦佩以及内心的抗拒。从父母这方面来说，他们因自己过去的奋斗没有被更充满感激地接纳而感到深深的失望。在他们希望最引人注目的地方，被仰慕当然是好的，但是换来的却是孩子的不屑一顾。他们没有意识到，孩子们这样的厌倦不是因为没有兴趣，而是对自身焦虑和自卑感的防御。他们分享过去却适得其反，同时也会因孩子无法理解自己的生活而感到失望。

在这里，孩子的自卑感还不是唯一的障碍。当我们回忆过去时，很容易被痛苦记忆所唤起的情感控制。当我们陷入被这些记忆所唤醒的情感中时，就不能很好地评估自己的回忆对孩子的影响了。在某种程度上，我们不仅希望他同情我们的遭遇，还希望他意识到并感恩他现在所拥有的生活。也许孩子应当感激，但从他自己的角度来看，他的人生只是正常而已，他觉得本应如此并认为这一切都是理所当然的。我们对我们人生的认知，也是如此自然而然。因此，虽然他可能口头上承认自己比父母幸运，但这最多只是道听途说，几乎没什么可信度。尽管父母希望给他留下这样的印象，但在内心深处，他并不认为自己的人生是异常幸运的。

当父母希望孩子了解自己是多么幸运时，他是在假设这个孩子在某种程度上能够做到客观地看待自己和父母的人生，尽管他并没有亲身经历过父母的生活。这样的客观的期待远远超出了孩子的理解力——更不用说，父母认为独特而幸运的生活可能在孩子的体验里并不是这样。他对艰辛有自己的定义，他所定义的艰辛很可能包括因为父母强加生活标准而感受到的不胜负荷，而且他别无选择。举个例子，在孩子看来，不得不在坏天气里穿雨鞋可能并不是特权，他费力地穿脱雨鞋并不得不在进去前把它擦干净；吃饭前不得不洗手、刷牙、打扫房间，以及遵守中产阶级所制定的成千上万的其他规则——这是他所熟悉的“艰辛”，他不知道，如果他不需要应付这些，他的生活会是什么样子。事实上，对他来说，没有雨鞋，或者住在没有任何东西需要收拾的、无法遮风挡雨的摇摇欲坠的房子里，可能看起来更具有浪漫的吸引力，而不会将其视为一种残酷的匮乏的生活。

弗洛伊德讲的一个故事很好地说明了这一点。弗洛伊德的父亲讲过自己被一个反犹太恶霸羞辱的经历，他不得不被动地承受被虐待的痛苦，他年轻的儿子对此没有同情只有轻视，因为父亲没有反击。父亲把他放在一个更幸运的位置上，这让弗洛伊德觉得自己比父亲更胜一筹。如果年轻的弗洛伊德对父亲的苦难尚且是这样的反应，那么我们能奢望我们的孩子做出怎样的反应呢？

像弗洛伊德的父亲一样，我们都会不由自主地希望，对孩子袒露自己的过往会有助于我们建立更亲密的纽带，但可能真的会适得其反。那么，这是一个必输的局面吗？我是说，告诉孩子我们的故事一定会适得其反吗？幸运的是，事实并不是这样。在合适的环境和时机下，带着恰当的情感让孩子知道我们过往的经历，确实能让我们彼此靠得更近。一个情境在情感上越敏感越重要，我们就越要小心处理，要审视我们自己的感受并猜测孩子的感受可能是怎样的，我列出诸多的可能性主要为了更好地说明这个观点。就像一些特效药一样，所有承载情感的情境都具有好坏两种可能性。当被正确且恰当地使用在合适的场合中，就会产生正面的效果，但如果使用有误可能就会弊大于利了。

考虑到孩子有限的参考架构，小心处理意味着我们要仔细考虑那些故事对孩子可能产生的影响。如果讲故事是为了使孩子仰慕我们，那么这就有让他们产生嫉妒和自卑的危险，如果我们意识到我们告诉孩子的事情可能让他们感到自卑，那么出于爱，我们就会娓娓道来，以避免他们产生这样的感受。我们想让他们知道他们的处境比我们当初好得多是为了让他们觉得他们有尊敬我们的义务，意识到这一点的时候我们就该审视自己的冲动。我们从自己的体验中知道，尽管我们很感激那些努力工作来改善我们境遇的人，但对那种要感恩的期待深恶痛绝，因为那意味着我们低人一等。所以我们要尽量避免给孩子这种感觉，在孩子看来，大多数被给予而非自己选择的有利条件可能对他们来说并不是有利条件，如果我们从他们的这个角度考虑的话，那么就很容易去避免这个部分。

我以给孩子讲重要而艰难的过去经历为例来说明，即使父母和孩子之间没有分歧和冲突，只是为了增进彼此的了解，这也会适得其反。父母和孩子看待对方的经历时经常是“隔镜观物”，因为他们只在自己的参考架构里以自己的视角来看待这件事的。既然孩子很难改变，那么试着从两种视角来看待某个情境就是父母的责任了。这里有很多要求，包括我们要坦诚面对自己对孩子的情感，坦诚面对我们的动机并对孩子开诚布公；认真审查我们的动机，以确保我们的行为是以孩子的最高利益为先导的。

这个例子可能也提示，父母和孩子之间所有互动的核心问题是这些互动发生的基本背景：亲子关系的性质——双方对彼此最深刻的情感；各自内心的安全感如何，如何去感受对方对待自己的初衷；各自在关系中以及对关系的感觉如何；以及父母和孩子如何处理现有的特殊问题。事实上，如果年轻的弗洛伊德和父亲的关系更好一些，获知父亲的受辱经历可能会唤起他的共情而非轻视。

这表明，牢记孩子只能在自己的参考架构里去看待事物是至关重要的，他们的参考架构和我们的参考架构是极为不同的。如果我们保持对这一简单事实的觉知（尽管我们双方互动包含着非常复杂的因素），那么一切都会好起来。我们会看清楚孩子和他的问题，而不是透过一块被我们的自我和过去的情感卷入的或者被我们对未来的焦虑抹黑或扭曲的镜子。

第二部分

发展自我

第13章

实现同一性

对人来说，最困难的事是什么？——了解自己。

——古希腊哲学家泰勒斯

所有婴儿出生时，都带着自己人格的底色。生命最初的几年，一个人的人格只显露出不太明显的征兆，经过多年历练，轮廓才开始慢慢浮现。再经过很多年，通过了生活严苛的考验和必要的试炼之后，这个人最终形成稳固的人格品质，成为自己心灵的主人。我们把这个过程称为“实现同一性”。

这条路十分艰难，可以说布满了陷阱，也有很多歧途。

为了实现自我同一性，我们要追随自己的脚步，选择自己的方向。可是，我们知道自己是谁吗？思考“我是谁”总是让人茫然又困惑，特别是在年幼的时候。我们常常不得不假装很笃定，以掩盖自己的心慌意乱。成为自己已经很难，更难的是弄清楚构成自己人格的成分有哪些。我们只有把这些成分一一识别出来、区分开来，才能实现自我同一性。

在这些人格成分里，有一些是我们不喜欢、不赞同的，这让了解自己变得难上加难。在寻求自我同一性的过程中，我们会走弯路，会陷入痛苦和危险，会下意识地拿自己做各种实验，也会停下来反思，从而得到一些领悟。

小孩子也好，大孩子也好，为了实现同一性都必须苦苦挣扎，都需要尝试、犯错、发现、确认、定义自己，在这个过程中，父母的情感支持至关重要。父母耐心的理解和真诚的共情能为孩子创造一个安全的情感环境。在这个环境里，孩子可以用真实的自我面对生活，形成一个符合内心愿望、现实中行得通的稳定人格。这并不容易，意味着不管孩子眼下的行为多么令人烦恼，父母都要有静等花开的耐心，相信这些只是孩子自我成长过程中不可避免的小波折。父母怎样表达这种内心信念也是一门艺术，一门随着孩子的成长不断变化的艺术。

孩子年龄越小，父母的表达越要准确无误地体现在行动上。当孩子积极展示自己的时候，父母要看到他，要用表情、语言和动作公开表达对他的欣赏和喜爱。父母之所以需要积极回应，是因为孩子早期的同一性发展完全依赖父母、围绕父母。当父母的反应始终积极时，孩子的同一性才是确定的；如果父母的反应一部分是负面的，孩子的同一性就是碎片化的。

当婴儿感觉到自己的行为给父母带来了快乐，他会非常高兴，觉得自己很重要，是父母的快乐源泉。父母快乐的反应奇妙地变成了婴儿确认自我的重要激励。是“我”而不是其他什么让父母如此快乐，于是“我”就有了独特性，有了和别人不一样的辨识度。于是，在父母的积极参与下，在生命的第一年，孩子的感受从“我做的事情有趣可爱”转变成了“我是有趣可爱的”，这是一项重要成就。父母的喜欢是孩子发展自爱不可或缺的前提，也是孩子形成自我人格永恒的希望之泉。

这个成就不是一次达成的。孩子喜欢重复做那些让父母快乐的事，一次又一次地重复，期望得到父母持续的赞同。得到赞同是小孩子重复行为的原因之一。父母要重复地表达自己的赞同和高兴，让孩子清楚地知道父母很喜欢他和他的行动。只有当孩子一次又一次地感受到这一点，他才会得到明确而持久的信号，才能把行为变成习惯，把习惯变成品质，把品质内化到正在萌芽的人格里。

不幸的是，孩子也会重复做让父母不快乐的事。有时候，为了“报复”父母的负面反应和保护自己，孩子一再重复那些让人讨厌的事。在这个过程中，他既对父母的反应不满，又对自己深感失望。这种不满和失望的模式也会整合到孩子的人格里，甚至成为其中比较突出的部分。

如果父母反复给出积极反应，而且一切顺利，那么接下来孩子就开始内化父母的部分人格特征。换句话说，他们会挑选一些父母的人格特征成分，放到自己人格的筐里。有这个荣幸被挑选的，除了父母还有兄姐或其他重要人物。这个过程非常自然，实际上就是孩子互动中模仿他们的行为方式。行为会固化成习惯，最后内化为自我的一部分，成为一个人持久的心理动力。

让父母气馁的是，孩子选哪些人格特征来内化并不取决于父母的希望，而是根据自己的印象。父母表现出的人格特征里，哪些让他印象深刻，他就会把哪些内化到自己的人格里，有时他内化的甚至是父母最不喜欢的自我部分。比如，父母很生气，却在孩子面前努力忍住了没发火。父母希望孩子从中学会的是如何控制情绪，孩子内化的却是父母被压抑的愤怒。父母的抑郁也一样，虽然抑郁不是一种活跃的力量，但父母的抑郁对孩子人格形成的影响却强有力，孩子感觉父母的抑郁“积极地”把自己的人生引向了消极。为什么孩子要把情绪本身而不是对情绪的控制内化到自己的人格里呢？也许是因为孩子对被压抑的情绪印象更深刻，也许是孩子有其他的原因，也许是他更能透过表面看清大人的真实人格特征。

实现同一性和形成人格的第一步是形成身体自我（body-self)。只有在身体自我的基础上，人格中那些复杂又具体的方方面面才得以建立，而且人格的内容和结构以及结构的牢固程度，很大程度上也取决于身体自我。小婴儿的身体自我就是他的全部自我。婴儿对自己身体的看法——觉得自己可爱，还是可厌，或者两者之间，常常直接反映了父母和主要照料者对待婴儿的态度。

在照顾婴儿时，父母是否觉得享受决定了婴儿的感受。这个照顾是一场从容愉快的经历，还是一场潦草匆忙的敷衍？在和父母的互动中，婴儿汇合各种各样的感受，形成对自己身体的看法。比如在喂养情境里，他被抱得是否舒服、父母给他拍嗝的态度如何、对他吐奶的反应如何……都给他带来各种感觉。如果父母是愉悦的，婴儿就会相应地感觉自己的身体是好的、运转良好、可以被悦纳的，他的身体自我就会充满积极的内涵。反之，如果父母的反应是负面的，婴儿就觉得自己的身体是坏的、运转不佳，身体自我就会充满消极的内涵。

强化婴儿身体自我的情境还有很多，比如洗澡和清洁、换尿布、穿脱衣服、哄睡等。这些情景里，父母的情感会自然流露，他们是真心喜欢抚摸和照顾婴儿的身体，还是觉得照料婴儿很麻烦，甚至只是烦琐沉重、令人厌恶的工作？如果是后一种，婴儿就无法形成积极的身体自我。

需要注意的是，父母情感中潜意识的部分也很重要，尤其是那些压抑的情感。有的父母觉得他们任何时候都有义务照顾好宝宝、满足其需要，为此情愿压抑自己的某种真实情感。比如，有个父亲觉得大便很恶心，这个感受来自他小时候如厕训练的一些经历。在意识层面，他努力用一种愉快的态度给宝宝清理大便；在前意识层面，他的内心却充满厌恶。婴儿会感受到父亲的厌恶，婴儿很难区分意识、前意识和潜意识，父亲所有层面的情绪都混在一起传递给他。父母可能觉察不到自己内在的真实反应，婴儿却能敏锐地感觉到。通过父母几乎微不可察的面部表情、紧绷的身体、匆忙的过程、一边做一边说时的语气、触摸婴儿身体时的态度或者无数其他信号，婴儿感知到他们的内心反应，并做出强有力的回应。

自我发展始于婴儿期。当父母表达出（父母不表达也是一种表达）他们对孩子身体功能的兴趣和关心、相信孩子的身体值得照顾和珍爱时，孩子的自我发展就开始了。父母和孩子每天都在互动，孩子在重复的行动中，在父母恒定的反应中，一点点发展出他的自我。比如，孩子把东西从小床扔出去，希望父母把它捡回来，这样他就可以再扔出去。孩子在测试自己在这个世界上能做什么、引发的结果是什么。这个阶段，父母的天性让我们比较容易理解孩子。

很快，孩子开始学步。在这个阶段，父母共情孩子变得困难了。孩子不再是那个给他捡回拨浪鼓就高兴得咯咯笑的小可爱，他开始大发脾气，大声尖叫。他的无理取闹、缺乏控制和莫名其妙的绝望让我们心烦意乱，以至于我们无法识别出，他现在闹腾的本质和婴儿时扔东西是一样的，他想弄明白自己能做什么和这么做的后果。

孩子用大发脾气表达对自己的绝望。他竟然无力得到自己想要的东西，他竟然不能心想事成！绝望的感觉把孩子扔进了怒气里，他体会到一种彻底的坍塌，觉得自己丧失了所有的能力。成熟的父母知道小孩子只是暂时还做不到他希望的那样，但孩子无法理解，他只活在当下，相信自己现在做不到的将永远也做不到，于是孩子陷入了严重的、充满自我破坏性的绝望。自我破坏性不是指孩子扑到地上疯狂打滚让身体受到伤害，而是说孩子被情绪全面控制时失去了对自己身体的掌控。

这种时候，父母应该如何应对？我们要明白，孩子的愤怒不仅是愤怒，背后还藏着绝望感、挫败感等一组复杂的情绪。孩子的愤怒大爆发之后，发脾气的起因已经不再重要了。这时，我们与其把他一开始想要的东西塞给他，不如分散他的注意力，比如找一个他平时喜欢的东西邀请他过来拿。一旦他愿意迈动小腿，事情就好办了，他也许会继续不高兴一会儿，但很快会重新高兴起来。为什么会这样呢？因为我们巧妙地向他证明了：他的自我或者说身体自我没有消失，身体仍然能随他心意而移动，可以走向任何他想要的东西。

孩子在发展自我的过程中要跨越千山万水。婴儿期，孩子把东西扔出小床，显示他能做事情。接下来的发脾气阶段，孩子努力证明他能按自己的意愿做事情，但他失败了。生命最初，孩子还没有自我，他就是要通过行动来成为自我。通过检验自己做事情的能力或者尝试让自己确信自己可以，孩子拥有了一个真正自我的初始萌芽。稍大一些，他不再试着成为自我，他之所以大发脾气，是为了看看这个自我能为他做些什么。他的暴怒和绝望来自，他被迫认识到他的自我不能让他随心所欲，这与他所希望的大相径庭。

孩子对成为一个独特的整体或者拥有同一性没有概念性的理解，只有一种感觉。当他感到自己和他人分离时，感到能理解在镜子里看到自己这件事时，感到可以移动自己的身体时，就会识别出他的“自我”。他拥有一个自我，他可以决定做什么然后去做，不过现在的他还不知道，将来他所有的愿望、行动、想法和情感会合并成一个明确的自我同一性。

将碎片拾起

人们都理解，实现自我同一性的路迂回曲折。然而面对自己的孩子时，我们却很难淡定地看着他任性地徘徊。当十几岁的青少年相信奇奇怪怪的时尚才是生活的精髓时，当他们质疑和拒绝我们的生活方式时，当他们心安理得地花我们的钱又蔑视我们的价值观时，我们要崩溃了：我们努力尊重孩子，孩子却利用这份尊重来贬低我们。如果青春期孩子不是这么矛盾，这么每时每刻都在变化，我们也许会意识到他们在寻找自我，进而过渡到寻求自我同一性和个人独特性，可他们突然的、变色龙式的变化让我们迷惑了。

青少年实在是太变化无常了。比如，他们正在洋洋自得地扮着成熟，炫耀自己毫不在意我们的反对意见，可几分钟后又盼望我们像照顾婴儿一样照顾他们的需要。他们甚至在同一时刻既渴望着独立又渴望着依赖。父母很难记住，比我们高、比我们壮的青春期孩子仍是孩子，他们的行为本质上和学步期幼儿一样，一边喊着“我能做到”或者“让我来做”，一边又盼望我们为他做，就像他学着系鞋带或穿防雪服时那样。不过，父母也要记住，孩子在任何年龄都需要维护自己的独立和自给自足。只有在独立的前提下，他们才能无损自尊地享受我们的照顾。

我们认可，实现同一性需要足够的阅历，孩子既需要独处的时光，也需要在鲜活的生活中感受世间百态。然而一个人什么时候该独处？什么时候该去社交？分别需要多少时间？对这些问题，我们和孩子并不总能意见一致。当我们觉得他们最好自己安静待一会儿的时候，他们却觉得需要兴奋活跃的热闹；当我们觉得他们不该如此孤单的时候，他们却觉得自己有理由待在自己的世界里。

这些摇摆不定其实还好，父母更难接受的是孩子的退行：已经慢慢成熟的孩子，突然变得极为幼稚。比如，一个原本精致可爱的孩子忽然变成了邋遢鬼；一个成绩优异的孩子奇怪地丧失了学习兴趣，开始痴迷于白日梦……这些事情发生的时候，我们很难毫不担忧地接受。我们和孩子都没有意识到，这些变化通常表明，孩子内心正在经历一些重要的发展，这些发展耗光了他们所有的能量。

精神分析理论认为，当心理发展进入到一个更高的阶段时，我们需要在新的水平上再次处理早期问题。比如，孩子原本已经很熟悉自己的身体了，但进入青春期后，他早年在身体方面的不安全感再次出现，身体的快速生长又叠加上新的不安全感，这给再次处理早期问题增加了难度和紧迫性。

比如口欲期固着，看起来已经在婴儿期解决了；如厕训练经历种种情绪困难之后，看似在学步期完成了；不讲卫生的习惯，看似在幼儿园时已经改掉了。可很多年后，它们以或旧或新的形式卷土重来。十几岁的青少年之所以变得懒散邋遢，是因为他终于强壮到能够反抗整洁的要求了。这种反抗是他孩童时被迫压抑的心愿，现在他把自己从压抑中释放出来，作为一个自我决断的个体重新拾起早年的反抗愿望。从某种意义上说，这是一件好事。如果一个人在更高水平上把早期问题解决了，就能把它整合进自己的人格，使自己的整体人格更丰富和谐。相反，如果一个人在发展中没有机会再次碰触早期问题，就是把它们留在了早期不成熟的水平里。人格的其他方面都发展到高水平后，那些低水平的部分就像一块块古老的砖零散地嵌在一栋现代高级建筑里，不但它们自己格格不入，还给整个人格制造裂缝，带来破碎的风险。

在我们一生中，尤其是在性格发展的显著时期，我们的早期经历应该被重新体验和处理。只是面对青春期孩子时，我们很难记住这一点罢了。他突然莫名其妙地像婴儿一样大发脾气，变得和小时候一样脏乱，有时傻乎乎的，不停地用食物塞满自己的胃，有时又完全拒绝吃饭……好像他捡回了婴儿时的本领来对付我们。其实青少年只是看上去在退行，本质上却是在更高水平解决早期问题。他为此花费大量时间和精力，在父母眼中显得幼稚古怪。可是这很重要，没有什么比处理人格中固着的陈年老伤更重要的了。一个人对自己身体和身体功能的态度、和父母的关系、对自己的看法，以及未来的目标，都是他人格形成中无法回避的核心问题。

青少年交替用退行和进步，来应对自我发现的过程。对父母来说，最难的是始终在内心接纳他，并根据孩子的年龄和当时的场景做出合适的反应。

婴儿高兴地把玩具扔出小床是为了确认自我，父母明白这一点，于是会心怀愉悦地一次次帮他捡起来。然而当青少年将我们的贵重物品扔出窗外，或扔到我们脸上时，我们做出恰当反应就很有挑战了。孩子对父母仍抱有早年的期望，他期望我们依然愿意，更重要的是依然满怀愉悦地帮他捡起来。虽然孩子已经长成大块头了，虽然孩子对自己心底的这份期望一无所知，但是父母要温柔地接住这份期望，为这个大块头的孩子捡起那些东西。事实上，为了孩子的良好发展，父母在每个年龄阶段都必须捡起那些东西，只不过那些东西的意义因孩子的年龄、成熟度、亲子关系状态不同而有明确的不同。

尊重始于身体自我

身体自我是一切自我发展的基础。父母能为孩子做的最好的事情之一，就是帮助他从婴儿期就发展出健康、积极的身体态度。父母慈爱、温柔的照顾，会成功让孩子感觉到他的身体有很好的功能，是美好的、值得珍爱的。这样的话，孩子在以后的人生中会更尊重和珍惜自己的身体。青少年如果有这种积极的身体态度，就不会冒险用身体来处理内部压力，伤害自己的身体、人格和社会功能。一些青少年得厌食症、暴食症，或者沉迷于各种不良行为，很多是因为没有建立起良好的身体自我。

就父母的天性来说，表达对孩子身体的珍视并不难。比如，在孩子生病时，父母会精心照顾他们。在物质贫瘠的年代，父母给孩子提供好的食物本身就表明对孩子身体的关爱，行动就是直接的态度。今天，父母可能使用更微妙、更心理学的方式来表达关心，但孩子对身体和自我的尊重，仍然根植于父母的温柔给他带来的感觉。

发展自我是一个漫长的过程，直到青春期，孩子才发展出自我同一性的最早内化形式。在这个过程中，父母的态度和行动可以是巨大的帮助，也可以是巨大的阻碍。孩子先发展出一个自我，随后再发展自我同一性。

孩子一步步走向独立，父母要在每一步都表达明确的支持。如果父母不支持，孩子就走不稳他的独立之路。

支持孩子独立并不意味着父母要赞同孩子做的所有事。当孩子开始掌控外部环境，探索自己能做什么、想做什么的时候，父母只有满意和鼓励是不可能的。父母的回应不会都是正面的，父母总是要求和许可孩子做一些事，禁止孩子做另一些事。孩子常常讨厌父母口中的“不要做的事”，对一部分“要做的事”也很反感。

虽然不能一直赞同孩子，但是我们的赞同要远远多于不赞同。赞同要衷心地高兴地公开表达，有时伴随着合适的奖励。不赞同则应该尽可能温柔地表达，把孩子可能因之产生的焦虑和沮丧降到最低。只有这样，孩子才能享受做自己，进而发展自我和实现自我同一性。

父母常常因对未来的过度焦虑，对孩子当下的行为反应激烈，孩子常常只考虑当下，以为父母也如此，这种立足点的不一致是亲子冲突加剧的原因之一。如果父母学着站在孩子的立场上看问题，不因焦虑过分恼火，其实更容易给孩子提出建设性的指导。此外，也许不需要，但我还是想说，父母教育孩子应该对事不对人。我们可以批评孩子的行为或计划，但不应该上纲上线，攻击孩子本人和他探索世界的愿望。孩子犯错或者一开始做得不够好是正常的，因为孩子的判断力也好、智力也好，都是在不断探索和试错中发展起来的。

限制成长

如果父母因为某些原因，不但不鼓励孩子发展自我，还加以阻挠，那么孩子可能会放弃他正在萌芽中的自我。孩子选择通过听妈妈（或类似妈妈角色的人）的话来获得一种虚假的安全感。或者孩子发现发展自我太危险，勉强认可一个假自我。这为他以后的生活埋下隐患，甚至可能导致人格解体和精神病性问题。如果父母没有横加阻挠，这种情况极少发生。孩子停止发展自我，常常是因为父母的阻挠、不幸的事件和其他环境因素碰到了一起。

有这样一个例子：一个婴儿在刚刚会爬时从桌子上摔到了大理石地面上，造成了复杂性骨折。为了治疗，他的胳膊腿都固定在模具里，很长一段时间没法自由活动。拆掉模具后，他战战兢兢学会了走路，但他的智力发展受到了严重阻碍；他虽然学会了说话，但是不能表达自己的任何想法，在7岁时被诊断是精神发育迟缓；他不是自闭症，却表现出了许多自闭症状，包括他的词汇中没有"我"，经过多年心理治疗才好转。又治疗了几年，他才慢慢明白了自己的感受。原来，婴儿时困在模具里的那段经历，对他来说意味着惩罚和警告，惩罚他到处活动，警告他不要发展任何独立性或者说自我。

这一切是怎么发生的呢？这个男孩停止自我发展，原因是外部经历和内心体验的结合。限制他行动、给他带来痛苦的模具只是基础，妈妈的态度才是导致悲剧的真正原因：妈妈非常担心他再次发生事故，又因为以前没有照顾好他而自责，所以当男孩摘下模具、再次试着四处走动的时候，妈妈并不鼓励他这样做。她强烈地表达自己的焦虑，有时生气地警告，有时不说话，这种沉默反而更令人印象深刻。妈妈的反应让男孩觉得外界到处都是未知的危险，而且危险大到不能用语言描述，这压倒了男孩。为了安全，他必须放弃身体和智力上所有活动的主动性，完全服从妈妈的指令来换取彼此的安全。当新获得的活动能力让他满足，妈妈的惊恐焦虑又令他挫败时，男孩就置身在了矛盾中。

矛盾的一方面，是自我发展的天性让他感觉到移动很好；另一方面，则是他察觉到自己的行动力让妈妈非常焦虑和内疚。那是他的妈妈，是他在模具里时完全依赖并且唯一能依赖的人。孩子无法厘清这种矛盾和混乱，而且他已经记不清楚当初自己为什么不能动弹，只好把那段经历理解成惩罚——因为自己自作主张乱动，所以引来了不能动的惩罚。他在心底纠结到底该不该发展自我，结论是不应该。他认为自己不应该自主活动，必须在妈妈明确许可时活动。妈妈因为焦虑，很少明确许可和鼓励他活动。就这样一天天过去，这个男孩慢慢变得像个机器人，无法按自己的意愿活动，只能完全由外界控制，连活动四肢也严守标准。

他有活动的能力，但因为没有自主性，所以无法发展出身体自我，更无法在身体自我的基础上发展完整的自我。对这个男孩来说，妈妈如影随形的焦虑、妈妈对他笨拙行为的内疚自责，让他在活动中感受不到任何乐趣，让他的身体自主性无法发展。没有自主性就不能思考，也就无法形成自己内心对身体的感觉，自我发展就此搁浅。

这是一个极端的例子。即使在身体自我发展的关键时期遇到疾病或其他不幸事件，一般人也极少像他这样。即使在这种情况下，如果妈妈的焦虑和内疚不那么强烈，对他恢复运动能力能稍微乐见其成一点，那么原发性创伤（困在一个身体模具里）对他的影响也不会这么严重。

或者如果爸爸能帮忙抵消一点妈妈的恐惧，也会好很多。男孩摔下来时爸爸不在现场，爸爸是没有内疚的。如果在妈妈焦虑的时候，爸爸能给出另一种反应，鼓励孩子自由活动身体，孩子就不会孤独地陷入如此艰难的矛盾中。成长中的男孩认可爸爸，如果爸爸的反应和他想独立的愿望一致，事情就好办多了。然而很不幸他的爸爸没有这样做，爸爸因他生病而失望，几乎从不在家，对他毫无兴趣。

这就是父母双方对孩子都很重要的原因之一。当一方的压力让孩子无法承受时，另一方可以给孩子支持。在这个例子里，母亲压倒性的内疚、潜意识里对孩子的责怪干扰了她对孩子的爱，限制了孩子的发展。如果此时爸爸理解妈妈的痛苦，就会帮她减轻内疚。可是这个爸爸不但不提供支持，还指责妈妈粗心大意带来了麻烦，这让问题雪上加霜。

父母即使同时满怀感情地面对孩子的问题，他们的反应也是不同的。这种不同让孩子感觉更安全，他会感受到没有什么事情是完全毁灭性的，毁灭性的感觉只是其中一种反应，他还可以有另一种选择。焦虑的父母在伴侣那里得到情感支持，也会减少孩子的痛苦。

虽然这个男孩的故事不常见，但很多个案都表明，限制婴儿的活动能力会严重妨碍他们的自我发展。虽然在很多情境中父母都有理由焦虑，但当孩子摇摇晃晃要走向世界时，父母的过度焦虑有害无益。只有父母愿意让孩子独立，孩子才能不受限制地发展自我。

“青春期叛逆”

青少年对父母的态度是矛盾的。他们需要父母赞同自己，同时需要自己反对父母。他们之所以如此，是因为担心自己的人格发展方向会受制于父母。为了确保自己成为想成为的样子，确保自己的独立性，一个办法就是和父母的期望对着干。这种既要依赖又要反对的矛盾心理，让青少年的生活举棋不定、十分艰难，和父母相处时问题重重。

可怕的是，这还不是他们内心巨大冲突的唯一来源。除了和父母的冲突，青少年在即将迈入外面的广阔世界时，自己本身也是纠结的：此时该进还是该退？如果父母过于积极地鼓励他们进，那么青少年会觉得父母不是在帮助和支持他们，而是在努力将他们推出巢穴。

青少年渴望冒险，同时需要安全感。为了敢于冒险进入外面的世界，他希望父母的家仍然无条件接纳他，和他童年时一样欢迎他。学步期孩子冒险越过婴儿床时，要抓住妈妈的围裙带子才能安心。再大一点的孩子要常常抓住一块“安全的毯子”、一只泰迪熊或者其他一些过渡性客体。和他们需要一个具体物品的感觉相似，青少年也需要家的安全感触手可及，当试着在更大的世界里、用更成熟的方式行事的时候，他能在家里随心所欲地表现得孩子气。如果此时父母只是鼓励他勇敢地走出去，他可能就认为父母想甩手不管他了。当他在外面的风雨中无助飘摇时，就再也没有能庇护他的安全港了。

父母不能逼迫孩子独立，也不必试图积极主动地指导他独立，事实上那样做常常会适得其反。一个人发展自我、实现自我同一性的每一步，都必须由自己决定、由自己迈出。当孩子尝试迈出这一步时，如果觉得是迫于父母压力，那么他并不是真的在独立。

在青少年内心矛盾丛生的这个时期里，父母最好的应对方式是不表态地接受青少年古怪、敌对或其他令人不快的行为。我们要给他空间去尝试，但不要太在意他做事的细节，也不要太过关注和烦恼。青少年会自己发现哪些尝试适合他、哪些不行。只有当青少年觉得放弃一些事不是因为父母的压力，而完全是自己的决定时，才能真的放弃那些对他有害的行为。父母最好不要幻想孩子从不走弯路，时刻幸福，只需要永远无条件地欢迎孩子随时回家就足够了。

在青少年尝试的这段时间里，父母可以按自己的价值观生活，不必太固执和敏感，也不必在青少年的猛攻下退让，不要总强调自己价值观的优越性，也不要公开批评孩子的价值观。就算有时候孩子做错了事，父母也必须坚信孩子天性良善，并用这个内心信念支撑外在态度，带着合理的期望来对待孩子。也许有一天，我们的言行一致会吸引孩子走近我们。

父母坚信自己的生活方式，又不把它强加于人。这种做法正是孩子需要的，可以保护孩子不陷入自相矛盾的旋涡，他不用再一边赞同，一边又要为了反对而反对。当孩子不再害怕成为父母的副本时，他反而能把父母当作榜样，安心探索并找到适合自己的生活方式。

有个青少年的表达很有意思。在对自己和世界深感困惑的阶段，他觉得自己在努力寻找自我，父母却对他的拼搏无动于衷，于是他绝望地大喊："你必须要反抗一些什么才能知道你是个人物！"没错，这个年龄的问题，就是孩子需要知道自己是个人物，但还不能通过内心的力量和人格的一致性感觉到这一点，于是用反抗权威的方式来确认自我。最方便反抗的对象，就是父母的价值观。父母如果希望孩子自由发展人格，信任孩子能发展出让人满意的价值观，就需要这种折中的态度：不过度捍卫自己那一套，但也绝不让它倒塌。如果父母的价值观土崩瓦解，孩子失去对抗靶子的同时，也失去了支撑和榜样，造成他正在发展中的自我人格支离破碎。

承担风险

当我们确定自己是谁的时候，必须同时确定自己能做什么、能做到多少，几乎人人都是如此。我们确定自我能力，又是从确定自己的身体能力开始的。从很小的时候开始，孩子就需要弄明白身体能做到什么，尤其是能按自己的意愿做到什么。身体如此重要，以至于我们渴望证明它是有用的，也渴望和别人较量身体能力，这是我们能从体育运动和外貌打扮中得到快乐的原因之一。体育运动总是有一些危险的，随着孩子年龄增长和身体日渐强壮，体育运动的强度和危险也会相应增加。

青春期的孩子之所以特别看重身体力量，是因为这个阶段的主要目标是发现和证实自我。和其他方面相比，一个人的身体能力强，可以马上测试并看到结果，能简单直接地提升孩子的自尊。如果把自尊建立在其他方面，结果就不这么容易量化了。例如，当一个孩子希望相信他是一个比同龄伙伴，甚至是他父母更好的人，这是不容易的。

父母和老师们认为学业成绩很重要，理所应当能给孩子带来价值感、成就感和自尊感。然而事实上，学业成绩对年幼的孩子和成年人可能重要，对青少年的影响却比较微弱。青少年原本就在努力摆脱成年人的价值观，争取不被成年人控制。如果说年幼的孩子可以接受成年人的控制，是因为控制会伴随着安全感，那么青少年只会觉得控制面目可憎。他们想要自己的权利，不愿意把自尊和自我价值建立在成年人的评价上，不顾一切地想挣脱被当成小孩的状态。

如果青少年对自我能力的其他方面完全没有确信，就会更注重在身体能力上得到优越感。他们可能会为了证明自己而参与有潜在危险的冒险活动，比如鲁莽驾驶、攀岩、跳台滑雪等，如果找不到正面的途径，甚至可能会参加违法犯罪活动。有些青少年觉得社会蔑视自己，于是抢先去蔑视社会的标准，他们被报复的念头和追求优越性的渴望驱使，走向极端的冒险。我曾不止一次地听到有违法的青少年说："如果我不能成为脱颖而出的最好，那我至少可以成为引人注目的最坏。"暴力帮派的头目坚持，他们必须比其他成员更凶残，才能建立或保持他们的统治。

一些青少年之所以形成这种违纪型人格，可能是为了反抗父母和社会，但最根本的原因是缺乏自尊，他们害怕成为一无是处的无名小卒，宁肯用违法来逃离这种无价值感。这种自我贬低的信念常常源自童年，当孩子深深感觉到他的身体和他本人不被重视时，而且这种感觉日复一日积累时，就容易演变成缺乏自尊的观念和人格。

A Good Enough Parent

第14章

游戏：通向现实的桥梁

人只有在玩耍时才会展现出真实的自己。

——弗里德里希·席勒（Friedrich Schiller）

蒙田（Montaigne）曾写道："游戏是孩子最认真的活动。"如果我们想理解孩子，就必须理解孩子的游戏。我将在本章和接下来的章节中用较多篇幅讨论游戏。对孩子来说，游戏不仅是快乐的源泉，也是意义重大的工作。父母之所以乐意给孩子买玩具和各种游戏材料、鼓励孩子玩、帮助孩子玩、创造条件让孩子们一起玩，正是因为我们清楚这一点。孩子的游戏会随着他们理解力的增强和关注点的变化而变化，教会他们关于世界运转的一些规则，像如何使用物品。如何理解事物的原理。与他人玩耍中，他们了解到机会的规则，如果我们想要别人与我们玩耍，就必须遵守行为规则。

游戏最重要的价值也许是教孩子如何理解和面对失败，让孩子知道失败并不是世界末日。孩子在游戏里输掉一次，下次又赢回来。在输输赢赢中孩子慢慢明白，即使失败多次或者又身处曾经输过的场景里，成功也仍然可期。当然，孩子要真正获得这种信念还需要父母持有正确的态度。如果父母强调游戏本身的乐趣而不是只盯着输赢的结果，那么孩子更容易看淡成败。众所周知，英国作为一个十分重视运动员精神的国度，高度推崇优雅的失败者。他们认为获胜者沐浴在全世界和幸运之神的祝福中，因此很容易保持风度；失败者独自咽下失败的心酸后却能保持良好风度、始终尊重比赛规则、不让自己的自尊被击垮更值得赞扬。如果父母也能用这样的态度对待孩子，孩子就更容易走出失败的阴影。

弗洛伊德说，孩子通过游戏取得了人生第一个重大的文化和心理成就。当妈妈对婴儿微笑时，婴儿也对妈妈微笑。对婴儿来说，微笑首先是一个模仿妈妈的游戏，然后他才学会了用微笑表达自己的快乐。弗洛伊德还说，孩子能够用游戏充分地表达自己的想法和情感，如果孩子不用游戏把自己的情感表达出来，就会忽略它们或者被它们击垮。

后来很多儿童精神分析家进一步拓展了弗洛伊德对儿童游戏的理解。他们发现孩子在用游戏表达困扰自己的各种心理问题和复杂的情绪的同时，也解决了它们。弗洛伊德曾说梦是通往潜意识的捷径。对孩子来说，游戏也是一条通往潜意识的捷径。如果我们想理解孩子的内心世界和帮助孩子，就必须理解孩子的游戏。

孩子在游戏中呈现他对这个世界的理解：他希望世界是什么样的，他关注什么，什么问题在困扰他。孩子玩游戏不仅在消磨时间，还在表达自己内心那些无法用语言说出的感受。孩子那一刻的关注点、愿望和焦虑都隐含在他选择的游戏里。换句话说，孩子心里正在发生的事决定了他的游戏内容，游戏是他的秘密语言。就算我们不理解，也必须尊重这种语言。

即使最健康、最有能力的孩子也会在成长中遇到很多困难，有些困难看起来像高山一样无法逾越。孩子可以通过游戏把巨大复杂的心理难题分解开来，拆成一个个细小的部分和简单的侧面，再一步步地解决掉它们。孩子所采用的解决方法通常是象征性的，虽然他自己也不甚明了，但这些象征和他内心深处的潜意识密切呼应。我们之所以有时候觉得孩子的游戏毫无意义或傻里傻气，是因为游戏的潜意识目的尚未显现出来。因此，只要没有危险，成年人最好不评判、不打扰、不插手孩子的游戏，让孩子全神贯注地自己玩。游戏是一个在潜意识层面努力的过程，成年人给孩子理性建议可能会事与愿违，转移孩子对原有目标的注意力，妨碍他解决自己的心理难题。

比如一个四岁女孩对妈妈怀孕的反应是退行。她开始像婴儿一样尿床，只用婴儿奶瓶喝奶，还像婴儿一样在地板上爬。妈妈很烦恼，考虑到新宝宝出生后有一堆事情要做，她原本指望女儿变得成熟，使这一切变得容易些，而不是像现在这样。幸运的是，妈妈没有因为自己辛苦而阻止女儿“变回”婴儿。

几个月后小女孩结束了她的退行，换了个更成熟的游戏。她开始扮演“好妈妈”，非常关心自己的玩具宝宝，用各种方式认真地服侍它。这件事的本质一目了然，在退行时小女孩认同了即将出生的婴儿，后来的游戏里她认同了妈妈。在她的弟弟或妹妹出生前，小女孩已经通过游戏做了很多必要的准备来应对整个家庭和自己身份的变化。她对新生儿接受得比妈妈预想和担心的更容易。

我们可以推测出小女孩的心路历程。当她看到妈妈怀孕时，知道将有一个新宝宝加入家庭，开始担心新宝宝会抢走曾经属于她的婴儿式的享受。她可能会想，妈妈想要一个小宝宝，而她不再是个小宝宝了。于是她“决定”再次成为一个小宝宝，这样妈妈就会放弃再要一个小宝宝的念头了。当然我们这里说的“决定”，对孩子来说只是潜意识的反应。

当妈妈允许她这样做的时候，小女孩自己却很快意识到尿床并不像想象中那样愉快，只喝奶远不如吃丰富多样的食物好，跑跑跳跳也比爬有成就感多了。假扮了一阵子婴儿之后，她说服了自己还是长大更好，于是决定像妈妈一样成为婴儿的照顾者。她立刻在游戏中实现了这个转变，她照顾玩具宝宝，想象自己将来成为一个真正的母亲时候的样子。就这样，游戏为这个女孩和她妈妈的困境提供了愉快的解决之道。

在四岁这个年纪，这个女孩既能投入地扮演婴儿，又能投入地扮演妈妈，自己乐此不疲。大一点的孩子却没法如此轻松自如地扮演自己之外的人，不过他们可以尝试像演员和木偶戏表演者一样，用表演游戏把内心世界展示出来。表演游戏提供了一个进退自如的空间，孩子在里面可以十分幼稚，也可以超前成熟，这对孩子的心理发展是一种保护。任由孩子摆弄吧，他总会找到解决自己问题的方法。如果我们自以为是地规定孩子的游戏，干扰他的自由尝试，孩子反而会不知所措。

除了解决生活中的问题，孩子还通过游戏理解世界。孩子学着父母的样子照顾玩具宝宝和假装工作都是一种尝试。孩子先是试着理解父母是谁，然后试着理解他们说的工作是什么意思。更小一些的孩子还会模仿年长的哥哥姐姐，试着理解长大一点是什么感觉。

游戏还是孩子的自我疗愈。他希望父母怎样照顾自己，就怎样去照顾玩具宝宝、毛绒动物或真的小动物，这种做法间接弥补了父母偶尔照顾不周。不幸的是成年人常常意识不到孩子看似荒谬重复的游戏里所蕴含的深刻含义，甚至因孩子不断重复一个游戏而横加干涉。这种干涉可能会打断孩子，让他没有机会一次次地重复自己的游戏。事实上，如果我们仔细观察就会发现孩子很少真的完全重复一个游戏所有的细节，他每次玩都会进行一些细微的改变，这说明游戏的方向是可变的，孩子的问题正在一点点解决。如果孩子的游戏完全没有变化，那么这本身就是一个重要信号，说明孩子正在处理的问题极为重要，他还在继续寻找解决方法。

游戏的价值

游戏的首要价值是让孩子愉悦。在游戏中身体运转自如的愉悦是人类最纯粹、最重要的快乐之一，是一种美妙的享受和体验。巴甫洛夫（Pavlov）把它形容为“肌肉愉悦”，哈维（Harvey）则称之为“身体的无声音乐”。孩子游戏玩耍时会锻炼到身体，虽然不知道自己为何快乐，但常常快乐到兴高采烈，忍不住大喊大叫。小孩子尤其需要尽情玩耍，就连幼小的动物（特别是哺乳动物）也会一边锻炼身体一边玩耍。虽然我们不确定小动物的详细情况，但对人类来说，玩耍确实既锻炼身体也锻炼大脑。心理学家说这种身体和大脑“运转正常的固有快乐”是人类所有幸福感的基础。如果说独自玩耍体验到的是自我功能良好的满足感，和他人一起玩耍还能体验到合作等人生其他方面的深深愉悦感。当婴儿和父母一起玩耍时，玩耍本身让婴儿快乐，父母的快乐又会给婴儿带来更长久的快乐。

还有最重要的一点，孩子享受游戏的能力会发展成享受生活的能力。游戏就像罗马的两面神一样有两个面向，一个指向过去、一个指向未来。一方面它帮助孩子用象征的方式解决过去的问题，直面或象征性地面对当前的任务；另一方面它又是孩子为未来任务做准备的重要工具。其实，早在发现游戏的心理意义之前人们就已经意识到孩子在游戏中为未来做准备。包括幼小动物也是在嬉戏中学习捕猎和躲避追捕等技能。卡尔·格罗斯（Karl Groos，该问题的第一位系统研究者）、皮亚杰（Piaget，提供了孩子在游戏中进行智力学习的最佳解释）和很多学者，都曾经论述过游戏在认知和运动发展中的作用。

孩子在游戏中锻炼思维。从不玩耍或很少玩耍的孩子智力发展可能会受挫，思维因缺乏锻炼而停留在肤浅的层面。游戏对孩子的语言发展也同样重要，如果成年人一边和孩子玩游戏，一边坚持用难度恰当的语言和孩子聊天，孩子的语言能力就会迅速提升。语言也是孩子的玩具，孩子和语言嬉戏，探索能用它们来做什么。父母之所以不需要过早坚持孩子规范地使用语言，是因为这样会减少孩子的创造乐趣。（一些老师发现，对经历过文化剥夺的孩子来说，鼓励他们创作诗歌能很好地促进其智力发展。而且创造性地使用语言还让这些孩子更乐观——既对自己的语言能力更乐观，也对自己能在世界上做什么更乐观。）

游戏除了刺激孩子的智力发展，还能潜移默化地培养孩子的好习惯。有些好习惯对孩子的学习和成长至关重要，比如坚持。比起学校作业，充满乐趣的游戏更容易帮助孩子学会坚持，因此不要等到孩子上学后才开始培养这个好习惯。成功鲜有一蹴而就的，做成任何事都需要坚持不懈。我们最好让孩子在习得人生经验还不那么痛苦的婴幼儿时期就明白这一点。比如在积木游戏中，孩子刚开始没办法把积木一块块摞整齐，可他太想搭一座城堡了，强烈的愿望吸引着他尝试下去，一次次失败后他做到了。在这个游戏中，孩子慢慢明白了在遇到挫折时应该坚持不懈地尝试，不管刚看到失败苗头还是已经面临第五次、第十次失败，都不能绝望地放弃或者转头去做更容易的事，这样才会成功。在这个过程中父母的态度很关键。我们如果想让孩子学会坚持，就不能只对最后的成功感兴趣，却对孩子坚韧不拔的努力视而不见。

孩子对父母内心的真实感受非常敏感，如果我们嘴上赞美孩子，心里却因孩子做事笨拙、耗时良久而暗自失望，就一定会被孩子发现。格雷戈里·贝特森（Gregory Bateson）等人的研究已经证明，父母言行上自相矛盾对孩子的发展极有破坏力，听到的和感觉到的不一样会让孩子极为困惑。父母只用成败评判会挫伤孩子坚持到底的积极性，口头上表扬他暗地里却失望也有同样效果。父母渴望孩子成功是人之常情，却往往会成为孩子发展迎难而上能力的障碍。

真正对孩子有帮助的是父母的信任。父母要坚信孩子不管花费多长时间最终一定会把事情做好。有了这种信念，我们才不会一厢情愿地逼迫孩子成功或者在孩子失败时失望，才不会口不应心地假装表扬孩子。不管是成是败，孩子对自己的努力程度心中有数，对自己是否值得表扬也心中有数，如果我们对孩子不值得表扬的表现大肆表扬，那相当于我们不相信他能做得更好。父母应该发自内心地信任孩子，这种信任可以创造奇迹，撬动孩子的自我怀疑的高山。如果一个孩子对自己充满信心，就可以克服暂时的失败带来的痛苦，继续尝试下去。

许多孩子、青少年甚至成年人不敢面对困难的任务，喜欢把失败归咎于错过了成功的时机，事实上他们只是没有坚持的能力。他们很可能因为小时候的游戏有缺陷，所以没有机会明白持久地付出大量心血才可能成功。也许当时他们的父母只对他们的成功感兴趣，却对他们下的笨功夫不感兴趣也不参与，或者只关心自己的愿望却对他们的目标不以为意，因此他们不明白持久坚持的价值。父母的态度不管有没有说出来都会传递给孩子。

据说爱因斯坦（Einstein）三岁时还不会说话，如果成年人愿意的话，他用积木和智力拼图与他们交流。爱因斯坦之所以这样做，很可能是因为他没法用三岁孩子的语言说清楚自己的思想，却可以借助智力拼图来表达它。爱因斯坦晚年曾两次论述过智力拼图等组合游戏对智力发展的意义。他写道："人类试图寻找所有适合自己的方式，塑造一个简单明了的世界影像，用它代替经验世界，进而战胜经验世界。"这段话似乎在说，孩子们知道他们不能掌控外在的世界，于是在游戏中创造了一个他们能够理解的世界，用这个可理解的世界来战胜外在世界。孩子们采取适合他们的独一无二方式来创造这个可理解的世界，用的是只有他们能懂的"语言"。

爱因斯坦还写道："从心理学角度看，在用有内在逻辑结构的语言和别人交流之前，孩子的这种组合游戏已经体现出了创造性思维的本质特征。"无论是扮演小木匠、安装工还是玩拼图，孩子乐在其中的同时培养了自己的创造性思维。智力拼图是儿童早期很好的学习工具。在拼图游戏里，孩子按正确的顺序把看似一个个无关的部分排列起来，得到的整体远远大于部分之和。就这样，孩子在还不能自如地用语言表达想法时学会了搭建逻辑结构。

在游戏中虽然有些努力会付诸东流，但反复努力最终会迎来成功。这不仅向孩子展示了坚持到底的必要性，也让他坚信自己有取胜的能力。如果孩子拥有了这种信念，那么不管目标有多么遥不可及都会死磕到底直至达成。在这个过程中，孩子磨炼了自己的思考操作技能，学会了坚持，培养了耐心，提高了动手能力，也为以后更复杂的学习做好了准备。没有任何电视节目可以教会孩子这些，《芝麻街》(*Sesame Street*) 之类的电视节目很吸引孩子，也教孩子一些能轻松上手的知识，却培养不了孩子面对困难时不屈不挠的勇气，也不能教孩子从看似不连贯的部分中创造出整体，这些才是孩子面对未来复杂挑战时所需要的能力。

天才如爱因斯坦不需要任何帮助就能从部分中创造出自己的“清晰的世界影像”，得到“逻辑结构”，普通的孩子却需要一些引导。如果父母允许孩子自由地玩积木、拼图且乐于陪孩子一起玩，那么孩子很快就会造出城堡，拥有属于自己的“清晰的世界影像”。这些城堡最好是孩子的独立发明，父母出出主意、递递东西或在孩子开口求助时有所回应就足够了。大多数父母都太心急了，缺乏等待孩子独立完成游戏的耐心，一如我们极度渴望成功，又不接受成功之路原本就有的曲折迂回。

多数时候，孩子都需要充足的时间悠闲地用自己的方式专注于游戏，并且在游戏过程中有机会实现自我激励。如果父母太急切地希望看到孩子的游戏成果，孩子就会为自己做得不够快或者没有独立完成游戏而沮丧。父母直接指导孩子玩最好的结果是孩子不得不在自己“简单且清晰的世界影像”和大人的世界影像之间妥协。大人的世界影像和孩子的完全不同，无论我们多想“保持简单”，我们的影像对孩子来说都太复杂了。因此父母和孩子做游戏时要有耐心，既在正确的时机给孩子一些引导，又要放手让他们自己做。最重要的是不管我们是否理解孩子游戏的含义，都用支持和欣赏之心保护孩子玩耍的热情。

有些父母出于自己没有意识到的原因总是对孩子做游戏的方式不满意。他们乐此不疲地告诉孩子应该怎样玩一个玩具。如果孩子按自己的喜好来，父母就不断“纠正”，非得让孩子按常规或者父母说的方法来玩。在这样的指导下，孩子很快就对玩具甚至玩耍没了兴趣。这个游戏已经成了父母的，不再是他自己的。

父母这种爱指导的习惯发展下去，后果会越来越严重。父母很可能接着指导和支配孩子的其他活动，无法欣赏孩子自己想出来的玩法。父母内心的潜意识动力和之前一样，只是在一个更复杂的智力水平上展开了。再接下来是指导孩子的学业，塞给孩子一些复杂的学习方法，而这些方法完全不是孩子自己能想出来的。这让孩子失去了自主思考的兴趣，既然自己的想法和父母的比起来如此苍白无力，那不如干脆放弃。孩子和父母讨论作业是希望父母欣赏自己的努力、肯定自己独特想法的价值，而不是让父母做一个让他自惭形秽的示范。父母积极的帮助成了孩子对学业不感兴趣、甚至完全拒绝学业的理由，父母得知这一点时常常大惊失色。可就是频频看到父母的想法比自己的好太多了，孩子才对自己一次次失望。

爱因斯坦阐释了游戏对孩子形成逻辑结构、创造“世界影像”的重要性，可能也考虑到了孩子和成年人一样需要拥有足够的游戏空间。游戏空间不仅指物理意义上的空间，也指心理意义上自由、充足的活动范围。在这个空间里，孩子除了能活动肘关节，也能活动大脑，能从容地实验新事物和新想法。说得更通俗点，孩子需要一个能自由倒腾想法的地方。众所周知，创造性的心灵倒腾想法和孩子玩玩具是一回事。不那么众所周知的是，孩子虽然还不能用语言来表达，但他通过玩玩具来形成自己创造性的想法，当然前提是孩子拥有自由的游戏空间，可以从容地用自己喜欢的方式来玩而不必屈从于成年人的意见。我们给孩子这样的自由，他的游戏才能成功，才能真正服务于孩子自己。

玩具和扮演“大人”游戏

玩具常常体现着一个时代的科技发展水平。在孩子的游戏里，今天的汽车、货车、飞机、宇宙飞船和古代印度、希腊的玩具战车扮演着同样的角色。因为孩子对成人生活里的人工制品感兴趣，所以建筑装置、飞机、对讲机、月球车等玩具才会流行。对孩子来说，父母可以分享他们玩玩具的快乐很重要。孩子的快乐来自幻想，幻想此刻就成为伟大的飞行员、音乐家、画家、探险家、发明家、舞蹈家或卡车司机，父母的热情则常常体现着他们对孩子未来的期望。

不幸的是，很多父母无法享受孩子的职业幻想，他们已经对孩子的未来打定了自己的主意。父母如果把自己对孩子的期望当成了孩子本身的愿望，就限制了孩子的选择自由。有些父母弄混两者是渴望通过孩子实现自己未竟的愿望从而获得一种间接满足；另一些父母是不相信孩子渴望的未来和自己认为最值得渴望的未来竟然不同。

在这方面，许多白领和中产家庭的孩子不如蓝领家庭的孩子有优势。当消防员父亲看到孩子玩玩具消防车或者木匠父亲看到孩子钉板子时，会立刻为孩子模仿自己的工作而心生喜悦感和满足感。虽然蓝领父母也希望孩子有超越父母的、更好的未来，但看到孩子重视自己赖以谋生的工作仍然会开心。孩子因和父母做相同的事而快乐，父母因孩子看重自己的工作而快乐，如此父母和孩子之间就形成了一种特别的情感纽带。

医生的孩子扮演医生、科学家的孩子假装做实验也是同样的情况。当孩子自动追随父母的职业足迹时，扮演游戏可能会很顺利。孩子在游戏里观察和模仿父母的工作，为自己未来的工作做准备。长大一点后，孩子在现实生活中给父母打下手时会对自己在游戏里练习过的任务更游刃有余。很多游戏研究者因此断言游戏的主要目的是适应未来角色。这种解释太过狭隘了，虽然适应未来角色是游戏的一个重要功能，但游戏还有其他意义。

游戏的重点不是为某个具体的成年人的职业角色做准备，而是对变成大人的整体期待。像我们过去认为的一样，游戏有助于发展认知、提高社交和身体技能、增加身体协调性和学会使用工具。今天的游戏仍然能预见孩子未来的职业，却不是单一、明确地呈现出孩子成年后的那个职业，比如务农或做家务，而是向孩子展示丰富多彩的职业可能性。当孩子和动物、玩具娃娃嬉戏，玩卡车飞机、医生和护士服装装备，玩乐高和拼图时，孩子幻想着自己在工作，探索着当一个邮递员、医生、发明家、宇航员……是什么感觉，在想象中试验各种成年人的角色。如今人们有充分的职业选择自由，这么多职业在向我们招手，我们反而很难做出一个明智的选择。孩子通过玩游戏在心理上尝试各种职业是否适合自己，有助于将来做出更满意的选择。

然而对孩子有益的前提仍然是父母不过多干涉。父母因自己的喜好而轻视孩子的某些职业实验或对另一些评价过高都是有害的。把孩子在游戏中的职业探索视为现实选择是错误的。一个非常喜欢动物的妈妈决定女儿长大后当然要成为一名动物饲养员或兽医，这种决定对孩子没有任何好处。如果妈妈确信对女儿来说唯一美好的生活是成为主妇、花样滑冰运动员或者律师也一样没有好处。职业愿景是孩子自己的，他们需要的只是父母在思想上鼓励他们。无论他们一心一意致力于照料仓鼠，还是突然对这些宠物感到厌烦，开始一心一意跳舞或运动，他们都是在为未来的美好生活做准备。

幻想和游戏

孩子通过展开幻想，并基于幻想玩各种游戏，会在一定程度上消解来自生活和潜意识的压力。孩子在幻想中对自己一厢情愿的想法和自我中心的愿望越来越了解，在游戏中把愤怒和敌意发泄出来，又在自己是超人、绿巨人、国王的幻想中满足了自己的夸大愿望。孩子得到的既是一种不切实际的自我满足，也是一种心灵上的弥补。平日里孩子受制于成人尤其是父母，但在幻想中他自己是无所不能的掌控者。

幻想和游戏之间有一个显著的不同。虽然孩子在幻想中可以是无法无天的绝对统治者，但在游戏中展开幻想时，绝对的统治者也受到现实的限制。比如，虽然玩游戏时他可以扮演国王并制定法律，但他一旦制定出一条法律就得遵守它。其他孩子会十分坚持这一点，如果“国王”太过反复无常，其他孩子就有意见，游戏就会分崩离析，国王陛下就会后悔莫及。在游戏里孩子很快知道了最有权力的国王也必须依靠臣民的善意才能稳坐宝座。或者说，只有游戏对玩伴们有吸引力，他才能扮演他们的君主。在孩子天马行空的幻想里则没有这样的限制。

当我说到孩子的幻想时，指的不仅是很小的孩子，还有大一些的孩子。在过去的很多人物传记中，在那些充满创造力的杰出人物的生命历程中，随处可见这样的场景：十几岁的孩子在慢悠悠的时光里，坐在河边思考自己的想法，和忠诚的狗一起漫步林中，给别人描述自己做的一个梦。今天谁会有闲暇和机会做这样的事？如果一个年轻人以这样的节奏行事，他的父母可能会很着急，觉得他没有建设性地利用时间，觉得他本该把时间用于解决各种严肃的人生课题，却浪费在了白日梦上！然而，幻想和白日梦对人的内在生命发展非常重要，对成长中的个体富有建设意义。

如今大多数中产阶级孩子都有一个严格的时间表，包括童子军会议、音乐课、舞蹈课、社团活动……排得满满当当，孩子几乎没有时间做自己。他的注意力被不断拉走，去发展那些所谓“最好”的天赋和人格，包括正式的学校教育也开始得过早。电视为孩子提供了一些现成的幻想却更有害。只有充足的时间才能滋养出丰饶的个人内在精神生活，依赖媒体满足幻想需要的年轻人，被进一步剥夺了自己创造想象世界并在其中自由探索的机会。独立思考是创造力的基础，在现代生活环境里，在父母的急切态度下，孩子无法从那些所谓更重要的事情中偷得半刻来独立思考。

歌德在谈到另一位伟大的诗人托尔夸托·塔索 (Torquato Tasso) 时曾断言，独处是天赋的最佳培养时机。像其他所有丰富、有意义的幻想生活一样，诗意的想象只能从心灵或浓或淡的喜悦中，从不受打扰的、专注的内在精神生活中涌现出来。

一旦看到孩子陷入白日梦，忧心忡忡的父母就开始建议（或坚持）他必须有的放矢地利用时间，并且指导他怎么用。这种做法说明父母不仅漠视孩子的内在精神生活，还暗示孩子不该有内在精神生活。父母嘴上说着希望孩子成为一个真实的人，内心深处和行动上却不允许孩子把精力花在艰苦的自我探索上，结果是孩子既不能把精力节省下来用在别处，也无法如父母所愿成为一个真实的人。

很大程度上，孩子因为没时间经营自己丰富的内在精神生活，所以才逼迫父母为他打开电视机或安排其他娱乐活动。因此这不是劣币驱逐良币，不是批量生产的娱乐节目“驱逐”了孩子丰盈的内心精神生活，而是根本就没有“良币”，孩子没有机会发展自己丰富的内在精神世界。这是一个恶性循环，孩子没时间发展内在的精神世界，于是打开了电视，用肤浅的刺激来填补内心的空虚，而对肤浅娱乐的沉迷又进一步阻碍了内在精神世界的发展。孩子没有机会学会用恰当的方式建立内在匠心独具的“秘密花园”，只好寄情于父母强调的空洞事务或更空洞的娱乐节目。如果孩子的“秘密花园”先建立起来，接着开满美丽的想象之花，随着孩子一点点长大，想象的鲜花就会慢慢给他带来深刻的人生意义，帮助他成为真实、成熟的人，现在这个过程处处受阻。

当然，听任别人安排自己的时间也有好处，不管我们安然接受还是心怀愤恨，让别人安排生活都会更轻松；自己独立安排生活则需要反复试错，过程缓慢又艰苦。不过容易的生活往往需要付出代价，依赖别人安排生活，孩子的主动性会发展得很差。

父母的态度影响着孩子的选择。孩子一开始学习安排自己的生活常常错误百出，于是有些父母把担忧变成了接管。父母的接管不仅剥夺了孩子自主安排的机会，还剥夺了孩子自主安排的必要性。既然没有机会也没有必要性，大多数孩子就不会去主动安排自己的生活，于是孩子没能力独立——父母内心的这类想法就变成了自我实现的预言。在父母一直越俎代庖的背景下，即使孩子有机会做了寥寥几次自主安排，对发展主动性的作用也不大。如同只有极少的种子才能在贫瘠的土地上发芽，只有极少的孩子才可以克服上述所有阻碍，执着地发展出自己的主动性。学习自主生活并不容易，要解决很多麻烦，需要很多勇气和决心，孩子只有在父母坚决放手时才不得不自己去干，否则情愿一边让父母操心一边内心愤恨，最终对自己、父母和人生都深感不满。

的确，让孩子自主本身有风险，父母鼓励孩子自主也有风险。如果孩子只是在父母的极力鼓励下被迫独立自主，那么本质上仍是在迎合父母的期望和要求。父母能做的是尽早意识到这些风险，尽最大努力把不良后果最小化。孩子在很小的时候就学习独立自主的风险相对比较小，也更可控。有的青少年会突然要求全面自主，用一些愤慨、防御和攻击的方式，一下子把生活决定权都握在自己手里。这种情况往往意味着他之前的自主性是被剥夺的，现在他毫无准备和练习的自主可能带来严重的错误和危险。

无论如何，留给孩子足够的时间来幻想和思考对孩子的发展非常重要。多数孩子很快就学会了用幻想游戏把秩序带入原本混乱无序的内心世界，让自己从容避开内心世界危险的暗礁，提高了应付现实世界的能力。孩子不会永远留在幻想世界里，虽然在现实中遇到困难时，所有孩子都会试着逃入幻想世界，但只有情感被严重扰乱的孩子才会一直留在那里。对正常孩子来说，玩幻想游戏是为了把内心想象和外在现实分开并获得对二者的掌控。

最重要的是，幻想游戏不同于单纯的幻想。它像一座桥梁，一头连着内心潜意识，另一头连着外部现实。在幻想游戏中，孩子内心的幻想在现实中调整、接受现实限制，现实因注入了内心最深处的潜意识元素而变得丰富充盈，更具人性化和个性化。内心世界是没有秩序的，在幻想、梦、潜意识中一切皆有可能，如果没有现实影响，它就一直处在自我中心和混沌状态中。纯粹的现实则是冰冷而理性的，如果没有内心元素给它增加温度，就无法满足人们的情感需要。很明显，如果我们想拥有美满的生活，那么我们的内心和外界就需要一个和谐的整合。

今天，有很多人之所以心灵备受折磨，是因为在他们的生命中内心和外界一直都是分开的。为了我们的幸福，幻想世界和现实世界必须融合。历史上神话、宗教、大范围的巫术信仰曾是生活的重要组成部分（今天在世界的很多地方仍是如此），幻想和现实之间不像今天这么泾渭分明。

今天的孩子的幻想能力并不比其他时代的孩子差，问题在于他们不但没有足够的空间来发展个人幻想，而且不断被冰冷、去个性化的大众传媒裹挟。孩子很难通过独特的个人幻想和思考让自己的真实生活变得生机勃勃。对实用性的强调也让孩子越来越没有机会创造自己的幻想游戏，大人即使鼓励他们玩游戏，也常常过快地要求他们讨论和表达游戏的含义，在时机并不成熟的时候着急地问问题、表达自己的看法和影响孩子。孩子需要一个真正的空间自由地把自己的幻想弄明白，大人的急切常常让孩子的幻想在完全绽放前就夭折了。如果这样的事重复发生，很多孩子就不再对自己的幻想抱希望。大人对孩子幻想游戏的兴趣不是太少，而是太多又太不成熟了，帮助孩子改进幻想的努力抢走了他们的幻想。

更不幸的是在某些圈子里，把孩子所有毫无章法的活动称为“创造性的”的做法俨然成了一种时尚。把孩子的幻想当作现实不加批判地接受会妨碍孩子在幻想和现实之间架起桥梁。孩子幻想，也测试现实给幻想的界限。比如他生一个人的气，想象着把这个人的头扯下来，在幻想里这样做当然没问题，下一刻他把头粘回去就万事大吉了，但在现实中就另当别论了。

有一个耳熟能详的童话故事，讲一个妻子被赠予了许下三个愿望的机会。她要了一些香肠，浪费了第一个愿望。丈夫对这个愚蠢的愿望很生气，说希望香肠长到妻子的鼻子上，第二个愿望实现了，香肠出现在了妻子的鼻子上。他们这才意识到，许愿之所以要谨慎是因为真的会实现，只能浪费最后一个愿望，把香肠从妻子鼻子上拿走。这对夫妇由此明白了幻想要接受现实的检验和限制。

当孩子越过幻想真的扯掉了玩具动物脑袋时，他学到了同样重要的教训：现实中脑袋复位到身体上不像幻想中那么容易。孩子接受现实对幻想的限制后，他的报复念头就从“我要扯掉他的脑袋”变成了“我想扯掉他的脑袋，不过我只是想想，我知道我不会这么做，因为后果没法逆转”。潜意识的愿望在游戏中接受现实限制的冲击后变得缓和。现在有些年轻人之所以观念极端，常常是因为小时候他们没在游戏中学会尊重现实对幻想的限制。

整合内心世界和外部世界

我们人格的许多方面都有一个最佳发展期，我们如果错过了这个时期，就可能永远错过了它巨大的建设性的影响。孩子喜欢玩游戏的那几年，主要发展任务是在潜意识世界和真实世界之间搭建桥梁，那几年也是这个任务的最佳发展期。长大后两个世界分开太久就不容易整合好了。面对没有整合的两个世界，有些人借助药物成瘾遁入幻想；另一些人更明智，他们付出巨大的努力重新进行这一整合来补救，比如通过精神分析的方法。补救虽然连第二好的办法都算不上，但如果不补救就无法化解人内心深切的缺憾。

幻想游戏之所以如此重要，是因为它提供整合内心世界和外部世界最初也是最重要的方法。孩子通过幻想游戏搭建了一座桥梁，桥梁一头是客体的象征意义，另一头是客体的真实特性和功能。

举个例子来说，孩子用积木建了一座城堡，又把它踢倒。象征意义上看，是孩子先表达建设性，再表达破坏性。实际上这些举动还有比象征更深刻的含义，在建城堡的时候，孩子虽然努力让客体为自己服务，让积木城堡符合他的设计，捍卫了他的支配地位，但相对于他无限的内心想象，现实里仍有他不得不屈从的限制，比如积木的性质、重力、平衡和支撑的规律都是他无法突破的。后来孩子毁了那座城堡，反抗了现实限制，用这种办法再次捍卫自己的支配地位。因此，这件事真正反映的是孩子慢慢学着了解内心世界和外部世界，也学习如何对两者进行掌控。

孩子学到了虽然他是自己内心无序世界里至高无上的主人，但如果他想对外部世界有一点掌控就必须有所妥协。外部世界有结构、有组织，他必须放弃婴儿式的掌控一切的渴望，尊重外部世界的沉重真相。如果他坚决不妥协，幻想完全掌控外界，那么他会失去一切，就像他推倒城堡，在混乱中失去一切一样。

在反复搭建和推倒积木城堡的过程中，孩子最终发现还是让内心世界向外部现实妥协更划算。他开始不情愿地接受外部世界的秩序，后来渐渐变得心甘情愿。有了这些经验，孩子慢慢学会使用更多的现实世界资源来满足自己的内在需求。也就是说，孩子通过游戏真正理解了内心现实和外部现实，心态平和地尊重两者的规律，并用它们来满足自己和他人的需要。

第15章

理解游戏的重要性

> 难道我们不该在孩子身上寻找诗意最早的踪迹？也许我们可以说：每个孩子在游戏中都如诗人，他创造新世界；或者更准确地说，他把现有世界调整成一个更愉悦、更适合自己的新世界。
>
> ——弗洛伊德《诗人与幻想》(“The Poet and Fantasy”)

父母都想养育好孩子，尽自己所能把那些与成功、幸福有关的技能和态度传授孩子。在某些领域里我们很容易做到，比如父母喜欢阅读、运动或音乐，并且自己在生活中享受着这些乐趣，孩子就自然而然地得到了鼓励，轻而易举地产生了兴趣。有时候这又是一个困难的任务，比如父母希望孩子在艰巨曲折的任务里坚持到底，这种基础的底层能力却很难培养。造成这种差异的深层原因很明显。父母之所以读书、听音乐或运动是因为自己喜欢，当我们读书给孩子听、和孩子一起欣赏并创作音乐或打球时，我们潜意识中流露出的快乐极大地鼓励了孩子。然而，我们却很难真心意识到陪孩子玩游戏对培养坚持品质的重要性，即使陪孩子玩耍，我们也很难发自内心地感到快乐。换言之，孩子的游戏常常缺乏来自父母潜意识的自动鼓励。

父母内心的态度对孩子有重要影响。父母对游戏的感觉如何？对游戏是看重还是毫无兴趣？这些态度孩子都能感受到。父母不仅要尊重、容忍而且要真心喜欢孩子的游戏，唯有如此，游戏才能为孩子打造一个坚固的发展基础，让孩子在这个基础上与他人、世界建立更深入的关系。尽管这一点很容易理解，父母却常常只是口头上说说或给孩子买玩具，而不能真正地投入到孩子的游戏里尽情玩耍。

举个例子，有时我们把自己不感兴趣的事称为“儿戏”，这个词本身就隔开了成人世界和儿童世界，对孩子的游戏有一种漫不经心的蔑视。我们虽然也理解游戏在孩子的生活中很重要，但觉得它只是孩子的小玩意儿。

然而，这种看法并非一直存在。在人类历史上，儿童世界和成人世界这样的分离是近期才缓慢出现的。直到 18 世纪，甚至最近在世界上大部分地区，成年人还常常和孩子一起玩同样的游戏。因为一起玩耍，在双方都有意义的活动里看到了对方的投入，成年人和孩子之间能产生一种即刻的心意相通。

游戏和比赛

多数成年人觉得和搭积木、骑木马、玩玩具车等小孩子的游戏相比，下棋、棒球比赛等复杂一点的游戏投入起来更容易一些。虽然游戏和比赛这两个词常常混用，但是它们的含义并不完全相同，大体上指向两个不同的发展阶段。游戏偏向原始阶段，比赛偏向成熟阶段。一般来说，游戏是纯粹的玩耍，规则是孩子自己定的（除非孩子自己有强迫行为，否则规则可以自由改变），充满了随心所欲的幻想，除了游戏本身没有其他目的。比赛则是有竞争性的，各方协商一致，有明确的外部规则和工具使用方式，而不是随心所欲的规则，通常有活动本身以外的目标或目的，比如赢得比赛。孩子早早就知道游戏的乐趣更单纯，而比赛包含着压力。比如一个 4 岁的孩子在刚接触一个陌生游戏时先问："这是个游戏还是比赛？"他会根据这个问题的答案决定自己的玩法。

在下面两个例子中，我们可以看到游戏和比赛之间的清晰界限。当一个小男孩指挥玩具汽车飞向空中，撞倒了高高的积木塔，随后玩具汽车又变成了悄悄话的接收器时，这是游戏。当孩子们玩"大富翁"，在一套详尽的规则下移动许多小合金块，向着赢的目标努力时，这是比赛。比赛有既定规则，游戏则只有孩子随心所欲设定和改变的规则，孩子在游戏中不需要考虑客观现实和事物逻辑，只需要自主地表达幻想，决定下一刻会发生什么即可。游戏和比赛是连续体，有些活动既是游戏，也是比赛。

在许多语言里，游戏和比赛是同一个词。在英语中它们虽然是两个词（play，game），却可以用同一个动词"玩"（to play）来指向它们，玩游戏、玩比赛。然而二者有所不同，如前面指出的，游戏相对原始，而比赛则需要参与者有更成熟的理解水平。因为比赛有明确的结构和竞争性，更适合成年人消磨时间，所以更容易立刻唤起成年人的共鸣。我们一旦参与就会立刻感受到它的意义和重要性。如果我们像玩比赛一样参与孩子的游戏，就会从内心自然涌现出真切的情感，理解游戏的重要意义，架起和孩子情感沟通的桥梁。

成年人和孩子玩同一个游戏，即使他们的内心感受不相同，也会让彼此之间的关系更容易建立、更愉悦、更有意义。比如说，在同一个游戏里，孩子在探索或重构他的世界，成年人可能只是在玩。重要的是尽管内心意义不同，但双方都认真对待，相信这个游戏能够让自己的生活更丰富。这对孩子来说非常重要，成年人内心参与了孩子的游戏，他们之间形成了一条特别的情感纽带。

今天，很少有游戏能让成年人和孩子一起享受玩耍的快乐。更多的情况是成年人自己玩的时候，即使允许孩子在场或参与游戏，也是为了照看的责任而不得不为之，孩子被视为闯入者。当我还是小孩的时候情况和现在大不相同。那时在维也纳，成年人流行玩扑克牌（也是弗洛伊德时代的主要消遣），我父亲把他为数不多的休闲时光大多都消磨在和亲朋好友打牌中。他们常常一玩就是几小时，因为我只是静悄悄地在一旁观看，从不干扰他们，所以他们对此习以为常，丝毫不因我的旁观而改变彼此玩耍和互动的方式。他们的赌注微不足道，每次我父亲赢了会分给我一点，这让我对游戏本身和旁观的兴趣都更浓厚。大人们竟然对一项我也在和朋友们玩的游戏如此认真，而且和我一样享受，这个发现对我来说很重要。我和朋友们有时会故意地、不知不觉地在纸牌游戏中模仿父母，和他们一样开玩笑或进行其他玩闹。我在自己玩的过程中自然而然地理解了纸牌游戏对父亲的重要性，父亲也在他自己玩的过程中完全理解了我与朋友们玩纸牌时的感受，并产生了共情。

在纸牌游戏是我们共同的兴趣的背景下，一有机会，比如在假期的雨天里，我父亲就很自然地怀着快乐和享受的心情和我们这些孩子一起玩很长时间的纸牌。虽然是在玩同一个游戏，但我的感受和旁观他和朋友玩时完全不一样。当父亲和我们一起玩时，他明显是一位因孩子开心才享受游戏的父亲，他和他的朋友玩的时候则严肃认真。我和我的朋友们一起玩牌时也是这样严肃认真。

从这个经历中，我知道了父母和孩子一起玩对双方来说都既重要又愉快。我还知道了这样的玩与我们各自和同龄人玩不一样。当父母和孩子出于各自的原因专注于同一个游戏时，他们之间会形成一种自成一格的纽带。

意识的减少

不久以前，成年人还本能地可以理解和享受孩子的游戏。近在一个世纪前，捉迷藏之类的游戏还是各个年龄层的最爱。捉迷藏是个古老的游戏，早在 600 年前，《亚历山大传奇》(*Romance of Alexander*) 中就提到成年人和孩子都喜欢捉迷藏，莎士比亚的《哈姆雷特》(*Hamlet*)、戈德史密斯的《威克菲尔德的牧师》(*The Vicar of Wakefield*)，以及狄更斯 (Dickens) 的《匹克威克外传》(*The Pickwick Papers*) 也都提及这一点，法国作家拉伯雷 (Rabelais) 以及故事集《五日谈》(*The Pentamerone*) 都提到，皇室成员也喜欢玩捉迷藏，戈雅 (Goya) 等许多艺术家也描绘过捉迷藏的场景。1664 年 12 月 26 日，佩皮斯 (Pepys) 讲到他上床睡觉后，他的妻子和家人继续玩捉迷藏玩到凌晨四点。再往后一个世纪，坦尼森夫人 (Mrs. Tennyson) 在一封信里说，1855 年的圣诞节，她的桂冠诗人丈夫和乔伊特 (Jowett)、诗人帕尔格雷夫 (Palgrave) 玩捉迷藏玩得很开心。

捉迷藏和类似游戏的一部分乐趣在于它提供了令人兴奋的、失去方向的练习同时又非常安全，让人们到黑暗又非失明的世界里去转了一圈。这个游戏有从简到繁多种变体，对各个年龄层的人都很有吸引力。有的变体要求其他游戏者保持绝对静止，蒙眼睛的人通过触摸找到他们；有的要求其他游戏者四处走动，蒙眼睛的人不能确定他们在哪儿，只能在他们高喊时得到一点声音线索；有的要求其他游戏者不能动，蒙眼睛的人快速转几圈，再去想自己之前牢记在心里的目标（就像“把尾巴钉在驴子上”的游戏一样）。无论是哪个变体，今天的成年人都会认为玩起来有失尊严。以前的大人很享受玩捉迷藏，现在的大人却极力回避，觉得这个游戏毫无意义、太过孩子气。

这些活动究竟有多大的意义呢？也许捉迷藏的游戏之所以对今天的成年人不再有意义，是因为我们长时间不玩之后丧失了对它内在重要性的自发理解。我们只有对一个游戏投入感情才能理解它。比如在足球活动中，如果没有观众和运动员投入的感情，那么满场跑着踢一个球有什么意义呢？下棋也一样，在一块板子上移动标记有什么意义呢？甚至掷骰子这种最古老的游戏，在地球各个角落都有人在玩的游戏，又有什么意义？是我们的情感为它们赋予了意义。

孩子的游戏也是如此。如果我们和孩子一起全身心投入，游戏很快就会对认真玩的人显示出它的意义；如果我们把自己当作局外人，游戏就是没头没脑的随机活动。事实上，几个世纪以来孩子和成年人之所以都在津津有味地玩捉迷藏之类的游戏，是因为这种游戏很有意义，它们处理了我们内心非常重要的经历。

从最简单的层面看，像捉迷藏和“把尾巴钉在驴子上”这类游戏帮助我们试验在看不见的情况下，我们能在多大程度上安心依靠自己的方向感。在捉迷藏中，蒙住眼睛的玩家借助从一个物体到一个物体的触摸来感知自己的路，走到物体之间的空地时会感到暂时的迷失。这有点像夜晚在黑屋子里摸索着走的情景。对黑暗的恐惧是人类最古老最广泛的恐惧之一，在没有人工光源的时代这种恐惧非常强烈，成年人也害怕黑暗。即使到了现在，孩子仍然害怕“迷失”在黑暗中，害怕在没有光亮的时候找不到路。捉迷藏以一种玩闹的方式重复了这些感受，让孩子感到他能掌控自己对黑暗的焦虑。蒙住眼睛的玩家在触碰到另一个玩家时内心生发的喜悦，象征性地表达了孩子在黑夜里最终找到父母时的安心。游戏给孩子带来了安全感，让他相信自己能做到这些。

作为成年人，我们看似已经克服了对黑暗的恐惧，多数情况下我们只要打开灯就能逃离黑暗。也许这就是我们不再有兴趣玩捉迷藏的原因，我们不再共情那些仍然挣扎于夜晚恐惧和黑暗恐惧的年幼孩子，对他们来说，捉迷藏这样的游戏仍然能提供很多东西。

玩捉迷藏时，我们也在测试他人的善意，我们需要信任游戏同伴不会过分利用我们看不见这个弱点。游戏让我们对自己身处的环境感到安心：

他人值得信赖，客体能够恒定。我们要在这个世界上有安全感，就必须回答这个最基本的问题：对于外界，我必须时刻防备和警惕它的变化，还是能相信它基本稳定、可预测？捉迷藏的游戏给出了正面的回答。

捉迷藏游戏的基本规则是人可以走动但客体必须留在原地。这个规则理由充分，也为生活上了很好的一课。我们的安全感在很大程度上取决于客体的恒定性，小孩子用固定不动的门、楼梯、桌子、椅子确定自己的位置，成年人把街道、房屋、山和树视为生活中可靠的地标，这些留在原地的事物帮助我们找到自己的路。而人是能走动的，从人身上得到安全感并不那么容易。还有什么比这更直接、简单和令人信服的课程呢？

为了克服最原始的被遗弃恐惧和黑暗恐惧，每个孩子都应该玩捉迷藏这样的游戏，学习它内在隐含的课程。在很长的一段时间里，小婴儿都需要妈妈时刻在身边，他把妈妈当作一个固定的客体，只有妈妈的有形存在才能让他安心。在妈妈可靠的陪伴和精心的照料中，婴儿安全感得到充分满足，于是他开始把妈妈当作一个移动的客体，妈妈只要在他需要的时候回来，他就可以满意了。即使妈妈不是时刻在身边，他也能感觉安全。

类似地，害怕走失和迷路是小孩子的另一种基本焦虑。虽然在捉迷藏游戏里，我们确实失去了方向，但它之所以不会成为一个破坏性的经历，是因为我们在拿下蒙眼布时能看到事物迅速重新调整，这给我们带来了乐趣。而且，游戏带来了整体上的快乐，释放了我们找不到别人时的短暂焦虑。

在理解世界的过程中，孩子会遇到一些核心问题，捉迷藏能有效地帮助他们应对这些问题。事实上在复杂的、结构化的游戏情境之前，孩子已经在更原始的情境中无数次探索过这些问题了。比如孩子早晚会有段时间喜欢闭着眼睛在屋子里走来走去，试图弄清如果自己不密切关注外界会发生什么事——所有东西都会留在原处吗？哪些东西永远静止不动？这一实验的变化形式几乎是无穷无尽的。有时孩子闭上眼睛，让一位成年人牵着他走，这里孩子的问题是："我能信任你为我留神，还是我必须时刻自己警惕？"有时孩子闭上眼睛，又在关键时刻稍微睁开一条缝偷瞄，这里问题是："我必须时刻注意，还是我可以让注意力涣散，信任直觉会告诉我仔细注意的正确的时机？"

还有一些时候，孩子闭着眼睛到处走动，让大人在他遇到障碍之前提醒他，这里问题是："我看不到的东西代表了未知事物，我在冒险探索时能被好好保护吗？"如果大人总能及时提醒他，孩子就会非常高兴，这表明大人的保证对他来说很重要，让他相信："即使在我看不到危险时，我的父母也像守护天使一样替我留意。"一个因为夜晚恐惧睡不好的孩子，喜欢一遍遍玩这个特别的游戏来战胜他的焦虑。他在白天里反复考验父母，父母通过了考验之后，这个孩子开始放心地在夜间香甜入睡。

破坏性游戏，或许是建设性的

当父母能从内心深处共情到游戏对孩子的特别意义时，孩子和亲子关系都会受益匪浅。即使我们没花多少时间陪孩子玩，我们的情感投入也对孩子意义重大。孩子不断地让大人陪他玩的原因，就是想证明他的游戏对大人也很重要。如果我们有意无意表现出的兴趣和尊重让他满意，那么孩子反而不再一直缠着我们陪他玩了。

18 世纪中叶的文学史上有一个著名的故事，充分证明了只要成年人尊重、享受和支持孩子的游戏，就不需要用直接参与来凸显孩子游戏的重要性。这个故事是歌德在他著名的自传《我的一生——诗与真》（*Aus meinem Lben—Dichtung und Wahrheit*，即 *Out of My Life—Poetry and Truth*）的一开头就提到的自己最早的记忆，歌德显然认为这个记忆非常重要，因此才放在开篇的位置：他把自己的玩具盘子和妈妈的盘子都扔到了窗外。他如是写道："在一个美丽的下午，房子里一切都静悄悄的，我拿着自己刚刚得到的陶瓷盘子和罐子闲逛，感觉没什么意思，我把一片陶器扔到了街上，因它可笑地散了架而兴高采烈。冯·卡斯坦兄弟看到我在高兴地拍手，大喊道‘继续’。”歌德便继续了，先是扔掉了自己所有的盘子，当他的盘子一个不剩时，他把妈妈的陶瓷餐具也扔了出去。

弗洛伊德在他的论文《出自 <诗与真> 的孩子的记忆》(“A childhood Memory out of *Poetry and Truth*”）中推断，歌德把盘子扔出去是一种象征，是在把对弟弟的愤怒付诸行动，希望他所憎恨的“小篡夺者”被扔出房子。这千真万确，不过我相信除了弗洛伊德说的这个意思，我们从这位伟大天才的最初记忆里，还可以得到更多关于孩子游戏的启发。

歌德强调起初他觉得玩陶器没什么意思，暗示那样玩无法解决那一刻他需要处理的内心问题，当他忽然产生把盘子扔到街上这个念头时，他的游戏变得有意义起来。这个典型的例子告诉我们，孩子开始玩的时候漫无目的，并不很清楚他们为什么要玩那些。但接下来运气好的话，最普通的日常物品也开始展现出特别的意义，帮助孩子解决他最深刻、最紧迫的心理问题。如果孩子能自由地摆弄在他看来最好的物品，不管那些物品本来的用途是什么，孩子就能把一开始毫无目的的游戏转变成最有意义的事情。就像这个例子中的歌德，他在开始玩的时候没有计划，不知道自己要做什么，也不知道为什么要做。如果他意识上有计划，游戏就不能服务于他潜意识里未知的需要。这些需要对孩子来说是未知的，对父母来说通常也是未知的，因此父母无法为孩子计划满足他最紧迫心理需要的游戏。

只有在第一个陶瓷盘子摔得四分五裂的那一刻，小歌德才闪电般地意识到：“这就是我想玩的！”这个满足他最紧迫心理需要的游戏，释放和减轻了他在情感和生活上的心理压力，把他从愤怒的沮丧中救了出来。如果有人试着向他说明这一点，他可能一点也不理解（即使他非常聪明，长大后成为人类有史以来最才华横溢的人之一）。那个时候的歌德可能已经隐约感觉到了自己对弟弟的愤怒，担心小家伙取代自己，希望赶走弟弟（许多孩子会告诉父母，让新生儿从哪儿来回哪儿去）。在扔盘子的游戏里，他把这些潜意识愿望付诸行动，象征性地表达和减轻了自己的愤怒。之所以用游戏来解决，是因为对孩子来说，这些潜意识的内容并不适合带到意识里。如果意识到这些，孩子会大吃一惊。更糟糕的是，这会立刻摧毁他试图用游戏解决问题的努力。孩子也许会在绝望的泪水中崩溃，选择否认这一切并且更深地压抑自己的情感，于是这些情感就得不到象征性的表达和释放，可能对孩子未来的情感发展造成持久的伤害。

跟随弗洛伊德的分析，我们可以假设歌德在游戏中把盘子从屋里扔到街上是在象征性地表达对弟弟的驱逐，盘子代表弟弟。鉴于绝大多数重要心理现象都是多因素的，我们也可以假设歌德的盘子代表他自己（盘子归他所有，因此也可以象征性地代表他自己），扔盘子象征他感到自己被弟弟扔出了家门，安全感像盘子一样支离破碎了。

冯·卡斯坦兄弟是城里的杰出市民，是歌德同样杰出的家庭所敬重的朋友。当他们对童年歌德表达支持时，歌德进一步发展了自己的游戏，把妈妈的陶器也扔了出去。他用这种方式象征性地把妈妈当作痛苦之源并惩罚了她，从而减轻了对她的愤怒。这些重要成年人的支持和快乐让歌德恢复了自信，他相信自己仍是被人珍视的，自己被遗弃的焦虑不像他害怕的那样严重。他找到了一位父母之外的观众，确信自己干得漂亮，自己所选择的象征性应对不安的方法很好。他从压迫性的情绪中解脱出来，参与到邻居的娱乐中，而在外界的鼓励下把痛苦的事情变成了玩乐后，他就可以成功地继续自己的生活了。这是歌德第一次有这样的经历，让他明白内心这种合理的自信可以帮助他应对生活中最艰难最痛苦的沧桑变幻。这种自信是歌德伟大的地方之一，如果没有成年人在他最需要的时候给他鼓劲，这一切不会发生。

如歌德所写："我的邻居们不断地表示他们的支持，我很高兴逗乐了他们。"那些成年人的做法在当时很典型，他们比今天的我们更能接受孩子的恶作剧。是他们的理解和欣赏而不是他们的直接参与让歌德用象征性的游戏处理了一个巨大的、无法直接应对的痛苦经历。他们的支持让孩子的游戏从"我已经被扔出去了"的痛苦呼喊，转变成"我所做的是被欣赏的”安心举动。当歌德把妈妈的盘子摔碎在街上时，邻居们的公然鼓动和欢愉让他感到：“我可以因妈妈给了我一个竞争者而惩罚她，如果我把她的盘子毁掉，她就不能喂他了，别人能理解我的做法！不管我做了什么，重要的大人都会支持我，也许他们正是因我所做的事而支持我。”这就是歌德在人生最关键时刻最需要的保证。

如大多数自创的象征性游戏，歌德的举动里包含许多重要、紧迫和不同层面的意义，别人的游戏无法如此契合这瞬息万变的需要。他通过把自己的盘子扔出去表达了他自己已经被扔出去了的感受，表达了弟弟应该被扔出去的愿望，还通过把妈妈的盘子扔出去表达了对妈妈的惩罚。在另一个层面上这个游戏还包含渴望，歌德想扔掉所有的盘子，这样就不能用盘子喂弟弟了，弟弟无法从盘子里吃东西了。他嫉妒弟弟正在享受着妈妈的照顾，渴望自己也回到小时候被喂养的情境中。

今天许多父母会被这样“破坏性的”举止吓到。他们担心如果不制止和纠正的话，小男孩长大后会变得无法控制自己的举止，甚至变成有破坏性和暴力的人。如我们所知，歌德的故事和这些担心完全相反。很幸运，歌德的父母从未有过这样的担心，他们确信儿子会成为一个很好的人。邻居也一样，否则他们就不会鼓励歌德的游戏了，如果没有他们的鼓励，歌德的游戏不会如此成功。在他们的支持下，歌德把自己的烦恼戏剧化地表演出来，某种程度上真实并象征性地消除了自己巨大的愤怒，后来在现实中和弟弟关系和睦，当然也过着一种受人尊敬的生活。

邻居和家人之所以鼓励歌德“破坏性的”行为，一定是因为他们在某个层面上感觉和理解到了这个游戏的重要性。事实上他们常常愉快地回想起它。歌德在这个故事的最后写道：“作为对所有这些破碎陶器的补偿，我们至少有了一个好笑的故事，直到他们去世前都为此捧腹，那些鼓动我的邻居尤为欢乐。”

仿佛为了强调只要成人共情孩子的游戏，游戏就有了充分积极的意义，歌德在这个故事之后马上描述了他和妹妹如何在奶奶脚下玩耍的事情。当奶奶生病时，他们在她床边或床上玩耍，奶奶总是以一种温柔、友好、温和的方式欣赏并鼓励他们的游戏，这对他们来说相当重要。

今天，这样的经历还可能出现吗？虽然我们声称想帮孩子解决重要的情绪问题，但真到了那一刻，可能我们会更在意盘子而不是孩子，我们还担心如果不约束孩子的破坏性行为，就会导致可怕的后果。

歌德的故事告诉我们，虽然没有用这样的说法，但是以前人们知道孩子需要把东西“从他们心里拿出去”，孩子自创的游戏是最好的方式之一。如今人们也许已经普遍接受了成年人需要“把东西从自己心里拿出去”，可当孩子们试着这样做，大发脾气时（孩子们确实经常因为意愿和行为受挫发脾气），成年人就会纠正他们。现在歌德那样的破坏性游戏绝不会像歌德当年那样逗乐大家，只会得到成年人腹诽或公开的批评。

其结果是，这样的事件不会再成为成年人和孩子共同分享的终生美好回忆。曾经成年人对孩子行为的支持提升了孩子的自尊感和幸福感，在他们之间形成了强有力的纽带。今天，如果一个孩子故意有条不紊地将盘子扔出窗外，成年人往往不会去了解他的动机，只会狠狠批评和惩罚他。相比愉快的回忆，这样的事件在今天更容易成为愤怒和内疚的回忆。孩子的潜意识愿望受挫后，通常就学会了压抑，把导致破坏性冲动的感受压下去，并且努力遗忘整件事情。可是压抑之后，愤怒的感觉并没有消失，它们要么以更曲折隐晦的方式找到一个出口，却因表达太曲折、太难理解而没有多少解脱之感；要么就继续留在潜意识里发挥作用。孩子对同胞的愤恨不能表达，很可能会压抑成对同胞的终生憎恨。歌德的故事里，他通过摔碎盘子这个让人难忘的大动作肃清了对弟弟的愤怒，反而可以和弟弟发展出很好的关系。当表达出愤怒却有一个好的结果时，我们更容易战胜愤怒；如果不得不压抑愤怒，我们就不可能战胜它。

歌德在内心艰难时得到的理解让他相信，即使处境糟糕，生活也会提供补偿。生命中这个小插曲变成了成年人和孩子共同分享的记忆，让他们的心灵更亲近。今天这样的事也许会被忘记和压制，或者变成不愉快的回忆。父母把它作为孩子一个愚蠢和破坏性的行为记住，损害孩子的自尊，孩子记住的则是父母的批评和惩罚。这种回忆很容易唤醒孩子所感受过的愤怒和被排斥的情绪，当然不会强化亲子关系，只会让孩子和父母更疏远。

我知道很多孩子和成年人因父母对自己游戏或其他行为的蔑视而饱受煎熬。孩子不知道怎么办，只能带着强烈的不满接受父母的评判。结果是他们真的把自己视为有些愚蠢或者极度愚蠢的人。孩子即使接受了父母的看法，也仍会深深怨恨父母轻视自己。成年后，许多人回忆起自己小时候的愚蠢行为仍然感到羞耻，还有的人怀着优越感回顾过去，感叹他们曾经多么傻，用现在这种虚假的优越感来补偿因认同父母的看法所产生的深切自卑感。

只有经过深刻的分析，他们才会怀着强烈的解脱感，意识到父母口中的愚蠢行为一点都不愚蠢，而是极富意义。然而，即使明白了这一点也不足以把他们从自卑中解脱出来，因为这自卑来自父母的轻视态度。最后，他们想起自己曾经多么愤怒、多么受伤，他们自卑不是因为父母误解了他们，而是这些误解清楚地反映了父母对自己的轻视。

我们理应假设，无论孩子所做的行为表面上看起来多么稀奇古怪或愚蠢，他都有很好的理由这样做。从这个假设出发，我们去寻找孩子行为背后的理由，孩子的行为越难以理解，我们越要认真地寻找。有了这个基础，即使我们不能迅速完全地理解孩子，也更可能合理公正地对待孩子。这对孩子和亲子关系都十分有益。相反，成年人如果一直把孩子意义深远的行为当作恶作剧忽视、禁止或批评，那么就不必为孩子的看法（超过三十岁的人都不可理喻）而吃惊。

从歌德时代到现在，不管孩子还是成年人，在看待游戏的态度上我们失去了多少真知灼见啊！

A Good Enough Parent

第16章

用游戏解决问题

凭着各种可怜的冲动，我们尽情玩耍，

玩耍成了此生唯一的工作，其他都无足轻重。

——罗伯特·勃朗宁（Robert Browning）

在过去父母和孩子玩同一个游戏的时代，他们实际上都自动地理解了游戏的目的：既要有意义又要有趣。婴儿那些最原始、最早期因而也最重要的游戏尤其需要这种共同认知，否则孩子就惨了。

当婴儿把玩具扔出婴儿床，妈妈捡起来递回给他，母子俩都享受着这一刻快乐的时光时，妈妈很少意识到婴儿在这个游戏或者说这项“新成就”里，是在问一些很重要的问题：“我能影响外面的客观环境，又不给自己造成可怕的后果吗？我能用自己的意志操纵物体，又安全、不痛苦吗？我能摆脱那些让我烦恼的东西吗？我扔掉自己的东西后，还能拿回来吗？”

在婴儿扔东西时，如果妈妈对婴儿的新技能满怀喜悦，那么她的微笑、欢呼和把玩具递回的动作在积极地回答婴儿：你能。如果妈妈不耐烦或生气地指责婴儿淘气，那么她的回答显然是：你不能。如果妈妈很平静却不再把玩具还给婴儿，那么婴儿会觉得他的努力会带来两个方面的永久丧失：客观上，玩具不见了；主观上，和妈妈不是更亲密而是更疏远了。

婴儿想通过游戏理解的问题是如此重要，以至于他需要多次重复“提问”来确定答案。婴儿并未意识到他的问题是人类哲学最根本的第一问：“有我这个东西吗？如何确定我存在？我能做事吗？我的世界和我自己有规律性、永恒性和可预测性吗？世界对我有什么意图？”在游戏中，婴儿通过他人的回应来逐渐理解世界，研究和部分回答这些问题。

有些问题他探索得更早，比如发现自己闭上眼睛或把头转向一旁就能“让东西消失”。自我和非我的基本区别第一次展现在他眼前：当他闭上眼睛或把头转向一旁时，他还和以前一样，但他视野里的东西消失了，因此视野里的东西不是永恒的，而他是永恒的。闭上眼睛和把头转向一旁，是把“我”和“非我”分开的基石，也是心理上的自我得以形成的重要跳板。

婴儿学会了通过转头让东西“消失”，当他看到不喜欢的东西时，也通过转头否认它的存在。后来当他能说话时，语词“不”代表的概念从转头的动作中生成了。在我们的文化中，摇头相当于说“不”，可以看出把头转开是“不”的初期形式。

躲猫猫游戏的最早期版本是一个玩家眼睛一会儿遮一会儿不遮，让另一个玩家在前者的视野里进进出出，婴儿发现即使自己看不到时玩伴也没有消失，这让他非常快乐。更高阶一点的版本加入了靠近和后退的元素，变成了捉迷藏，孩子从中明白了人类关系的本质。虽然他还不能用语言表达，却已经理解了他人一方面是恒定的，另一方面又是可以靠近和远离的。自己可以通过转头或闭眼让他人“消失”。婴儿很快发现不仅自己可以让他人“消失”，他人也可以随意把自己去除。这让婴儿大失所望，于是他通过各种游戏来掌控这种感觉。

弗洛伊德描述过一个例子。一个孩子把玩具推到床下又拖出来，一次次重复，试图证明消失的东西不是永远消失，而是可以通过自己的努力找回来。孩子这独有的焦虑因母亲缺席而起。为了克服这种焦虑，他创造了一个游戏来告诉自己，玩具可以消失又重新出现，妈妈也可以走开一会儿再回来。这个游戏的本质作用在于让孩子确信：首先，妈妈不会永远消失；其次，虽然自己不能控制这些因他人而起的事，但这些事没有自己一开始害怕的那么糟。此外，孩子也知道了他对自己发起的事是全然能够掌控的，把玩具推到床下是他可以掌控的，妈妈走开一会儿是超出他掌控的，两者是不同的。在游戏中，孩子用前者消除了后者的痛苦。孩子的许多其他自创游戏也有同样的作用，既解答了生活中的问题，又抚慰了自己痛苦的情绪。

和孩子自创的独自游戏不同，亲子游戏第一次把婴儿带到了他所在的文化背景和一个社交过程中。当妈妈和婴儿一起玩躲猫猫或“宝宝在哪里”的游戏时，孩子会在某个瞬间突然洞见这个游戏的社交本质，他意识到妈妈之所以和他一起玩游戏，是因为喜欢和他在一起。孩子为这个发现无比喜悦，也开启了他的社会交往过程。孩子在亲子游戏里发现了妈妈，也发现了自己，形成了有意识互动的最初观念和形式，这奠定了孩子未来所有人际交流的基础。在此前的养育情境中，孩子已经和妈妈有了许多潜意识的交流；在躲猫猫等游戏中，交流变成了有意识的体验。婴儿快乐的表情和声音让妈妈无比愉悦，促使她兴致勃勃地把游戏继续下去。婴儿意识到自己的举动引发了妈妈的快乐和对游戏的投入，自己向妈妈传达了一些妈妈已经回应的东西，并且是以自己想要的方式回应。

一位 8 岁自闭症女孩的个案，向我展示了这样的游戏对建立自我的重要性。如我们经常看到的，她的情况在行为正常的人身上也存在，但这个女孩身上却呈现为严重的病理表现，如在显微镜下放大或是浮雕被强光照射后凸显了出来。她从出生后几乎从不发声，完全拒绝别人身体、语言上对她的任何接近，对环境中的一切都毫无反应。她自己完全沉默，如果别人主动接触她，她就会愤怒和恐惧地退缩回去。

一年多的时间里，我们小心翼翼地尊重着她独处的意愿，同时试着温柔友爱地照料她。尽管她并没有明确的回应，但她开始不再完全与世隔绝，偶尔允许别人接近她。在我们试过的各种方法里，她只对其中一个结合了躲猫猫和“宝宝在哪里”特点的简单游戏有反应。在这个游戏里，她一动不动地待在那里，我假装看不到她，热切地到处找她，最后在“发现”她时欢呼。后来游戏发生了一点变化，她藏到了窗帘后面偷偷向外张望，模仿我在假装找她时无数次做过的事。终于有一次，我们玩了很久之后，她让我拥抱了她，而且在这样亲密的身体接触后她没有退缩回去，这让我发自肺腑地欢呼起来。然后我们继续玩，她继续允许我拥抱她，最后在我温柔地抱着她时，她突然说出了一整句话，第一次告诉我她想要什么。

这个被带到维也纳做精神分析治疗的美国女孩，那个时候已经和我们一起生活了一年半。因为她一直拒绝说话，所以我们没有刻意和她说英语，她在维也纳一直听到的是德语。可是她那一整句话用的是完美的英语：“给我乔治 · 华盛顿的骨架。”要理解这句话必须结合她的家庭背景。她人生不幸的根源是不知道自己的父亲是谁。因为极其古怪的环境，所以不仅她不知道，她的妈妈也不知道她父亲是谁。她妈妈怀孕四个月才发现怀孕，尝试过流产却没有成功。她出生后，妈妈一度希望没有生过她，就不会因这个孩子毁掉自己的人生了。她 5 岁表现出自闭症的症状后，妈妈又开始内疚，费尽心力找了美国最好的专家治疗她，专家们却无一例外地宣布这个孩子已经毫无希望。这个饱受打击的妈妈最后来到维也纳找安娜 · 弗洛伊德，安娜告诉妈妈，这个孩子只有住在我们这个精神分析性环境里才有一线希望，于是这个女孩留在了我们这里。我们完全不知道她如何知晓自己的身世，知晓了自己问题的根源在于不知道父亲是谁。在她那句话里，她说的是自己需要一个父亲，作为一个不知道父亲是谁的美国女孩，她能想到的只有自己的国父，不知名的父亲在她的生活中就如同“橱子里的骨架”，因此她说要乔治·华盛顿的骨架。

值得注意的是，在告诉我想要什么时，她人生中第一次开口说话就说了一整句话，还用人称代词“我”来指代她自己，用我的名字来称呼我。鉴于自闭症的孩子即使说话也不会使用人称代词，她的这些细节十分引人注目。此后很久她还是惜字如金，却不再完全沉默。

这个一直拒绝外界的女孩通过躲猫猫游戏开始了与人交流。她在游戏中识别出了一直在和她交流的他人，也获得了自我的萌芽。在我“寻找”她的过程中，她意识到她是藏起来的那个人，她是被寻找并被找到的那个人，而我是那个寻找她的人。她通过这个游戏加入了这个世界，开始对得到自己无比需要的东西心存希望。

这种简单游戏除了让孩子确认自我、与他人交流，还可以有其他的重要目的。孩子从中明白了当自己看不到妈妈的时候，虽然和妈妈的视觉接触中断了，但情感联结却没有断开。妈妈在游戏中急切地寻找孩子、找到后表现得欢欣鼓舞明确地告诉孩子：偶尔不在妈妈视线里的他，一直在妈妈的心里，妈妈看不到他时反而更加想念他。这相当于给了孩子最需要的保证：不管发生什么，他和妈妈的联结都不会中断。这样，孩子就明白了他不需要再时刻黏着妈妈，可以安心地让妈妈在自己视线里消失一会儿。在游戏里妈妈找到他时展现出的快乐让孩子在生活中敢于和妈妈分开一会儿。

躲猫猫游戏让孩子安心，让他知道自己不会被弄丢或被忘记。另外一些游戏则用来告诉孩子身体各部分的整体性和重要性，比如“小猪去超市了”的游戏，依次碰触和命名孩子的脚趾或手指让他知道自己的身体状况良好，没有东西丢失，一切安好不用担心，更重要的是它向孩子保证，父母很重视他身体的每个部分。

在捉迷藏这样的游戏里，除了平息对消失的焦虑，孩子还可以担任更主动的角色，提高对自己和世界的驾驭能力。捉迷藏是我们知道的最古老最普遍的游戏之一。在这个游戏里，大家所有的努力都集中在寻找藏起来的人。这种设计让孩子相信，即使他藏起来没有被看到也不会被忘记，因为找到他很重要，如果找不到他，游戏就无法继续。这种确信会迁移到生活中，给孩子一种类似的尊严和保证。

更原始的“宝宝在哪里”也是一种躲藏游戏，孩子可以喊着“我在这里”，等着被找到。捉迷藏是更高级的躲藏游戏，孩子自己到外面的世界去冒险，暴露于“危险”（用追逐他的人和陌生的躲藏之地来象征危险）中，并再次安然无恙地回到家（称为家、大本营或房子）。孩子可以勇敢地走出去，自由地试验自己的技能和运气，努力想办法再次获得安全。游戏还有一个安慰奖，如果孩子被抓住了也不会被赶出游戏，而是在下一轮成为更有力量、更主动的追逐者。

增加掌控感

孩子通过游戏得到的外界掌控感，比任何其他活动都要多。他在搭积木时学会操纵和控制物体，在玩跳绳、单脚跳、双脚跳时学会掌控自己的身体，在玩过家家、把自己的痛苦经历复制到玩具动物身上时学会解决自己的困境和心理问题，在为了游戏顺利进行和玩伴妥协时学会处理社会关系。

很多在成年人看来平淡无奇的生活事件对孩子来说却非比寻常。成年人已经理解、接受和期待过它们。对孩子来说，一切都是新鲜的、充满意外的。即使那些稍微大点的孩子已经习以为常的事情，也会让小孩子感到无比兴奋或者崩溃。成年人很少发现不寻常、令人兴奋、充满威胁性或出乎意料的事情，小孩子却时刻在大人觉得普通、平淡甚至好玩的事里发现不寻常。

年纪略长后，我们会从过去的艰难经历中汲取经验应对当下，提高对当下问题的忍耐力和预测力，却也不再容易兴奋。如果我们重复经历一件事的次数够多，不管开始有多么大的压力，最后都能掌控它。这也是孩子喜欢在游戏中一次次重复体验那些让自己印象深刻事件的原因。孩子用游戏让自己熟悉这个事件，发展自己的忍耐力和掌控力。重复做同一件事必然会增加忍耐力，而遇到挑战时主动化解比被动承受更能增加掌控力。

击中孩子心灵的事件可能是让人极度兴奋或充满威胁的，也有可能是那些从成年人角度看起来中性或积极的，比如参观动物园。成年人和孩子都觉得观察动物有趣、愉快，但孩子还会心生疑惑：动物和人有何异同？什么是人和动物共有的？什么是人特有的？孩子在很多方面都比成年人更亲近动物，因此他们对这些问题十分着迷。如果孩子有机会和动物宝宝一起玩，他们可能会思考长幼之间重要的本质区别。孩子的思考不是有意识的、深思熟虑的，如果孩子能理性思考，答案很快就会出现，没必要重复练习。孩子的思考因观察而发生，显得零散、随机。尽管孩子还无法表达出来，也不知道这些思考最终会给他带来什么，但他们日思夜想，并且更进一步地观察。尽管孩子很少能想出个所以然，也无法得出一个清楚的答案，但无法解决问题不是放弃努力的理由，孩子没办法放弃“思考”，这是他们无法避免的童年困境之一。

让孩子感到困惑的往往并不是复杂的事件本身，而是它的含义。有些经历本身已经让人莫名其妙，衍生的后果却更令人费解。孩子在现实中反复去动物园，在家里又经常和玩具动物玩，都是为了在反复中理解一些经历的含义。孩子之所以需要毛绒玩具，很大程度是因为毛绒玩具提供了一个让孩子可以借助它们安全悠闲地思考问题的机会。和其他游戏一样，毛绒玩具让孩子为能控制和征服在现实中害怕的动物而快乐，比如一只真熊有潜在的危险，一只泰迪熊却可以让他为所欲为。有了一个泰迪熊毛绒玩具，熊的力量就在他的掌握之中了，保护他的同时还能威胁他的敌人，就像真熊能威胁他一样。去动物园还有一个重要意义是让孩子确信他的毛绒玩具所代表的动物的力量。泰迪熊是20世纪才有的发明，在过去，毛绒玩具在代表动物园的真实动物之前是否对孩子也有同样的重要性？这个问题让人好奇。

游戏不需要在所有细节上都和现实严丝合缝，孩子只是通过游戏把现实中复杂的经历拆开，一个片段一个片段地处理，不必过分焦虑就可以理解和掌握整件事。游戏既可以中和糟糕的经历，也可以把不愉快的、被控制的经历转化为孩子自己能掌控的感受。

举个例子，一个孩子可能反复把积木、玩具数字块或其他小物品放进货车和盒子里，再把它们倒出来，再装回去，再倒出来。他正在以象征的形式努力解决的问题可能和排便有关，比如："食物是怎么放进我身体里的？又是怎么一小块一小块地出来的？我的身体永远失去了一些东西吗？"孩子在游戏中把积木放进货车再倒出来，这个过程之所以能缓解他的焦虑，是因为他证明了自己没有丢失任何东西。货车是很合适的象征玩具，它像孩子一样能轻松移动，里面可以装进小块物体，也能倒出去，就像孩子既能把食物装进身体里，又把便便排到厕所里一样。

这个游戏也很有意义，孩子在接受如厕训练和后来被提醒上厕所的时候，常常因被迫完成父母的指令而有被控制和被强迫的痛苦。在游戏中，"如厕"完全由孩子自己做主，他来决定什么时候把东西放进货车，什么时候、什么地方把它们倒出来。在现实的很多情境中孩子觉得受到了父母的控制，这挫伤和削弱了他的自我意识，在自主选择的游戏里孩子得到了补偿，感觉到自己是掌控者，恢复了自尊。这也是游戏必须由孩子自主选择而不能由成年人建议或主导的原因。

当孩子在游戏中以象征的方式处理他的烦恼和某些情况下他全身心专

注的问题（比如，排便时是否让他失去了有价值的身体内容）之前，他会重复装满和倒出的系列动作。表面上孩子只是在持续玩游戏，底层却是在解决内心问题，孩子并不会意识到这一点，只知道这个游戏对他来说很重要、很有意义。如果有人试图向他解释这一点，孩子也不会理解。对多数孩子来说，自己是在通过游戏演绎如厕训练的感觉这种事令人难以置信，也无法接受。他们也许会因这个解释厌恶地停止玩货车游戏。有些孩子在排便和粪便方面没有受到太多压抑，虽然他们能很好地理解这个解释，但再也不会用它来解决自己深切关注的问题了。原因是一样的：孩子已经认同了父母的命令，觉得不可以对粪便感兴趣或玩粪便，因此只能用自己意识不到的象征性的游戏来解决粪便的问题。解释会破坏游戏的象征性，让孩子不能再自由地使用它来处理内心问题。

如果孩子放弃这个游戏，那么内心的两个问题“我排便时失去了有价值的东西吗”和“我的排便是我说了算吗”，就会处在一个悬而未决的状态，在潜意识中继续折磨孩子，找不到解决办法。当然，有些孩子会选择其他的游戏来继续努力，但替代游戏往往不如原始游戏有效。

总之，游戏带有象征意义，孩子们用游戏在潜意识水平解决现实中无法解决的问题，获得现实中无法拥有的控制感。我们需要明白，在意识层面孩子只是因为好玩儿才玩游戏，并没有意识到自己需要游戏来面对现实问题的压力。孩子玩游戏的快乐来自深深的幸福感，相比于被父母或其他成人监管的生活，游戏里对事物的掌控带来了这种幸福感。孩子越是对被控制不满，他在游戏里象征性地说了算时，快乐越是强烈。

驾驭困难事件

通过游戏征服现实固然重要，但对孩子的成长来说，把自己被动接受的事件在游戏里自由地变成主动控制的事件却更为关键。为了自尊和幸福感，每个人都需要相信，自己在某种程度上是自己命运的主人。考虑到在生活中必须接受那么多别人做的决定，孩子比成年人更需要这种确信。孩子以这种确信为先决条件，发展出另一种信念：我在这世界上举足轻重，能在一定程度上塑造我自己的人生。小孩子在现实中几乎不具备自我决断的能力，只能在游戏中赋予自己这样的力量。对孩子来说，幻想和现实之间清晰而明确的界限尚未划下，成年人遁入幻想会使之虚弱无力，孩子却不同，他们在游戏和幻想中获得的掌控感能够提供他们对现实生活中的应对能力和理解力。

孩子因为不能真正理解那些发生在自己身上的事，所以害怕许多现实中并不可怕的事。为了克服自己的害怕，孩子常常会在幻想和游戏中重复那些“可怕”的经历。比如看过牙医后，孩子可能会假装在修复另一个孩子的牙齿，学着医生对待自己的样子告诉“病人”张大嘴巴，在“病人”嘴巴里放入小纸片拍 X 光片。如果没有其他“病人”可治，将会有一个玩具动物来做病人。孩子在此类游戏中花费的时间清楚表明，孩子需要很多时间才能理解看牙时医生对他做了什么、为什么这样对他做，如此才能慢慢地、恰当地处理看牙医的经历唤起的所有情绪。就像我们用慢动作回放来理解和分析进展过快的事件一样，孩子也用这种长时间的反复“重放”来理解和分析之前超出自己理解能力的事件。

大一些的孩子有了一些直接或类似的经验储备，可以在一定程度上提前理解这样的事件。比如当我们向一个 10 岁的孩子解释拔牙时，孩子因为已经有足够的直接和间接经验，所以他可以在事件发生前就开始理解和消化它。幼小孩子却没有能力做到这一点，他们只能在事后的游戏里才能理解和驾驭它。只用语言就让小孩子做好住院准备是不可能的，毫无住院经验的小孩子即使能听懂每个词的意思，这些词所代表的现实仍然不是具体的、可感受的，住院仍然是一个巨大的、难以忍受的事件。孩子只有通过事后的重复游戏才能慢慢驾驭这个事件，开始是驾驭细节，后来是驾驭这件事的整体。

许多父母试图让孩子做好准备，不幸的是他们的语言开导只对减轻自己的焦虑有效。对孩子来说，父母提前和他一起玩医院游戏效果会更好，虽然不能让他真正驾驭住院事件，但能减少他的惊骇和痛苦。

住过院后，孩子需要在游戏里依次展开住院经历的每个方面，逐渐地他就能完全驾驭这个经历了。他可能先给他的泰迪熊进行一系列无休止的注射，他对这个细节关注到让父母可能误以为他只记得打针的程度。慢慢地，等他在内心真正理解和驾驭了打针之后，就轮到了护士照料游戏。就这样一次一个细节来重复，直到整个事件都不再让他焦虑。最后，孩子终于开始感觉到："我知道了。我知道了我为什么要去住院，以及住院意味着什么。"就这样一次展开一部分，孩子终于展开了住院事件的完整画卷。虽然这个画卷一开始太复杂、太难理解，但孩子最终理解了它。在游戏过程中，孩子还把自己曾遭受过的痛苦——强加给了他的玩具，这种从无助的受害者到施加者的角色转换让孩子拥有了主动权，把被动的苦难转变成了主动的驾驭。

游戏对驾驭创伤性事件尤其有效。比如小孩子不能理解手术是为了保卫他的健康或生命。即使想到自己的生命可能面临危险，暂时不能动是为了以后健步如飞，孩子也无法面对此刻自己的腿困在模具里的恐怖场景。孩子并不能真的接受自己的手术经历，更不能接受手术这种事对自己未来的健康有利。因为如果它对健康有利，就暗示这种事也许会再次发生，这也太可怕了！孩子比较能接受这种事发生在别人或者玩具身上，毕竟那对自己来说不是"切肤之痛"。在游戏里，孩子假装玩具狗伤了腿，必须用重重绷带把腿绑直，否则这可怜的家伙永远不能再快跑了；或者假装除非猴子的牙齿被补好，否则它只能以果冻和软香蕉为生，再也咬不了硬苹果。当孩子用玩具展开自己的创伤时，他理解了给玩具狗和玩具猴子做手术是不可避免的、是有益的，然后自然而然地把这个理解用到自己身上，慢慢驱散了巨大的焦虑。

孩子会和玩具一起成百上千次地演出自己的创伤，一次次向毛绒玩具保证会治好它。听着自己保证的声音，孩子最终说服了自己。在此之前父母的保证是绝对必须的，孩子只有心里有了父母的保证，才能向玩具保证。就像在众多其他游戏中一样，父母必须小心关注和跟随孩子内心的接受过程。

游戏的首要地位

孩子越有机会享受丰富的、随心所欲幻想出来的各种游戏，他的发展就越稳固。后来的学习、比赛和运动将进一步提高孩子对世界的理解与掌控能力，前提是孩子的早期游戏已经为他打下了坚实的基础。这也是为什么那些很少玩游戏、父母也很少陪玩的孩子很难适应最初的学校生活。没有游戏中的成功经验，孩子对自己成功应对学校生活也没有信心。因此，父母不能等到孩子上学了才和他们一起玩。大孩子的活动可能让父母觉得更有趣，陪伴却为时已晚。游戏和比赛两种经历对孩子的健康成长都十分必要，孩子享受比赛的能力建立在良好的游戏经验之上。如果孩子只是看电视和学习，从来不去玩游戏和打比赛，那么他的损失就更大了。

比如，“去找班长”之类的比赛虽然也有趣、有教育意义，却只是重复学校经历，不能像充满想象力的早期游戏那样帮孩子理解和驾驭这个经历。刚入幼儿园的孩子把毛绒玩具或更小的弟妹排成一排，自己扮演老师给它们或他们上课，就是一种主动驾驭学校经历的游戏。孩子扮演老师时会更能理解老师作为一个人、一名老师和一位管教者的行为。孩子如果可以扮演老师，就能更包容师生关系，更积极地从学校生活中汲取有用的经验。

没有什么比学校游戏更能体现重复幻想在驾驭困难现实经历中的价值了。父母愿意扮演孩子的学生更是孩子的福音。父母是最理想的学生扮演者，向孩子展现大人也可以毫不丢人地受教育。如果父母不能扮演学生，那孩子就更情愿去教自己的玩偶娃娃或毛绒玩具，而不是弟弟妹妹。弟弟妹妹扮演学生的风险在于他们可能学不会，这让“老师”感到挫败，或者抗议“老师”专横和没耐心，让游戏难乎为继，“老师”没法再用游戏驾驭自己在现实中的经历。

这里再次提醒，在玩教学游戏时，父母不要充当有意识的教育者。举个例子，父母可能想在游戏里教孩子乘法表。很多小孩子都觉得乘法表是个困难的学习任务，如果父母问孩子“6 乘以 7 等于多少”，然后孩子算错、父母纠正的话，孩子就会觉得挫败。如果父母转换角色，让孩子提问、父母回答，那么孩子的感受会相当不同，因为他用提问避免了回答错误的可能。当父母多次回答正确，确信孩子已经牢牢记住了正确答案之后，就可以偶尔故意答错了。父母错得越离谱，比如“6 乘以 7 等于 6742”，孩子越觉得好玩。他一点也不相信这个答案，不过他可能会发现别的有趣之处，比如问题和正确答案都包含在这个数字里。

这样的游戏把孩子放在了支配地位。他在问问题中主动学习，事实上理应如此。孩子不再是被拷问的那个，提问让游戏变得有趣。最后父母和孩子可以轮流问问题，父母最好只问孩子已经学会的知识，不要让孩子产生挫败感。

如果父母投入地玩游戏，孩子绞尽脑汁想一些问题来问父母，认真验算父母的答案正确与否，那么游戏效果会很好。如果父母只是为了让孩子背乘法表而假装游戏，效果往往就不太理想。无论如何，父母通过教学游戏帮助孩子展开真实或想象的学校经历，而不是仅仅试图教导孩子，会大大有助于孩子的学业进步。

仪式游戏的使用和滥用

几乎所有的人类活动都有可能和病理性防御或强迫性目标联系起来，可是能这样做和确实如此并不等同。我们知道非常神经质的孩子必须用仪式游戏来得到安全感，让自己免于可怕的危险，然而我们不能得出结论说仪式游戏的本质就是强迫性。

比如很多人童年都玩过走路的仪式游戏。我们沿着人行道边缘走，只踩人行道上的特定方块走，或者尽可能地贴着建筑物的墙壁走。我们可能规定自己必须踩到人行道上的所有裂缝，或一条裂缝也不踩，或每走一步都要一只脚在另一只脚前面，或走很多步以后转个圈，重复某个秘密公式。童年的走路游戏比帝国、社会系统和宗教还古老和普遍，只是相关研究还很少。

事实上，人们对走路仪式的真正意义似乎有严重的误解。精神分析倾向于把它解释为约束焦虑的强迫性努力，虽然这个说法有时候是中肯的，却不能解释为什么所有孩子都看重这个游戏。走路游戏虽然可能是神经质的表现细作，但更多像是一个正常普遍的现象。这个游戏乍一看很简单，却有一些鲜明的特点。一个特点是它在孩子某个年龄阶段出现得广泛而持久，在没有社会压力和成人鼓励的情况下，孩子还是会去玩。另一个特点是除了那些病理性强迫的孩子，绝大多数孩子到了一定年龄会自然而然放弃它。

走路仪式可能只是孩子对自己自制力的实验，是一个人有能力控制自己活动的证据。孩子认识到虽然自己还不能控制外部世界，但至少能控制自己的行动。走路仪式是孩子的自主发明，本质是自己选择和制定规则。孩子可能在细节上模仿别的孩子，也可能随时改变自己的规则，不过有两点是永远不会改变的，一个是孩子完全自主定规则，另一个是孩子相信遵循这些规则会得到“神奇的”结果。孩子会拒绝任何人对游戏规则的意见。如果别人的模式是一条裂缝都不踩，孩子会投之以怀疑的目光，去踩所有的裂缝来破坏这个建议。

仪式游戏的神奇之处在于孩子从中获得的感觉：他原本只是个孩子，受制于成人世界，却忽然成了自己的主人。他自己设定任务、自己执行任务，用对别人来说毫无意义的东西把自己从充满束缚的世界传送到一个自由的时空，还有什么比这更神奇？这是一个美妙的秘密，没人猜得到其中的规则，特别是成年人猜不到，这令孩子无比兴奋。

在小孩子的现实里，仪式游戏并不幼稚，反而是最成熟的。孩子从中感受到自己不仅是自己命运的主人，还是成年人命运的主人。虽然表面上成年人是他的主人，但有句儿歌“踩到一条裂缝，打破我妈妈的背”（step on a crack，break my mother’s back）神奇地“赋予”了孩子控制自己又控制父母的力量。

第 17 章

游戏与现实：一种精妙的平衡

孩子是最富有想象力的。
他们毫无保留地沉浸到每一个幻想中。

——J. B. 麦考利·米尔顿（J. B. Macaulay Milton）

游戏对于孩子来说是很重要的，但明智的父母不会像均衡饮食那样试图为孩子安排一个仔细规划的游戏程序。在游戏中，自发性和内心方向是最为重要的。没有自发性和内心方向，游戏的很多价值就被破坏掉了。我之所以强调这点，是因为对游戏潜意识含义的错误理解以及对从儿童游戏治疗中得出的某些领悟的滥用，使成年人更难认真对待游戏了，而要以孩子自己的方式来理解孩子，就必须认真对待游戏。

举个例子，在心理治疗中，可能会鼓励孩子用玩具手枪向一个人射击；这可能是为了释放他的攻击性或发现攻击性的源头和目标，但这是发生在有一位成人治疗师在场的一种“类似”治疗的情境下的。如果一位家长在平常的游戏背景下鼓励他的孩子向某人射击，甚至向他本人射击，这就是错误的——他对待孩子的游戏不够认真。如果他足够认真，他就不会不密切关注这到底是什么游戏，他也几乎不可能鼓励孩子对他人这样赤裸裸的攻击性表达，更不用说是对他本人了。

成人在对孩子游戏的反应中犯的另一个普遍错误，是不把它当作“来真的”，但游戏在不止一种意义上就是孩子的真实现实。我们必须把它当作孩子的真实现实来尊重。这就是为什么我们不应该鼓励孩子向任何人射击，但这个警告只是说我们不应鼓励孩子射击。我们给他一把玩具枪随他喜欢怎么用或觉得怎么用合适就很好了，是为了玩保护游戏或攻击性游戏都好，但是否使用、什么时候使用以及如何使用这玩具应完全由孩子自己决定。我们给他枪，隐含了我们允许他按照自己的想法使用它、他希望或需要什么时候及如何使用它，但除此之外再无其他。更重要的是，这也暗示着，我们相信他会恰当地且明智地使用它，一种从他的角度看恰当的或者明智的方式。

顺便说一下，我们给孩子的所有玩具都是如此。我们给他玩具材料时，作为我们这一方，除了说一句他们是否选择玩这玩具我们都没意见，不应再有别的举动。我们永远不应该因为我们希望他玩这个玩具或者像这工业品本来的意图那样玩才给他礼物。这些态度不仅掠夺了他的游戏和自发性（这已经够糟糕了），而且还控制了那些本该帮助他维护自由、自己负责的东西，控制了那些本该帮助他从被成人控制的其他生活中得到解脱的东西。

孩子们需要至少通过象征性游戏来摆脱自身的攻击性，当我们给他们适合这一目的的玩具时，就已经给予了充分的允许。如果我们鼓励孩子玩攻击性游戏，我们发挥了——不管多不易觉察——对这活动的控制作用，这很可能让他更挫败或更有攻击性，也让他更需要用行动去释放而不是去摆脱他对释放的需要。另外，如果他的攻击性游戏是朝向我们的（很可能是这样）；如果他只是想看看我们可能如何反应，而不是想伤害我们；如果我们对他的行为反应不恰当，那么即使是在游戏中，我们也真的向他证明了我们没有认真对待他和他的攻击性。我们先是理智化（“让他排解他的攻击性”），接着又试图让这行为看似无害（“尽管你刚刚‘射击’了我，但这没什么”），这样前后矛盾的态度就破坏了游戏对于孩子的严肃性质。

当孩子向父母“射击”时，父母应该回击吗？当然不应该。来自成人的反击，无论是闹着玩还是认真的，都没有被证明是对孩子有利的。不过，让他用玩具枪向我们射击，我们却没有恰当反应，对孩子来说也没有什么帮助。当然，我们一定不要对他的行为做出反应，而是要就他的意图做出反应。只有我们当场评估出是什么驱使了那样的行为，才能知道最好的反应是欣赏孩子的自信（“他是多么有力量的勇士”），还是夸张好玩地倒在地板上，还是有一丝焦虑，还是问他要怎样管理我们让我们不碍事。顺便说一句，像这样一个恰如其分的问题比任何关于战争和暴力的罪恶的讨论都更能让孩子相信，打打杀杀对他的幸福不利。

这是因为孩子是活在当下，活在他有限的直接经验里的。战争发生在离他很远的地方，就算他在电视上看到的那些战争也离他很远，对他没有影响，他无从理解。如果我们成功地做到了让他对战争的悲惨后果印象深刻，那么主要的影响将是让他充满压倒性的无力感。毕竟，孩子很聪明，他知道他对发生在这世上遥远之地的事情无能为力。向父母射击是他可以控制的，并真的可以做的事情。几乎所有孩子都意识到，尽管他生父母气，尽管在某一刻可能很想除掉他们，但并不想永远失去他们。孩子敏锐地意识到，他是多么需要父母的照料和保护，如果父母报复他或永远消失，他将会多么痛苦。

仁爱始于家庭，对攻击的理解也始于家庭。当被戏谑地当作靶子的父母问谁要倒牛奶或谁要去超市买冰激凌时，孩子会理解射杀人是不对的。这样的问题会让孩子相信，为了他自身的最佳利益，他需要控制他的攻击性，对可怕战争的抽象描述是没有这样的效果的。被告知我们想做的事情（打枪）是不对的，惹恼并挫伤了我们，让我们防御起来。基于一个人自己的经验和兴趣对事情有所认识（即被射杀的父母不能再照料孩子）会让学习变得积极起来。

无论父母对被“枪击”的反应是什么，他都必须认真对待游戏，不要说教或反击。另外，当孩子们之间互相射击时，反击是与年龄相符的反应，是没有什么害处的，可能还有些好处。孩子可能通过向玩伴射击释放一些攻击性，同时也在其他孩子向他射击时积累了很多新的焦虑。在射击游戏中产生的焦虑累积，最终可能会给孩子留下难以磨灭的印象，即在混乱的秩序中没有赢家，因为每个射击者同时也是被射击的目标。然而，当成年人试着很“友好”，让孩子用假子弹把他们打成蜂窝而没有任何恰当反应时，孩子们就学不到这样重要的一课了。

有些成年人可能对这类射击游戏反应过激。陷入这一困境的父母通常更在意他们自己对攻击性的感受，而不是怎样帮助孩子通过这类游戏驾驭而不是压抑攻击性。对于许多孩子试着通过射击游戏来应对性或其他类型的焦虑而言，也是一样的。因此，当父母禁止这样的游戏时，他们阻塞了它所能提供的安全的必要的出口。同时他们也剥夺了孩子能学到的宝贵一课，即如果我们试图向别人射击，别人也会反过来向我们射击，这样就会两败俱伤。

有些父母出于对战争和暴力的厌恶，试图控制或一律不准孩子玩玩具枪、士兵、坦克或者其他模仿或代表战争元素的玩具。虽然对暴力的这些感受毫不令人费解，但当一位家长禁止或严厉批评孩子的枪支游戏时，无论他这样做的有意识的原因是什么，他都不是为了孩子好，而只是出于成人的关心或焦虑。有些父母甚至担心这样的游戏会把全心全意享受其中的孩子变成未来的杀戮者，但这样的想法真的是错误百出。

第一，就像玩积木不表示孩子长大会成为设计师或建筑者、玩汽车和货车不预示着会成为汽车技工或货车司机一样，玩玩具枪也丝毫不能说明他在以后的生活中会做什么以及成为什么样的人。第二，人们可以明智地期待，如果孩子感到他能通过枪支游戏很好地保护自己，如果他释放了大部分攻击性情感，那么这些就不易积压，并且不太可能在以后的生活中寻找危险的释放途径。射击游戏为累积的挫败感提供了出口，有助于减少挫败感。因此，比起父母阻止挫败感的释放使其不可能通过象征性游戏进行还原时，孩子此时更容易掌控他的攻击和敌对情感。那样的禁止也导致了额外的挫败和愤怒，这额外的挫败和愤怒因孩子被阻止使用在他看来其他孩子唾手可得而且被大众媒体所建议的出口而累积起来。

既然对于暴力来说，问题在于控制还是释放攻击性，那么父母处理这一问题的最佳方法（无论是否超出他们的预期），是力所能及地防止孩子体验到挫折或积累敌对情感。虽然不可能完全庇护孩子，因为生活尤其是孩子的生活本身就充满了挫折，但人们可以试着不增加挫折，比如禁止孩子玩想玩的游戏。

第三，无论是否言明，迄今为止最重要的态度是父母的担忧，父母害怕孩子可能会成为暴力的人，甚至可能成为杀人者，这样的担忧其结果最具毁灭性。这样的想法比任何枪支游戏对孩子的情感健康和自我价值感的损害都大得多。因为父母对他的看法对孩子来说很重要，所以这一点尤其真实。毕竟，一个孩子主要是从父母那里获得对自己的看法。这让他对父母和全世界都很生气，因为他们对自己的评价如此之低，一旦他长大到不受父母控制，这也增加了他不仅在象征游戏中而且也在现实中将愤怒付诸行动的倾向。他知道他想玩枪，如果父母认为这预示着他会成为一个未来的杀人者，那么他是什么人或者他可能发展成什么人，正处于被严重扭曲的危险中。正如歌德的例子所显示的那样，一个孩子需要释放攻击性和战争没什么关系，甚至和街头暴力无关，而通常主要与发生在家里的事件有关，比如对兄弟姐妹的嫉妒或对父母的愤怒。因此，给孩子机会象征性地释放对第三方的愤怒——也许是和他一起玩警察与小偷游戏的其他孩子——比起他必须压抑愤怒要可取得多。如果没有被允许的出口，愤怒将继续在他内心恶化。

女孩和男孩一样易于受到各种挫败，包括同胞竞争和对父母愤怒，能通过像枪支游戏这样的象征性游戏释放这些愤怒，对她们来说也一样有效。另外，这样能让她们不因自己不能玩对男孩来说轻而易举就可以玩的重要游戏感到挫败。通过玩枪，她们也会把东西从她们的系统中拿出来。她们会意识到，在这方面，男孩与女孩相比没有优势。

通常，一个孩子想玩枪，主要是由他想象征性地保护自己的愿望驱动的。如果父母阻止他这样做，他感到被那些本来应该是他的天然保护者的人剥夺了自我保护的机会。如果父母真的担心他可能会因这些正常的渴望——自我保护、摆脱敌意、在游戏中表现出攻击性，这样他就不必在现实中这样做了——而成为一个杀人者，那么他们宣布的不仅是游戏的非法性，也是渴望游戏的非法性，这通过他们的信念变成了对孩子本人的毁灭性攻击以及对他现在和未来存在的控诉。

已经就建议父母不应制止孩子玩在处理内在压力的过程中起着重要作用的象征性游戏方面说了这么多，好像还是需要强调，强迫或鼓励孩子玩游戏，如玩玩具枪或其他战争武器，是毫无意义的。他们是否想玩以及何时玩都应完全由他们决定，男孩女孩都一样。然而当他们决定参与到这样的游戏中时，我们应该这样接受游戏：对他们来说在那一刻玩那个游戏很重要，但那说明不了他们未来的人生。一如既往，对孩子当前和未来的存在最重要的是父母内心对他的信任，比如他——无论他这一刻玩了什么——现在是个很好的人，等他长大后也会是一样好的人。这比任何其他东西都更能帮助孩子在内心感到如此安全，这样他就很少会感到有压力要攻击别人。

游戏如何通向未来

孩子越认真地探索吸引他们的所有可能性，父母越支持这所有的努力，孩子将来就越能决定什么最适合他们。许多孩子在一段时间甚或几年时间里，都自发地把自己的游戏限制在一个或几个相关领域里，从中可能产生出一种永久的职业选择。如果是这样的话，童年快乐游戏的记忆可以为一个人的活动增添永久的热情。然而更常见的是，儿童的专注是由于需要解决某些问题，而当问题最终得到解决时，这种专注就消失了；它已经达成了其目的。通过集中精力，孩子似乎已经“从他的系统中”得到了这种特殊活动。以后，当他进入一个与他童年时期的游戏完全不同的职业生涯时，他就不会后悔了，因为他已经完成了那一项活动。

通常很难想象，也不可能预料到孩子持续专注于某类游戏，如何能预测并让他为一项看似非常不同的职业做好准备。孩子的活动实际上是多么具有目标指向性，人们只能后知后觉。例如，从婴儿期到现在，一个女孩被各种各样的填充玩具动物包围着。她和它们分不开，整天一起玩，把其他事情都排除在外，所以当她进入学校时，她对学习没有兴趣，甚至对动物也没有兴趣。到她十几岁时，她小心翼翼地保存着她所有的填充玩具动物，但把兴趣转移到了照顾真正的动物上；然后，她把所有的空闲时间，以及应该花在学校或家庭作业上的时间都花在动物医院里，在那里她很快就成了一个受欢迎的帮手。她清理动物笼子，做她在家里永远不会做的其他工作，她和动物一起玩耍，把它们照顾得很好。那时，她和父母都相信她会成为一名兽医。父母鼓励这个想法，他们很高兴女儿终于建设性地利用了时间，并为一项他们（尽管内心有一些保留）能支持的职业做好了准备。所以她上了大学要成为一名兽医。然而，就在快要完成学业时，她突然从大学辍学，回到了她早期的习惯上，以相当随意的方式与动物打交道，尽管她总是关心动物的福祉。30岁时，这位女性突然放弃了她对动物的毕生迷恋和对动物的热爱；她终于得到了对于它们的满足。她回到大学要成为一名社工，现在她集中精力与重病人一起工作。那时候她才意识到，她对动物的奉献是一种置换，因为在此之前她从不相信自己能照料人。在动物身上，她解决了自己照料不好人的焦虑。

从对填充玩具动物的迷恋、到对真正动物的迷恋、到对人的关怀，这一系列发展最终对她和所有关注她发展的人来说清晰起来。现在看来，如此显而易见，但之前一点也不明显。在前意识中，她已经准备好与动物打交道，并测试自己照顾这些“替身”的能力，直到她最终能做那些一直主宰着她潜意识生活的事情：照顾人类。

孩子的游戏和青少年的关注点不过是一个成人职业的准备，这一点并不常见。然而，在许多有机会安排自己人生的人的生活中，童年游戏在某种程度上奠定了后来成为主要兴趣之事的基础。

在孩子小时候，他最终会选择什么职业还遥不可知。在他小时候最重要的是好好享受他的游戏——不是为未来的角色做准备，而仅是为了游戏在那一刻的意义。最重要的是，从一项与年龄发展相符的活动中获得充分的满足感，将带来这样的承诺，一个人将继续喜欢他人生中会做的事情。一个孩子要在游戏中得到这样的快乐和自我价值感，他需要父母不断证明他游戏活动的重要性。因此，游戏对他的幸福至关重要，我们不能漠不关心或缺乏理解贬低他，或者通过批评的态度打击他，这种态度往往和我们成年人的担心有关，而不是和他正在做的事情有关。所有关心孩子的父母都关心孩子的未来，努力为此做好计划，希望能帮助他实现自己的目标。而如今，许多父母对孩子的未来感到焦虑，远远超出了正常的关心范围。如果他们确实如此，那么无论他们多不想让孩子知道，孩子都会感觉到这一点，而且通常十分敏锐。无论这种焦虑是被公开表达出来，还是不让孩子知道，孩子心里都会产生严重的自我怀疑，这种自我怀疑可能会根深蒂固，因而即使在以后的生活中取得显著的成功也无法消除它。内心的安全感来自早年的一种认知，即父母支持我们所做的事情，在前意识中，这意味着作为人我们做得很好。因此，当父母表示他们很高兴自己的孩子玩得很好——他的游戏很重要、有目的、有意义，这增加了孩子的自我价值感，以及孩子对自己和未来的安全感。这就是为什么我们真的相信孩子的游戏对他很重要，而且也因此对我们很重要，并让孩子知道这一点，对孩子来说是最为重要的。

由于我们当中的许多成年人，不再能像前几代人那样自发地并直接地参与到孩子的游戏中，因此，我们必须利用其他途径进行补偿；我们的理解必须弥补我们在即时性和自发性中所失去的东西。更充分地了解游戏的深远重要性以及游戏本身所包含的内容，可以将对游戏理论意义的理智性理解，转化为所有孩子都需要父母给予的对游戏活动的情感承诺。

作为象征的玩具

只有父母才能对孩子的玩耍做出许多贡献。例如，没有一个老师、当然也没有一个同龄人，能像父母那样深入地亲自参与到那些看起来与孩子未来相关的游戏中。游戏立足于当前，但它也占据并试图解决过去的问题，而且它也常常是面向未来的。因此，从一个女孩的玩偶游戏可以预见到她未来的母亲身份，同时也帮助她应对当下的情绪压力。如果她嫉妒一个兄弟姐妹从母亲那里得到的照顾，那么玩偶游戏允许她表达并驾驭自己的矛盾情感。她通过虐待代表兄弟姐妹的娃娃来处理矛盾情感的消极方面。她可以用这种象征的方式惩罚让她嫉妒痛苦的兄弟姐妹，她的兄弟姐妹对此很无辜。她可以像妈妈照顾兄弟姐妹那样，在好好照顾娃娃时弥补对兄弟姐妹的负面态度，并满足她矛盾情感的积极方面，她也以这种方式摆脱内疚并与母亲身份认同。此外，女孩也认同了玩偶，从而间接地接受了母亲在兄弟姐妹身上的慷慨照顾。因此，玩偶游戏在许多方面都和女孩与母亲的关系最为贴近。

对男孩来说很不幸，他们只有很少的机会和玩偶玩，甚至更少被鼓励参与其中。许多父母认为玩偶不适合男孩，因此男孩通常无法以这种简便的象征方式处理和家庭相关的诸多问题。也许，如果父母能看到男孩如何热切地在精神分析治疗中使用玩偶和娃娃屋——当然，就像女孩一样热切和坚持不懈——来解决家庭问题和对自己的焦虑，他们将更愿意认识到玩偶游戏对男女两性的价值。例如，在娃娃屋游戏中，男孩（像女孩一样热切）把一个代表兄弟姐妹的人放在房子外面，把一个代表父母的人放在屋顶或锁在地下室里，或把父母一起放在床上，让一个代表自己的人坐在马桶上或者把房子弄得乱七八糟，以无数方式想象、行动起来，这样才能更好地处理紧迫的家庭问题。

如果有这样做的自由，男孩和女孩都会使用玩偶处理未解决的问题；他们会重现最近或婴儿时期的经历，或者他们希望拥有的幻想经历，或者处理任何他们需要掌握的过去的残余物。有些父母，特别是父亲，认为玩偶和男子气概是背道而驰的，但事实并非如此。一个男孩有许多过去的经历（就像女孩的一样），比如他被喂养、抱着、洗澡或如厕训练的方式，这些他都最能通过玩偶游戏或者玩娃娃屋家具（诸如浴缸和厕所）来掌握。对他来说，也有一些当下的问题，比如同胞竞争。虽然照顾孩子在他未来的生活中可能不像在女孩的未来生活中那样发挥核心作用，但这可能是他生活中作为父亲的一个非常重要的方面。

如果父母担心玩偶游戏会使男孩女性化，他们只要观察一下男孩是如何玩玩偶的就会安心，因为这和女孩玩玩偶的方式有很大不同。除非一个男孩已经因为严重的神经症拥有了女性气质，否则他不会像女孩那样处理或玩玩偶。他的方式会很有男子气概，通常比女孩更具有侵略性和操纵性。

诚然，男孩玩玩偶游戏的时间通常比女孩短，对他们来说也不算什么重要经历；但这并不意味着他们应该完全失去它们所能提供给他们的东西。实际上，玩具被认为尤其适合男孩，虽然它们可能提供一个机会来解决现在的问题并预测未来，但远不如玩偶适合掌握过去的困难。如果父母对儿子玩玩偶感到很轻松，就会给他宝贵的机会来丰富他的游戏生活。要做到这一点，父母仅仅是不轻视这种游戏是不够的；因为玩偶只适合女孩这样的观念依然盛行，所以父母双方都需要对男孩的玩偶游戏有积极的感受，这样他才能充分利用玩偶游戏。

在父母极少能像他的孩子一样专注于同样的游戏活动的今天，仍然有一些玩具就像在孩子身上那样在父母身上唤起了深刻的情感。玩偶可能就是这方面最好的例子。

无论一位母亲只是看着女儿玩玩偶，鼓励她，还是积极参与其中，她往往都在很多层面有着深刻的卷入。她可能会再次体验她自己童年玩偶游戏的一些方面，以及她自己的母亲参与这样的游戏，同时体会着现在作为一个玩玩偶的小女孩的妈妈意味着什么。孩子在玩娃娃时，在某种程度上感受到了母亲意识中和前意识的强烈情感，并在两人对玩偶游戏深刻情感卷入的基础上，感受到了和母亲的亲密关系。这种亲密感赋予该游戏一种特殊重要性和深刻意义，没有母亲的参与，这是无法达到的。母亲不必总是亲临现场，当她在场时，她也不必总是在很多层面上亲自参与；如果孩子具有母亲参与的心理意象，那就足够了。和母亲一起玩的一次经历可以产生如此持久的影响，孩子可以在内心带着这一意象，在她每次玩玩偶时都会激活它——这是很有意义的。她将对从母亲那里接收到的情感信号做出反应，并将这些信号与玩偶游戏中的其他情感（源于她自己过去和现在被养育的经历以及玩养育游戏的经历）结合起来。她被养育的感觉以及有一天自己会成为母亲的感觉很重要，但如果她的母亲没有因自身被唤起的回忆偶尔亲自深深参与其中，那么她的玩偶游戏就不能达到同样的意义深度。

父母的认同

很少有其他类型的游戏能像玩偶游戏那样激发父母深深参与其中。尽管如此，孩子的游戏仍有很多其他方面能通过激活回忆和其他感受而对父母产生深刻影响，特别是当孩子的游戏提醒父母玩过同样的玩具，或者以类似的方式玩过时。而且，孩子年龄越大，他的游戏就越容易引发父母对自己童年经历及其当下习惯和反应的共鸣。例如，能认真下一盘棋的青少年在这方面的体验和父母认真下棋时的体验非常相似。共情孩子在学校或运动场上的欢乐和悲伤，重温自己的经历，是为人父母的常见现象；当一个人的孩子在短短几年之后经历第一次爱的痛苦和刺激时，也同样适用。然而到那时，这位年轻人的个性已经基本形成，他正在努力摆脱父母的支配。到了十几岁的时候，这个年轻人已经（或者应该是）个性非常鲜明，父母在他的游戏中再也看不到多少或投射不了多少自己或自己的过去。尽管这位十几岁年轻人的游戏（以及其他经历）可能在父母心里唤起他自己人生的相同经历，但父母再也不能像几年前那样认同他的孩子。

只有在人格形成的早期阶段，通常也是玩偶游戏最频繁的年龄，母亲才能幻想自己的女儿和自己小时候一样，幻想小女孩会像她希望的那样成长为一名母亲，并避免母亲自己可能没能避免的困境和危险。父母知道，他们的孩子很可能会有一个和他们自己完全不同的人生，只有在孩子很小的时候，父母才能完全认同孩子，并在游戏中重温他们自己的一些童年经历。

只要我们能通过这样的记忆，在孩子的游戏中认同我们的孩子，游戏便对父母和孩子都有独特意义。而且在孩子还很小时，我们可以想象，他会在未来的发展中遵循我们的道路。当女孩和男孩的人生活动重复父母的人生活动时，这种对孩子的游戏的积极认同要容易得多。举个例子，玩木马（像玩偶一样，一种非常古老的玩具）在马匹是主要交通和拖拉手段的古代具有完全不同的意义，更不用说其在战争中的作用了。孩子骑着木马，在合适的程度上模仿着重要的成人活动，而看着他的父母知道他正在为成人生活的重要方面做准备。这样的认知很容易就能引发对孩子未来的幻想，父母也可能会回想起他们骑马时的幻想。这样的父母也可以思考这些幻想和当下现实之间的区别，就像现代父母对孩子玩偶游戏或“宇航员”游戏的反应一样。

今天，即使一位成年人非常喜欢骑马，它也是一种休闲活动，这消减了它的严肃意义。在大多数成年人的生活中，骑马或用马工作不再是一个重要方面。除了少数牛仔和骑师外，极少有家长在看着孩子骑木马时，会高兴地想着他的孩子为人生的成功做了多好的准备，或者说孩子的生活将与他自己的多么相似。今天，父母们接受了这样一个事实，他们的孩子不太可能会遵循他们的脚步。

对大一点的孩子来说，事情可能会有所不同。看到一个年轻的孩子在电脑前，或是演奏乐器，让父母对孩子的未来产生愉快的幻想。然而，对大多数父母来说，孩子的学业成就似乎最可能保证未来的成功。由于这个原因，今天许多父母（实际上还没有意识到自己的动机）在孩子还在上幼儿园这样一个年纪就过早地把学业成绩压到了孩子身上，甚至是更早！父母们相信，一旦进入小学，这会推动孩子的进步，但人生中的每件事情都有其正确和错误时机；如果我们强迫一个孩子去表演或成功，往往会适得其反。对于 6 岁或 7 岁前的大多数孩子来说，教他们阅读和数学是不适合的。尽管孩子的智力可以在较早的时候被激发出来，但只有以与年龄相符的方式来做才是有益的。

潜意识里，父母希望通过让孩子早早接触学习经验来预测孩子将来的成功；他们从这些想法中获得快乐，并倾向于消除他们在这方面可能怀有的任何恐惧。这种早期努力的主要问题在于它们为时过早，因此往往适得其反。虽然大多数孩子在很小的时候就能学会读、写、数数，以及做简单的数学计算，但这些活动除了让他们的父母高兴之外，对他们来说通常没有内在意义。其结果可能是，这种学术活动以后将继续对这些孩子毫无意义。然而，只有内在意义才能激励孩子投身到小学和中学所提供的那种学习中。如果小孩太早被逼着去做功课，他只是为了取悦父母才这样做。如果是这样的话，当他以后与他们发生冲突时，他可能会试图通过学业失败来伤害他们。对孩子来说，第一次接触到学术学习的内在意义越少，他就越有可能在以后放弃学习。为了让他所学的东西对他来说有相当大的内在意义，最好推迟让孩子接触智力学习的时间，直到他足够成熟，他的智力充分发展。

许多希望在孩子很小的时候教授孩子学业知识的父母试着用一种快乐的方式来做，对孩子来说，尽管他可能喜欢父母关注，但这并不是游戏。有些父母不自觉地把孩子看成自己的一部分，以致他们无法想象给他们带来快乐的东西，比如学术能力，会对他们的孩子产生非常不同的影响。同样的现象也解释了为什么有些父母把运动成绩强加到他们的孩子身上。他们真的享受其中，因此无法理解孩子。尽管孩子喜欢让父母高兴，但活动本身对孩子来说可能包含了太多压力、紧张、疲惫和对失败的焦虑——对他来说这项任务要求太高了。然后，孩子面临着一个两难境地：他讨厌被置于压力之下，但让父母快乐对他来说是如此重要，以致他不能让父母知道他的真实感受。

不认为孩子的快乐可能与他们自己的快乐不同或不等的父母，会给孩子制造严重的问题。对此的一个例子可以在父母和孩子之间的打闹游戏中观察到。孩子们通常喜欢这样的游戏，但只能玩到一定程度。如果适度并小心翼翼，而且不持续太久的话，大多数婴儿和小孩子都喜欢被抛到空中再被接住。这种有限制的游戏让他们放心，他们可以在没有危险的情况下安全地与父母暂时失去联系；而且，这也给了他们信心，他们的父母可以把潜在的危险情况变成安全的情境。然而，有些父母因这种打闹带给他们的快乐而迷失，他们无法想象，如此令人愉悦的事情对孩子来说可能是可怕的，这远远超出了让孩子快乐的范围。事情对孩子来说变得过于让人兴奋时，这种兴奋可以变成压倒性的，并引发恐惧。

还有一种粗暴的方式，父母把孩子拖下水，或和他一起玩影子盒子的游戏，享受他自己的力量和卓越的运动能力；他常常坚信，他所享受的东西他的孩子一定也同样享受。然而孩子的快乐很快就与其在父母关系中的不足、对其相对弱点及对父母完全依赖的焦虑等体验交织在一起，害怕父母会危险地迷失在自己的支配地位中。因此，开始时是一次愉快的经历，却以焦虑和挫败的感觉压倒孩子而告终。父母自认为他不会利用自己的优势，他对此有信心，而且相信，他所了解的孩子也知道这一点。事实并非如此，孩子所知道的是，这对他来说已经太过度了。

这就是为什么父母参与到完全由孩子自己选择的游戏中要安全得多，对父母和孩子双方来说也有益得多。此外，如果这样的游戏激起了父母对类似童年游戏的回忆，并允许对孩子的未来进行快乐的幻想，那么，它就为所有有关方面提供了一次富有建设性而愉快的经历。母亲和孩子一起玩玩偶就是这种游戏的典范。一个女孩照顾娃娃的充满爱意的方式，好像在向她父母保证，她会成为一个好妈妈，并将从中获得很大的满足感、成就感和快乐。

父母积极投入孩子们的游戏中，让孩子逐步获得一种安全感，等他们长大后，他们能够很好地完成成人生活的任务。在孩子觉得自己玩得很好的时候，这样的信心就会产生，父母的满足感是这种感觉的一个重要因素。父母对游戏的鼓励和父母对游戏在当下的重要性的承诺，巩固了游戏在孩子为未来做好准备方面所承担的角色。

不久之前，当一个女孩玩娃娃或玩照料家庭的游戏时，她更接近母亲成年生活的活动，也更接近父母对她未来生活的期待。如今，情况已经不再是这样了，外出工作已成为大多数美国妇女生活中的中心角色；对男孩来说，玩玩具士兵、货车或火车就更不像从前了。

在典型的游戏中，大多数男孩都倾向于非常具有攻击性地操纵代表物体（汽车、飞机）的玩具，而女孩则倾向于照顾代表人的玩具（玩偶）。因此，一个男孩可能更容易迷失在抽象思维中，用攻击性而非具有同情心的方式和世界联系。然而不需要如此；如果男孩的父母关心理解而不是批评——哪怕男孩玩攻击性游戏，那么这种关心的态度就会在男孩身上激发出类似的态度。许多小男孩在给填充玩具穿脱衣服、给它们洗澡、哄它们睡觉时，和他的姐妹一样温柔。

因此，我认为这一系列特征并不是完全或主要与性别有关，而是一个文化制约的问题。出于对母亲的模仿，一个女孩的游戏更多针对照顾人们，它是个人互动，决定了我们日常实际的本质。此外，在现代生活条件下，比起男孩观察父亲并参与到父亲的核心成年生活中，女孩有更多机会观看母亲的养育和家政活动并帮助她，即使只能在她下班后这样做。周末帮父亲做家务，或者和他一起去钓鱼，在强度和重要性上都比不上每天或至少每天晚上看妈妈做并帮她做家务。就算妈妈一天当中大多数时间不在家，小女孩也同样有机会观察其他的女性的照料者。在游戏中再现母亲所做的事情，在现实中帮助母亲，为女孩提供了另一套经验，使她能在日常生活中牢牢锚定一位女性，并让自己做好应对每日生活的准备。

一个孩子越能理解父母的工作是有意义的，最好是从他自己的经验出发，他就越会模仿那些他所认为的父母生活的重要方面。孩子从他们自己的经验里知道，有些成年人的工作有多重要，比如老师、牧师、医生和护士。那些父母不从事这些工作的孩子，也会玩当医生和护士的游戏，一部分原因是这让他们能暴露各自的身体，还有一部分原因是这些职业在他们生病时很重要。尽管所有孩子都玩这些游戏，但如果父母一方或双方都从事这样的工作，这会让游戏对父母和孩子来说都更加重要，因为这促进了相互认同。

一位艺术家（拿一位画家来说）的孩子可以观察父母在做什么，如果他也画画，他会相信他真的理解父母在做什么。而这位家长将比其他许多人都更多地参与到孩子的手指画中。计算机让许多父母有可能在家里工作，人们可能希望，工业化对亲子关系的大多数破坏可以被部分抵消。尽管小孩子会对父母用电脑做什么耳濡目染，但在他长大一些后，他才会更好地理解他父母的工作生活。

人们希望，未来的社会发展和技术（比如计算机）将允许父母在家里做更多工作。如果是这样，大多数孩子只能从传闻中知道的父母的工作，会变得对他们更加真实。更重要的是，他们的父母在工作中会变得像在家里和在闲暇时一样真实。父母和孩子的整个生活会变得对彼此更真实。希望这会有助于父母理解和接受，孩子的游戏世界对孩子来说就像工作世界对父母来说一样真实而重要，因此它理应受到同样的礼遇。

第18章

父母和游戏：双重标准

孩子们起初热爱父母；一段时间后他们评判父母；他们极少原谅父母。

——奥斯卡·王尔德，《一个无足轻重的女人》

（Oscar Wilde，*A Woman of No Importance*）

父母当然高兴看到孩子全神贯注于游戏，但他们自己也能同样高高兴兴地专心游戏吗？如果孩子的游戏令成人感到愉悦主要是因为他可以继续自己成年人的活动，而不必对忽视了孩子感觉糟糕的话，用不了多久孩子就会认识到这一点。孩子很快就会发现，对父母来说游戏本身并不是很重要，重要的是他不碍他们的事；这个教训既贬低了他，也减弱了他对游戏的兴致，同时也消减了游戏在发展他的智力和人格中的功能。

父母的行为而非言语才真正能检验其对游戏的信念。事实上，父母的行为往往前后不一。有时一切都好：父母没有在做特别重要的事情，孩子要他一起玩，至少一段时间里父母勉为其难做了。孩子想让父母称赞他的建造物，父母又勉为其难地做了。然而如果父母忙于其他事情，他们的回应往往是："现在不行，我正忙着。"如果父母心情好，他们可能会在拒绝前先道歉，并允诺过会儿给予弥补，但他们并不总能言出必行。父母倾向于假定如果孩子不再要求，要么就是他已经把问题解决了，要么就是忘记了。许多孩子把"过几分钟"当作一种拒绝，他并不想重复自己的请求以免再被拒绝一次。

父母通过这样的行为告诉孩子，在我们看来，他们的活动很少和我们自己的活动同样重要，而且几乎不可能比我们的更重要。这没什么不对——如果两者同等重要，为什么父母应该放下自己正在做的事情加入孩子当中呢？

当然，紧急情况是不同的，但在紧急情况下，我们的注意力无形中就会自动转移。这对孩子的安全感来说非常重要，所以许多聪明的孩子会宣称有紧急情况，来测试他们所依赖的父母有多可靠。另一些孩子不一定想确定他们的父母在危机中有多可靠，而是在他们很想告诉父母或给父母看什么重要东西时，假装有紧急情况，以把父母立即带来自己身边。然而这只有几次行得通，然后父母就停止了回应，并且毫不掩饰他们对于被这样利用的厌烦，就像寓言故事里孩子一次又一次喊"狼来了"一样。这是可以理解的。当一个孩子不遗余力地向父母发出信号表示父母到他身边来有多重要时，无论紧急与否，父母真的被利用了吗？换句话说，只有我们认为的紧急情况（比如一个真实的危险或事故），才真的是紧急情况吗？或者孩子需要确认他和他所做的事情对我们来说是重要的，不也是一种紧急情况吗？

有时孩子只需要让自己相信父母已经准备好放弃一切，并在他觉得需要时冲到他身边，如果这时父母对孩子所宣称的紧急情况多一些耐心——就算我们可能不相信他的紧急需要是有道理的，那么孩子就能更加放心自己对于父母的重要性。孩子这种内心安全感的提升会体现在他和父母关系的改善中，这将在更好的相互关系中表现出来。我们因回应孩子的紧急感而导致的不便，对于这样的结果来说可能是很值得的，哪怕从我们的角度看那根本不是紧急情况。

孩子们感激我们在紧急情况下的及时关注；然而，他们也知道，大多数情况下，能将我们迅速带到他们身边的只有紧急情况，而非对他们游戏的兴趣。他们会更愿意见到我们为了他们的利益放弃一切，但随着他们长大和成熟，他们应该学着接受，如果两个人都是重要的参与者，期望一方总会放下自己正在做的事情加入到另一方是不合理的。

然而，当一个孩子全神贯注于游戏中，父母准备外出时，会发生什么呢？他们叫他来换上衣服。或者他们想让他问候一位到访者，或者到桌前来吃午饭。他的回答是："现在不行，我正忙着。"就像我们在类似情境下会做的那样，我们准备好去尊重孩子的陈述了吗，像期待孩子尊重我们的陈述那样？还是我们坚持"你过来，马上"？如果我们这样做，那么我们又一次成功地让他得出结论，即我们没有像对待自己的活动那样认真对待他的活动。更糟的是，我们已经表明，当他的活动和我们的计划有冲突时，我们根本不把他的活动当回事。

尽管这不是理想的标准，但事实是，许多人根据做了什么来评估他人和自己的价值。如果他们的活动被看作是重要的，那么他们觉得自己也重要。这样的评估可能并不公平，也忽略了很多：应该就一个人是什么样的人而非就其工作和状态对其做出判断。既然许多成年人以这种方式评价自己和他人，又能期望一个孩子怎么做呢？这可能是一种不成熟的评价他人的方式，但孩子就是不成熟的；他还不能明确区分"我是什么样的"和"我做了什么"，他对此的感觉是脆弱不堪的，而且被巨大的不安感所充斥。如果孩子所做的事情不被认为是重要的，那么他往往会觉得自己这个人无足轻重。因此，父母对孩子游戏的态度会强有力地影响他以后对自己有能力成为重要之人以及有能力做重要之事的感觉。

如果我们真的像对待自己的任务那样认真对待孩子的游戏，我们就不会愿意打扰它，就像我们自己在工作时不情愿被打扰一样。这是一致性和公平感所要求的模式。尊重孩子的游戏，其回报之一是加强了他把游戏当作整个家庭生活的一种重要活动的感觉。

这并不是说父母总是轻视游戏。毕竟，我们想让孩子玩得尽兴；我们给他买玩具，带他去游乐场；我们尽职尽责地提供玩耍的机会。不幸的是，大多数父母只是非常有选择性地认真致力于他们孩子游戏的几个方面，他们选择的更有可能是孩子年龄更大后会从事的活动。父母对游戏的基本态度在很大程度上是在早期形成的，年龄较大的孩子可能已经在承受他的早期游戏被草率对待之苦了。例如，如果一位下象棋的父亲和孩子下棋下得正酣，或者如果一位父亲正在参与孩子的少年棒球联合会活动，那么这时叫父亲吃晚饭，他几乎不会立即答应。因为个人参与而完全参加到孩子的活动当中的父母，对活动有多重要有很好的理解——这种参与式的态度和只是作为父母参与其中是非常不同的。在第一种情况下，父母会和孩子一起抗议游戏不能被打断；在第二种情况下，他会坚持让孩子中断正在做的事情并听话马上来吃晚饭。孩子注意到了这种不同，当他意识到我们很少认真对待他的游戏时，他会感到沮丧，不管游戏对他有多么重要，只有当游戏对我们来说也很重要时，他才会去玩。

游戏中的平行投资

一个孩子在各种令他迷失方向的游戏中所探索的东西，就像先前在捉迷藏游戏中，对成年人来说当然已经不那么重要了，因为他们早已很好地理解了这类迷茫。因此，我们不能期待像我们的孩子那样，从那些回答他生活中引人注目的问题的游戏调查中再次获得深刻的满足感。然而如果我们真的理解这样的游戏对他意味着什么，那么我们至少可以间接地参与到他的快乐中来。我们可以享受他为自己提供丰富经验的能力，并尊重他为困扰他的存在主义问题寻找答案的努力。事实上，物体的永恒性问题和他人的意图，都是游戏时期的谜团，绝不仅限于幼儿时期。

尽管我们鼓励孩子游戏是很重要的，但父母完全出于责任感而和孩子一起玩耍从来都没有益处。因为“应该”玩耍与和孩子一同玩耍、欣赏其游戏的重要性是不一样的。恰恰是父母意图的混淆极大地损害了孩子的游戏。许多成年人，无论是家长还是老师，都倾向于为了游戏以外的目的与孩子一起玩耍；他们可能希望分散孩子的注意力，娱乐、教育、诊断或指导孩子，但这不是孩子想要的。除非游戏就是游戏本身，否则它就失去了对孩子的大部分意义，成人的参与就变成了冒犯；孩子能猜出成人的目的，并对他们假装全身心的参与感到恼火。

教育玩具的使用，在许多父母心里都如此珍贵，可以作为一个例子。教育玩具真的都没什么不对——如果着重点完全在于玩的乐趣而非教育意图的话。然而，当父母强调使用玩具应该教孩子什么，而不是孩子自己想要使用玩具时，这些玩具就成了问题。当孩子被期望去学习那些设计用来教他的东西，而不是像他想玩的那样来学习他想学的东西时，教育玩具绝对是致命的。一个孩子必须能够以他想要的方式使用任何玩具，而不是以家长、老师想要的方式，或者制造商认为玩具应该被使用的方式。

不可思议的是，一个婴儿仅仅通过玩一卷卫生纸的纸板芯就能学到东西，以及一个孩子玩空盒子是多么有建设性、想象力和教育性。在早些时候，当麻绳出现在木线轴上时，孩子用木线轴作为木块，获得的乐趣和他现在使用特别制造的积木一样多。事实上，他从玩木线轴中得到的东西可能比从玩积木中得到的更多，因为他知道木芯在母亲的成人缝纫企业中起着重要的作用。因此，孩子和父母都发现了木线轴所代表的一些很重要的东西，而积木只对孩子重要。

一些父母自发地意识到对孩子的游戏物品进行个人投资的价值，尽管他们并不总是清醒地意识到这就是激发他们的原因。他们本能地给孩子的快乐增加了一种新的互动性，而没有刻意这样去做。由于他们有更多闲暇时间及更多自己喜欢的工艺活动，这些父母可能有时间并愿意为他们的孩子制作玩具，从而复制了他们自己的父母或祖父母出于需要所做的事情。这样的父母创造了一种体验，通过这种体验他们在情感上参与到了自己用手创造的玩具中。他们不仅从任务中得到了极大的乐趣，也从想象孩子会怎样玩玩具中获得了巨大的乐趣。父母在玩具上赋予的意义，在他们和孩子一起玩或者看孩子玩时，依然保持活跃。

其他父母则把制作玩具作为一个共同项目。例如，他们在孩子的帮助下收集木头碎料。这样做的时候，他们都会思考该赋予这些零碎的东西什么形式。他们一起打磨木头，也许孩子会邀请一些朋友帮忙完成这项劳动，以及随后的绘制和打孔工作。从那时起，这些木头对孩子和父母来说就是非常特别的。从商店购买的木头其重要性都不能与这些孩子和父母共同投入建造的玩具实例相提并论。

在这里，最重要的是相互性：父母和孩子都投身于这些木头，尽管动机全然不同。这种共同的情感投资纽带可以很大程度上弥补这样一个事实，即双方不是同等地参与到孩子与他劳动产品的玩耍中。

当父母成为有意识的教育者时

这种对游戏的平行投资可能会在一段时间内运作良好，然后，因成年人的动机而适得其反。下面的故事说明了这一点，它涉及一段有一部分是快乐的但更多是不幸的记忆，这段记忆在一名成功人士的一生中一直萦绕着他。这名男子的父亲非常热衷于集邮，所以这名年轻人也不需要什么鼓励就能成为一名热心的集邮者。作为一名男孩，他的好奇心自然而然因父亲对这项活动的关注被引发了，而且父亲也鼓励儿子的兴趣。有一段时间，当父亲拿着邮票在桌前工作时，这个小男孩就坐在地板上玩邮票，围绕着它们编织着各种各样的幻想，玩得不亦乐乎。他相信他所做的一切即使和父亲所做的不是同样的事情，也是同样重要的。这让他很高兴成为像父亲那样的人并做和父亲一样的事情；这是记忆中快乐的部分。父母和孩子以与各自年龄相称的方式，全神贯注于同一种活动。

然而后来，父亲开始坚持要求儿子对自己所做的事情“严肃”起来，并要求他学习和集邮相关的所有学问和科学知识。这对男孩来说是可怕的打击和失望，直到此刻，他都相信他所做的是非常严肃的。现在，他不再被允许在以自己的方式组织邮票时尽情幻想，而是被告知他应该以一种成熟的方式有条不紊——以他父亲的方式。父子之间曾经的结实纽带很快就成了相互恼火的根源，父亲坚持要求孩子用“正确的方式”处理邮票。这样的要求对男孩来说没有意义，因为就他的耐心和他所拥有的知识来说太过强人所难。

只要他能自由地编织关于邮票的白日梦，只要他的父亲同样参与到他自己对邮票的思考中，那么每个人都能享受他正在做的事情。父亲的认真参与曾是男孩的兴趣之源，但当父亲变成了有意识的教育者，试图通过推动男孩以成人的方式进行集邮活动，而不再继续以自己的认真参与作为榜样时，他们共同的活动就成了巨大冲突的一个根源。男孩觉得（一点没错）他永远不能满足父亲的要求，而父亲觉得儿子没有得到他应该从集邮中得到的。几十年后，这个男孩——现在已经完全长大成人了——仍感到伤心，因为在一段时间里曾是并且可以一直是他和父亲之间深刻联结的共同活动，却成了深深的失望之源。

就像这个故事中的父亲一样，许多父母被孩子该如何做一件事情的问题所迷惑，或被自己对孩子所做之事好的希望所迷惑。父亲倾向于用非常详细的技术来回答孩子的问题，错误地试图教授更高级的技能和细节，而不是帮助孩子找到适合自己年龄的做法和理解。孩子确实想获得专业知识，但只能一点一点地以他自己的方式，在他自己的好时光里做到这一点。过早地将专业精神强加给孩子，会使他失去对某项活动的最初兴趣，因为这项活动对他来说不再令人愉快了。

真正的悲剧——在孩子们的生活中，该悲剧重复的方式和次数远比父母们意识到的要多得多——在于父亲的意图是好的：他想让集邮成为他和儿子能真正一起分享的东西。这个男孩的动机也是因为他想做一些能把他和父母更紧密地联系在一起的事情。然而当父亲给孩子的印象是他所做的事情没有达到父亲的标准时，男孩就失望了，不仅是对集邮以及集邮所能提供的东西失望，而且也对他自己失望，因为他达不到父亲的期望。

他们继续在集邮上合作，但只持续了很短一段时间。父亲开始沮丧起来，因为他努力教男孩集邮的正确方法没有结果，而只会导致双方不满。这个男孩甚至感到更加沮丧，因为他再也不能享受他生命中的最大乐趣了。更糟糕的是他对自己失望了。直到父亲决定他的儿子应该在集邮上更加“严肃”的那一刻，男孩都感觉自己很棒，但现在他感到自卑，感到自己无法达到人们对他的期望。

几年以后，父亲去世了，儿子在职业上变得比父亲以往任何时候都成功得多。然而他仍很难克服自己的自卑感，他确信，这自卑的种子已经根植在这段令人心碎的经历中了。后来，当他认为自己做得很好时，他也不能相信自己。他对父亲的大部分记忆，是对父亲确信是时候向他介绍成人水平的集邮前，他所享受其中的天堂般的怀旧渴望和他对突然受到批评并使他感到自卑的怨恨的结合体。他无法动摇这感觉，恰恰是因为他在父亲让他觉得自己做得不够好之前感觉如此美妙。前面提到的悲剧是一个双重悲剧，既是父亲的，因为他想把儿子和自己联系得更紧密的努力却导致了互相之间的隔阂，也是儿子的，因为他和父亲之间如此亲密和幸福的感觉立刻消失殆尽，而且自此他就被剥夺了这种一直持续到那一刻的感觉。从那以后，甚至连集邮的念头都会让他感到沮丧。

我们都愿意相信，在以后的生活中，我们的孩子会记得我们教他们做好事情的努力；这种希望往往是父母表现得像有意识的教育者那样的动机，就像这位父亲在这个例子中所做的那样。然而考虑到所有孩子都会有的不安全感，来自父母批评的痛苦比父母认真教育孩子如何“做对事情”的努力，更有可能给孩子留下更强烈、更持久的印象。孩子们总是将来自父母的这些批评揽到自己身上，因为他们没有成年人客观性的优势。

在这个例子中，围绕集邮所发生的事情也可以发生在无数个其他情境里，比如当一位家长开始训练他的孩子，想让他成为少年棒球联合会的明星时，在认真地以目标为导向的指导过程中，有些东西很可能会丢失——比赛的乐趣。自相矛盾的是，父母错误的密切关注可能会为以后的不幸发展播下种子。父母和孩子之间的动机冲突始于游戏中，当父母的动机压倒孩子的动机时，可能会发展出所谓的代沟。这也可能发生在那些笃信他们自己和孩子之间不会有鸿沟存在的父母身上，因为他们总是教孩子想学的东西。孩子当然想学习，但是以自己的速度进行。在孩子的幻想中，他们只想做母亲或父亲所做的事——但他们对父母所做之事的幻想与现实极为不同。孩子们理解不了这一点，但父母必须理解。认为某种活动或行动本身可以唤起父母和孩子同样幻想的想法，否认了两者之间年龄差异这一个真实的存在。

因此，总会有成年人无法完全分享孩子对活动本身乐趣的游戏情境存在。当蹒跚学步的小孩子把小塑料球扔进奶瓶里几百次，当他来回推着一辆小卡车，当拖着一个玩具绕着房子到处走时，在他眼中这些重要活动完全值得源源不断的注意力，我们却无法感到和他同样的快乐。在这些情况下，只有我们欣赏孩子的玩耍对他的重要性，并因他的快乐而开怀时，才能架起父母和孩子之间的桥梁。

然而，在某些方面，孩子没完没了的重复游戏行为和成年人专注于把钓鱼线扔进水里，看似都是漫长的单调序列（对门外汉来说），没有太大区别。投掷——对于垂钓者来说是最有趣的、目的明确的活动，和孩子无休止的重复游戏行为有什么区别呢？当然，在这种成人娱乐活动中有相当精细的技巧，还包含相当多的捕鱼知识。相对来说，孩子发现了推或拉一辆卡车的细微变化，就像垂钓者发现了各种抛线的方法一样。孩子在他的水平上，为坚持自己的追求，也学到了尽可能多的专业知识。

也许，我们在观赏貌似单调的游戏时，应该记住这个类比。它可能会提醒我们，某些重复行为对成年人来说是多么有意义，尽管我们称它们为“运动”而非“玩耍”。至少，当我们看着孩子玩耍时，我们能够领略他们的乐趣、智慧、毅力、技巧、美丽或魅力。无论因为什么，只要我们为孩子感到欢乐，孩子都会把我们的快乐解读为我们因他们所做的事情而高兴，因为他们自己也会因游戏而高兴，甚至会因我们对他们和他们努力的支持而更加高兴。虽然我们的想法可能是不同的，但孩子和父母会有一种共同的情感体验，这种体验形成了一条纽带，当这条纽带在很多经历中都被恰当滋养时，就会在他们有生之年延续下去。

一起玩耍

不管怎么说，很明显父母不可能总是直接共情孩子的玩耍体验。然而，只要父母意识到并接受父母和孩子之间存在差异这一事实，肯定就能帮助父母意识到孩子带入游戏中的不同需要、期待和渴望。父母对玩耍的情感投入越多，对孩子以及他们彼此的关系就越有好处。

大多数母亲都能愉快地回忆起自己用洋娃娃所演出的精致幻想：自己是多么温柔地照顾它们，偶尔会带着强烈的愤怒虐待它们。这样的母亲会给自己的孩子买洋娃娃，甚至会给洋娃娃做漂亮衣服，但是这样的母亲愿意花多少时间和孩子一起玩娃娃呢？如今，母亲们都相信自己忙着做更重要的事情，玩耍让她们厌烦。在这一过程中，她们剥夺了自己如果沉入其中可能会获得的更有意义的经验。例如，如果一位母亲花时间和她的女儿一起玩，她肯定会被孩子围绕娃娃所编织的故事和孩子让娃娃所经受的各种经历所吸引。甚至可能会让妈妈想起她自己围绕娃娃所编织的故事，发现那些自己之前不知道或已经长久遗忘的童年部分。如果她沿着这条路思考，她自己的童年期幻想和女儿的幻想之间的异同之处，会让这样一位母亲知道许多关于她女儿的事情，会让她直接感受到女儿如何体验自己。太遗憾了，许多母亲已经完全忘记了当她们要她们的母亲来一起玩而母亲也这样做了时她们所感受到的巨大的快乐和愉悦，以及当母亲没有加入进来时她们所体验到的失落。

这是玩耍的一个很重要的方面，也是经常被忽略的方面：对孩子和他的游戏来说，如果他能和一位能记住自己童年时同样游戏经历的成年人分享自己的体验，是极为不同的。在绝大多数孩子的生活中都有足够的空间和其他孩子一起玩耍（既有自发性的，也有在幼儿园或游乐场组织的），也有足够独自玩耍的空间。也就是说，如果电视不取代玩耍，在家里就有足够的玩耍空间。然而家长们，甚至是那些关心电视的家长，往往没有认真问自己，为什么他们的孩子似乎被电视迷住了。这种迷恋的最常见原因是孩子们想摆脱孤独，在没有真实人物陪伴的情况下，至少与屏幕上的人物保持联系。除非他和父母的关系受到严重干扰，或者他与人联结的能力严重受损（两者都是情绪障碍的不祥征兆），否则每个孩子都更愿意在真实的环境中与真实的人物互动，而不是与电视上的人物打交道。父母常常试着让独自玩耍代替电视，独自玩耍满足不了这样的需要，也代替不了人，甚至代替不了电视屏幕上的人物。

曾经，电视并没有在家里无孔不入。在这之前成长起来的人们回忆过去时，他们意识到他们用玩耍填满了自己的空闲时间，他们不解为什么现在的孩子们似乎无法这样做，而是打开了电视。他们通常忘了问自己，如果他们有了电视他们会做什么。很可能在他们经常感到需要与人互动，却不能与人互动时，他们就转向与人互动的游戏和幻想，就像在娃娃游戏、士兵游戏或者其他玩具人物游戏中那样。通过电视与人互动，只是因为无法获得与现实人物的互动。而且，在电视成为满足这一需求的渠道之前，这些孩子可能会更加强烈地坚持让他们的父母或兄弟姐妹与他们一起玩要，从而最终实现他们真正的愿望。许多被父母拒绝的现代孩子不再坚持让父母和他们一起玩，而是沮丧地求助于电视，认为电视至少是与想象人物互动的第二好的选择。不幸的是，这些儿童被严重剥夺了与他们生命中最重要的人——他们的父母，建立亲密关系的机会。在游戏中同样全神贯注，这对父母和孩子都有意义。

既然现在很多孩子在很小的时候就上了幼儿园，有机会在那里玩，为什么这一经历不能弥补和父母一起玩耍的经历呢？最明显的答案也是最重要的一个：因为这些其他的玩伴不是父母。任何人说或做的任何事情，对孩子来说都比不上父母说了什么或做了什么重要。小孩子忍不住会寻求父母的认可；没有什么比父母的赞许更能增强他的自尊。而且，没有什么比父母不感兴趣或批评更能让他陷入更深的绝望之中。孩子越小，就越是这样。因此，只有父母以某种形式参与到孩子的游戏中，才能使玩耍看上去真的重要且值得。没有父母的参与，玩耍就成了没有太多关联的“幼稚的事物”，只是幼儿园老师或保姆因为这是她的工作而且这能让孩子安静才做的事情。

孩子不想被“保持安静”。他需要也想正确地做对他来说重要的事情。例如，对小孩子来说，探究一个钱包的内容总是很令人兴奋——但什么都比不上里里外外翻妈妈的钱包。就像成年人的秘密一般，没有什么比父母的秘密更有趣了。孩子对父母抽屉里的东西很好奇！别人在做什么，他们有什么，他们如何组织事物——所有这些都在孩子开始学习他的家庭和其他家庭做事情的差异时变得重要起来。然而首先他想知道他家里是如何做事情的。

例如，无论他母亲钱包里的东西多么普通，孩子对钱包的探索对他来说都是有趣而重要的游戏。她的钱包一定非常重要，他推测着——看看她总是随身携带着它就知道了，她总是抓着它，这样就不会丢了。如果我们欣赏孩子诸如此类的探究，我们就能从他想弄明白事情的热切愿望中获得乐趣，并因他对我们和我们的所有物感兴趣而感到满足。我们也可以超越这一点去理解他的调查对他来说更深刻、往往也是有象征性的潜意识的意义。毫无疑问，孩子们自己并不知道他们探索的动机，但我们可以猜测，在孩子调查母亲钱包和父母抽屉内容物的极大的天然愿望背后所隐藏的含义。精神分析研究表明，这种探索，特别是对母亲钱包的探索，很大程度与年轻人对性的好奇心有关，但是在他自己层面上的性好奇——而不是我们可能认为的性。

值得指出的是，在这方面，枪支游戏，特别是水枪游戏（首先这对男孩来说是正确的，因为女孩——这对她们很不利——玩这种游戏的机会要少得多）往往与儿童努力理解男性生殖性的功能有关。这不是成人的性知识，而是小男孩和小女孩对阴茎是干什么的的直接了解——排尿。就小孩子的经验而言，这就是全部。由于女孩和男孩一样感兴趣，所以喷水的玩具（包括水枪）对两性来说都很有趣。类似地，男孩和女孩对母亲钱包的着迷，潜意识中都与他们对阴道里藏着什么，以及可能在那里发现的秘密感到好奇有关。孩子们通常以某种模糊的方式知道他们是在那里被发现的——谁知道可能会发现什么其他秘密？再次申明，性器官不是成年人眼里的性器官，而是孩子从自己的参考点出发看的性器官。所有的孩子都对性器官是干什么用的好奇，为什么性器官分成两种有趣的类别。这是他们试图探索的，也是他们需要了解的信息——而不是关于当成年人进行性活动时，在做什么。

如果我们默许孩子探查抽屉和钱包，也默许他玩喷水玩具，我们也就给了他与其年龄相符的性好奇心的安全感。我们暗示，他对性感兴趣是正当的。批评这种行为——愤怒地抢走钱包，以免钱包的内容泄露出去，或者禁止或表现出对玩水枪或喷水玩具的恼怒——是对性的抑制，而且恰恰是在自由探索最为重要的年龄。如果探索妈妈的钱包或抽屉是不对的，那么试着了解阴道的功能又怎会没有问题呢？不管父母多么认真地告诉他们的孩子性是“正常的”或“令人愉悦的”，或者用任何术语来防止未来的性“障碍”，这种抑制行为都会带来不幸的后果。如果让孩子对他目前象征性的性探索感到内疚的话，那么告诉他以后的性行为将是令人愉悦或被认可的就没有什么帮助了。对他来说，禁止只能意味着试图在游戏层面上理解性或掌握性问题是不对的。由此，他会得出（在他心里）任何类型的性行为都是错误的，无论父母在有意识地努力提供“正确”的性信息时会说些什么。只有以符合年龄的形式给出的信息才能为孩子所理解；对成年人来说符合年龄的信息，对孩子来说是不符合年龄的。

然而，如果我们能通过对他象征性性探索的态度，让孩子知道这对我们来说没有问题，这会让他感到，性是人类生活中“没有问题”的一个方面。如果我们在孩子尝试探索时培养一种积极的态度，那么那些对性只有最模糊印象的小孩子会逐渐获得更完整的理解；他会从我们对待他婴儿式的性活动和象征性性探索的态度中感到性是“没有问题”的，这会拓展到每一个与年龄相符的性意识水平上，并获得支持。

第 19 章

在比赛中证明自己

“现在，我们将看到谁更强大，我还是我。”
——奈斯洛伊的戏剧《朱迪斯与赫罗弗尼斯》中的赫罗弗尼斯
（Holofernes in Nestroy's play *Judith and Holofernes*）

当一个孩子把玩物品的时候，他就开始对物品的材料和它们的属性熟悉起来，由此他驾驭了物体，物体对他来说也成了可接受的。这就是为什么把玩食物对婴儿来说是如此重要，也是为什么他会尝试去喂那个给他喂食的人。婴儿通过把玩食物来熟悉食物；它真的成了他的食物。婴儿把食物捣得越碎，就对它感觉越安全，也更高兴咽下它。通过喂他的妈妈，他向自己证明他不只是被动的食物接受者，也是主动的分配者；掌握喂食过程让吃饭更加令人愉快了。

谁喂谁是孩子参与的第一次竞争，基于最温柔最幸福的感觉。一个对食物或者喂养他的人有负面情感的婴儿——尽管在很幼小的时候他几乎分不清这两者——会抗拒被喂养，并会与那些试图让他吃饭的人战斗；此外，他也不会有给别人喂食的愿望。

围绕着婴儿和抚养者的第一段关系，以及被喂食这一最早期经验，可以发生最积极的比赛，或者最消极的比赛，极端的情况是婴儿拒绝被喂食。积极好玩的比赛是令人满意和有益的，消极的比赛是破坏性的，但两者都是自我主张的努力。如果孩子没有在这些比赛中被打败，那么每一种类型都能增强他的自尊。然而，当他在这些早期比赛中被打败时，这一经历会对他的自尊和与他人联结的能力造成严重的不利影响。

当自尊在竞争伙伴关系积极的比赛中得到加强时，就只有赢家没有输家了。当一个孩子因为如此享受被喂养而希望给予母亲同样的体验时，两者就都是赢家。比赛就会只有幸福的内涵，这铸就了和他人良好关系的基础。相反，即使通过与不愉快的经历斗争最后赢得了自我主张，也很难培养任何自尊，就像孩子把用不能接受的或冒犯的方式喂进的食物吐出来。无论从这种消极的自我主张中获得什么样的尊重，充其量都会有防御的内涵，并成为努力以自我孤立的方式而非通过与他人的良好关系来保持和加强自尊的基础。

自尊的另一个主要来源是婴儿体验到他能够做事情——摆弄东西，让它们如他所愿，让他的身体为他做事，比如当他学习爬行时。在这里，就像整个童年时代一样，婴儿自尊的基础是最重要的人对他的认可、欣赏和爱。稍后，孩子通过游戏对物体的认识和驾驭相对有把握起来，他也更好地理解了自己能做什么。他变得越来越有兴趣也更有能力享受游戏能提供的更高级的驾驭——一种通过比赛获得的驾驭。今后，独自游戏和与他人一起游戏会交替进行，这取决于时机和当下的需求或喜好。

孩子的年龄越大，自尊的发展就越有赖于在真实的和游戏的竞赛情境中取得成功，很大程度上包括和自己过去的成就比较，或者人格的一个方面和其他方面竞争支配地位。这样，游戏就成为对孩子人格发展更为重要的经历。通过游戏，他能向自己和他人证明他能做多少，他能在智力上和身体上表现得有多好。他将通过胜利获得欣赏——或者他希望如此——这会增强他的自尊。

游戏可以是也常常是独自进行的，而比赛暗示着某种陪伴，比赛（game）一词源自古撒克逊和哥特式词语“gaman”，意为“友谊”。现代词语“比赛”可以指代任何种类的玩耍，但根据《韦氏新世界英语词典》，“比赛”特别指代“任何有明确规则的涉及身体或心理的特定消遣或运动”，为了强调这是非常不同的两种竞赛，括号里加入了“足球和棋类是比赛”。《简明牛津英语字典》通过给出这样的定义表达了同样的观点：“一种竞争性质的消遣，按照规则进行，胜负取决于出色的技巧、力量或好运气。”因此，竞争是比赛的本质，期待的目标是获胜；这一点很清楚。既然竞争和能力二词均来自相同的拉丁词源 competere，该词的含义之一是“和另一个人一起为（某物）而奋斗”，那么孩子试图通过竞争获得并证明他的能力就几乎不令人诧异了。

不那么明显的是，比赛中最重要的往往是一个人不同人格侧面之间的内在竞争。如果一个人寻求通过比赛来超越自己，并以此获得自尊，这个目标被与他人竞争掩盖了，而他人的主要作用是作为衬托或个体衡量自己的标准。一个人通过包含某种竞争的比赛获得的自尊感（玩得好或者获胜）通常比打败对手重要得多，这往往也是起初参加比赛的主要动机。

想一想幼儿所参与的比赛，尤其是做游戏的早期阶段。他们盯着对方，第一个眨眼或笑的人就输了；他们比谁能更长时间屏住呼吸；或者他们互相握紧彼此的手，看谁能忍受痛苦而不退缩。表面上看起来这种比赛似乎是为了战胜对方，但在更重要的层面上，所寻求和验证的是超越自己：发现并证明个人的耐力，控制个人不由自主的情绪表达和身体反应。比展现自己优于对手更为重要的，是一个人通过这样的自我驾驭而获得自尊。

有些孩子不断对自己练习此类自我控制的能力进行评分，他们非常清楚，问题在于他们的精神或意志，有意识地支配身体自发反应的能力。这些游戏如此普遍，人们可以断定，所有孩子都曾参与过以测试自己和自己的表现为主要目标的比赛。举个例子，我认识一个 6 岁的孩子，不断对“我”和“我的精神”这两列做记号打分，这表明对他来说问题并不是他还是他的合作者赢了，而是他的精神能在多大程度上控制他的身体。

定义自我

服从他人的命令和控制自我是截然不同的。如厕训练——因其是如此基础的社会化经历——可以用来说明这一点。表面上看来，似乎是因为父母想要孩子被训练，但事实并非如此。无论父母多想孩子学会上厕所，如果孩子拒绝，那么如厕训练就失败了。如厕训练是和父母的一个契约——“我服从，你就会爱我”，是很成问题的。有些屈从于父母压力的孩子继而发展出了神经症特质。

最成功的如厕训练貌似是孩子和自己的契约：“我会控制自己，这样我的父母会更喜欢我，我也会为自己骄傲。”这是唯一真正有效的态度。“为母亲做这件事情”的要求，虽然是这种自我克制的必要起点，但如果它不以孩子与自己的契约而告终（“我想训练自己”，这最终会产生基于“我自己做了这一切”的自尊）就会最终导致人格发展的失败。因此，尽管皮亚杰是正确的，他认为与自己的契约来自他人、他人的愿望以及取悦他人的愿望，但我相信这只是一个起点。

精神分析倾向于把自我的发展看作从与抚养者的持续关系中发展出来

的，这无疑是正确的。然而，更值得怀疑的是孩子变得社会化主要是为了取悦母亲这一轻率观点。正常的人类发展需要两种经验的整合：首先是取悦自我，然后也取悦他人。这可以在幼小婴儿的行为和经历中观察到。他流口水、吹泡泡、吐舌头来取悦自己，并获得他的嘴能为他做什么的信息。这种经历对他来说充满了功能性的愉悦，像所有游戏一样，目的是获得更多的控制感和驾驭感。

母亲看着婴儿高兴而获得乐趣，并且用自己的声音对婴儿的咯咯声做出回应，这样的回应将婴儿独自一人的玩耍转变成了一种共同的活动，在这种共同活动中每一方都引发了另一方的反应。从这个意义上说，它镜映了大多数比赛的动力。在这次比赛中，就像当婴儿喂妈妈时一样，没有人输；相反，两者都赢了。母亲和孩子一次次重复这一体验，强化了取悦自己和取悦他人的整合，孩子确信取悦和被取悦是相互关联而非彼此隔绝的人生面，并在此确信中变得坚强有力。

自我较量

孩子在自娱自乐的比赛中对自己施加严格的规则，并严格遵守规则，总是发生在他坚持别人遵守规则之前。这样的比赛对于孩子顺利地与他人玩耍，具有极大的重要性。并非所有独自玩耍的比赛都属于这一类，但许多正是服务于这一目标。前面提到过的不动和不退缩的比赛，或者是那些要求战胜厌恶感的比赛等，都是这样的。尽管这些比赛不太以展示自我控制为中心，而更多以提供战胜障碍的体验为中心，但这些比赛与诸如命令自己不要踩到裂缝上或者单脚跳自己定的一段距离这样的游戏之间，有着惊人的相似之处。这些比赛的本质在于困难是自我设定的，比赛经验的结果是自我的提升。

将自我设定规则或障碍的比赛与由外界决定规则的其他比赛进行心理学比较，表明人格发展过程有两个步骤。个体自我的发展是比较孤立的，而性格或者社会人格只能通过与他人的互动来实现。在凝视比赛中服从自我设定的规则或者其他类似挑战，会有助于自尊和自我掌控感的发展。遵守正式的、有组织的比赛规则，会帮助个体发展成一个社会型的人。歌德美妙地描述过这一双管齐下的发展对成为真正的人的必要性——“孤独是天才最好的土壤，世俗的惊涛骇浪是性格的最佳形成之处”（Es bildet ein Talent sich in der Stille, und ein Charakter in dem Sturm der Welt），我早先引用过这一说法的一部分。

学习控制和展示攻击性是许多比赛的潜在目标，尤其是那些包含身体接触的比赛。尽管攻击是由比赛固有的竞争和必须抵挡对手的侵略而引起的，但所有接触运动都要求将攻击限制在比赛规则所规定的范围内。轮到他时，他也必须将自己限制在规则允许的范围内；尽管如此，但他的行为被体验为对一个人身体和胜任感的威胁；因此这增加了一个人的攻击倾向，使自我控制更加困难也更加必要。

有可以自己玩也可以和别人一起玩的比赛，但无论其中是否包含与他人的竞争，和自己的竞争总是存在，自尊也总处在紧要关头。把球投向墙壁再接住它，或者投篮，无论是为了高兴还是为了提升个人技巧，当事情进展不顺利时，都能激起相当愤怒和攻击性的情感。这样的攻击性必须加以控制，像孩子们很快就认识到的那样——否则他们甚至会犯更多错误。例如，高尔夫当然就是这样。这样的游戏显然是为了证明自我而设计的，以及可能是为了给真实或想象的观众留下深刻印象。甚至当孩子们玩溜溜球这样的玩具时可能也是这样的。许多跳绳比赛明显既能炫耀和证明自己技巧，同时也在与他人竞争。许多活跃的比赛不允许身体接触，但具有高度竞争性，比如乒乓球和篮球，当然像足球或摔跤这些身体接触比赛也非常具有竞争性。一如既往，就算是那些明显包含赢过竞争对手的比赛，参与其中往往也不是为了赢过他人，更多是为了和自己比较并向自己证明自己，以及给他人留下深刻印象（无论在场与否），他人的赞赏和认可提升了个体的自尊。

胜利的意义

传统中，参与赛事的骑士明确表示，他参加比赛主要是为了得到他夫人的喜爱和赞赏，以及向夫人证明自己的男子气概。同时他也要向自己和他人证明自己的男子气概，这样他自己就能对此有安全感。只有第二个目的才是打败对手。这在今天也差不多，竞争中赢得的奖品，其主要价值在于展示奖品以吸引他人赞美的快感，由此持续提升个体的自尊。虽然在比赛白热化时个体希望打败对手，一旦获胜，对手就相对不那么重要了，除非偶尔有个人敌意在作祟。无论是公开承认还是深藏不露，无论是在心理较量还是在身体较量中获胜，孩子都把胜利体验为对自己的辩护，以及他呈给父母或者其他人的礼物，他希望他们会非常珍惜这份胜利和他本人。因此，参加比赛让孩子有机会通过展示自己比他人优越来证明自己的价值。

精神分析研究一次次表明，孩子在比赛中的竞争是竞争父母之爱或者处于父母位置上的人之爱。课堂上的竞争，特别是在低年级时，不是为了成绩本身，而是为了老师的认可，因为老师的认可提供了对自尊的支持。其他孩子只是一个方便的衬托，用来掩护竞争的真正对象。在这个年龄，老师在很多方面都被潜意识地体验为父母的替身，之所以最渴望比其他孩子做得更好，是因为战胜他们就能赢得父母的认可和喜爱。

没有技巧和博弈，游戏就没有乐趣。首先，个体在某些方面和自己一较高下。（其他比赛将发泄和控制攻击性结合在一起，比如把球扔向诸如泥人这样的目标，将其打倒或打碎。）然而机遇比赛具有一种不可思议的吸引力，特别是对孩子们来说，因为他们对于自己是值得被爱的还是由命运选择的是如此没有把握，命运只不过是父母的另一个替身。这就是为什么对于孩子们来说，他们投一枚硬币到泡泡糖机里，泡泡糖机应该回报一些美好事物是这么重要。成年人可能觉得机器分发的物品很不起眼，但对于孩子来说，这是命运眷顾他的重要证明。

当下如此流行的视频游戏，以及在很大程度上已成为主要游戏机的弹球机，因其结合了技巧和机遇而充满吸引力。渴望在这些比赛中获胜或者至少做得好，是为了证明技巧，以及含蓄地证明价值，但也表明个体比真实或想象的竞争者更优秀。潜意识里，获胜也证明了命运的眷顾，这一想法大大增强了个体力求达到的自信感。那么，像十来岁的孩子和青少年那样，有不安全感，试图通过证明他们的技巧和运气来补偿自卑感，并平息内心怀疑的人们及其年龄群体，极为密集并持久地玩这些比赛也就不足为奇了。

皇室游戏：国际象棋

在第 1 章中，国际象棋被用来比喻人际关系。在这里我想强调，这是一个在所有游戏中最聪明、最复杂、最完善的游戏，它完全排除了机遇，本质上是一场战争比赛。在国际象棋中，没有战斗精神是不可能成功的，战斗精神必须被升华到最大限度，否则就会干扰必不可少的高度专注、计划以及深谋远虑。

如果父母下国际象棋，小孩子就会仿效他所看到的。国际象棋的复杂性远远超出了小孩子的理解能力，但早在他会下国际象棋之前他就会玩棋子，操纵这一颗颗棋子，根据自己对国王、骑士或王后的想象，把它们放到这里和那里。当他长大后，他开始由表达幻想和由幻想支配玩国际象棋，向按照明确的规则下国际象棋转变。当一个大一点的孩子下国际象棋时，如果他继续沉溺于幻想的猜测中——例如，如果他对国王和王后的婚姻关系感到纳闷，或者对棋盘领域兵卒的处境感到疑惑，就像他自己在家庭领域的处境一样，他将不能十分专心于比赛、把棋下好。他会从中学到，一个人要在一个既定的架构里取得成功，就必须对该结构的要求予以适当注意。

然后，当一个孩子真正学会下国际象棋后，他会依据自己和对手口授的规则及策略放置并移动棋子。在这里人们观察到游戏和比赛的模式：孩子的游戏只包含他想建立内心和谐的尝试；在比赛中，他试着与比赛的要求以及对手要求的策略和谐统一。他在第一种情况下建立起内心秩序；在第二种情况下，他接受了外部秩序，并在外部秩序中运作来实现自己的目标。

国际象棋可能是人们所熟悉的纯粹的思想游戏的杰出例子。国际象棋大师理查德·雷蒂（Richard Reti）甚至表示，国际象棋象征着思想对物质的胜利，因为为了成功执行更高级的设计通常必须牺牲一些棋子（放弃物质）。这表明至少对于理查德·雷蒂来说，和这一比赛相关的联想会让他产生对世界更完善的看法。

更重要的是国际象棋比赛（就像区别于游戏的其他比赛一样）能为人格发展做出贡献。国际象棋包含着强烈的竞争和攻击元素，但由于其组织和规则，它迫使玩家抗拒直接屈服于攻击倾向，反而通过智谋、勤勉和耐心，将其升华到较高程度。也就是说，玩家不仅学会了控制和把握他的攻击性，还让攻击性服务于社会所认可的进取心。

任何下过一盘好棋，体验过其中固有快乐的人，都知道这种对战胜对手的渴望的升华所能提供的自我满足感。下一盘好棋的满足感（也就是升华）只要是有趣的，甚至几乎不会被输掉比赛所影响。国际象棋允许让弱者一枚或几枚棋子的规则，积极鼓励了参与双方的兴趣。由此，拥有较强技能的玩家不会因常规比赛及毫无悬念的胜利而感到乏味；较弱的一方可能会因让分补偿了技能而取得胜利。

人品在国际象棋比赛中发展到了最高形式，这一点是所有比赛共有的，这就是为什么比赛对孩子人格的发展如此重要。比赛通过允许攻击性或负性情感安全的象征性释放同时鼓励并奖赏此种升华来训练冲动控制。然而每一种特别的比赛也有其特定的心理或象征意义。

虽然国际象棋对人的理性要求极高，但如果它不是充满影响玩家潜意识的象征意义，它就不会如此具有魅力，尽管大多数人对于他们为什么对此着迷也一无所知。

人们对国际象棋潜在的心理意义存在相当多的猜测。一种建议是国际象棋允许象征性地探索俄狄浦斯或家庭冲突。关于这一点，可以提到，兵卒这最低级的人物，象征着家庭中的孩子，不仅能战胜任何人物（所有棋子都能做到这点），而且在达成目标的过程中，能够变成比赛中最强有力的人物，这是它独一无二的特性。就像兵卒在实现目标的过程中可以变成王后或象，孩子也盼望着有一天，他会达成目标并且凭自己的能力变得强大起来，成为成年人和家长。

国王和王后可能象征性地代表父母，但只有在 15 世纪的意大利，基于对圣母玛利亚的狂热宗教崇拜才把最强有力的人物更名为女王。在那以前，这一人物都是元老——几个东方国家的实际统治者，在那里国王只是一个挂名首脑。其他棋子，例如象或车，也可能被比作重要的成年人，他们虽然在家庭中以及在和孩子的关系中强大有力，却仍然居于父母之下。

然而，比起国际象棋的本质——一个人必须理解它的规则及其变化无穷的移动和反向移动，所有棋子这些颇为明显的心理含义貌似都微不足道了。每一个棋子都以其独有的方式移动。比赛要求了解这些具体移动的优点和义务。因此，它象征性地教会一个人，必须适当尊重比赛（代表生活）所展开的复杂矩阵，清楚并运用自己独有的天赋以及自己在社会中的位置，才能认识到自己的重要机会来达到最佳优势。一个人必须能够预测对手可能的反应，就像我们在生活中必须考虑并预见他人对我们行动的可能反应一样，这是成功与他人共同生活最重要的技能。

国际象棋同时满足了意识和潜意识的需要，是比赛如何能训练生活技能的最好范例。所有比赛，不管其复杂性等级或特殊性如何，都教导了解和遵循比赛规则的必要性。遵循某些规则来生活——理想的规则是道德、自我选择、自我设定及与社会同调，将人定义为社会性存在。这是将他从孤立性隔离升入到成功与他人共同生活的基础。

A Good Enough Parent

第20章

潜意识资源，真实的成就

没有快乐就没有再创造，再创造并不总是取决于理性，更有赖于想象；

必须允许孩子自娱自乐，并且是允许他们按照自己的方式自娱自乐。

——约翰·洛克（John Locke）

游戏和比赛满足了儿童的全部需要。越小的孩子，越不了解自己的内心世界。即使许多更复杂的需要可能会体现在他公开参与的活动中，他也意识不到这些需要。随着他越来越能够自主活动，仅仅通过他人就能得到满足的需要变得越来越少，他们也不再主要依靠想象来满足自己的需要。

某种程度上，他开始在现实中处理自己的欲望。这就需要儿童根据现实来改变和调整需要的满足，此时儿童的需要会变得更明显、更具体。进而，儿童可能至少会对其特定需要的本质和满足该需要的条件有一定的有意识的理解。

一个决定我们一生成败的过程便以这种方式开始了：在当下和未来，我们是否（及在多大程度上）能够调节和升华内在压力使其得以释放，并且能够在现实中满足自己的需要。我们越能够获得这种永久的优势，按照现实原则生活就越能够取代快乐原则。这能在多大程度上得以实现，我们便能在多大程度上利用潜意识的能量，使其以一种现实的形式建设性地服务于我们，进而提高我们驾驭生活的能力。参与比赛活动能够帮助我们发展这一能力，并增加社交维度。

在游戏中，儿童试图释放内心压力，获得快乐，逃避不快；如果这些在现实生活中无法实现，他便逃进想象中，试图通过想象来实现没能在现实中做到的事情。随着儿童的成熟，他越来越多的活动在欲望和需要与现实之间达成妥协，在这种妥协中，他的活动有了得以施行的可能。这不仅包括越来越多的客观现实，也包括越来越多的社会现实。总之，在这个世界上长大，要想生活下去，就要学会应对现实的方方面面。参与比赛活动可以让孩子一步一步获得这种能力，并常常以令人愉快的方式做到这一点，这不仅鼓励了这种学习，而且使这种学习在心理上成为可能，因为比赛的乐趣使比赛中包含的挫折（如失败的可能性或现实性）变得可以承受。如果没有比赛本身及其过程中的社会互动提供的补偿，这将是无法忍受的。

正如之前所说的，在游戏中儿童可以检验自己在现实中满足内在需要的能力；但是如果现实不允许，或者过多要求儿童墨守成规，游戏就会中断，儿童将退缩到想象中去。诚然，通过想象获得的满足使现实中增加的挫折更可以被忍受。然而，儿童是一直沉浸在没有学习的纯粹的想象中，还是在玩积木、玩偶，或者是玩过家家，在某种程度上将想象付诸实践，这两者之间有着巨大的差别。在第一种情形中，现实没有被考虑到；在第二种情形中，儿童学着将现实的特征应用于想象的目标。儿童的游戏越高级，其应用于自己目标的现实元素就越恰当——因为如果我们要通过现实的方式达到某个目的，我们必须要学会在现实中如何做事。如果儿童退缩到纯粹的想象中，不在游戏中实践，他将无法学到任何东西。这种退缩以及潜在的危险（因为隔离）在比赛中是不可能发生的，因为玩耍中的社交情境会强烈地抵抗这种唯我主义。一个例子将很好地说明这一过程。

每当孩子的生活情境（即他在家与父母日复一日的生活）使他不快乐时（假定这是我们所有人生活中常有的情形），他便会试图通过想象一种非常不同的生活来进行补偿，这种生活对他没有任何要求并且满足他所有的需要。这种想象出来的生活一定会在家庭内发生，因为孩子在家庭之外无法产生这种想象，也不知道如何在家庭之外满足他的需要和愿望。因此，他想象了一个不同的家庭，该家庭不仅立刻满足他的需要，而且一旦需要没有立刻得到满足，他也可以自由地表达自己的愤怒。在下一个阶段，仅仅想象是不够的，儿童希望制造一个他可以控制所有事情的世界。一些工具、一个纸箱、几个积木就足以表征这个家了。随着孩子操纵物体能力的提高，他会更精心地排列诸如积木之类的物品，而将其他的东西，如玩偶或玩具家具，放置在这个想象的家里。因此，想象中的家会成为一个优于真实家庭的复制品。孩子在这个游戏情境中会进行更复杂的生活活动，如安排玩偶和玩具动物的聚会，使用玩具碟子、想象或真实的食物。孩子学会以玩耍的方式利用现实所提供的东西，并越来越恰当地安排和使用它们。

尽管如此，这一切却只是游戏，因为儿童可以随时改变事物，先假装玩偶是父母，然后是兄弟姐妹，下次是他自己，以此类推。当儿童想要一个理想的家庭和完全受自己控制的生活时，这些变化便在他与别人的游戏中展现出来。而假装一块积木是床、火炉、汽车就不是这样。更确切地说，孩子和他的朋友们也许会收集材料来建造一个树屋，里面有一张真正的桌子和几把真正的椅子，或者这种类型的一些结构。他和他的玩伴会在家的一个角落里建造一些藏身之处，最好远离他的父母和他们的现实，在地下室或阁楼里找一个僻静的地方。在那里，他们按照自己的方式生活，现在他们有了自己的家。他们不仅要根据收集到的东西去安排他们建造的秘密的家，而且还必须进行一定的规划来使参与游戏的人都满意。因此，考虑他人的想法和愿望就成为儿童计划的一部分，儿童也就在游戏中学会与他人合作来使游戏顺利进行。如果一切顺利，这个假装的家会包含越来越多的现实元素。孩子们不再满足于为自己、玩偶和毛绒玩具举办聚会，在聚会中用泥巴代表食物、用空杯子表示喝光里面的饮品。相反，他们会突袭冰箱，吃三明治和饼干；他们会喝真正的饮料，并在自己的私人场地里享受这些饮料，然后这些地方就会呈现出更多类似于现实的特征。现实世界的方方面面将逐渐进入到他们的游戏当中，直到儿童长大，开始为朋友们举办真正的聚会。在这个过程中，儿童学会遵守社交游戏中的“规则”，探索和了解哪两个人适合做朋友以及适合或不适合的原因。他可能会学到一些社交礼仪——打电话邀请朋友，甚至适时写信并发邮件邀请朋友；购买和准备供应品，甚至存钱或赚钱买这些东西；布置桌子，计划并准备娱乐游戏；简言之，扮演主人，并将其扮演好，甚至在事后将场地打扫干净。

这里所描述的基本发展，经过必要的修改后也发生在许多其他游戏当中。从糖果乐园（Candy Land）和滑道梯子棋（Chutes and Ladders）开始，这些游戏简单却仍然需要计数，等待轮到自己，在允许的范围内移动卡片或骰子；接下来，孩子开始涉足巴棋戏（Parcheesi，以贝壳为骰子的四人游戏）、中国跳棋，最终能玩大富翁，这些游戏要求儿童从各种策略中进行选择，并考虑对手的计划；然后会有更困难和复杂的游戏，比如国际象棋等，这些游戏都比之前的游戏需要更多的计划性、独创性和远见卓识。

其他的早期学习，在许多方面都和这一从想象到尊重现实、从非常简单到更加复杂和更加现实，再到需要他人参与的游戏过程相类似。在这一过程中，儿童在社会化方面得以发展，并将文化传承纳入其中。例如，国际象棋是战斗的凝练，而大富翁则是资本主义企业的简化的比喻。有些游戏模仿了历史事件，还有些游戏则模仿了旅行、探索发现等。

在孩子自发的游戏中，当他把一个厕纸筒来回滚动时，他重新发现了轮子；如果他在搭积木中没有发现重力，他也会发现重力的作用并学会通过适当的支撑来抵消它，这样建筑就不会立即倒塌。当他玩卡车模型时，他在运输过程中不断体验着重要的成就。因此，在儿童游戏体验的过程中，他复制着人类伟大的文明成果。当他掌握人类最伟大的文化成就——文字时，情况也是如此。在人类生活中，文字的阅读和书写并不是一种功利主义的技能，在孩子的生活中也不应该是这样。

许多非系统式教育性的游戏也同样有效：许多游戏仍需要计数，也需要阅读一些东西，比如游戏指令。其他游戏类似于学校学习，比如以阅读能力为核心的单词拼写，但与课堂中习得相比，在游戏中练习和掌握拼写的方式更令人愉快。虽然没有得到广泛的认可，但学术学习也反映并类似于玩耍和游戏的发展特征，这一点不足为奇。

神奇之处

学会阅读是所有学术成就的基础，它不仅阐明了这些极为相似的事物，也阐明了其对于学好智力科目并获得深刻的个人意义的重要性。通过玩愈加复杂的游戏，儿童已经在某种程度上掌握了管理潜意识混乱倾向的诀窍，也掌握了驾驭潜意识能量使其服务于更加有意识的、现实导向的目标的要诀，他们会发现将同样的技能应用于学习阅读也是相对容易的。然而除非他已经在游戏中学会并拓展了这一能力，否则他将不能将其应用于阅读的学习，继而阅读可能会成为一项枯燥的、令人不满的事情，如果不是完全不可能去做，或者令人不快到要去回避的话。无论是玩耍、游戏，还是学术学习中的问题，成功地掌握这些问题，都需要潜意识准备好，有能力并愿意把能量投入到活动中去。在智力发展的初始和早期阶段、儿童证明自己的价值之前，这一点尤为重要。在儿童以后的发展过程中也同样如此。不管一项智力活动“真正的”价值是什么，如果充分享受和赞赏这一活动，一定会给予我们额外的令人愉悦或理想的满足，尤其包括那些对我们的潜意识有吸引力并满足一些潜意识需要的、具有想象的甚或看似神奇的活动。

在成年人看来，学习阅读是一种理性的作为和典型的自我成就，他们没有意识到，在最初和之后很长一段时间内，儿童只有将阅读作为幻想满足——像在游戏中那样——和强有力的魔法，才能掌握好阅读。有的故事可以激发并满足儿童的幻想，喜欢听这种故事的儿童也希望了解如何阅读这些引人入胜的故事，以便在没人为他读故事时自己阅读。然而，如果他没有体验过他人为自己读故事的乐趣，就不会轻易对学习阅读产生兴趣。缺少这种经验会让他怀疑学习阅读是不是他希望做的事情，而在学习阅读的过程中付出的努力似乎也并不值得。

对多数儿童而言，即使为他们阅读他们非常喜欢的故事，也不足以驱使他们自由并急切地参与到识字这一艰巨的任务当中。因此，父母树立起具有阅读兴趣的榜样也是必要的，至少是非常有帮助的。如果他的父母对读书十分感兴趣并从中获得了意义和乐趣，这将是孩子模仿他们的强烈动机。尽管也存在少数特例，诸如之前所讨论的，比如识字成为儿童试图打败父母的战场，但如果读书对于父母而言是重要的，那么对于孩子来讲也将是重要的。在大多数情况下，孩子希望能够理解什么是父母生活中的重要方面，并且希望能够和他们一起参与其中。如果关于阅读的价值没有一个积极的父母形象，孩子可能不会对阅读产生兴趣。

一开始，识字似乎只是一种纯粹的魔法，并没有实际用途。这对于孩子和人类而言是一样的。最初，读和写服务于宗教和魔法目标。例如，我们知道，尽管荷马（Homer）在完成口传史诗《伊利亚特》（*Iliad*）时，希腊还没有文字，但他曾经听说过写作。他只是没有想到，将他听到的含混不清的交谈写下来可以用于功利性目的。他描述了在石板上制作有意义符号的过程，并将其解读为一种有魔力的行为。当荷马想到写作的时候，他认为那不仅仅传递着信息，也传递着一种神秘的力量。这不仅是因为荷马时代的口述传统和对记忆的依赖让读写能力变得非常没有必要，也因为无文字社会普遍赋予文字以神奇的力量，《圣经》中就隐含了这一观念："文字一开始就存在，文字与上帝同在，文字就是上帝。"

几个世纪以来，文字都是秘密赋予少数被选中者的特权。历史见证了是否允许普通民众阅读《圣经》的长期争论后，也见证了以下事实：当读写能力更加普及后，阅读《圣经》就是其最主要的活动。在《圣经》的开篇中这样写道："亚当的堕落 / 我们都有罪 / 生命需要弥补 / 这本书需要阅读。"对于我们的祖先来讲，阅读的价值在于其具有独特的（近乎是神奇的）力量来帮助掌握阅读的人们获得救赎。

幸运的是，对多数孩子而言，他们听到的第一本书虽然已经不涉及奇迹、永生或者救赎，但仍然包括了足够多的神奇事件，使得孩子们相信，通过阅读他们会认识到更多的非自然现象。含有丰富激发幻想材料的故事可以满足想象的需要，这证明了阅读的价值和意义。

学习阅读与学习超自然和魔法、认识罪恶的危险及救赎的希望直接相联系的时代已经过去很久了。这就是为什么许多孩子，尽管他们已经具有学好阅读所需的智力，但仍然无法做到学好阅读。即使他们学习阅读，但阅读对于他们来讲是没有情感和吸引力的。这就是大多数孩子不愿意自己阅读的原因。对于他们来讲，阅读并不能发挥本身的力量激发和满足他们关于紧迫问题的想象力，也不能通过其神奇的意义对本我产生强烈的吸引力。如果在孩子性格形成期内阅读没有变得有吸引力，它可能永远都不会有吸引力，哪怕是它的实用价值得到了认可。当在一个强有力的、非常有吸引力的潜意识的基础上学好阅读后，它就可以慢慢与之脱离，因为孩子从他自己的经验中开始相信，除了刺激想象和通过幻想提供替代性的满足之外，识字还有许多真正的优点，而这些优点将永远是重要的因素。然而如果阅读被太快、太彻底地剥夺（或者从来没有被赋予）神奇的含义，将不会让人强烈投入其中。

如果父母不重视“书本学习”，那么即便是阅读的魔力也并不足以感染许多孩子。父母在阅读上投入的巨大感情使得阅读对孩子有着独特的吸引力，因为从此阅读就变成了父母与孩子之间的另一种联系方式。在孩子进入犹太初等学校的第一天，尽管孩子已经可以走路了，但仍然保留着父亲抱着孩子上学的习俗，我非常确定犹太人的识字能力受益于这种习俗。对于孩子而言，这标志着进入学校并不意味着放弃与父母的亲密接触或者原始的满足，就像那个拥抱。

如果学校和父母能通过犹太父亲的象征性姿态以及通过他们的行为和表现，让孩子们明白，在学校或者在世界上做更成熟的事情，并不意味着他们现在就必须放弃所有孩子气的行为，或者被剥夺更孩子气的满足；在学校学习并不会减少他们游戏的机会，也不会减少父母为他们阅读或者和他们一起阅读的机会，这将有益于所有的孩子。很多早期学业失败的背后都隐藏着这样的恐惧，即孩子们因害怕失去童年的快乐而不愿意去学校学习。因此，试图告诉他们“你已经‘足够大了’，可以去做一些事情了”，以此来激励他们是一个坏主意。然而，每个孩子都想被人说他们已经长大了，但是他们并不想为成长付出代价，而且如果这个代价太高的话，他们可能什么都不想要。相反，我们应当让孩子记住，他们现在拥有双重优势：他们可以做更成熟的事情，也可以享受最初的满足。

当然，纸上谈兵并没有用，除非我们用行动表现出来。我们必须确保孩子继续享受最初的快乐，即使他们现在也能达到更高水平。如果我们这样做了，那么那些较为幼稚的行为会越来越少，而且只有在孩子遇到压力时才会重新出现，来提供孩子非常需要的抚慰。然而，如果一个孩子因为自己长大了、能够做更成熟的事情了，而不得不放弃幼稚行为，那么他就不会尽他所能地喜欢新事物，对旧有类型满足的渴望会让他因取得较高的成就而感到不快。

通过游戏学习

以上题外话表明，借助游戏进行的范例学习是如何适用于所有学习的，并且提出，为了达到学习上的真正成功，必须同时满足潜意识的压力和需要以及现实的要求。让我们进一步来思考，通过游戏可以学会什么以及学会了什么。这个主题没有尽头，就像孩子们发明的游戏永无止境，他们代代相传的游戏也永无止境，在每一个年纪都发明并改造着新的游戏。即便是最简单的传统游戏也包含着心理智慧核心，这可以通过“妈妈，我可以吗”这一游戏来说明。在这个游戏中，“母亲”告诉“孩子”他可以前进多远、多快，但“母亲”一转身，“孩子”就试图作弊。我们几乎无法估量这一游戏在让孩子没必要“欺骗”真实的母亲这一点上发挥的作用有多大；一个人因为在游戏中被允许反抗，甚至因此得到奖励，从而在现实中就能接受服从。

每个孩子都怀疑他的母亲并不希望他前进得像他想要的那么快，这个游戏也使得这一怀疑变得仪式化起来。另外，扮演母亲角色的孩子至少可以象征性地体验到，当母亲一转身，孩子就试图战胜母亲是什么感觉。尽管有这些“不服从”，游戏却在任何时候都没有否认母亲对孩子的至高情感的重要性。这个游戏的目的是尽快靠近她，她是终极目标，是孩子生命的中心。如果我们去探寻的话，孩子们自发玩的集体游戏都会显露出同样深刻的心理意义。

当全神贯注于这种互相迁就的游戏中时，孩子就学会了如何轻松与环境所需的各种角色融为一体，在某一时刻享受领导地位，在下一刻转换成团体中的一分子。根据游戏规则，他们学会等待轮到自己的机会，并且在机会来临时主动出击。最重要的是，他们可以学会我们这个社会中大多数孩子都学不会的东西——成为一个好的失败者。孩子们能够从容接受失败而不被其打败，因为他们意识到在游戏和之后的人生中，我们不可能一直脱颖而出。然而，要做到这一点，他们必须是自发地参与到游戏当中的，并且不受外界压力影响。

而仅仅告诉孩子“玩游戏”很重要并不会对孩子产生实际的影响。没有人仅仅因为被告知哪些态度是令人满意的就能形成这些态度。一个孩子只有参与到需要这种态度并能向他们证明这些态度的优势的情境中，才能使这种态度成为他生活的一部分。

例如，在失败者失败的那一刻会自动变成领导者的游戏中，孩子很容易学会接受失败。这是许多标签游戏的模式，在这些游戏中，被抓到的孩子立刻就会变成有权追捕他人的孩子。对被抓到的恐惧，瞬间就转化成令他人恐惧的追逐者的强有力的感觉。而且，如果一个人没有被抓到，那么他也会因逃脱了追赶者而感到满足。

对于孩子们来讲，耐心排队是另一堂很难的课。就像在游戏“最后一个先开始”中那样，等待的孩子可以看到，其他玩家的移动使得他更加接近队末，就快轮到他了，那么等待就有意义。有了这种内在的角色转换的可能性，一个人可以学会等待轮到自己并且遵守游戏规则，因为这确保了一个人很快会处于领先位置。比较一下这与学生在学校里应该学习的等待概念有何不同。在学校环境里，领先地位不会有变化，甚至不会有等待轮到自己就会有回报的承诺。

学会按照情境的要求来做事情，比如如果不排队或保护好自己在队列中的位子，游戏将无法进行，这比起在学校听去食堂要排队的训诫更有效且更令人愉快。许多孩子常常是默默地开始憎恶起有关合作和社会责任的不着边际的教导和说教。他们不喜欢家长或者老师道德家式的热情。告诉孩子这些美德值得拥有是徒劳的，因为孩子会觉得，如果追随利己主义倾向，他得到的结果会更好。然而，如果他试着在游戏过程中这样做的话，游戏就会分崩离析，所以他学会了控制自己。

注意正在发生的事情以及控制自己的能力，是以后在学校和生活中所有学习的基础技能。如果没有这些技能，一个人就不能协作，不能坚持任务，不能等待结果，也不能在失败之后继续尝试。这些能力各有不同，也不容易学到，但是通过游戏可以很愉快，甚至是令人兴奋地获得这些能力。实际上，在所有活跃的集体游戏里，孩子们学会了注意“它”是谁，谁会被抓住。在许多游戏中，他学会了控制自己——最重要的是控制他的攻击性，并忍受他人有限的攻击性。他从拍手游戏中学到这一点，在这种游戏中一个人不能打得太重，甚至可以更直接地从包含特定和有限攻击性的游戏中学到这一点。例如，在激战游戏中，一名玩家必须将另一名玩家头上的纸袋子敲掉，但是如果他碰到了这个人的脑袋，那么他就“出局”了。这些游戏让孩子体验到有控制地释放攻击性的好处，因为如果一个人确实运用了自我控制，就会赢得游戏，反之则会输掉游戏。

不仅是战争游戏或英雄游戏，在许多游戏中，通过公平竞争取胜比取胜本身更重要。无论是在棋类游戏中，还是在赛场上，规则都是为促进这种升华而设计的。

更为流行的游戏会巧妙地与潜意识困境进行对话，并通过为其假设解决方案来获得吸引力。例如，通过预先选择正确的分数组合获得金钱、名声或爱，就能获胜的生涯游戏。对觉得这个游戏很有吸引力的特定年龄的儿童而言，专注于三者中的哪一个是相当大的问题。他很困惑自己最想要的是什么：他人的称赞，世俗的财产，还是被爱？这个游戏允许他探索所有的选择。例如，它给了感觉不被爱的孩子一个不被爱也能赢的机会；或者，在另一种心情下，他可以尝试为爱争取每一分，从而利用游戏来抵消他对自己现实生活情境的恐惧。“我能否更巧妙地运用生活可能提供给我的东西来战胜竞争对手”“积聚大量的金钱能让我买到生活没有赠予我的东西吗”——这只是孩子在玩游戏时潜意识地想要回答的其中一些问题。

学习游戏规则

皮亚杰强调了孩子在社会化过程中学习游戏规则的重要性，为了做到这一点，孩子必须学会控制自己，控制他为了实现目标而采取攻击行为的倾向。只有这样，他才能与同时也是对手的伙伴一起玩游戏，且在游戏中享受一来一回的互动过程。因此，孩子通过对游戏各方面内容的解决来获得对物体的掌控，然后通过玩游戏慢慢地扩展到对自我的掌控，最重要的是对自己攻击性的掌控。从游戏（具有自发性、幻想及在内容上从现实到想象的突然转变的特征）逐渐向游戏活动过渡，游戏活动需要等待轮到自己的相当强的自制力，以及即使服从规则会导致失败也要遵守游戏规则的自制力。

遵守规则和控制个人自私、好斗的倾向不是一朝一夕就能学会的，这是长期发展的结果。当他开始玩游戏时，一个孩子试图按照以往的方式行事：他根据自己的情况改变规则，但随后游戏就失败了。此后，他开始相信规则是不可改变的；他把它们当作自古流传下来的在任何情况下都不能违反的法律，他把不遵守规则视为严重的罪行。只有当孩子学会了遵守规则，并能够将自己的自私和侵略性倾向控制到一定程度，使他可以避免违反规则时，他才能够理解并接受以下事实：遵守规则不是出于任何抽象的原因，而是因为只有这样，游戏才能有序地进行。只有到那时，这通常是在孩子发育的后期（通常要等到他十几岁，有时甚至更晚）他才能理解，规则是为了玩游戏而自愿达成的，没有其他效力，并且只要所有参与者都同意，规则就可以被自由地改变。民主是建立在自由协商一致的共识基础上的，只有在制定和自愿接受共识之后才具有约束力，这在人类的发展中甚至在玩游戏中都是很晚才出现的。

因此，皮亚杰坚持认为，学习游戏规则是孩子社会化过程中最重要的步骤之一。当孩子们可以在没有大人监督的情况下自由地玩自己喜欢的游戏时，关于他们将玩什么游戏、如何玩以及应该遵守什么规则的争论往往占据了他们大部分的时间，因此真正的游戏可能很少完成。如果让孩子们自行决定，可能需要几个小时的富有成效的讨论，才能就规则和相关问题达成一致，比如谁应该开始游戏，每个孩子在游戏中扮演什么角色等。如果玩游戏是为了让孩子们社会化，那就应该是这样的。只有长时间地思考游戏的各种可能好处，它们与自己所处情况的相对适宜性，如群体规模、游戏场地的条件等，以及什么样的规则应该适用，为什么适用，他们才会发展自己的推理能力，判断什么是合适的什么是不合适的，权衡观点，学习如何达成共识及这种共识对游戏启动的重要性。对孩子作为社会人的发展而言，学习以上内容，比通过玩游戏来发展的任何技能都要重要得多。然而，如果成年人试图控制儿童自主选择游戏、阻止儿童试验游戏规则（成年人担心会导致混乱）、不耐烦地催促游戏马上开始，那么这些社交能力都是学不到的。

当成年人介入组织游戏时，他们剥夺了孩子们通过这些引人入胜的预备活动而获得的个人成长的机会。很多时候，成年人会忽视游戏策划和实际操作之间的巨大差异。当孩子们讨论玩什么、为什么玩、怎么玩的时候，他们在这个决策过程中是平等的伙伴，他们享受参与一个自由的互让氛围的场景。当孩子们这样做时，他们一起合作，并保持一种最愉快的友爱精神。因为他们是彼此之间有很多分享的朋友，所以彼此之间感到被接受和安全。

所有这些都在游戏开始的瞬间改变了。然后朋友和合作者就变成了竞争对手，他们觉得，自己必须表现得比那些片刻之前和他们处于同一地位的人更优越。这让他们感到不安和紧张，而之前他们是安心和放松的。现在他们不仅希望打败那些最近成为伙伴和朋友的人，而且当自己的队友没有达到期望时（因为希望自己的队伍获胜，所以期望通常高得不合理），也会进行批评。尽管比赛开始前的讨论是友好的，但接下来的讨论往往是吹毛求疵和尖锐的，有时赢家甚至会幸灾乐祸。这种情绪恰恰与期待阶段相反。

尽管胜利者可能会在胜利的那一刻感到欢欣鼓舞，但他们也知道，那些被他们击败的人会憎恨胜利，而他们自己也会憎恨胜利；因此无论他们从胜利中获得什么安全感，都会因为刚刚关系还很好的朋友的疏远而受损。在讨论过程中所产生的良好感觉在比赛开始后就消失了。孩子们很清楚这一点，这就是为什么，如果让他们独处，他们喜欢花大部分时间为游戏做计划，更喜欢合作的时间比竞争的时间长。

只要比赛还没有开始，每个人都可以想象自己是胜利者，但是一旦开始了，这就不可能了。如果成年人切断了这些预期的乐趣，坚持游戏必须按照他们的规则来玩，他们只会成功地唤起孩子们的竞争情绪。然后转而期望那些被他们怂恿要赢得胜利的孩子们能接受这只是一种游戏，赢了不应该骄傲，输了也不应该沮丧。尽管他们有更丰富的经验，但这些成年人往往不能平静且不丧失自尊地接受自己的失败。尽管如此，他们却期望孩子比自己更成熟。孩子们不能也不应该被期望能如此成熟地控制自己的情绪，尤其是当成年人的干预已经唤起了孩子们的狂热情绪时。

父母必须决定哪个更重要：是让他们的孩子迅速适应大人的游戏规则，还是尽管在富有挑战性的游戏计划过程中需要花费很多时间，也要使孩子在该过程中努力成为有思想的、自主的人。我们需要经过时间和重复实践的经验，来决定如何使用我们的时间，以及哪些规则应该决定我们的行为；我们还需要这样一种感觉，即这样的决定是严肃的事情，需要仔细考虑和试验。正是所有这些因素的结合造就了真正的自尊。只有奴隶不能质疑并且必须遵守强加在他身上的规则。

当然，被告知要做什么和必须服从这样的命令要比自己做决定容易得多；服从不需要学习权衡选择，不需要自由地与他人达成协议，不需要在实践中检验基于理论的规则的可操作性。按照别人告诉他的方法进行游戏的孩子，可能会在某个特定的游戏中提高自己的技能，但他不会学到如何与同伴合作，也不会知道在与他人合作时如何制定自己的行为规则；这个游戏可以玩得很好，但是玩这个游戏不会让孩子社会化。

游戏的教化功能

与成年人的担心（许多父母监督和规范孩子游戏的普遍动机）相反，

哪怕是儿童时期的攻击性游戏，往往都起着至关重要的教化作用。如果任由孩子们自由玩耍，这种情况很少会导致灾难。艾奥娜（Iona）和彼得·奥佩（Peter Opie）对现代英国儿童独立进行的游戏和在成人监督下进行的游戏进行了最灵敏、最全面的研究，他们写道：

> ……当孩子们被聚集在操场上，也就是教育学家、心理学家和社会科学家聚集观察他们的地方，他们的游戏明显比在街上更有攻击性……在学校里，他们玩躲避球、狼和羊，沉迷于像指关节这样的决斗，在这种游戏中，如果不是游戏的目的，就是游戏的乐趣——支配另一个玩家并使其痛苦……这种行为对街上的玩家们而言是不能容忍的。

当奥佩询问孩子们在有大人监督的操场上玩什么游戏时，他经常被告知：“我们只是到处惹怒别人。”

当孩子们失去了自我调节的能力，取而代之的是成年人对他们应该玩什么和怎么玩的坚持，这种游戏就会变得更邪恶，更令人失望。当孩子们自发地在街上和空地上玩棍球变成了成人组织的、有教练指导的少年棒球联赛时，原先令人愉快的活动变成了严肃认真的努力。比赛的胜利开始变得较之比赛的乐趣更重要。

在考虑诸如“小联盟”之类的组织时，我们应该记住，玩耍和游戏对于孩子的幸福最重要的功能，是为他提供一个机会——解决过去未解决的问题，应对压力，以及尝试各种角色和形式的社交互动，以确定它们是否适合自己。当成年人把他们的严肃标准强加于孩子的活动时，所有这些目的都被否定了。在有关集邮的故事中，描述了这种成人强加的标准的不利影响；在这种情况下，这个男孩关于这一切对他的意义，其看法和他父亲一样严肃，但他们的不同之处在于，他们爱好的目的原本就是不同的。

强调“正确地”玩和获胜，就像在少年棒球联赛中一样，是把成年人对棒球的认真态度强加在孩子身上，而牺牲了这项运动对孩子更重要的东西。如果我们想象一群孩子聚在一起玩一场自发的球类游戏时的情景，就很容易看出这种差别。这样一场临时拼凑起来的游戏，当孩子们表现出一些狂野的幻想时，会导致游戏的突然变化，其过程确实很不平衡，但孩子可以通过游戏解决过去或现在的情绪问题。

一场自由组织的球赛看起来是很混乱，而且也确实很混乱。孩子们利用这场比赛来满足他们个人和群体的需求，因此，比赛会因为有一些孩子发脾气而被打断，会因为孩子们的讨论或是为了追求一段时间的平行游戏而离题，还有些人会表现出令人惊讶的同情心（“给小家伙一个额外的机会”），所有这些行为都不符合成人比赛的规则。如果成年人想看一场按照规则进行的精彩的棒球比赛，他们只需要去看电视就可以了。然而，当把他们的秩序观念强加于孩子的比赛时，他们应该仔细考虑自己的所作所为及可能的后果，以及他们正在剥夺孩子的哪些东西。

这就是为什么大多数孩子更喜欢在大街上玩耍，而不是在一个有成年人监督的操场上玩耍。不仅仅是现代城市的生活条件迫使孩子们在街上玩耍。显然，在圣经时代（Biblical times）他们就是这样做的；我们在《撒迦利亚书》中读到，上帝之城“到处都是男孩和女孩在街上玩耍”。这位先知想不出一个比这更好的景象来描绘上帝之城的自由和幸福，尽管在他那个时代，毫无疑问，孩子们不会只玩有秩序的游戏。虽然我们没有目击者证明，当孩子们在耶路撒冷的街道上自由玩耍时发生了什么，但我们确实有来自中世纪城市的报道。再次引用奥佩的观点：

> 1332 年，人们发现，有必要禁止男孩在议会开会期间在威斯敏斯特宫的范围内玩耍。1385 年，伦敦主教被迫抨击圣保罗的球类游戏……1447 年，在德文郡，埃克塞特的主教抱怨说，“年轻人”甚至在做礼拜的时候还在修道院里玩诸如“托普（toppe）、奎克（queke）和大部分的阿特 · 特尼斯（atte tenys）之类的游戏，这类游戏使修道院的城墙都被拆掉了，玻璃窗户都被打碎了”。

因此，虽然有一些必要的限制，但在过去，人们并没有想到要规定孩子们不能以自己的方式在街上玩耍。

是什么使街道或空地比操场更吸引人呢？一个非常重要的原因是，当孩子们一天中大多数时间都是在成人创造的环境中度过时，在这样的地方，孩子们可以创造他们自己的环境。从这个意义上说，伦敦大轰炸对一代儿童来说是一件幸事。直到 1955 年，还有孩子写道："希特勒在很多地方投了炸弹，较大的地点有一定数量的碎石，为玩海德探秘和锡罐汤米提供了很好的场地。"还有人写道："我们的公园很不错，里面还有一些野地。"

当孩子们能够进行自我管理时，游戏教会了他们自我控制。这一常识在 1834 年就被广泛接受，当时《男孩的周记》(*The Boy's Week-Day Book*)上写道："看到年轻人和同龄人一起玩耍的景象是令人愉快的……在这些孩子气的娱乐活动中，可以培养许多自我控制和善良的性格。"甚至在更早的时候，约翰·洛克就指出："没有快乐就没有再创造，再创造并不总是取决于理性，更有赖于想象；必须允许孩子自娱自乐，并且允许他们按照自己的方式自娱自乐。"如果我们成年人能听从这位伟大哲学家的建议，那我们的孩子该有多么幸运！

潜意识动机

有的跑步者会为自己计时或努力增加跑步距离、提高跑步速度。当他为了健康而有意识地锻炼身体时，会在潜意识里试图向自己证明自己，并且在潜意识里试图向他的父母或任何取代其地位的人证明自己的价值。一个具有说服力的解释是最初的大型体育比赛都是宗教节日，或与宗教节日有着内在的联系。奥林匹克运动会最初在古希腊举办时，其目的并不是鼓励健康的运动，也不是测试运动员应对现实挑战的能力。奥运会其实是一种宗教仪式，是为了向将自己住所之名借给比赛用的奥林匹克众神致敬。一位运动员带着一种服务于宗教的、神奇的目的参与严酷的奥运会比赛。

众神对在公平竞争中获胜的人特别感兴趣；或者根据人们对品达（Pindar）的《奥林匹亚颂歌》（*Olympian Odes*）的理解，众神通过允许他们获胜来揭示他们对哪些人特别感兴趣。无论是哪种情况，胜利者的桂冠所象征的价值远不止体育竞赛的胜利。

虽然现在体育运动已经世俗化了，但它们并没有失去其重要的"神奇"作用，即服务于未言明的潜意识需求。在古希腊宗教游戏中，上帝对冠军的选择表明了他对某个国家及人民的喜爱。现代奥运会强调与古希腊宗教游戏的联系是有原因的。如今，虽然我们不居住在城邦，但所有这一切都扩展到了国家层面。参加奥林匹克竞赛的运动员不仅以个人身份参赛，而且以代表国家的身份参加比赛。庆祝个人胜利的方式是升起胜利者所在国家的国旗，这种方式似乎显示了他所代表的国家相较于其他国家的优越性。这显然是一种象征性的优势，但它表明，我们并没有完全远离这样一种感觉（或许还有思考），即在这些比赛中获胜的意义远远超出了发生在现实中的情况，它显示出一些国家不论出于什么原因都处于优势地位。所有的国际象棋比赛似乎都有这样的意义，世界象棋锦标赛就是一个例子，现在国际象棋锦标赛已被广泛认为具有政治意义。

既然成年人认为赢得比赛具有如此深远的象征意义，那么孩子们又怎能不这样认为呢？他们甚至更乐于看到几乎所有事物的神奇意义和内涵。对体育竞赛意义的精神分析研究表明，在许多情况下，人们利用体育竞赛来将内部冲突外化。通过将这些冲突投射到游戏中，人们不再需要压抑它们或感到被它们撕裂，而是可以或多或少地以参与者的身份或以旁观者的身份直接将这些情感表现出来。来自内部冲突的威胁通过比赛转移到外部世界；神经质的焦虑在比赛中转化为对比赛失败的有意识的焦虑，因此更容易被个体接受和适应。

我们在这里处理的是潜意识的冲突，这一点可以通过体育赛事在参与者和观众身上唤起的紧张和兴奋程度，以及他们对只是一场比赛的强烈个人参与表现出来。例如，我们可以看到，由于竞技场很大，观众常常不能清楚地看到正在发生的事情，但仍会产生强烈的兴奋感。同时，还可以看到有些人在他们所属的那些地方队或国家队获胜时并不表现出关心，但如果输掉比赛他们就会表现出愤怒和沮丧，并且有时会在激烈竞争的比赛结束时爆发暴力冲突。还有数百万人周日在电视上看球赛和其他比赛，怎么解释他们的行为呢？他们的热衷显示出另一种迹象，表明在潜意识中，这不是一场简单的角逐出哪一支球队更优秀的比赛。

孩子们在玩捉迷藏的游戏时会遇到一些重要的问题，例如：我离开家安全吗？如果我离开，我还能安全地回到家里吗？青春期所面临的一个问题是如何摆脱父母的支配，证明自己的勇气和在更广阔的世界里与同龄人一起取得成功的可能。当他试图实现第一个目标时，他经常攻击自己所处的家庭环境，而要在第二个目标上取得成功，他仍然需要家庭带给他的安全感；因此，他对家庭和父母的态度非常矛盾。当青少年不再玩捉迷藏，或者很少玩捉迷藏时，他开始热衷于玩球类运动。在许多球类运动中，例如在足球运动中，关键问题是用一个球攻击和入侵对方的主场或球门，并不惜一切代价保护自己的领土不受这种危险的侵害。

进攻和防守才是足球的本质。尤其是球门区的进攻和防守。这种情况下，只有守门员一人留在球门区，而特殊的行为规则也只适用于他一个人。作为球门区里的一员，他必须直接捍卫球门区，他可能象征着父亲或父母的角色。而所有其他球员，无论是进攻队员还是防守队员，都必须留在球门区外。两支队伍就像两组兄弟，他们的数量限制在一个人实际上可能有多少兄弟姐妹，这些同胞手足不再住在家里。就像现实生活中的青少年一样，他们攻击对方的球门区和父亲，同时防守自己的球门区和父亲。所以在比赛中，他们可以有两种方式，就像青少年在现实中经常希望的那样：进攻并保卫一个家园及一个象征层面的父亲。

获胜的球员会因为他们的进攻和防守都会赢得公众的掌声和赞许，这让他们确信，在规定的范围内释放一些攻击性是正确的。获胜会增强他们的自尊心，这是青少年比其他年龄段的人更需要的。如果说滑铁卢战役是在伊顿公学的操场上打赢的，这似乎值得怀疑，但我们有充分的理由认为，任何时代和任何地方的青少年的永恒战斗，都是在各种操场上象征性地上演的。

无论我们是运动员还是观众，我们都会给球队赋予许多心理或象征意义，而这些正是我们对比赛感兴趣的原因。例如，有一些成功的运动员尽管仍然从事或享受运动，但突然对比赛失去了兴趣。当对这些案例进行精神分析研究时，我们发现一个有趣的模式。这些运动员似乎怀有一种神奇的信念，认为获胜将证明他们自己的某些东西，或预测他们未来会发生什么（但不是指输赢的现实后果）。当失去了这个信念，他们就失去了一个让自己暴露在竞争的残酷和危险中的强大动力。在这些不可思议的信念中，最常见的一个是认为自己的身体是坚不可摧的，许多运动员对此坚信不疑并通过反复的实验来证明他们的想法，许多冒险的体育运动都是由此产生的。当这种非理性的动机消失时，无论是观众的喝彩还是经济上的奖励都不足以成为继续参加比赛的理由。

机会游戏

对于机会游戏，我们赋予它一种潜意识的意义，即命运会指出谁是它的宠儿，或者说那些代表父母的最高级的神是否会对我们微笑。赌博成瘾通常是由以努力证明自己运气好来确认自己的价值而导致的。在持续亏损的情况下继续赌博是一种自我惩罚的形式；在不知不觉中，输家觉得自己不值得幸运，因为内疚，输掉比赛也是理所应当的。有些赌徒相信，赢了会证明他们之前的一些罪行被原谅了，重新回到了受欢迎的状态。同时还有一些赌徒在现实生活中试图用这样的神奇装置来改变自己的命运。这些过度行为并没有改变这样一个事实，即在赌博中，潜意识的力量被用来满足现实的某些要求，例如考虑扑克牌、骰子或轮盘赌的赔率。

当一个孩子服从比赛规则时，他这样做并不仅仅是为了赢得比赛。事实上，如果仅仅是为了赢家的现实收益，即使是成年人也不可能如此激烈地参与游戏。无论何时何地，总会有一个潜意识的因素牵涉其中。因此我们可以带着“仿佛我们的生命危在旦夕”这样的心态参与竞争——只有在某种程度上我们真正相信这是真的，我们才能做到这一点。

对孩子（即使是已经进入青春期的孩子）来说，获胜意味着被选中了。例如，孩子们经常在严格遵守规则的情况下玩纸牌，这不是因为他们想获胜，也不是为了消磨时间或培养注意力，而是因为他们相信，比赛的结果会产生某种神奇的力量或预言，例如他们会通过考试或者赢得一个想要的朋友，或者其他一些秘密的愿望会实现。然而这个想法要求他们不能在纸牌游戏中作弊，因为那样的话，结果就不会有任何预测作用。

通过这些经历，孩子学会了让他强大的潜意识和非理性的能量来源，服务于现实强加的任务。这是他能从游戏中获得的最重要的学习经验之一——利用潜意识的压力和欲望来获取力量以完成现实任务的能力。通过玩游戏，孩子不仅学会了将潜意识的非理性力量应用于现实的活动中，如玩单人纸牌游戏来实现他的愿望，同时也学会了控制这些力量以实现目标：“我不能在纸牌游戏中作弊，因为那样就预测不了任何事情了。”人类的文明进化要求个体使用潜意识的力量达到现实的目标，同时也要对该力量进行合理的控制。因此，玩游戏是走向文明的最重要的、几乎是必不可少的一步。一旦孩子获得了让他的潜意识服务于现实需求的能力，他就可以把潜意识能量应用于其他任务。在学会使用和掌握潜意识的力量之后，他已经能成为自己的主人，并已经通过玩游戏来实现它了。

第 21 章

超越输赢

人是游戏的动物。

——查尔·兰姆（Charles Lamb），

《巴特尔夫人对纸牌游戏的看法》

（Charles Lamb，“Mrs. Battle’s Opinions on Whist”）

多年来，成长中的孩子在游戏所施加的诸多要求中来回尝试。如前所述，他首先尝试将游戏规则为他所用；然后，他认为是权威迫使他服从规则；最后，他意识到自愿接受这些规则才符合玩家的利益。

当一切顺利时，无论游戏需要什么，孩子都可以做到绝对公正；但是，当他感觉过于困惑或沮丧时，他可能会退回到自发的玩耍中。尽管他可能仍然可以理解游戏规则，甚至坚持别人遵循这些规则，但他自己不能遵循，而且可能坚称这些规则并不适用于他。例如，一个小孩子可能非常清楚怎样玩跳棋。在他意识到或认为自己会输掉之前，一切都进展顺利。然后他可能会突然请求"让我们从头再来"。如果其他玩家同意他的请求，而且孩子在第二场比赛中处于有利地位，那么一切又相安无事，比赛会继续下去。然而，如果第二场比赛的形势对孩子不利，他可能还会要求重新开始，并且一次次重复下去。成年人可能会对此感到沮丧，因为他们认为即使面临失败，孩子也要学会一旦开始比赛就要有始有终。如果成年人能够有耐心并同意重新开始，即使孩子从未完成过跳棋游戏，最终也会玩得越来越好。

如果成年人在孩子可能会输掉比赛时坚持要孩子继续玩下去，这就对孩子仍然很弱的控制力提出了过高的要求。如果孩子能清晰表达自己的立场，他可能会说"在我要输掉时仍然坚持服从规则对我来说似乎太过分了。如果你坚持要我继续下去，我会放弃比赛，回到我自己的幻想游戏中，在那里我不会被打败"。然后，原本只能按照既定规则移动的标记物——棋子，会突然按照孩子的想象或者以保证孩子获胜的方式移动。如果这行不通，这标记物（棋子）可能会成为非常个人化的投射物，被扔出棋盘，甚至是扔向对手。

孩子行为的原因并不难理解。他觉得自己暂时被复杂而痛苦的游戏现实打败了，他就要输了，因此他极其脆弱的自尊即将受损，这是他不惜一切代价也要避免发生的情况，于是他退回到了与比赛规则不相称的游戏水平，以确保他那备受威胁的胜任感不被侵犯。如果对手也是个孩子，他本能地就会理解（尽管不赞同）他同伴的行为。这个小对手可能会回应——"好了，你现在的行为就像个婴儿"，就好像他认识到——这可能是他自己在类似情况下的经验——向较早发展阶段的退行已经发生了，因为更高的发展阶段被证明太痛苦了，因此不值得付出努力继续保持下去。或者他可能会建议“我们来玩别的吧”，因为他知道跳棋已经太困难了。

然而，如果对手是成年人，可能不会有这种本能的理解。不幸的是，一些家长在孩子的能力达到之前，就渴望看到他们表现出一种成熟的行为。所以当孩子退回到简单、无组织的游戏时，大人会对孩子的行为感到不满。然而，在孩子感到最受威胁之时，批评和坚持成熟的行为只会加重他的挫败感。我们应该认识到，一个孩子可能迫于他还无法控制的压力，才不得不忽视甚或改变比赛的规则，如果他这样做，他就是出于令人信服的理由才这样做。

我们必须再次记住，对孩子而言，游戏不“只是一场游戏”，他不是只为了好玩，或者是能够从其他更严肃的事情中分一下神才玩的。对他来说，比起不严肃，玩游戏更可以是一件严肃的事情，他把自尊感和胜任感寄托在游戏的结果上。游戏对于一个孩子来说是多么重要，这一点已经在各种语境下都讨论过了，本书也指明了游戏世界在许多方面就是孩子的现实世界。用成人的话来说，玩游戏是孩子真切的现实，这远远超出了它对成年人的意义。失败对于成年人而言大多时候只是游戏的一个组成部分，但对于孩子来说并不是这样，它会使孩子质疑并常常削弱他的胜任感。因此，失败就不再只是游戏的一个组成部分，它不仅是一种侮辱，孩子还会通过质疑自我价值和自己作为一个人的完整性，而感到自己的存在岌岌可危，必须不惜一切代价阻止它的发生。通过让孩子害怕他可能会失去自我价值，失败实际上可以导致孩子崩溃，使他一时间无法将游戏现实与生活现实区分开来。

这就是为什么那个清楚游戏规则、只要有希望赢就坚持要求搭档遵守规则的孩子，同样也会在认为自己会输时坚决地蔑视规则。这常常会使成年人感到困惑，如果孩子在快要赢时能够按照规则好好玩游戏，为什么在即将失败时就不能呢？对于一个成年人而言，赢和输同样都是游戏情境；但对于孩子来说，两者都是现实。赢了，他会欣喜若狂，即使那“只是一个游戏”。输了，他会感到被摧毁，并据此做出反应——他的成熟崩塌了，就像许多成年人在感到被彻底毁灭时那样。

令人困惑的是，有时即使孩子已经意识到他就要失败了，仍然可以轻而易举完成游戏。如果他在某些情况下可以接受失败，那为什么不能一直这样呢？因为昨天他可以在玩游戏时接受失败，所以成年人希望他今天能够同样成熟行事，并会试着坚持让他这样做，或者如果孩子做不到就会批评他。可是成年人却忽略了，在现实生活中，他们的所作所为也不是完全异于孩子。当他们在其他重要方面非常有安全感时，他们能够相对平静地接受失败；而有些时候，失败会暂时击垮他们，令他们沮丧，无法工作。他们的反应取决于他们失败时所处的具体情境——用他们内心以及对他人有多少安全感，他们在其他重要事情上有多大的优势来抵消失败的影响。对于大多数成年人而言，在现实生活中确实如此。因为玩游戏对孩子来说是一种真实的生活体验，所以他的行为也视情况而定：当他感到相对强大和安全时，他可以在游戏中驾驭失败而不崩溃；而当他安全感不足时，他就做不到了。一个孩子在游戏中不能接受失败是反映他当下缺乏安全感的信号，因此，更重要的是我们不要用批评来加重这种不安全感。

战术撤退：孩子需要胜利

一些孩子，或者说大多数孩子在生命的某个阶段，就是无法接受失败。所以他们为了赢而作弊。当然，从成年人的角度来看，作弊是非常令人反感和厌恶的；但在这里，就像在其他许多情况下一样，我们必须注意不要以我们自己的成熟标准来评判孩子的感受和行为。那些采取欺骗手段的孩子们，是因为其中牵涉巨大的利害关系——也就是说，对孩子们来说是巨大的利害关系，因此要求他们遵守游戏规则是完全错误的，因为他们可能会完全放弃游戏，变得沮丧，对自己深感失望。如果在孩子们作弊时，我们不是反对他们而是默默地接受，以这种方式让他们有可能取胜，他们将会因此而享受游戏，并继续玩下去。当一个孩子继续玩游戏并不断作弊时，他会逐渐变得更有经验，在游戏过程中需要作弊的次数也会逐渐减少，不再那样肆无忌惮。这就是为什么让父母和他们的孩子玩游戏是非常重要的，因为他人不会那么不加评论地让孩子作弊。然而，如果孩子想要经常玩游戏，能够成为不作弊赢得比赛的高手，那么作弊在孩子刚开始玩游戏时可能是必不可少的。赢能够使他对自己坚持游戏的能力越来越有把握，虽然他肯定不会每次都赢，但很快他就会彻底放弃作弊。现在他可以不作弊就赢得比赛，这让他在比赛中胸有成竹，因此偶尔输掉比赛不再被视为重大失败，严重到他必须完全避开比赛。这都需要父母的时间和耐心，直到孩子能够成为一个不因输掉比赛而感到毁灭的足够优秀的玩家。

如果我们善于观察，孩子试图作弊时的行为方式就会让我们知道，他对失败的恐惧和耗尽一切的焦虑是多么强烈。停止游戏往往是不够的；有时甚至连违反规则移动棋子来帮助孩子们改变游戏中的局势都是不够的。他可能会想象，他的每一块棋子都是国王，可以跳过对手的所有棋子。如果这样的幻想能被幽默地接纳，那么孩子就有可能重新恢复信心，他可能会尝试再次按照规则进行游戏；但如果阻止孩子为了支撑备受威胁的胜任感而从游戏退回到幻想中，那他可能会完全失去对游戏的兴趣。当这种情况发生时，孩子最终就失去了游戏所提供的学习更高水平社会化的机会。

一个孩子在专心玩游戏时的表现揭示了他的心理状态。只要他相信自己可能会赢，他就会全神贯注于游戏，无视周围正在发生的事情。他雄心勃勃，完全以目标为导向，全然专注于手头的任务，并且聪明地满足任务要求。然而当他担心失败时，这一切可能瞬间就会改变。他的脸会变得扭曲；他可能会失声尖叫；他可能不再专注于游戏，而是一心一意防止失败，不管需要采取多么离谱的行为。游戏和游戏规则刚刚还可能非常重要，现在却变得毫无价值。当他完全被愤怒和挫败感占据、再无他物时，现实就不在他的考虑范围里了。简言之，因为他的整个存在被焦虑的沮丧所淹没，他的自我已经完全被控制，失去了其脆弱不堪的完整性。

如果允许处于这种情境下的孩子暂时放纵自己的感情，也就是说，释放自己的情绪，发泄自己对比赛的愤怒，因为比赛让他十分沮丧，甚至几乎崩溃，那么这种情境的修复基本上可以和恶化的速度一样快，自我控制可以再次占据主导地位。如果其他人认为他的爆发是正当合理的，并幽默地加以接受，他们说："这次不算数，让我们从头开始。"他也许可以冷静下来参加另一场严肃的比赛，并在这一过程中学习如何更熟练地游戏，甚至学到应对少许挫折。通过这些反复的经历，他学到了最重要的一课：在暂时失去控制并被本能压力淹没之后，他可以重新振作起来。

输掉比赛，或者担心输掉比赛，绝不是孩子们无法把游戏看成其本来的样子并遵守游戏规则的唯一情况。任何游戏情境都可能引起强烈的情绪压力，以至于他们无法自我控制。

当孩子在比赛中被球击中时，他被激起的愤怒或焦虑的程度可能会达到被他当作受到了个人侮辱和故意攻击。他确信自己被攻击不是游戏的一部分，或者不是偶然的，而是被故意攻击了，他可能会发怒并且郑重其事进行反击。他按照规则进行游戏的能力轰然倒塌；但更严重的是，他可能会退行到更早期的发展阶段，相信客体怀有诸如出于自身原因想摧毁他的目的。那么，球就不再是游戏用具，而是危险的投掷物。当被问及为什么他对偶然被击中反应如此强烈时，孩子可能会陈述他的观点——"他是故意让意外发生的"，口头上支持我们认为这是偶然发生的这一看法，同时却坚持自己的观点，认为这是有意为之。

只有当我们能够接受被击中是发生在一个"好像"情境之下时，我们才能把被击中当作游戏的一部分，游戏规则适用于这个"好像"情境，这些规则与生活的其他规则是不同的。要能识别出"好像"情境并接受它们与现实生活是不同的，这需要相对高水平的练达和成熟。当情绪让孩子难以承受时，他就不再能保持这样的成熟，对他来说，"好像"情境坍塌了。那么，被球击中就变成了针对他的攻击的结果，他必须保护自己。然后，他就做出像我们中的许多人遭受故意侮辱和攻击时一样的反应。

如果我们不因孩子做出好像遭受故意攻击那样的反应而批评他，能理解他的委屈，同意他感到遭受了极大的不公——他只是想玩游戏，却发现自己处于人身安全得不到保障的情境，那么我们对他的支持将使他重新感到更安心，通常他能够很快地回归到游戏当中。然而，如果我们批评他，这就加重了他的不安，这种不安已经被受到攻击的感觉强烈地激发起来，那么，他可能就无法继续玩下去，甚至再也不碰这游戏。

通过承认对所发生的事情的歪曲看法（从我们的角度来看）的正当性，我们让孩子感觉到，在他痛苦时，他找到了一个富有同情心的朋友，这个朋友像他那样看待事物；这种感觉比其他任何事物都更能修复安全感。因为我们是如此愿意以他的方式看待事物，这为引导他以我们的方式看待事物创造了肥沃的土壤；那么，当我们解释说已经发生的事情只是偶然的不幸，而不是他认为的生死威胁时，他可能就会听我们的。带着同理心倾听、理解孩子对情境的看法，承认其看法的合理性，往往可以让孩子回到游戏的“好像”情境。他这样的经历越多，就越能领会之前提到的教训：在被愤怒或焦虑淹没一段时间以后，他仍然能使自己安定下来。渐渐地，他学会了处理“好像”情境；能够做到这一点是迈向更高水平的理解和成熟的重要一步。

机会元素

无论特定游戏的性质可能是什么，一些年轻人都无法接受或应对游戏规则所象征的现实要求。有些孩子在输掉比赛之后，会因自尊严重下降而痛苦，因此，他们会作弊或停止比赛。只有当他们能够保持一种无所不能的幻想时，他们才会对自己感到满意。这通常是因为他们只能想到两种可能性：要么掌控一切，要么完全无助。

同样的心理机制就可以在孩子对待学习的态度上观察到，孩子要么假装拥有他没有掌握的知识，要么带着焦虑和抗拒去学习、认为自己永远不会成功。对他来说，在对全能的情感需要和认识到日益增长的现实局限性之间，欺骗可能代表着一种折中方案。

孩子们最先通过机会游戏学到了“游戏规则”。这样的游戏为年幼的孩子提供了一个不容错过的机会：尽管年龄较大的对手具有更强的实力或技巧，但他仍然可以打败他们。然而，即使仅靠运气就可以决定谁将赢得比赛，孩子仍然必须遵守规则：他走的步数不能超过骰子的点数。如果他落在有惩罚的地方，例如必须后退几步，他也必须这样做。当然，年幼的孩子经常抗拒，并试图通过多来一轮或者数错数等作弊方式来提升自己的运气。

在机会游戏中，即使是小孩子也能光明正大地赢过包括父母在内的年长对手。在所有其他人类活动中，他只有在那些年长者允许的情况下才能获胜：让步、故意输、假装。因为尊重规则他可能会成为赢家，所以孩子愿意学着遵守游戏规则。因为机会游戏为他提供了这个独特的机会，一旦他学会了有序地玩游戏，那么，即使是在他处于竞争劣势的技能游戏中，他也更容易遵守规则。

许多孩子在很长一段时间内都不愿接受现实的考验，他们只会玩纯粹碰运气的游戏。依赖运气代表着一种非常原始地看待世界如何运转的观点，并将所有的活动都归结为命运。渐渐地，孩子开始发现，技能和知识可以在游戏中发挥一定的影响力，这样的游戏将技能和“纯粹的”运气结合到了一起。因此，他被激励着去追求更高的学问，并升华他的原始动力。

如今，在社会科学和物理科学领域，一些最复杂的问题都可以通过统计分析来解决。比较一个事件发生的可能性和实际发生的情况有助于我们理解现象，因此，年轻人从机会游戏中学到的任何关于统计概率的知识都很有价值。在生活的许多方面，成功或失败完全取决于对概率规则的现实概念化的能力，而机会游戏将教给孩子这些重要的教训。深入参与此类游戏的孩子会很好地学到这些教训。

结合了机会和技巧的结构化程度更高的游戏，为孩子提供了在可靠的框架内公开竞争的机会，在这种环境下，友好与公开竞争并存。游戏越依赖于技巧，就越是规则而不是命运掌控着竞争条件，“最棒的人”获胜的可能性就越大。机会元素（也普遍存在）减轻了有意识竞争的紧张程度，有助于事情保持平稳。

虽然获胜者可以暗自为自己的技巧感到高兴，但仍然可以有所保留并谦虚地告诉失败者：“哦，我只是运气好。”这样，他可以打败他的朋友，但不会疏远他。失败者则可以安慰自己是“坏运气”在很大程度上导致了他的失败，这样他不必对获胜的对手有敌意。因此，孩子不必因赢得或输掉这个比赛而感到过分内疚或毫无价值。在游戏中处于适应现实阶段的孩子，可能会因怀疑对手“没有努力”而感到不安，也可能会因对手在输或赢后表现出不光明正大的行为而感到不安。这两种态度都倾向于否定游戏对于虔诚的玩家的价值——前者意味着游戏无关紧要，后者意味着游戏并不友好。

大富翁游戏是金融运作的重现，可以作为孩子通过参与游戏学到什么的例子。新手玩家最初可能会把所有的钱都攥在手里，紧张不安地囤积钱财，拒绝将其投资于房屋或酒店，但他很快就会发现这种方法行不通，他因为被焦虑操纵而失败了。不过，草率投资也并非解决之道。那些把所有钱都投资到某一处昂贵的房地产、误以为同伴玩家一定会在此处落脚的孩子，很快就会明白这一点，他会发现自己也破产了。

通过这种方式，比赛式游戏（与自由幻想游戏不同）迫使一个孩子（如果他想赢得胜利）去约束自己一厢情愿或焦虑的想法，并在他的有意识和潜意识欲望所施加的压力与现实要求之间寻求可行的折中方案。遵守棋类游戏的规则，就好比是在社会可接受的范围内寻求自己欲望的满足，从而与世界和谐相处。因为运气和对手会发生变化，所以没有一种策略是百战百胜的，但是孩子会去学习如何提高胜算。

胜利的象征意义

更高整合水平的瓦解和暂时的退行，并不是仅在感觉受到个人攻击或即将失败的威胁的情况下才会发生。孩子们有时出于某些特殊原因，会被迫放弃更高的成就。一个非常精通国际象棋的女孩，经常光明正大地打败她的母亲，而且全心全意享受她的成功。后来女孩生病了。和往常一样，有一天她和母亲下棋玩，但这一次，尽管女孩赢了，但她似乎有意犯了一些错误。她没有像往常那样为自己的胜利而高兴，反而哭了起来，并开始痛斥母亲让她赢了。

这位可怜的母亲目瞪口呆，她确实将自己有限的能力发挥到极致了，但为什么总是热衷于赢的女儿突然因胜利而沮丧，并对她如此生气？在这种情况下，女儿因生病而感到恐惧，她不是想利用国际象棋分散注意力、证明自己的能力，而是有其他目的。那一刻，女孩不想将国际象棋当作证明自己技巧的游戏，而是需要将其视作母亲有能力的证明。她被自己的病吓坏了，需要一种深切的保证——她的命运掌握在一个比她更有能力、更有见识的人手中。像所有孩子一样，她需要能够对保护自己生命的人充满信心。在这种情况下，她希望母亲能成为战胜疾病的胜利者，她希望母亲在国际象棋中获胜以证明其才能卓越。

当母亲能力不如女儿，在国际象棋比赛中输给女儿时，女孩的胜利使她达不到她在那一刻下棋的目标。她知道在正常情况下她可以在国际象棋中打败母亲，但在那个当下，她需要的是母亲拥有超人般神奇的能力的保证。尽管她努力表现不佳，但这种保证并没有出现。因此，她对胜利的反应是感到失望；她对母亲没有树立一个更强大的形象，能够在女儿被疾病打败时获胜感到愤怒。在生病这一特殊情况下，这个女孩试图用象棋游戏来获得一种孩子气的自信，即她正被等级更高的、仁慈的力量很好地保护着。

这个女孩的故事，结合先前描述的不能忍受在跳棋游戏中失败的孩子的例子，说明了为什么在有些游戏中孩子需要赢，在其他游戏中（更罕见）

则需要输。综上所述，这些例子说明，规定父母跟孩子玩游戏时应该怎么做本身就是错误的。对某种情境而言最好的方法未必适用于其他情境，甚至未必适用于其他时间下的相同情境。我们需要意识到这一点，并以目前正在发生的事情为向导。即使父母与孩子非常协调一致，他们也并不总能预先知道什么方式最好。我们可以相信，孩子很快就会表现出他的需要。我们越不强迫他按照我们认为正确的方式行事，他就越会更清楚地表明自己的需要。我们应该让孩子按他的意愿去做，他的行为会向我们传达他的信息。

在玩跳棋的例子中，那个孩子不能忍受失败，所以他的行为表明了这一点。如果我们理解这个信息，我们就可以将其提取出来。这个生病的女孩并不是真的需要在国际象棋游戏中失败。她需要确认其他事情是在她感到如此脆弱时，她的母亲具有胜任、坚强和明智的能力，以及在她觉得自己弱小无助的那一刻，母亲愿意像对待无助的小孩那样对待她。如果母亲理解了女儿行为中所蕴含的信息，她仍然可能输掉那盘棋，但她直面了因女儿生病所导致的焦虑，并给予女儿在那一刻无比需要的保证。幸运的是，母亲很快便理解了正在发生的事情，并减轻了女儿对生病的焦虑。

第22章

走向文明

一切文明的目的，
都是要把人这个猛兽，
变成温顺文明的动物。

——尼采（Nietzsche）

人格发展理论一致认为，孩子通过游戏由较低的发展阶段进入到较高的发展阶段（尽管不同的理论在解释为什么会这样以及这一过程怎么进行时各不相同）。人类的完全成熟需要整合很多重要的发展阶段，如果儿童在任何一个发展阶段受到阻碍，那么他或早或晚都会在生活中遇到困难。

这些发展阶段，似乎与人类社会迄今所经历的各个发展阶段并行，并且有着千丝万缕的联系。

那些研究游戏在人类发展中的作用的科学家，对于游戏为什么有这样的作用以及游戏的意义是什么，得出了两种不同的理论。与 20 世纪初盛行的有目的的理性主义相一致，卡尔·谷鲁斯认为孩子们在玩耍和游戏中为未来生活做准备。同样，让·皮亚杰在游戏中发现了理解力和智力由较低到较高的各个认知发展阶段。弗洛伊德虽然没有系统地讨论过游戏，但他对于我们身上不乏古老的发展印记印象深刻。他反复强调，他坚信个体的发展重演了种系的发展历程，即个体在许多方面重复了物种的发展。因此，他没有把游戏活动看作为未来做准备，而是把它看作我们蒙恩于共同过去的明证。

一个小孩的愤怒——他在愤怒和挫败时扔东西的样子，和我们想象的原始人类的行为并没有太大的不同。伯特兰·罗素（Bertrand Russell）评论说："从生物学角度来看，孩子们自然应该过着想象中远古野蛮祖先的生活。"

生物、智力、社会和情感的发展过程中的重要阶段都不容忽视。个体成熟的每一个阶段都必须在既定时间内进行，如果不在既定时间内展开，或者在基本发展完善之前就中途夭折，就会导致适应不良。例如，如果在童年时没有足够的机会过一段"野蛮人的生活"，有些青少年举手投足会像嬉皮士或革命者，或者干脆"辍学"，就是这个原因。在青少年时期，他们试图摆脱父母的束缚，父母尽力抚养他们长大，却没有意识到，在孩子长大的过程中一定会在恰当时机上演并超越"野蛮阶段"。即使小时候被剥夺了度过并超越重要发展阶段的机会，他们也不能再像小时候那样了，因为作为青少年，他们远比小孩子更生活在现实世界中。所以他们通常将当前事件用作外部框架，来表现并试着控制内心的压力，也就是调整自己。例如，在当代极端主义意识形态相互冲突的阵营中，有些人完全支持正当理由，却是出于与这些理由毫不相干的原因。因此，虽然与导致问题的原因背道而驰，但是他们拥抱某种意识形态的“野蛮”方式揭示了他们试图解决的内心问题。

人类发展过程中最伟大的进程之一是驯养动物。因此，当孩子们重复这一经历，“驯养”一只狗或者猫并与之亲密相伴时，我们不应大惊小怪。大一点的孩子喜欢照料马儿，也喜欢骑马。如果情况允许，他们可能会与其他更大的动物相伴。野兽越大，本性越凶猛，孩子们就越渴望去驯服它们并和它们成为朋友。许多儿童故事（以及大量成人童话和寓言故事）都是因为（无意识地）认识到了这一点。

人类学家告诉我们，当人们在一个他们为自己规划的特定区域定居时，人们就向文明迈进了一大步。当孩子们坚持认为某个区域——他们的藏身之处、他们的卧室、后院，街道、邻舍或城市的某一部分——只属于他们自己，不经允许任何人都不能擅自进入时，我们可以看到、理解并欣赏这个过程重现在了我们的孩子身上。如果被激怒，他们将会一起去守卫他们的“地盘”。甚至相当小的孩子也会玩这种领土游戏，跳房子就是一个典型的例子。原始人为了更顺利和更愉快的生活而集结成群，并学着沟通与合作，孩子们也是出于相似的理由拉帮结派。

有些历史学家告诉我们，古希腊城邦的主要任务是发动战争，并且为此建立了更高级的社会和政治组织。荷马神话讲道，古希腊人民通过对抗特洛伊的战争，发现了他们作为一个民族的身份，正是这个神话形成了他们的文明之基。当他们集结成一个临时国家，来保卫自己的领土不被波斯入侵时，城邦达到了其巅峰成就。在相互敌对的少年帮派呼吁暂时休战，并形成同盟，来抵御共同的敌人时，我们可以看到一个相似的发展。相同的类比不止于此。我们不应忽视许多政治和技术进步，包括语系国家的形成（例如意大利），以及原子裂变和聚变这类技术的发展，都是由战争导致的或与战争相关的。

因为我深信，是时候摒弃我们古老的战争遗留了，所以我相信，不仅是作为一个种族（我们之前在这方面似乎并没有成功），而且作为个人，我们都应该超越自己内心的所有这些原始残留，这样我们才可以不受其控制。这就是战争游戏能为孩子做到的。凡事都有时节，成年后参与战争既不合宜也不合理。童年是我们应该可以将这一古老遗留付诸行动并永久埋葬的时机，而且只能通过象征行为来这样做，就像孩子玩战争游戏，在这些游戏中，他们的攻击性、不安全感和焦虑寻得出口，以不对任何人造成严重而且绝非永久伤害的方式发泄出来。

孩子通过表现出他的攻击性形成了一种道德准则。与此同时，也从假装滥杀无辜的开枪射击和不惜一切代价建立统治地位，走向遵守有组织有规则的正义与邪恶之战。这一进展形成了一门关于如何控制、教育和升华混乱的、破坏性的追求的课程，直到它们被驯服，其能量能够为社会目标服务为止。这是一门孩子们如果有机会就会自发创造和再创造的课程。

战争游戏

战争游戏不同于前面所讨论的简单的枪战游戏。它们（战争游戏）允许表达各种各样的感觉，从压抑的自我主张到沮丧和敌意的情绪宣泄。通过这样的游戏，这些自信倾向被转化为适龄的、建设性的游戏。在最早期的战争游戏中，孩子认为自己是一个强大的战士，会赢得每一场战斗，现实在这些幻想中几乎毫无立足之地。当他发展到和其他人一起玩牛仔和印第安人游戏时，一些历史元素就会加入进来，他们也通常会尊重牛仔或印第安人在某些现实领域中的地位。然而，这类游戏依然很容易退化成随心所欲的游戏。

仅仅通过玩玩具士兵，孩子就能够远离其攻击性，不再打架，而是在历史事件中象征性地表达他的冲突。在他的游戏中，他成了一位伟大的将军，而且在这个关键时刻，他可能会与一位文化英雄产生更明确的认同。再现重大战役时，他在某种程度上根据历史事实安排他的玩具士兵，再也不能只是追随自己的如意算盘了。这些更复杂的游戏涉及许多因素，如地理信息，这是必须考虑的。孩子在设置对立势力时，学会了从两种对立势力的不同角度来评估同一种情况，以及它们的相对优势和劣势。理性的思考开始驾驭攻击愿望。用玩具士兵组成一个复杂的战斗队形，需要持之以恒的努力和耐心，孩子很难掌握这样的态度，但这是人生获得成功所需要的非常宝贵的品质。

去布伦海姆城堡的游客，可以看到小温斯顿·丘吉尔（Winston Churchill）和他的士兵们精心设置的战斗场面。看到这些，我们就会意识到，伟大的政治家是如何不知不觉地为自己未来的任务做准备的，以及他童年的快乐如何滋养了他成年后的成就。丘吉尔在童年游戏中，开始培养坚持不懈和关注细节的品质，这在危难关头保护了丘吉尔和英国。

进攻和自我肯定的倾向可以在战争游戏中被驾驭，并发展成非常勤奋的态度。与此同时，想成为强有力之人并随心所欲的愿望，开始被对历史人物（华盛顿、拿破仑、格兰特、李或者无论是谁）的自我认同和超我认同所修正。孩子可能会研究他最喜欢的将军或英雄的人生，并想要模仿他。学习历史启发了他的战争游戏。战斗不再是为了追求绝对优势或者消除攻击性，也不再是为了否认个体曾在生活中经历过的失败。现在，游戏变成了有着这样目标的战斗：像在独立战争中一样获得独立，以及打败另一个国家并使自己的国家获益。这种游戏越精细复杂，就越博大精深：历史事实日益支配着游戏。在《风险》（*Risk*）等全球游戏中，联盟因其对玩家的可能益处而得以形成或分崩离析。现在，技能、计划和远见这些品质可以改变之前纯粹由机缘巧合导致的结果。

在一些旨在重现真实战斗场景的棋盘游戏中，玩家对将军的认同延伸到了在幻想中重现真实战争中的特定事件。对历史和战略的了解切实提高和增强了儿童的胜任感，对伟大历史人物的认同，同时满足了自我和超我的需要。通过这种方式，儿童开始了弗洛伊德发现的使个体越来越仁慈的基本过程：哪里有本我，哪里就会有更多的自我。当允许战争游戏从最初的攻击和混乱发展成越来越复杂的任务时，本我元素继续提供动机能量，但行动却开始由自我控制起来，正如士兵们列成复杂的队形，并只根据谨慎的计划行进一样。

此外，就像所有童年期游戏一样，战争游戏还有其他一些重要方面。它们让孩子处理和解决当下的情感和成长问题，但还远不止于此。例如，《独立战争》(*Revolutionary War*) 游戏有助于探索独立性的重要问题。《内战》(*Civil War*) 游戏则可以作为孩子通向需要接触和试图理解的极为不同的事物的手段。由于内战是“兄弟对兄弟”的战争，很容易被借以解决手足竞争问题。然而，围绕内战的游戏也可以作为其他家庭纠纷的富有想象力的体现，比如父母之间的争斗，或者父母和孩子之间的争斗。

当然，美国南北战争是围绕着奴隶制问题展开的，并以昔日的奴隶们获得自由而告终。因为孩子的生活受父母控制，他或多或少有被奴役的感觉，所以，任何解放战争游戏也代表着孩子从家长的控制中获得自由的渴望和斗争。反复的战争似乎反映了他争取自我决定权的辗转反复，而内战的最终结果——美国黑人的自由——似乎同样预示着他的胜利。既然战争游戏中隐含着这样的观念和认同，那么许多孩子深陷其中也就不足为奇了。

此外，孩子们也可能在更原始的水平上将美国南北战争背景用以处理恐惧和攻击，如移动、推倒、射杀士兵。在另一个极端上，当下没有特殊家庭问题的孩子玩这个游戏，可能是为了练习历史思维和测试自己的敏捷程度以及在规则范围内社交能力能否表现良好。动机迥异的儿童可以友好地玩同一个战争游戏，每个人都可以从游戏本身获取符合自己需要和目的的部分。而且，无论他们是想象地或者象征性地使用内战游戏场景，有些孩子都会努力取胜，有些则可能会因为自尊、罪恶感或无价值感而失败。

内战游戏有一个方面很好地说明了游戏中现实与幻想之间的关系。如前所述，内战是家庭内部的战争，是兄弟之间的战争。孩子在自己的家庭中经历了手足竞争，目睹了争论（如果没有战斗的话），他担心这会威胁到他自己的存在，就像内战威胁到国家的存在一样。这样的家庭斗争对孩子幸福感的危害比任何其他事物都大，因为，如果在家庭中都没有安全感，又能在哪里找到呢？

在这里，现实以其最令人安心的形式出现了，因为，今天美国南北战争的破坏已愈合，美国似乎比以往任何时候都更加强大。事实上，尽管发生了美国南北战争——当时是一场真正的灾难——但这个国家幸存了下来，而且变得非常强大。因此，历史事实提供了一个非常需要的保证：尽管发生了战争，尽管我们给彼此造成了伤害，但我们并没有分崩离析；最终，我们会团结起来，变得比以前更好。

关于内战的游戏，尽管它可能被以一种高度智能化、“教育性”的方式构建，却仍然能够引发我们最深层的情感。因为它提供了潜意识层面的保证，所以它是在对着我们最大的焦虑说话，并吸引着我们。正如亚里士多德所说的悲剧——我们口中夸张的“戏剧”，它因净化我们的情感而教育我们的思想。从某种意义上说，所有建设性的人类活动都是如此。

许多爱好和平的父母反对孩子玩士兵玩具，因此，也许可以引用乔治·奥威尔（George Orwell，一个强烈反对暴力的人）的话：“发现自己的孩子和士兵一起玩的和平主义者通常会心烦意乱；但是，他却永远也想不出锡制玩具兵的替代品；锡制和平主义者不知为何就是代替不了。”事实上，儿童不会做和平主义者；儿童会自发地扮演护士和医生，但他们从不扮演和平主义者，尽管有些父母可能希望孩子这么做。和平主义是一个复杂的成人概念。当我们想到玩耍和游戏时，必须要记住，亟须表达和解决的内在冲突是儿童玩耍的潜在动机。即使有和平主义者玩具，也表达和解决不了一个人的内在冲突，这就是为什么它们“代替不了”，而玩具士兵则非常适合这类游戏。

尽管许多有责任心的父母不反对模仿滑铁卢战役或葛底斯堡战役的棋盘游戏，但会禁止射击游戏，所以我们不妨再看看射击游戏。那些不假思索地直接谴责这种战争游戏是暴力或非理性行为的人，没有考虑到我们身上人性和动物性的二元性，以及两者之间的差异。人类身上当然会留有大量的兽性（以及随之而来的暴力），有时这些非理性的力量确实会出现在儿童的游戏中，这让很多父母感到不舒服。然而更常见的是，孩子不断发展的人性意识，激发了那些在不参与又不知情的父母看来就只是“残忍”的行为。自古以来，儿童就在玩“我们”与“他们”战斗的游戏，“他们”指的是那一历史时刻的敌人。古典学者告诉我们，在 5 世纪的希腊，孩子学习荷马的《伊利亚特》。我可以大胆猜测，他们也在自己的游戏中活现了特洛伊战争，就像我和我的朋友们小时候做的那样，以符合年龄的方式来使用部分是强加给我们、部分是我们主动学习的经典教育。

然而，正是在那些使用硬纸板或木头剑、盾牌和头盔的野蛮战争游戏中，我们在课堂上学到的东西变成了实实在在的东西。阿喀琉斯（Achilles）和赫克托耳（Hector）活过来了，奥德修斯（Odysseus）也有了生命，我们把他们的艰难困苦又重新上演了一遍。就这样，荷马史诗变成了我们生活里真实的一部分。通过演出七将对底比斯（Thebes）的战争，我们可以进一步欣赏、理解甚至爱上古希腊悲剧，继而爱上古希腊艺术和文化。在那个年纪，如果我们不把它表演出来，对我们而言，这一切都不会有太多的意义。当我们用这种方式对待古希腊神话时，经典遗产就成为我们自己的财富，并教化着我们。

中世纪的孩子们，无疑玩着扮演骑士和异教徒的游戏，就像我们的孩子玩扮演警察和强盗的游戏一样。据说，伊丽莎白一世曾询问过男孩们是否在玩英格兰对苏格兰的战争游戏。在 20 世纪初的欧洲，许多游戏都包含外国军队对阿拉伯人的战争。当柏林墙把西柏林和东柏林分隔开的时候，德国的孩子开始隔着微型墙互相射击。这类战争游戏的一个重要共同点是，它以孩子们容易理解的善恶冲突的概念及形象为特征。

好人与坏人

在警察与强盗（Cops and Robbers）等游戏中，孩子探索并试验着道德认同。这类游戏允许他将自己的幻想形象化，他通过扮演警察或强盗来赋予幻想“实体”。扮演这些角色，可以让他更接近这些角色的真实情况及其“感受”，这是阅读或看电视所不能提供的。一个被动的、接受的角色不能代替与经验现实的主动接触。

在以善恶冲突为特征的游戏中，如果孩子成长的环境不允许他清楚地认识到“警察”是好人，预示着他对现实和道德的社会适应能力欠佳。这种情况可能发生在贫民窟，在那里，那些能哄骗警察的人即使不被视作“好人”，至少也被视作比警察聪明的人。如果他的现实环境是这样的，那么孩子将难以发展出清晰的道德认同。然而，即使是这样一个孩子，如果他最终选择认同的是那些维护道德秩序的人，那么他在生活中也会更容易取得成功。然而无论“好”人是谁，最后孩子们都必须认同他们。

从精神分析的角度来说，这种“善与恶”的冲突，代表了本我的反社会倾向与完全对立的超我之间的斗争。这样的战斗——要么由两群互相争斗的孩子们戏剧化地表现出来，要么通过一个或多个孩子操纵玩具士兵演示出来——允许攻击性通过冲突在某种程度上真切或象征性地释放出来。只有在这样宣泄愤怒或暴力以后，超我的力量才能获得控制或超过本我力量的支配地位；有了超我的这种支配地位，自我才能重新发挥作用。

当我们观察孩子攻击性活动的进展时，我们可以逐渐辨别出一种由自由玩耍朝向更结构化的游戏设置的发展运动。自由玩耍允许直接的本我表达和满足（无结构的、无所顾忌的自由射击，无拘无束地释放着攻击性），更结构化的游戏设置其目的不只是释放攻击性，还是实现更高水平的整合——良善超越了邪恶。

作为客观的成年人，我们可能知道特洛伊文化也许优于青铜时代的古希腊文化。然而这样的客观性是一场旷日持久的智力和道德斗争的最终产物，是净化、锤炼和精炼情感的漫长过程。对孩子而言，这样的客观性不可能轻而易举快速获得，因为在童年早期，是由情绪而非智力主导。我们的孩子想要相信良善能够胜出，为他们自己的幸福着想，他们需要相信这一点，这样他们就可以成长为好人。以他们能理解的原始形式重复永恒的善恶冲突，并看到良善取得最终胜利，这对他们正在发展中的人性大有裨益。

当玩耍和游戏已经在儿童内心牢固树立起善良的支配地位，斗争的结果再无争议时，他就可以转向由原初战争游戏改造而成的其他人道主义游戏。然后，问题就拓展开来：不再只是秩序对混乱、善良对邪恶的问题，而是暴力情绪升华的问题。

此时，不再是骑士能否战胜异教徒的问题（骑士当然能战胜），而是骑士能否依据协议或骑士美德优雅取胜的问题。通过游戏提出和解决的问题，不仅决定着本我或超我（我的原始我或者我的社会化我）哪个更强，还决定着在这一过程中自我能否以增强自尊的方式确保超我的胜利。善良不仅要必定战胜邪恶，还必须以能彰显更高水平人性价值的方式战胜邪恶。骑士游侠不仅要杀死怪物，而且要为解救被困少女而杀死怪物。善良已经获胜，但善良是因为一个目的才获胜的，作为交易的一部分，获得性欲（本我）满足。因此，自我和超我联合承诺，如果本我服从命令就会获得奖赏。通过更高目标的激励，善行被强化。

当一个孩子把这样的理解表演出来时，他开始领会到（纯粹说教是无法令人信服地教给他这一课的）：与邪恶做斗争还不够，一个人必须为了更崇高的事业并以骑士之勇与邪恶做斗争——根据游戏规则，最崇高的骑士之勇就变成了以德为尊。这将转而提升自尊，自尊是促进本我、自我和超我进一步整合的强有力因素，本我、自我和超我的进一步整合也就是变得更加文明。

第三部分

家庭、孩子和社群

第 23 章

理想与现实

家家有本难念的经。

——中国谚语

无论“家庭”在法律上的定义是什么，这个词的习惯用法都与《韦氏新世界英语词典》中的定义是一致的，即“家庭是由父母和子女所组成的一个社会单元”。如果一对夫妻没有孩子，那么他们就只是一对已婚夫妇，很难构成一个家庭。当我们说“一对夫妇，妻子怀孕了”，我们就意识到

“他们正在组建一个家庭”。每个家庭成员都携带着不同的基因组合，有着与生俱来的不可改变的自然禀赋，而且他们的自身经历也各有不同，因此尽管家庭成员之间有许多共同的经历，但每个家庭所构成的社会单元的组成成分是相当不同的。并非像托尔斯泰所说的那样，所有幸福的家庭都是相似的。正是这种多样性让家庭作为一个社会单元运转起来并不容易。家庭的运转，在很大程度上取决于父母如何灵敏地调整自己的状态以及自己抚养孩子的方式，来适应孩子的特殊禀赋、个性差异和不同的生活经历。例如，父母是否真的能接受孩子比自己更强壮健硕或孱弱无力，或者一个孩子才思敏捷而另一个孩子天生愚钝，父母的态度会对孩子产生巨大的影响。如果父母能接受这些差异，他们就会相应地调整自己的行为。每个家庭成员（按照自身的年龄和成熟程度），在采取行动时都会考虑并尊重其他成员的独特性和个性，这才是幸福家庭的模样。

从心理意义上来说，家庭是由日常生活中家庭成员之间的互动以及他们对彼此的感受构成的。因为有关养育孩子的书（例如本书）是写给父母而不是写给儿童看的，所以重点会放在父母对孩子的思考、感受以及反应上。然而，这往往忽略了孩子（尤其是第一个孩子）对父母的成长所产生的巨大影响，这种影响涉及他们作为父母以及已婚个体的角色。因为一个家庭是一个社会单元，家庭的所有成员之间是互相影响的。

第一个孩子的到来是一个分水岭，即使对于那些能灵敏地对父母角色做出反应的人来说也是如此。孩子的到来所带来的变化，通常比他们预期的或最初能想到的要大得多。不少现代父母最开始试图像以前一样过着自己的生活，但是他们很快就意识到自己的生活变了。这些新的外在变化反映了新手爸妈的一些更重要的内在变化，包括对自己和生活目标的看法上所发生的深刻而持久的变化。孩子从一开始就会对他的父母产生重大的塑造性影响，进而影响到整个家庭。起初，他只是通过他的到来和存在被动地产生这样的影响，但很快，他会通过他的行动、对父母的回应来产生影响。

在孩子的早期生活阶段，父母决定着家庭中发生的事情。他们做出大大小小所有的决定，不管这些决定是有意识的还是无意识的。他们对孩子的感受以及对自己为人父母的感受，强烈影响着他们的想法，尤其是关于家庭生活的想法。他们在孩子出生之前的想法和感受通常是基于幻想的，既快乐又焦虑。第一个孩子的出生与父母在他出生前就对他编织的幻想相一致，这种情况是很罕见的。这些幻想实际上是源于父母自己的童年经历，与他们希望自己的父母如何对待他们有很大关系，因此与当下的现实关系并不大。孕育并照顾好一个孩子，会唤醒我们长期以来潜藏在潜意识中的与婴儿期的体验和感觉相关的记忆，父母被迫重新处理这些体验和感觉，但形式却大相径庭，这种差异就如同未经检验的幻想与现实之间的差异一样大。许多人在成为父母之前，就沉溺于幻想自己将会多么了不起，他和孩子在一起的时光将是多么美好，没有什么会干扰他们的幸福。即使我们承认自己有理由怀疑自己实现这一目标的能力，也不会减少我们希望一切朝此发展的愿望。

现实让这些幻想消失，但并没有完全消除它们。当我们被迫意识到，尽管我们许下了誓言并怀着良好的意愿，但事实上我们与自己的父母并没有太大的不同，也没有比他们做得更好时，我们通常会感到震惊和沮丧。认识到这一点并不容易。我们在两者之间左右为难，一方面希望实现我们“应该”如何做父母的理想化幻想，另一方面是我们作为父母实际上所呈现的样子。这两者往往截然不同。

相互矛盾的希望或价值观念在这些幻想中和谐并存，但这并没有使情况变得更容易。有一位非常成功的女性就是如此。她是一位人类发展学教授，她从记事起就深信自己会是一位了不起的母亲，她的孩子会立即认识到这一点并永远都这样认为，而且她的孩子只会感受到妈妈快乐的爱。与此同时，她也确信（可能是从青春期早期开始），她的孩子将会拥有坚强而独特的个性以及一种“属于他自己”的坚定意志。

在她第一次怀孕的时候，关于“完美的家庭幸福”的所有一厢情愿的幻想都被强烈地激活了。当她将刚出生的女儿抱入怀中时，她满怀爱意地将孩子抱在胸前，期待着孩子快乐地依偎着她，并开始喝奶。然而，令她大失所望的是，婴儿开始反抗她，试图挣脱她的怀抱，显然很不舒服。这位母亲一向都对自己很坦诚，在第一次把孩子抱入怀中时，她就立即不由自主地想道："这不是我想要的！"

对她自己和孩子而言幸运的是，她很快就仔细地思考了一下当前的状况："我一直想要这样一个孩子——她会有自己的思想，以自己的方式做事，并成为一个独特的人。现在，我的孩子从一出生就展示出她自己的行事方式，不一定是我的方式，但我感到失望了。"意识到这一矛盾之后，这位母亲可以欣然接受，女儿会成为她自己，而不是完全顺从母亲的意愿，尤其是当这些愿望与她自己的意愿不一致时。这位母亲是很明智的，她毫不费力地就让自己希望拥有一个独立的女儿这一愿望战胜了她的幻想，她曾幻想母婴关系是完美而幸福的。随着婴儿成长为一个与母亲完全不同的人，她们以自己的方式愉快相处。从个人生活和职业经验来看，她发现自己作为母亲的第一次体验是如此典型、有趣，且具有启发性，因此后来她把这一体验也用在了教学中。

母亲在期待着她的孩子时会怀有上述类似的矛盾幻想，绝非罕见。因此，也很常见的是，有很多母亲，特别是当她们第一次见到自己的第一个孩子时，常常会感到非常惊讶。因为这个孩子并不是她的复制品，而是在出生时就已经是一个完全不同的个体，在很多方面都是一个陌生人。大多数母亲，其孩子出生时是漂亮、健康且发育良好的，她们会为此感到高兴。不幸的是，有些母亲会很失望，因为孩子并不符合她们关于完美婴儿的想法，而这种原初的失望情绪会不幸地给母婴关系蒙上阴影。

每个孩子都是带着父母对他的各种各样的感受来到这个世界的，其中有些感受往往非常复杂。母亲的复杂感受可能尤其具有决定性意义。在童话故事《睡美人》中，许多聪明的女人（或仙女）很高兴被邀请参加洗礼仪式，并赐予小公主能拥有美丽、幸福及生活中一切美好事物的魔法祝福。一位不请自来的客人也参加了洗礼仪式，她是一个邪恶的女人（或女巫），她的破坏性愿望威胁要毁灭婴儿幼小的生命。在这个童话的所有不同版本中，这些决定着孩子未来的人物都是女性。这一事实象征着古老的智慧——孩子的命运在很大程度上取决于母性人物，比如，孩子的母亲。

《睡美人》以童话方式和象征形式讲述故事，其实非常真实。每个孩子都是由这些心态（无论好坏）迎接来到这个世界的。不幸的是，一些孩子一出生就被这些坏心态所困扰。不过，大多数时候，好心态（父母拥有这个孩子时的快乐、他们的爱以及对孩子温柔的照顾）还是更普遍存在的。父母其实能很清楚地意识到这些好心态，尽管他们通常不知道它们是如何栖居在自己身上的，但无论如何，他们都能够给婴儿带来生活所能提供的一切美好的东西。心态好坏都来自父母的过去。遗憾的是，父母压抑自己对后者存在的认识，这使得父母无法处理并消除它们对孩子产生的破坏性影响。

这些“心态”其实是父母自己童年的残留物，也因为父母总是在影响着孩子，所以它们决定了婴儿的生活会是什么样子。这些心态，即父母对待孩子的情感态度，其决定性特质也并非完全取决于父母自己的童年是不是快乐的，尽管好心态更容易源自他们幸福的童年。值得庆幸的是，即使父母自己的童年不那么快乐，但如果他能够意识到这一点，并处理好这段童年给他带来的那些情绪感受，那么他就会希望保护自己的孩子不受类似命运的影响，并将尽最大的努力不让自己童年的匮乏体验影响到孩子的幸福。某些事情他可能会做过了头，以此作为对自己所遭受的痛苦的一种迟来且间接性的补偿，仅是这样也不一定会带来伤害。对这样的父母来说，给孩子一个幸福的生活可能会有点困难，但他仍然会努力去做到这一点。儿时很快乐并乐于回忆的父母则会更容易为孩子创造一个这样的童年。不过，无论哪种情况，一切都会好起来的。

有些父母的情况则容易变糟，因为他们并不熟悉自己的童年经历，或者他们都记得这些经历，甚至记得一些细节，但是完全没有察觉到这些经历曾引起的那些情绪和反应。这些被遗忘、被压抑到完全无法意识到的是他们愤怒和沮丧的童年情绪。这些情绪形成了“心魔”，充满毁灭性，它破坏了父母与孩子之间的关系。父母没有意识到这些情绪，并完全与之疏离，它们如邪恶的梦魇一般藏匿在潜意识之中，让父母去做一些如果他们能意识到自己的感受就永远不会做的事情。这些父母即使希望与孩子接触也会受阻，原本预期的积极行为变成了消极行为，他们不知为何，也不知如何是好。童年期的愤怒和沮丧压抑已久，且在不知情或无法控制的情况下自行介入，因而妨碍了这些父母与孩子建立积极关系。想成为却又无法成为好父母，如此境地让他们十分沮丧，他们又常将这种受挫的感觉归咎于孩子身上，这样事情就变得更糟了。

当这样的父母能够在内心回忆起并重新体验这些被压抑的童年痛苦时，他们几乎总能让这些过去的“心魔”安息，并开始以良好的方式与孩子建立关系。而这种良好的关系最终又能帮他们战胜这些“心魔”，使其不再具有破坏性影响。因此，如果一切顺利的话，养育孩子的过程能够补偿父母自己糟糕的童年体验，但前提是他们不仅可以回忆起童年时从客观来讲发生过的糟糕的事，还能克服对此愤怒、绝望的反应。

例如，有一位母亲，她记得当她还是个孩子的时候，她是多么不开心，因为她没有玩具玩，也没有人跟她一起玩，对此她感到很糟糕，她对父母不给她玩具或没有兴趣陪她玩怨恨不已。也正是这样一位母亲，她最有可能欣喜于看到她的孩子在高兴地玩着玩具，并且也会非常乐于跟孩子一起玩。如此，她间接地感受到了孩子玩玩具的愉悦，也直接享受着与孩子一起玩的乐趣，以这样的方式，她将在很大程度上修复其早年的悲伤。对这些匮乏体验及其相关感受的记忆会因此转变为好心态，她会希望孩子一切都好，并以他的幸福为乐。

相反的是，还有一位母亲，她记忆中的童年也缺乏体验，但她却以一种疏离的方式，即一种“就事论事”的方式来回忆，因为她压抑了自己的悲伤与愤怒。这位母亲在潜意识中其实是在担心，孩子快乐玩耍会激起她所压抑的悲伤与愤怒，因而在一定程度上，这些情绪无法继续被压抑而挣脱出来，由此带来毁灭性的后果。为了继续将其压抑，她可能会去留意孩子并不那么快乐的部分，这样就不会引起自己的嫉妒。或者，她也可能会在感情上疏远孩子，这样的话，孩子的行为就不会对她产生如此强烈的影响而破坏她的这种压抑。因此，这个对自己不幸童年“不记得”的阴魂成了“心魔”的源头，它让阴郁蔓延到这样一位母亲为其孩子所创建的养育行为里。她之所以会回避与孩子的情感交流，原因在于她对自己过去那些真实感受并不了解，她不得不完全以潜意识的方式来回避孩子当下的快乐情绪，因为这些快乐会激起她自己情绪当中完全无法应付的那一部分。

在那些相对少见的情况下，这也有可能让这位母亲触及她小时候所经历过的那些愤怒和悲伤的感觉，接着，仿佛“无感”的邪恶诅咒被解除，她能够开始享受孩子的快乐，并允许它在一定程度上修复她自己的痛苦体验。现在她不仅可以记住痛苦的事实，也可以记住其中的情绪体验。曾经母亲一直缺少对孩子的情感回应，只要母亲需要对自己童年的情绪感受保持无动于衷，她就不得不对孩子保持冷漠。她曾让自己完全疏离自己的童年感受，以避免被这些悲伤的情绪淹没。如果父母透过他们与孩子的关系，能够发现这个过去的“心魔”并让其安息，给孩子一个自己曾经渴望但从未拥有的快乐童年，那么孩子和父母就都是幸运的。

养育孩子的无数经历都会出乎意料地激活我们自己童年经历的残留物，其中许多被部分地遗忘和压抑了。因此，当母亲们考虑如何训练孩子如厕时，很少有人意识到这样做会重新激活她们自己被训练时的冲突，这些冲突被遗忘了却又尚未得到解决。同样地，在婴儿弄脏尿布后为他清洗时，也会不由自主地激发起自己对排泄及被清洗的某些反应，不论自己是否意识到，这些记忆都已经被唤起。

所有的孩子都讨厌如厕训练并对此感到不满，无论他们是否会表现出来。有些父母能够记起自己童年时与之相关的愤怒，在训练孩子如厕时，他们会同情孩子，并且能够温和而幽默地接受他们的抵抗，如此，事情就会变得相当容易。如果父母压抑了自己童年的这部分不满，他们则会以恼怒（如果不是直接的愤怒）的方式回应孩子抵抗如厕训练时的愤怒，因为孩子的愤怒可能会解除父母对自己童年情感的压抑，这是具有威胁性的，这在潜意识中被视为是危险的，在意识层面却被视为对孩子抵抗行为的恼怒。带着这样的感受，如厕训练对父母及孩子而言都将变得十分困难。

因此，为人父母会让一个人（一部分是有意识的，但大部分是潜意识的）重新体验自己童年时期的经历和问题，并诱使他以特定方式对待孩子来解决这些问题。这可能是为人父母的幸事之一，但也是许多问题的根源！在照顾孩子的过程中，我们越没有意识到这是发生在自己身上的事情，就越倾向于在自己与孩子的关系中表现出那些过去未曾解决的问题。实际上，这一挑战是作为父母所固有的，我们不得不以某种方式在意识水平，更大程度上在潜意识水平去处理自己的童年经历，也正是这一挑战使得家庭生活有别于所有其他的人类经历。仅是孩子的存在及照顾他的必要性，就足以让父母必须处理这些问题了。因此，与孩子一起生活会涉及对自己幻想的现实检验，这些幻想包括：自己可能会是多么好的父母，孩子将会是多么棒或多么麻烦，或者自己的另一半将会是一位怎样的父母，除此之外还包含很多其他的幻想。最重要的是，为人父母也让我们意识到，我们有必要衡量自己对于“家庭可能是什么样子”以及“家庭应该是什么样子”的幻想与家庭生活的日常现实的差距。

当第一个孩子出生时，配偶一方就不再仅仅或主要被当作配偶，同时也是孩子的母亲或父亲。如果要细数这部分是如何延展到家庭中所有日常活动的，那将会很乏味，而且几乎也没有必要，因为这些变化许多是显而易见的。例如，丈夫会将妻子也看作一位母亲，她会喂养孩子，或离开婚床去照顾哭泣的婴儿。这不禁会在这位丈夫心中唤起一些新的不同的感受。他可能会因妻子对婴儿的关爱而泛起对她更深切的柔情；也可能适得其反，激起对她的不满，甚至嫉妒。同样，很重要的一点在于，他是能够对这些感受有所察觉，还是选择压抑。如果将之呈现出来，那夫妻一方或双方是否能意识到正在发生着什么（这很罕见）。或者这位父亲是否或多或少地也意识到他正在呈现什么以及为何会这样，这些感受是指向妻子还是孩子，这也会有很大的不同。

所有这些，再加上自己婴儿期及童年期体验的重新激活所带来的内在发展，会导致父母的人格发生很大的改变，而他们通常对此毫无察觉。无论他们拒绝还是接受自己或另一半身上的这些发展变化，或者（像最常见和最自然的那样）他们拒绝其中一些而接受另一些，他们的个性及彼此之间的关系都会开始出现新的调整。可能需要数年的时间才能完成、承认及接受这些发展变化。对于孩子和父母来说，这很大程度上取决于父母是觉得所经历的这些变化从本质上极大地丰富了他们的生活，以至于所需要的那些牺牲变得微不足道；还是他们觉得虽然成为父母给他们带来了快乐，但这种新情况却要求他们放弃一些被体验为重大损失的部分。

可能许多年过去之后，一个孩子才开始有意识地去思考，“成为父母”和“为人父母”对父母双方而言意味着什么，以前他可能从未这样想过。我们大多数人只是把父母视为理所当然的存在。实际上，从出生起，孩子的自尊心和情绪健康就取决于父母的信念，即作为父母所获得的富足体验会从根本上弥补他们为此而放弃的一切。婴儿期是自恋的发展阶段，此时婴儿认为世界只是在为他服务。关于这一点，也许有人并不同意“每个婴儿都是自以为了不起的”，但对婴儿来说最重要的是：这种自恋的感觉是与被抚养的现实相矛盾，还是被父母对养育孩子的积极态度所支持。

除了孩子的自然禀赋之外，没有什么比家庭生活经历，即家庭生活所唤起的情感体验以及它所灌输的态度，更能塑造孩子的性格了。他对自己的看法、与他人的关系，以及对更广阔世界的期望也同样会受此影响。他观察到的家庭成员，尤其是他的父母，是如何一起生活的，以及对这些观察做何理解，决定了他在生活中会成功地寻求与他人的亲密关系，还是会对此感到害怕。如果他的父母（尽管偶尔也会互相恼怒，以及每个人生活中也都有真正的困难）基本上对他们的婚姻都很满足，那么这种满足感将成为与孩子建立深刻而满意的关系的坚实基础，这个孩子被体验为他们结合的象征。当父母为孩子的幸福健康而欢欣鼓舞，或者分担彼此的忧虑时，孩子就会开始相信他对于父母的重要性及价值；在此基础上，他会发展出关于自己作为一个人的价值信念。

相反，如果父母对彼此不满，尽管他们可能试图隐藏自己的不满，但这仍将会影响到他们与孩子的关系。即使父母中的一方或双方深爱着孩子，并试图保护他不被卷入这样的冲突之中，他还是会遭受父母的痛苦。如果他们试图用与子女的关系来补偿婚姻中所缺失的部分，这将无益于任何人。在这种情况下，父母可能希望从孩子身上获得过多或不恰当的满足感，这要么使他们对孩子的要求过于严苛，要么导致他们和孩子之间的关系出问题。关于上述情况的一个熟悉的例子是，父母对自己生活的某些方面，比如经济条件或社会地位感到失望，他们希望并逼迫孩子做得更好。这些愿望是可以理解的，但会给孩子带来沉重的负担，孩子必须继而追求父母的目标而不是决定自己的人生。

生活中一个不幸的矛盾是，有的父母在婚姻中没有得到陪伴和爱，而想从孩子那里寻求补偿性的满足，那么相较于那些对婚姻感到满足的父母，他们从孩子那里找到的满足感实际上将会更少。任何年龄的孩子都无法向父母提供成熟的爱或成人般的陪伴，如果父母（有意识或更有可能潜意识地）提出这些不恰当的要求，那当孩子努力向父母提供自己孩子般的爱时，他将会感到极大的困惑和受阻。此外，如果孩子确实感觉到父母所希望的比他所能给予的要多，他就会对父母的要求感到愤怒，这会妨碍他们相互依恋的过程。

也不能像今天的一些父母所希望的那样，自己可以成为孩子的朋友。友谊所需要的是一种不同于为人父母的关系。当父母希望孩子成为其亲密的朋友时，结果就成了一种相对不成熟的关系。父母是在向一个较其而言并不成熟的人寻求友谊；由于那些发生在孩子的成长过程中的一系列的亲子情感体验，孩子也被引导从父母那里寻求友谊，而这样的父母并不适合以令人满意的方式提供友谊。

即使在最好的情况下，孩子在父母生命中唯一合适，也是他最欣然接受的位置就是做一个孩子。而且，他无法弥补父母生活中可能缺失的某些东西，不管父母是多么热切地渴望它。进而言之，父母能为孩子做的全部恰恰就是：做温柔而关切的父母。也就是说，一个成熟的人，他会充满爱意地接受孩子的不成熟，可以保护他免于因这些不成熟而感到糟糕，并防止其产生任何可怕的后果，同时也做孩子成熟的榜样，指导他的成长。

现实与神话

人类家庭不断演变，给所有成员提供食物和保护，最初要抵御自然灾害和凶猛的野兽，后期也要抵御来自更广泛的社会环境的危险。父母提供的安全保障给了孩子一个漫长的有人照顾的童年期。在这段时间里，他从父母那里学到了需要知晓及需要做的事情，以成长为一个自力更生、自我支持且最终能养家糊口的成年人。无论家庭以爱和感情的方式提供了什么，都只是因为这个基本的社会单元在共同努力使幼儿生存下来并养育他们。

虽然今天的父母仍然必须为子女的身体健康提供保障，但这一义务对于家庭凝聚力而言，现在已经不那么重要了。在某种程度上，这是因为自第二次世界大战以来，美国社会（至少在理论上）已经承担起了援助那些父母无力抚养的儿童的义务。随着富裕程度的提高，中产阶级父母不再那么担忧他们能否给孩子提供食物和衣服，如果孩子身体健康，也就不用怎么担心他们的生活。这些最重要的焦虑已经被对儿童心理和情感健康的担忧所取代。美国父母的焦虑现在集中在吸毒、犯罪、性行为失常，以及学习和社交失败方面。随着父母关注点的重大转变，维系家庭的纽带不再是生存必需品，而是情感满足。在父母心目中，曾经只是确保生存的社会过程的副产品变得至关重要起来，他们倾向于认为自己的主要功能是提供家庭的心理幸福感。这深深地影响着家庭生活。

父母关注点的这种根本性转变带来的一个后果是，现在当家庭内部出现情感问题时，丈夫和妻子会倾向于因为这些困难而责怪自己、对方或者孩子，就好像问题总是可以避免的一样。然而，我们必须认识到，正是因为现在的家庭生活较少基于生存，而更多地以情感支持为基础，因此在我们这个时代的家庭生活所创造的环境下，许多困难是固有的。现代社会有一种错误的观念，即认为问题不应该出现，出了问题总要有人负责。这种观念会在家庭单元内部造成难以言说的痛苦，增加原有的困难，有时甚至会使婚姻和家庭的有效性受到质疑。

“同病相怜”是一种古老的智慧，因为我们希望在与人分担困难的过程中得到解脱。然而，我们认为造成我们痛苦的那个人不可能也是我们的知己和伴侣。如果一个家庭的成员因为他们不得不忍受的困难而互相指责，那么这个家庭将不会成为支持和安慰的来源。只有我们相信家庭成员会在痛苦中陪伴你，才会促成家庭的幸福。在这样的家庭中，成员们会觉得无论发生什么，他们都会找到自己需要的情感支持。然而，如果一个人认为家庭内部永远不应该出现困难，这些困难的出现是某个人的过错，那么这种吹毛求疵的态度将会摧毁家庭固有的支持结构。在某种程度上，当人们相信苦难是上天的意志时，生活就会变得更易于忍受，而非被质疑，这样家庭成员在困难的时候往往会团结在一起。

中国有句谚语“家家有本难念的经”。这反映了一个现实，即家庭生活不可避免地都会产生自身的困难。有些可以归因于家庭成员的特殊性格以及他们对待彼此的方式，而其他的问题不过是他们同住一个屋檐下的结果。许多熟悉的问题都是不可避免的，例如，一个孩子既渴望无限的满足又渴望独立，由此所引起的冲突；或者是由父母双方都希望有自己的生活，同时又要满足家庭义务对他们的许多要求引起的。如果能更好地理解在婚姻及家庭生活中，什么样的期望是合理的，什么样的期望是不合理的，就可以极大地减少这些困难。这可以防止我们把责任强加给自己或其他家庭成员，也可以帮助某些成员在没有实现“事情本可以或本应该如何”——

这种不切实际的幻想时，不感到失望。

这种从家庭生活中获得无限且持续的满足感的夸大期望模式是在婴儿期和儿童期形成的，在婴儿期和儿童期没有任何关于“实际可能会发生什么”的现实理解能干扰到这样一个信念，即我们相信所有愿望都能得到满足。虽然后来对残酷现实的认识改变了这些夸大期望中的一部分，但令人惊讶的是，还有许多至少在潜意识中仍然活跃着。这就解释了为什么有时候在现实分析表明没有任何理由不满时，我们却仍然怀着许多深深的不满。

关于“美好的旧时代”、黄金时代或天堂的神话（在许多文化中都可以找到），在我们的社会中仍然无处不在。而且，即使当几乎所有一切都可以表明过去每一个时代里父母和孩子的生活都比今天艰难得多时，这样的神话仍然令人信服。对黄金时代的天真信念标志着每个人生命的开始，正如婴儿期望他所有的需求都能毫不费力且毫无疑问地得到满足一样。当然，人们必须给予婴儿大量的东西来确保他能存活下来，而且不要指望他做出任何回报。因此，既然在我们每个人的生活中似乎都有这样一个黄金时代，那么就可以理解，在某种程度上，我们相信黄金时代的神话并且希望它会再次出现。此外，我们自己作为婴儿时，曾在家庭中体验过一种回味起来似乎是无忧无虑的生活，因此我们在潜意识里相信，自己可以在我们现在的家庭中再现这样的乌托邦。当然，大多数父母都没有意识到自己的这种非常普遍的、挥之不去的孩子式的愿望，但在某种程度上，它存在于他们的潜意识中。这一相同的愿望在很大程度上也存在于孩子的意识或潜意识之中，并且，它会妨碍孩子在家庭生活的现实中找到真正的满足感。如今，人们普遍倾向于通过娱乐活动而非更认真负责的成人追求来寻求终极满足，这其实只是在表达这样一种感受，即只有孩子式的快乐才真正值得拥有。

这个神话的另一个方面是这样的观念：在过去的时代，家庭生活比今天要令人满意得多。在这个想象中的且模糊的过去里，家庭被认为已经顺利地满足了所有成员的情感和其他心理需求。而我们直到最近才开始将其视为一种常态，所以，很显然，今天的家庭肯定出了什么问题，我们自己的家庭也是。

在这个神话面前，我们的祖先遭受的所有可怕的苦难，都会被轻易遗忘，因为这些苦难可能会揭穿这一神话的虚幻性。我们不再受制于曾经漫长岁月里的艰苦生活，也就忽视了这些艰苦。我们也忘记了，在大多数情况下，家庭最大的心理满足来自这样一个事实：只有通过家庭成员的共同努力和相互帮助，这个家庭才有能力解决问题。而且，我们还忽视了这样一个事实：我们祖先中那一小部分活到成年的人，他们的寿命都很短，还不到我们的一半。即使在文明国家里，人们的生活也笼罩在无处不在的危险之中：频繁的流行病，对此没有药物作为保护或补救的手段；经常性的饥荒，直接导致了大量的人口死亡，幸存者的健康状况也非常脆弱，以至于下一个困境来临时很多人也死去了；还有妇女在产床上死去，以及许多婴儿在出生时或婴儿期就夭折了。

最后，当时对大多数人来说，身体上的舒适和放松是完全没有的。从孩提时代起，繁重的劳动就成了家常便饭。在这种我们会认为难以忍受的境况下，家庭成员之间能为彼此提供的任何小小的安慰都被极其重视就不足为奇了；通常，这是生活能给予的唯一积极的东西，能稍微减轻在我们看来几乎一直存在且难以处理的痛苦。

历经过去几代，技术、社会、医学和科学的进步已经消除了人类在整个历史长河中所遭受痛苦的许多因素——因此这些古老的痛苦不再是我们所关心的，以至于我们几乎没有注意到，今天的生活相较以前变得多么容易。相反，我们现在把全部注意力集中在心理问题上，这些问题已经取代了我们对生理困难的关注。在我们看来，这些难以捉摸的情感和心理问题，就像过去那些具体的生理和社会困苦一样难以应对，还妨碍了我们对美好生活的希望。然而，有一个非常重要的区别在于：在过去，困难被认为是生活中不可避免的，并不是家庭成员的过错；而现在，我们会认为这些新问题是可以避免、可以归因的，所以我们要么责怪家庭成员，要么责怪自己。因此，我们经由内疚，转而与养育及保护我们的家庭背道而驰，同时也跟自己“对着干”。

这并不是说我们应该细数幸福，并为我们今天没有遭受那些困扰我们祖先且威胁他们生存的苦难感到高兴。这样的观念（虽然它可能不失为核心事实）几乎无法说服任何人改变想法。然而，那种“认为过去的家庭生活要令人满意得多，而现在也应该如此”的幻想，其实与事实大相径庭。更严重的是，这种幻想会让我们对当下产生不合理的不满。我并不认为我们应该轻视如今在家庭生活中日益突出的心理问题，但我们可以试着从一个更合理的角度来看待它们。

现在美国家庭的团结一致取决于家庭成员之间的情感联系，因此，家庭成员对彼此提出了更高的情感要求，对家庭生活应该给他们带来的满足感也有更高的心理期望。正是这些更高同时又不那么具体的要求和期望，使得家庭关系如此不稳定，从而引发了一些最严重的困难。如果我们接受这一事实，弄明白这是如何发生的以及其中都涉及什么，那么这会非常有助于我们找到解决这些问题的正确方法，或者至少可以让我们更能容忍这些问题，减少它们的破坏性影响。

第 24 章

联结的纽带

圣洁的银链，
柔滑的丝带，
令血脉相连、灵魂交错，
于身心之中，联结彼此。

——沃尔特·司各特爵士（Sir Walter Scott）

想要对自己为人父母的所作所为胸有成竹，那么仔细想想以前是什么滋养了一个家庭，如今在这方面又有哪些变化，也许会有帮助。仅在 200 年前，西方人的平均寿命大约只有 30 岁，其他世界各处的平均寿命还要短得多（许多地方的平均寿命现在依然很短）。一对夫妇在一起生活的平均时间是 17 年，原因很简单，大多数情况下都是夫妻一方去世了。如今，即使算上所有的分居和离婚现象，婚姻的平均持续时间还是更长了，这也导致那些本来偶尔才会出现的严重问题发生的概率更大了。此外，以前即使夫妻双方并不融洽，但经济上的必要性和宗教对分居的限制，常常促使他们去维持婚姻的美满。他们深信，必须好好经营婚姻，因为离婚是不可想象的，他们也的确做到了。如今，离婚是相当简单的，离了婚就不必再生活在一起，而且社会也接受了这一点。

这还并非全部。随着人们寿命的延长，如今的已婚夫妻在孩子长大成人后还能一起生活很多年。因此，在许多情况下，照顾孩子的需要以及不愿与孩子分离的愿望不再是维持婚姻的理由。事实上，在今天，许多离异夫妻在分开前已共同生活多年，足有过去的人们在一方去世之前共同生活的时间那么长。

我们知道，离婚往往会扰乱家庭生活，严重影响父母与孩子之间的良好关系。无论法律怎样安排，孩子都得被迫割裂自己对父母的忠诚，也会忍不住想知道父母是怎么了，他们为什么不能好好地一起生活。另外，他也常常会因为父母一方没有选择和他一起生活而感到内心匮乏。随着富裕程度的提高，以及男性和女性都有能力独立养活自己和孩子，对我们所有人而言，生活都变得更加容易了。这让我们能够供我们的孩子接受更多的教育，也让我们获得了极大的机会去做出一些非常困难的选择。

过去，人们一生中最重大的事件都发生在家里，也和家人一起在家中分享庆祝，因此，这些事件象征性地把个体和这个家庭深深地联结在一起。这种联结至深至重，所以，在他的心中，家（home）和家庭（family）实际上别无二致。我们当中很少有人体验过一辈子都住在祖辈世代居住的房子里所带来的安稳感。虽然这对有些人来说很辛苦，但在这样的童年中所体验到的内在安稳感，让他们能够挑起祖先的重担好好生活。如今，只有一小部分幸运儿会在同一所房子里度过整个童年和成长岁月，大多数人都会搬几次家，每一次搬家都会在某种程度上造成破坏性影响。

在我的家庭里，我是最后一个出生在家里的孩子。和我姐姐出生时一样，我母亲在分娩时得到了产婆的抚慰和帮助。据我所知，在我之后，家里所有的孩子都是在医院里出生的。我的祖父母是家中最后在自己家床上死去的人，当时身边全围着他们的孩子。我的其他亲戚不是死在医院就是死在家里，但是他们的孩子和孙子孙女都不在身边。在他们死后，家人才聚集在一起参加葬礼。因此，重点已经从亲眼见证亲人死亡的仪式转为对幸存者的安慰。

传统上，在许多古老的国家，葬礼仪式都是精心安排的，即使是在那些负担不起这笔通常来说相当大的费用的家庭中也是如此。死者的尸体没有经过防腐处理，也不是陈列在殡仪馆里，而是摆放在家中最好的房间里，房间被适当地装饰成黑色（如果房子的其他部分不这样装饰的话，入口也会被装饰成黑色）。参观结束后，遗体由亲朋好友精心护送到进行悼念的场所，接下来是在墓地举行真正的葬礼。安葬后，一个传统的哀悼期开始了，在此期间，直系亲属会身着丧服长达数月。在葬礼后的几天里，大家庭的成员会去安慰死者家属。家庭在需要时展现出它的支持性，家就是接受支持的地方。爱尔兰守灵习俗和犹太人“坐七”习俗都是传统习俗的有效实例，通过这样的方式，那些最直接受到丧亲影响的人们获得了更广大的亲友圈的帮助来忍受悲痛。

在我小时候，家和家庭的核心价值不只体现在出生和死亡这样的事件上。例如，我祖母的生日是在家中庆祝的，庆典在几周前就开始准备了。在庆典上，许多孙辈为祖母及整个家庭表演，参加这样的盛会是我最早的记忆之一。事实上，直到最近，每个人一生中所有重大的时刻——出生、结婚、庆祝、死亡——都发生在家及家庭的范围内。有这样一种感觉：一个人作为家庭的一部分而诞生，经历着家庭生活中的主要事件；弥留之际，他就在自己家中离去，亲人们围绕着他、照料并抚慰着他，他们会在他不得不停下来的地方继续前行。

事实上，以前生活条件迫使普通家庭的成员基本上都住得很近，甚至可能是住在同一个房间里，或者充其量住在一所小房子的几个房间里。此外，家庭成员经常白天在一起工作，参加与家庭农场或家庭商店密切相关的活动。无论患病还是健康，无论顺境还是逆境，他们都必须互相依靠。的确，有时他们会互相争斗，但他们也彼此依赖，互相提供信息及一起娱乐。当时，在家庭之外寻求满足的机会和诱惑也更少。几乎所有的生活都在一个更狭窄的范围内展开，以家庭或教堂为中心，一家人一起参与其中。

今天，当家庭对个体成员的巨大价值基本上是建立在提供心理上的满足而非满足基本的生理需求的基础上时，令人遗憾的是，许多赋予生活更深意义的体验不再由家庭一起共享。例如，在过去，宗教曾把家庭成员彼此联系在一起，因为他们是作为一个家庭来参加宗教活动的，比如定期一起去教堂，参加教堂的庆祝活动。今天仍有一些家庭如虔诚的摩门教徒或门诺派教徒家庭依然如此。这给家庭以稳定感，给信徒以安全感。然而现在，对许多人来说，去教堂做礼拜和生活中重大事件（家庭庆祝活动）的象征性表达，已经没有那么重要了，而且往往已不复存在。为了平衡这一点，如今的父母可以强调诸如生日和其他特殊场合的家庭事件的象征意义，这样，这些事件将会给孩子带来安全感，而这种安全感只有家庭才能提供。

我们的孩子比前几代人要健康得多且成熟得更早。通过早期疫苗接种和医疗护理，大多数衰竭性儿童疾病已经被消除或者已经得到控制，其影响也已经大大减少。例如，我小时候患过痢疾、猩红热、白喉、麻疹、腮腺炎和其他疾病，更不用说还有好几次流感和扁桃体炎，每次都让我卧床数周。随着预防性接种以及磺胺类药物和抗生素的普及，这一切都改变了。

尽管我小时候患过许多严重的疾病，而且生病的时间很长，但我从未在医院待过一天。我和我的家人一样，都是在家里接受医生的治疗。直到第一次世界大战以后，去医生办公室就诊才成为惯例。没有什么比弗洛伊德刚开始执业时会定期上门拜访患者这样的事实更能突出事情的变化了。如今，要获得良好的医疗护理，就需要到医生办公室就诊，如果有必要，还得在医院待上一段时间。医院已经成为许多疾病的治疗场所，这些疾病过去通常是在家里治疗的。因此，在面临疾病和分娩等严重的身体问题时，家已经失去了一部分功能（和身份），不再是人们可以寻求的最佳和最安全的避难所了。

在我婴儿时期，由奶妈来照顾我的日常生活，后来又交给女佣或家庭教师，但是每当我生病的时候，母亲就会来照顾我所有的需求。她花了很多时间来照顾我，逗我开心，每顿饭也都是她来喂我。在我病得很重的许多个夜晚，我母亲坐在床边，用湿海绵擦拭我发烧的身体，更换冷敷布以缓解我的痛苦。在这样的时刻，我开始学着去明白以及领会：当一个人需要帮助并且处在巨大的痛苦之中，深感忧虑甚至绝望之时，母亲会让这一切都变得不一样。

我从不建议我们应该放弃自我的童年以来所取得的任何重大医疗进步，也不建议放弃医院治疗（当需要时）优于家庭护理的那些优势。医院护理在很大程度上消除了分娩并发症，改善了婴儿健康，大大减少了新生儿产伤等问题。在重病中接受住院治疗也已经延长并挽救了许多生命。现代医学保护孩子们免受许多严重的儿童疾病的困扰，这些疾病曾使我很长时间卧床不起。尽管如此，我相信，很少有其他场合能像当自己生病躺在家中床上那样，让孩子们感觉到自己在被很好地照顾着，意识到父母是多么关心他们，尤其在晚上的时候。

这样的感觉不仅出现在生病之时。当我还是个婴儿的时候，一旦我无法入睡，母亲就会把我抱在怀里（有时是父亲抱着我）直到我睡着。后来，如果我被噩梦惊醒，父亲或母亲会过来坐在我的床上，和我聊天、玩耍，安慰我并使我感到安心，还会给我讲故事。据我所知，这就是我和父母彼此建立亲密关系的时刻，这种关系在后来的生活中也一直维系着我们彼此。我的父母也许从他们自己的童年经历中知道，对孩子们来说，做噩梦并不罕见，尽管当时的精神分析学家还没有阐明孩子们做噩梦的原因以及它们为何会在特定年龄普遍出现。即使在今天，当所有这些都众所周知的时候，出于某种原因，许多父母还是认为孩子是不应该做噩梦的。如果孩子难以入睡，通常是在儿科医生的建议下（有时是为了符合父母的意愿，或者因为这似乎是最简单的解决办法），有太多的父母依靠镇静性药物让孩子安静下来，而不是凭借父母自己在场所带来的安全感，或者是故事及热饮所能提供的舒适感来做到这一点。药物的确有效，但以这种方式使用药物，会让孩子在很小的时候就学会靠药物而非通过人与人之间这种满意的关系来寻求抚慰。这也难怪，许多青少年会依赖药物来缓解焦虑，就像幼年时期一样。在这一点上，宣扬药物的危险性是没有用的，因为从他们婴儿时期的经历来看，他们在潜意识中认为，药物是获得缓解的最简单的方法。这种现代化的快捷方式，虽然方便也不占用父母的时间，却使孩子无法在他们最需要、最渴望人来抚慰的情况下得到此种宽慰。此外，它也使父母失去了这样的机会，即体验到孩子是多么迫切地需要他们并获得孩子对他们的感激。对父母而言，当他们意识到，因为他们的努力，孩子感受到了前所未有的安全感，也多亏了他们，孩子才睡得好并且感到平和，此时，父母会有很大的满足感。正是这种父母和孩子之间的体验会让他们都感觉好多了，这也会成为把他们彼此联结在一起的牢固纽带。

哺乳：人类亲密关系的原始纽带

哺乳将母亲和孩子紧密地联结在一起，这种亲密关系，既是生理上的，也是心理上的。也许我的个人经历可以说明这一点。我被哺乳到3岁，但不是我母亲给我哺乳，她太像维多利亚时代的女人了，不适合这个角色。然而，她也非常关心孩子们的健康，并精心为我们挑选那些乐于满足我们所有身体和情感需求的奶妈。尽管我没有从母亲那里得到与哺乳相应的身体上的满足感，但她给我的关注是足够的。奶妈和我们住在一起的时候，她是我们家的重要成员，因此我们俩的关系把我和我家以及家所代表的安全感紧密地联系在一起，这种安全感就体现在奶妈及她的悉心照料上。我的奶妈很尊重我父母，作为家里的一分子，她也感到快乐（对我父母来说，奶妈的健康和快乐是非常重要的，这样她就会有充足的好奶汁，并享受照顾我的过程，因此她也得到了很好的照顾），这些因素使我确信：我很幸运，这是我的家。

回想起来，我父母给我安排了一个全心全意照顾我的人，不会有其他任务来分散她对我全部的注意力，这可能也给我留下了深刻的印象。按照当时的习俗，奶妈除了照顾婴儿外，没有其他的义务。当时，我们家所有的家务都是由住在家里的一个女佣和一个厨师来负责，奶妈则全心全意照顾我。假如我母亲给我哺乳的话，她还得继续履行她的其他社会义务，就不能像我的奶妈那样将所有的时间都用来照顾我。同样，按照习俗，在哺乳期结束时，把婴儿照顾得很好的奶妈，除了已经收到的微薄工资之外，她还会得到一笔丰厚的嫁妆，这样她就可以结婚，回去过自己的生活，给她的孩子（这个孩子在她进城当奶妈时被留在了乡下）一个家。因此，我的健康对她而言事关重大。当然，甚至在奶妈离开我们家，在她结婚后很多年，她仍然是我生命中很重要的一个人。然而，我有时也会想，如果当时是我母亲来哺乳的话，那我会更喜欢。

哺乳是一个典型的例子，它在我们与另一个人以及与生活本身之间同时建立联结。直到最近，当现代卫生学和巴氏灭菌法让奶瓶喂养变得足够安全时，哺乳不再是能滋养婴儿并使其存活和成长的唯一方法。当然，哺乳还有另外一个很重要的优势，即把母亲一生中获得的一些免疫力和对疾病的抵抗力都传递给了婴儿，这在接种疫苗之前甚至更为重要。哺乳所起到的作用不仅仅是确保婴儿获得所需的营养，被哺乳是他生命中的核心体验，这一体验会促使他发现其他所有的体验，而这些体验反过来又为他带来了很多意义。被哺乳是婴儿生命中的核心事件，当一切顺利时，它会成为孩子信任自己、信任生命中的重要他人，进而建立对世界的信任的坚实基础。如果婴儿哺乳过程不顺利——对他来说，这是一种不愉快且挫败的体验，那么这种体验将会使他对自己及这个世界产生深深的怀疑。哺乳这一体验本应给予婴儿最大的满足感，反之，则可能会带来强烈的失望感，从而给婴儿造成普遍的不信任感和不满。

哺乳使母亲和孩子牢牢地联结在一起，这是因为在哺乳过程中，双方都得到并给予了彼此身体需要的满足、紧张的缓解以及情感上的满足。在这种互动中，母亲和孩子都既是主动的，也是被动的。母亲是母亲、孩子是孩子，他们全然就是自己，满足自己，但同时也紧密地联结在一起，满足彼此。母亲会主动地为孩子提供乳房、抱着他、跟他说话或安慰他、鼓励他发出声音，以及做手势、对他微笑；而在让婴儿从她的乳房中吮吸乳汁时，则是被动的。婴儿自己会积极主动地寻找乳头、吮吸乳头、调整身体以适应母亲抱着他的方式、注视着母亲并对她微笑、模仿着她的样子；而在让自己被抱着及被搂着的时候，却是被动的。当婴儿主动喝奶时，他的饥饿得到了满足，从而缓解了紧迫的身体需求，而母亲则缓解了乳房中的乳汁压力。这样以此种方式各自为自身及对方提供的愉悦感，就是诗人所言的“令血脉相连，灵魂交错，于身心之中，联结彼此”的纽带。

很多母亲出于这样或那样的原因无法给孩子哺乳，在说了这么多支持哺乳的话之后，应该强调的是，奶瓶喂养如果做得好的话，可以在很大程度上取代母乳喂养，并且，用奶瓶喂养的孩子在生活中的方方面面都可以做得和哺乳长大的孩子一样好。原因在于，孩子对自己和世界的信任是基于母亲对他的爱。当母亲爱护他时，他学会了爱护自己，并爱护母亲以及母亲为他所呈现的世界。婴儿在恰当的时间，被充满爱意地用适当的食物喂养着，喂养持续的时间长度也很合适；他以一种舒适而安全的方式被抱着，他的肌肤和母亲的肌肤之间有着愉悦的接触——通过这些体验，婴儿在彼此的结合与互动中接收到一些信号，这些信号使婴儿相信：他很好，世界一切都很好。婴儿被母亲抱在胸前，听到母亲有规律的心跳，就像他出生前在母亲子宫里听到的一样，这是他产前与产后生活之间的一种联结。这种联结给了他一种感觉（尽管模糊而断断续续），即母亲的心继续跟随着他并且在为他跳动。婴儿无法清晰分辨或理解的这些部分，会形成一个经验世界，对其内心深处的感受产生不可磨灭的影响，并将强烈地影响到以后的所有体验。

为了使这一过程行之有效，母亲不应将喂养视为一种有时间限制的、以任务为导向的活动，好像其主要目的只是提供（以及让婴儿摄入）营养，而且一旦达到这一目的，喂养也就结束了，但这种情况似乎并不少见。在许多其他国家，如日本，母婴肌肤接触的时间远远超过喂养时间。母亲会允许孩子嘴里含着乳头或奶嘴在她怀里睡着，当他这样做时，母亲也会很高兴。这种情况非常容易发生在婴儿与母亲或者与父母亲共同睡在一张床上的时候，在许多文化中都是如此。

用奶瓶喂养婴儿应当尽可能而且适当地接近刚刚所描述的那些条件。例如，奶瓶不应该太容易就流出奶水，流出奶水的速度也不应该太快，因为这会剥夺婴儿自己积极努力获取营养的体验。可以说，他是在为自己的一顿饭而努力，而且，这是他通过自己的努力来获得重要东西的第一次体验。无论是哺乳还是奶瓶喂养，婴儿都应被舒适而安全地抱在母亲的怀里。不需要剥夺婴儿与母亲肌肤接触时所带来的触觉上的愉悦感，也不需要剥夺他听到母亲心跳的机会。在奶瓶喂养被引进日本时，妈妈们拿着奶瓶给孩子喂奶，此时，她们通常会裸露上身，将赤裸的婴儿抱进自己怀中并让其靠在乳房上，这就像抱着婴儿靠在乳房上哺乳一样。这些母亲本能地这么做了，用奶瓶喂养孩子的现代美国母亲也能做到这样。她只需要明白，她对孩子的爱是通过最亲密的身体接触来传递的就行了。

既然我提到了日本，我想补充一点，就像在其他一些文化中一样，日本也使用重要的象征形式来表达婴儿与母亲的亲密关系。有这么一个古老且神圣庄严的习俗：新生婴儿的母亲会得到一根被保留下来的脐带，这根脐带最初将母亲和婴儿彼此连接在一起。日本的母亲经常把自己所有孩子的脐带都放在一个华丽的盒子里，置于家中很体面的一个地方。在有些地区，当一个孩子结婚时，母亲会把脐带交给他，他带着脐带前往新家，象征着与母亲持续的联结。

如今，正如前文所指出的那样，孩子们不再因生死攸关的必需品与家庭联结在一起，这个家曾是陌生世界里唯一的安全避难所。所有把孩子和家庭紧密联结在一起的那些旧的向心力，已经被无数的离心力所取代，例如来自更广阔世界的诱人刺激——学校的重要性（在很小的时候就开始上日托班和幼儿园），来自家庭以外的人的照顾，以及同龄群体的影响。现在，家庭给孩子带来的安全感必须主要由情感纽带来提供。因此，尤其重要的是，在这个更广阔的世界还没有干扰到孩子的体验时，要让他从最主要的照料者那里获得最亲密的身体及情感上的接触，从而获得安全感，以此抵消现代生活中、甚至是家庭内部的大量的疏离感。因此，在正确的喂养体验以及照料婴儿的其他方面，如换尿布、洗澡和玩耍的过程中（总是以恰当的情绪来完成），我们需要慢慢地让婴儿感受到信任和归属感，如此他将会意识到：我们与那些关爱我们的人彼此依存。为了我们情绪的健康发展，我们需要感受到这个部分，即我们属于他们，并且我们所属的人也希望我们属于他们；同时，他们也属于我们。如果早年期间我们没有体验到这些，即便生活富足，我们仍会感到迷失。

青春期的产生

更好的健康和营养已使我们更加长寿。我们不仅自己会活得更久，而且作为一个家庭一起生活的时间也会更长。这是一种福气，但它也会对父母和孩子提出更高的要求。现在，父母与孩子可以在一起生活很多年，这本身就会产生一些新的问题。在孩子们过了童年期之后，共同生活的情况还会持续很长一段时间，这会导致严重的压力困扰。健康水平的不断提升给新生代的人们带来了更强健的体魄，同时也迎来了更早的生理及性的成熟。生活的富足也使年轻人可以有更长的学习和训练时间，而现代科技世界的日益复杂也需要他们如此。因此，尽管我们的孩子比以前要成熟得更早，但他们必须接受这样一个事实，即自己的求学生涯要比过去曾认为可行的时间长了好多年。这反过来又要求他们在经济上而且很大程度也在社会生活上长期依赖父母。这种压力对父母和孩子都有影响：在孩子过了童年期，不再像儿童那般感觉和行动之后，父母仍然需要抚养他们很长一段时间，这时孩子长大了，父母抚养起来也相对轻松，而且在情感上也有更多的回报。有些青少年会觉得自己已经长大了，他们会憎恶自己如此依赖父母，因此在养育他们的过程中，对父母心理层面的要求更高，也会带来更多的麻烦。

在孩子进入青春期之前，父母和子女之间的关系很少陷入困境。大约从两个世纪以前到最近一段时间，孩子因双亲一方去世而失去父亲或母亲的平均年龄大约是 14 岁。现代的孩子和父母之间往往也会在某个年龄遇到严重的困难。虽然丧亲会使孩子陷入困境，但这与我们和青春期的孩子之间容易出现的难题是非常不一样的。

事实上，青春期既不是上帝赐予的一个发展阶段，也不是我们与生俱来的，它是近期社会发展所产生的结果。青春期是一个近代有的现象，我们也许可以从对生活的描述中看出这一点，这甚至在 19 世纪末世界上最发达国家的生活描述中就有所体现。在《雀起乡到烛镇》（*Lark Rise to Candleford*）一书中，弗罗拉·汤普森（Flora Thompson）描写了当时的乡村生活（那时的农村人口比今天要多得多），讲述了在她成长的英国村庄里，“异乡之客在这儿根本找不到戴着太阳帽，拿着干草耙的传统的甜美乡下女孩……没有一个女孩到了十二三岁还长住在家里的。有些女孩 11 岁就被送到她们的第一个工作地点（去当佣人）。她们在那么小的时候就被推向外面的世界，对旁观者来说这可能显得很无情。当一个小女孩到了离校年龄（大约 13 岁，但由于经济原因，许多孩子在达到这个年龄之前就辍学了），她的母亲就会说‘孩子，你该自己谋生了’……她的哥哥们离开学校后，开始每周挣几个先令[⊖]回家（当雇工）”。在其他地方，如果孩子们还没有在矿山或工厂工作过，他们也同样早早就被送出去当学徒干活或学习一门手艺了。

⊖ 英国的旧辅币单位。

正如我们所知，在一个世纪以前，青春期只存在于那些能够负担得起孩子童年期以后的生活的上层家庭中。而且，即便是在今天，青春期作为一个共同的发展阶段也只是存在于世界上那些因社会富裕和人民长寿而使长期的学校教育成为可能的国家。

显然，在平均寿命还不到 30 岁的时候，对绝大多数人来说，经济条件不可能允许他们半辈子都被供养着。即使在今天，为了使经济运作在技术先进的国家中发挥作用，大多数公民仍须花大半辈子时间为社会做出贡献。因此，只有社会富裕和人民长寿才能让我们的孩子和青少年在其人生最初的 18 年里持续地接受教育。法国一位研究家庭和童年的历史学家菲力浦·阿利埃斯（Philippe Ariès）在《儿童的世纪》（*Centuries of Childhood*）中写道："人们当时并不清楚我们所谓的'青春期'，这个概念是经过很长一段时间才形成的。人们可以在 18 世纪（第一次）瞥见它……然而，直到第一次世界大战结束后，对青年（即青少年）的认识才成为普遍现象。"

虽然青春期是因社会发展而产生的个体发展阶段，但同时它也是一种自然的发展现象，是一个人达到性成熟时身体发生变化的结果。虽然很难获知过去孩童青春期开始的确切数据，但有可靠的报告称，17 世纪欧洲某个国家的女孩初潮年龄约为 17 岁。该国家的这一数据已从 1890 年的 14 岁零 3 个月（平均年龄）提前到了现在的 12 岁半左右。自 20 世纪初以来，女孩的平均初潮年龄每 10 年下降近 3 个月，男孩达到性成熟的年龄也有同样的规律。因此，我们的孩子在性生理方面比 20 世纪初的人成熟得快很多。同时，大多数年轻人上学的时间至少也增加了（与性成熟提前的年数相比）同样长的年数，甚至更长。

身体和性成熟的提前到来，加上依赖父母的时间变长，会不可避免地导致个体自身以及与家人之间的紧张关系。随着性成熟越来越早，我们的孩子在很小的时候就开始变得性活跃也就不足为奇了。现在人们可能会质疑，将这样成熟的个体称之为孩子是否恰当。在这方面值得考虑的是，在罗马法（5 世纪查士丁尼的《罗马民法大全》）中，法定成年年龄设定在儿童性成熟时，在几千年后，这一看法在特伦特会议中得到确认。

在犹太传统中，人们在 13 岁时庆祝成年，那时男孩（后来也包括女孩）会被隆重地介绍到成人群体当中，至少在宗教方面是这样的。在许多天主教国家，（孩子成年的）第一次圣餐大约也在这个年龄举行。直到第二次世界大战之前，大多数西方国家的义务教育在孩子 13 ～ 14 岁之间结束，具体时间因国家而异。虽然离开学校的孩子尚未被视为完全成年，但他们已成为社会劳动成员中的一分子，在大多数情况下，他们或多或少独立于父母，自己生活。只有一小部分人，主要是上层阶级和中上层阶级那些有机会上大学的孩子，在 14 岁以后仍继续接受教育。

最近，当一群聪明伶俐、思维活跃的高三女生被问及是否想要孩子时，几乎所有人都立即举手表示想要；但当被问及她们是否想要十几岁的孩子时，大多数人都放下了手；当这个问题被换成她们是否想要青少年孩子时，没有人举手；最后，当被问及她们是否希望最终拥有成年子女时，大多数人又举起了手。这些年轻人从当下自己作为青少年的体验中认识到：做那些正在努力寻找自我的青少年的父母，不是一件容易的事情。尽管如此，他们希望，当轮到自己当父母时，他们能从抚养孩子的全部体验中获得足够的补偿，来弥补抚养青春期孩子的不易。

如果在一个半世纪前对年轻女性提出相同的问题，举手的结果肯定会大不一样。尽管当时的女孩也很想生孩子，但她们对分娩期间（当时很多女人因此死亡）可能发生的事情会感到恐惧，并不可避免会对当时婴儿的高死亡率感到焦虑，这些情绪可能也会让她们犹豫是否真的想要孩子。一旦度过婴儿期，孩子活到成年的概率就会大大增加，所以在那个年代，年轻女性最有可能希望有大一点的孩子。在当时，青春期并不被视为一个相对独立的发展阶段，因为到 13 岁时，大多数年轻人已经和成年人一起参加全职工作了；但是每个人都希望有成年子女，因为当他们衰老时，便只能完全依赖他们的子女来赡养了。

因此，在孩子成年后，他们会反过来照顾父母（小时候曾是被父母照顾），这是一种互惠的关系，它在心理层面把几代人联结在一起，而同时这种联结实际上也是源于彼此在经济上的相互依赖。然而在美国，我们现在已经习惯了这样一种家庭模式——父母照顾孩子的时间要比过去长好多年，与此同时，父母也不再指望年老时孩子们会来照顾他们，而且在大多数情况下，孩子们没有必要或许也不想在父母年老时照顾他们。社会保障制度是在20世纪30年代中期建立的，但我们作为社会的一员，往往会忘记这种转变是近些年才切实发生的——直到20世纪，随着富裕程度的提升和疾病的有效控制，有史以来第一次，最发达国家的大部分人口在工作期间能够有积蓄，至少接近足够的盈余，从而使他们在年老体弱时仍可自给自足。

因此，就在几代人以前，刚刚提到的这种互惠关系给了父母一种将自己的未来托付给孩子的安全感，而孩子们也从父母那里获得了童年的安全感。然而由于当时人们的平均寿命太短，在很长一段时间内，这种彼此间的安全感是否起效，都未曾得到检验。然而，只要父母还活着，孩子们就会毫无保留地履行这种互惠关系中属于他们的义务，这也是父母所希望的。因为他们坚信当轮到自己年老体弱时，他们的孩子也会这样做，所以孩子们理所当然不会因父母的付出而感到内疚。

然而这样的情况已不再符合当下。虽然现在许多青少年容易对自己长期依赖父母感到内疚，但他们不会把这种因父母的付出而产生的内疚感直接表达出来。这种内疚感太令人痛苦了，因此许多人会将其压抑，尤其是在他们发现自己对这一切都无能为力的时侯，以至于无法在意识层面觉察到它的存在，但这并不意味着内疚感在他们的内部世界也停止作用。青少年对父母（或对其生活方式）的违抗在很大程度上是由这种被压抑的内疚感所驱动的，这也发生在潜意识之中，并且，经由违抗父母或批评父母及其做法，他们通常会堂而皇之地否认这一过程。有些孩子认为或断言父母花在自己身上的钱是不义之财，这就是这种内疚感的一种明显的表现。孩子的这一论断所包含的意思是，当这个钱是不义之财时，一个人就不必为花钱或把钱花在自己身上而感到内疚。

孩子会因为自己的成长耗费父母如此多的金钱和精力，而感到不安和内疚。除此之外，还会因为自己从父母那里得到如此多的养育却没有机会回报他们而感到难堪。然而，根据我们的社会模式和惯例，这又是不可避免的。因此，在许多情况下，所有这些都阻碍了孩子对父母的奉献表达感激之情，因为这种表达意味着他们必须承认自己已经（从父母那里）得到了太多，认识到这一点对于一个尚无回报能力的孩子来说是一个沉重的负担。

孩子对父母的感激表达得太少了，而且远远比不上父母实际所给予和付出的一切，这常常会引起父母的怨恨。这种情绪也通常很快就会被压抑，因为父母知道，大部分东西并不是孩子要求的，而是父母自己主动提供的，因为中产阶级的生活状况需要如此。大多数父母因为自己有能力抚养好孩子而感到高兴，甚至自豪，但是当他们的孩子认为这一切似乎都是理所当然的，或者更糟糕的是，当他们对父母的付出感到不满时，父母往往会不由自主地感到一丝怨恨。如前所述，这种情况可能发生在青春期，孩子这样是为了逃避已变得过于沉重的内疚感。因此，正是孩子的内疚感，或者更确切地说，是对内疚感的压抑和否认，以一种奇怪的方式剥夺了孩子对父母的感激之情（父母在潜意识中希望被感激）。

在过去，父母对孩子能够履行赡养义务的期望使得他们之间的相互付出得以平衡，基于一种公认的互惠关系，这一期望在父母和孩子之间建立了牢固的联结。时至今日，这一特定的联结已经消失，取而代之的是，孩子不承认的内疚感与父母不承认的怨恨，二者相互作用与影响。这一互惠关系曾为孩子和父母都提供了心理上的满足而成为一种维系社会运作及经济保障的纽带，但现在，因为只有父母单向性付出，这一纽带已成为父母和孩子之间心生不悦甚至彻底不满对方的根源。虽然这些负面反应大部分仍藏而未发，但它们却不利于在父母与孩子之间培养令双方都受益的良好情感。

如今，青春期是一个太过漫长的社会和经济依赖期，它被强加在青少年身上，而他们在身体和性方面比以往任何时候都成熟得更早，甚至在智力上也可能比过去的同龄人高得多。这些矛盾在青少年和他们的父母之间造成了太多的压力，因此对于父母而言，建立一个足够强大的“令血脉相连，灵魂交错，于身心之中，联结彼此”的纽带，就显得尤为重要了。父母与孩子之间的这种联结，是由父母的无私奉献所建立起来的，它必须足够牢固，只有这样，才不会被青春期所带来的种种困难以对两代人都有伤害的方式将其割裂。孩子内在体验着一种极度的不安全感，因此，他所渴望的也仅仅是父母能在他们之间建立起这样牢固的纽带。足够好的父母能够运用好这一牢固纽带所提供的源源不断的力量和修复能力，如此，整个家庭将成功度过青春期风暴。

第 25 章

寻找自己应有的位置

归属（belong）：根据英国用法，若“归属”后面要接一个介词，就接“于”（to）；美国用法则保留了它的基本概念“拥有自己正当的位置”（having a rightful place），认为“归属”后面可以接任何表示位置的介词。

——伯根·埃文斯与科妮莉亚·埃文斯，
《当代美国英语用法词典》(Bergen and Cornelia Evans,
A Dictionary of Contemporary American Usage)

归属感首先是在我们的家庭及家中发展起来的，只有以早期经验为基础，之后归属感才能延伸到邻里、民族、族裔群体以及父母信仰的宗教。我们首先在家庭及家中生根发芽（这是我们最初的根，也是我们最深的根），强大积极的自我感觉以及与他人牢固的情感纽带，将会在生活中给予我们稳定与滋养着我们的安全感，并让我们成功走过生存逆境。

当下，许多人在遥远的过去，甚至在隔海相望之地寻找他们的“根”，这是不幸的，反映了他们的疏离感。一颗树的种子可以被带到离它生长之处很远的地方，但由这些种子长出来的树只能在它们生长的地方扎根。同样的道理也适用于人类。我们的根，最初也是最重要的，就是在家庭之中。从最深的意义上来说，这是我们的归属——从小养育我们的家庭，以及我们后来为自己和孩子创造的家庭。

根据字典，“归属于”意味着拥有自己正当的位置，这一正当位置不是权力或父母给予的，权力或父母给予的并不是真正的归属感。归属是我们自己争取来的，先是通过正确的方式去爱与被爱，而后是经由自己的努力。只有这样这个位置才能牢固，成为自己一个人的专属。

纵观历史，家庭是每个成员生存的必要条件。除非家里每个人都不懈努力工作，否则所有人都可能遭受严重的贫困之苦。只要有足够的食物、住所、衣物和基本的知识，这个家庭就会一切都好，每个人都知道自己在这个家庭中的合适位置。人们要给家庭提供生活必需品，这一点充分证明了家庭的整体价值，尤其是父母的价值。父母和孩子都必须认真完成他们的生存任务，他们也会从自己的成就中获得合理的骄傲和满足。孩子们在很小的时候就开始工作，来帮助保障全家人的生活。无论自己有什么样的贡献，他们都确信自己的生活是有目的和意义的，他们觉得自己还不错，因为他们做了自己分内的重要工作。当孩子在田地、商店及家中长时间辛勤劳作后（在大多数家庭中，劳动时间都太长，而且太辛苦了），他确信已经做了自己力所能及、也应该做的事。他认识到了自己在家庭生活中的合理位置，并且明白这是自己每天劳作争取来的，由此会产生一种强烈而稳定的归属感和自尊感。如果父母没有感激他的贡献（即便在当时也是偶尔会发生的），孩子也知道这不是自己的错，而是父母没有公正地对待他。

现代社会的孩子们已经不需要干体力活了，工作量似乎比以前小得多，但他们永远不会对自己有类似的安全感。他们总有更多功课要做，总是苦于与别人比较。孩子的学业责任一点也不明确，他们的目标从时间上看是如此遥远，因而在某个特定的时刻显得毫无意义。因此，如今的孩子永远不会觉得自己已经很好地完成了所有的任务。如果他的价值是由老师对其努力程度的评价来决定的，或者是取决于他用取悦父母的方式来形成自己的个性从而给父母带来情感满足的能力，而不是根据自己的意愿、才能和经历，那么他就不能对自己感到踏实。因此，孩子会对自己的表现缺乏信心，并且对他的工作和生活状况感到不安。他没有意识到，这并非源于自己的不足，而是现代社会环境让他无法确定自己做得有多好，或者他应该对自己有什么样的合理期望。他只知道别人对他的期望，而别人对他的期望也经常并不明确。此外，当这些期望被清楚地表达出来时，对他来说往往又没有什么意义了。客观地说，现代社会中，中产阶层的孩子们所面临的要求与过去相比似乎要少得多，但孩子们常常对自己和世界感到深深的不满，但又不知道为什么会这样，这让他们更加不安了。

父母和老师可能会告诉孩子，在学校好好学习是有意义的，因为这会让他们在许多年后获得更好的职位或从事更重要的工作，但这对孩子来说没什么说服力，于他们而言，即使是一年，听起来也像是永远。过去，一个为了养家糊口种庄稼的孩子会看到自己努力付出就有收获，这就如同当他看着自己帮着制作的物品逐渐成形并最终完成时也会获得意义感一样。因此，在过去，孩子致力于自己的任务时，就证明了自己的价值感；但如今，孩子努力的结果大多都是无形的，而所有的疑惑和不确定性都依附于这些无形之物。对自我价值的确信其实只会来自这样的感觉，即我们已经很好地完成了自己的任务，并且当我们致力于这些任务时，任务本身就有意义。如今，一个年轻人会通过音乐来寻求消遣或忘却一切（音乐如此喧闹以至于让人无法思考），或者更糟糕的是，他们会通过成瘾来逃避。这不仅仅是源于厌倦或是社会环境的不公平，也源于他们内心充满着不确定感或是对自己的不满，这些感受是如此痛苦，以至于他们不顾一切想要摆脱它们，至少对于目前而言，不管自己会付出什么代价也在所不惜。

一些父母期望他们的孩子在家里做家务，但是即使做得很好，也不能给中产阶层的孩子带来任何安全感，而过去的孩子则可以从他对家庭福祉的贡献中获得这种安全感。做家务对父母来说其实更容易，但是这些活对家庭福祉并不会有太大的贡献，更重要的是也不会太有益于孩子的幸福。他看不到自己在家里干这些活是如何让生活变得更好的。更糟糕的是，他知道这些家务需要劳力，而他的父母却并不重视，而且这些劳作对家庭的经济或安全也没有太大的贡献。不受欢迎的劳作（孩子通常不喜欢做这些家务）并不能增加我们的价值感和自尊感。

虽然我们都必须干一些家务活或日常琐事，但如果这些事与更重要的活动相关联，或是伴随重要活动而来，我们就会毫无怨言、千方百计去做好。例如，在许多家庭中，孩子们被要求轮流洗碗。不得不洗碗就是伴随享用美餐而来的事情。计划和准备一餐饭可以被视为一项创造性“事业”，其中包括做选择和做决定，也需要具备技能。一个人如果负责准备饭菜，那么饭后就得收拾干净，这是一个自然而然的结果。然而孩子几乎很少或没有机会参与到准备饭菜这一决策过程以及获得由此带来的满足感中，因此，饭后的收拾工作就不再是这一过程中必不可少的一部分，而不过就是一件杂活。如果我们不得不在别人完成了创造性的工作之后再去做那些脏活累活，我们就会觉得自己不过是在干着仆人的活，即使干得不错，也会降低（而不是提高）自己在这整个过程中的地位。除非我们也帮着一起创造，我们才能从自己所做的事情中获得自尊。被告知自己必须做某事，以及何时、如何去做，往往会进一步降低在做这件事时的愉悦感以及从中获得的满足感。关于玩耍，有人提到，可以自由决定自己活动时间及方式的孩子，相比那些对此只有很少决定权的孩子而言，更有可能从中获得一些自豪感。这同样也适用于孩子在家中被要求做的任何被视为对家庭生活有所贡献的事情。

有些父母认为，要求孩子做些家务会教会他责任感。遗憾的是，我们并不会因为被告知自己要承担责任就真的负起责任。就算父母坚持认为有些任务就是孩子的责任而且一定要让他承担，他也不会就此负起责任。只有当孩子出于自己的信念，认为是自尊心要求他履行（而且是很好地履行）某些义务时，他才会学会负责任地行动（这与服从命令正好相反）。如果一个孩子有这样的信念，那几乎没有必要告诉他，他的义务或责任是什么，他从自己的抉择中就可以知晓。如果他被告知做某事是他的责任，这往往会引发他的消极态度，这就是在服从命令，相反，如果想让他从中获得自尊，就应该让他自由选择。而且，如果父母（孩子生活中的主要权威者）提醒孩子这是他的责任，或者更糟糕的是，他们还强迫孩子去做那些自己宣称应由孩子来负责的事情，那么孩子就会明白，父母并不放心让他按照自己的信念或自尊来行事。

例如，许多父母告诉孩子说他有义务收拾好自己的房间，因为这是他自己的房间，他们侥幸通过羞辱或强迫的方式让孩子在某种程度上这样做了。然而，父母这种说法并不是真正奏效了，因为尽管孩子可能会服从于父母的坚持，但这却无法让他相信这是公正的或者是公平的。即使父母强行独断专行取得了一定效果，这一说法也同样没有说服力，因为孩子从很小就知道，对某物拥有所有权主要就意味着一个人可以在不伤害他人的前提下随心所欲地使用它。如果父母认为孩子凌乱的房间会危及家庭幸福，这就有点不合理了。因此，说孩子对自己房间的状况负有责任，而且必须让房间保持父母认为干净整洁的样子，与因为这是孩子的房间所以他对其拥有所有权这一说法是相互矛盾的。告诉孩子他必须怎样打理自己的房间，就相当于否认了“这房间的确属于他”这一事实，因为如果这房间是他的，那他当然可以为所欲为。尽管孩子可能无法从意识层面认识到父母的这种观点是错误的，但他会有这样的感觉，这会让他不那么相信父母的公正性，这种感觉也不太可能让孩子学会承担责任。

如果父母明确告诉孩子，家里所有的房子都归家庭所有，包括他用的房间，那么作为一家之主，父母有权决定如何使用及维护所有的房间。然而，当所有的房间都归家庭所有时，也就没有理由让孩子负责收拾某个特殊的房间了。那么，收拾所有的房间是一家人都应该关心的事情，而不是让孩子只关心属于自己的那个特殊的房间。如果这个房间需要打扫或整理一下，那么这不仅是孩子的责任，也是父母的责任。而且，既然通常都是父母最强烈地认为这个房间需要被整理，那么很自然地，大部分必要的工作都应该是他们的责任。当然，孩子似乎也应该参与进来，因为可能就是他自己让这个房间需要被整理，因此可以希望他来帮忙。以我的经验，这对一个与父母关系良好的孩子来说似乎挺合情合理，一旦父母带头，孩子通常会愿意帮忙，而且一般也会很享受这个过程，尤其是当父母征求他的相关意见时。如果他的想法被采纳了，那他通常就会这么做并因此感到满足。这会让房间井然有序，但这并不是在教孩子承担责任，也不会让打理房间成为父母和孩子之间冲突的焦点。

在现代社会的中产阶层家庭的生活方式中，对一个孩子来说，几乎没有任何日常劳动具有内在意义，能让他觉得自己有义务去做并通过做好这件事来获得自尊感。除非是遇到类似于紧急意外这样的特殊情况，例如，当父母因病行动不便时，或者当一个年长的孩子感觉有责任要照顾弟弟妹妹时，但总的来说，这种情况短暂而少见。因此，父母所能做的就是要意识到，对于我们的孩子来说，培养内在的安全感愈加困难，这种安全感来自一种被需要的感觉、一种为家庭幸福做出重大贡献的感觉。如今，这种感觉只能从比较抽象的体验中获得了，责任感就是如此，孩子相信，“有一项任务太重要了，必须得完成它，而别人都做不到，或者做不到像我一样好，所以必须由我来完成它”，于是就产生了责任感。

家庭内部的孤独

过去，孩子在很小的时候就感到自己是被需要的，并由此拥有了自己在家中的正当位置，如此他才感觉到自己真正有所归属，而且由于日复一日、年复一年地与家人一起劳作，他从不感到孤独。孤独——一个人没有根的感觉，这是对现代人的诅咒，而我们祖先及其后代所承受的苦难则是鲜血、汗水、眼泪、短暂而残酷的生活以及繁重的劳作，但是他们都是在自己最亲近的人的支持下忍受这些苦难的。现代家庭通常只在餐桌上或者在晚上、周末或休假时，才会享受一家人在一起的这种团聚，此时对于维持家庭生计而言已没有什么活动是必要的了。我们可以仔细想想，郊区居民在开车这件事上花了多少时间，孩子们在乘车过程中又是如何不得不保持被动的。即使出行的目的是带孩子去他想去的地方，也必须是由成人开车带他去，这也意味着：对于孩子是否可以、何时可以做自己想做的事，父母才是决定者。孩子需要仰赖父母的善心，而且在父母驾车途中，他只好坐着不动，也只能眼睁睁地看着父母做"开车"这件重要的事情，要是父母不开车，他自己的活动也就无法开展。父母和孩子坐在车里，身体都被限制在这个狭窄的空间里，这很难或者也很少能让他们产生一种完全享受的团聚感。相反，长时间的车程往往会让孩子感到烦躁、紧张或无聊，而父母通常都在专注地开车。

到达目的地以后，事情可能就足够令人愉悦了，但休闲活动的享受性部分并不能弥补对生存重要的部分，对生存的重要性是休闲活动不具备的，即休闲活动不像做一些生存所必需的事情那样重要。正如研究家庭史的一些学者所言，在历史中，家庭的凝聚力来自家庭成员一起生产那些保障家庭福祉的东西，而现代社会家庭的主要活动变成了一起消费。要创造一种归属感，需要的远远不止这些，尽管消费很重要，但它并不能让人确信，自己在家庭秩序中有着正当位置。大家都知道，在一切都顺利的时候，我们自己也会过得很轻松。此时我们不需要家人来与我们一同享受，即便是陌生人也可以分享我们的快乐时光，酒肉朋友有很多。然而我们需要在遭遇不顺时，感觉到并且清楚地知道有人会和我们在一起，与我们保持联系，或者为我们做事情，分担我们的悲伤和不易，这样我们才会有安全感。我们不太可能在一次度假中体验到这些。

纵观历史，直到 20 世纪初，一个孩子都还能亲眼看到他的父母为养家糊口而努力工作，他会因父母的辛劳和技能而尊重他们。亲眼看到母亲努力生下孩子，并尽心喂养和照料婴儿，没有一个孩子不会为此深受感动。她尽心尽力照顾好这个家和家里的人，她也常常这样照顾着更多的人（比如雇工和学徒），她的孩子们不可能对此无动于衷。在省时省力的机器、成衣和加工食品出现之前，所有这些都需要高超的技能和极为艰辛的劳动。此外，母亲通常还为家庭提供各种各样的其他服务，包括照顾病人、帮着牲畜分娩、打理庭院和菜园，还经常帮着干农活，进城去卖农产品，把赚来的钱带回家的人往往也是她。所有这些，都让孩子对于母亲做出的巨大贡献印象深刻。

从很小的时候起，农民的孩子就禁不住钦佩他们的父亲能把强壮的公牛拴成一排，接着再犁出一条笔直的犁沟。很快，他们也钦佩起父亲的其他技能，例如修理房子和农具。铁匠的孩子则会敬畏地看着他们的父亲拿起一块铁，把它放在炽热的火焰上烧，再打成工具的形状。至于工匠，比如木匠或鞋匠，他们的孩子会惊叹于父亲用看似很一般的原材料做出最复杂的东西。这些孩子几乎不需要用《圣经》的戒律来让自己敬重父母，当他们看着父母在为家庭福祉日常劳作时，他们理所当然会敬重父母。

让我一直印象深刻的是，有一条直接指向父母和孩子的戒律，命令我们要“敬重”父母，这与现代家庭试图以“爱”为纽带将彼此牢固安稳地联结在一起是背道而驰的。我们没有被命令去爱父母。显然，过去认为敬重父母就足以建立正确的家庭关系了，其他的都不需要。

在大多数情况下，敬重一个人并不会让人产生矛盾的感觉，尤其是与“爱”这种常常令人矛盾的情感相比，“爱”几乎总是要求很高，除了它反复无常以外，嫉妒还常常与它如影随形。正如弗洛伊德所指出的那样，对父母一方的爱往往会引起另一方的嫉妒，而敬重父母一方则不会如此。当父母彼此和睦相处而且在供养家庭的工作中相互支持、相互补充时，只敬重父母中的一方而不敬重另一方几乎是不可能发生的。

然而，孩子敬重父母，不只是因为他们钦佩父母的技能和知识。孩子如此密切地与父母一起生活和劳动，也对父母的为人有着自己的看法。同样非常重要的是，在以前，父母也是孩子的主要教育者，直到公立学校取代了父母的教育功能。在此之前，即使孩子们上了几年学，正规教育在绝大多数孩子的生活中也只起到很小一部分作用。在每个人的心目中，与父母一起劳动都比上学更为重要。这一点表现在即使在今天，学校仍然也是在需要孩子帮着收割庄稼的季节放长假，尽管如今很少有孩子会做这些。

当父母和孩子在一起劳动时，父母传授给孩子的知识或技能会在彼此之间形成一种牢固的联结。这种“教与学”在过去是很重要的，因为当时人们默认孩子们会在很大程度上追随父母的脚步。我们都喜欢有人能欣赏我们把事情做得很好，这个人对我们越重要，他对我们的欣赏就越有价值。对大多数父母来说，孩子都是极其重要的，同样重要的还包括孩子对父母的感受。因此，当一个孩子钦佩父母所做之事，并因此钦佩他们的为人时，父母会感到极为满足。从严格意义上讲，我们都需要所谓的“自恋供给”来维持我们的情绪健康。当别人对我们有很高的赞许时，我们也会高度评价自己，而且还会感觉很好。一个人对我们越重要，我们从他那里得到的自恋供给就越持久，我们也就会尽最大努力来持续获得这些供给。因此，孩子对父母的钦佩会使所做之事变得更有价值，这也是对诸多困难的一种补偿。不管我们是否意识到这一点，我们都会很感激能够获得我们如此需要的情感供给。因此，父母对孩子会心存感激，因为孩子给了他一种受人钦佩的感觉——用《圣经》的话说，即孩子“以他为荣”。这使得父母更易于通过教导来向孩子伸出援手，同时这也会获得更多回报。反过来，当父母致力于教导孩子任何对自己来说非常重要的事情时，孩子也会感到更安全，感到自己更重要，还会感受到更多的爱。所以说，受孩子钦佩和“敬重”的父母，必然会爱孩子，除非他出了什么问题。我相信这就是为什么《圣经》告诉我们说，为了家庭的幸福，我们所需要的就是孩子敬重父母，这样的话，父母自然而然就会爱孩子。

当大多数孩子追随父母的脚步时，亲子关系就有了更多的意味。当一个儿子继承了父亲的农场或商店时，或者当父亲希望他这样做时，父亲可以感觉到他的儿子将在他停下来的地方继续前行。如此，他一生所做之事将得以延续，而不是在他死后就骤然停止。他想要的并非生命不息，而是其一生所做之事得以延续。这样他就不会徒劳无功了。母亲的感觉也是一样的，她希望女儿能像她一样生儿育女，并将他们抚养成人。孩子感激父母教他如何谋生，父母也感激孩子，相信孩子所做之事将会让父母的一生得以延续。因此，他们在生活和关系中感受到了一种令人满意的互惠。

如今，当孩子们的生活和职业与他们父母的完全不同时，孩子不太可能会继续从事父母的职业让他们的劳动成果在家庭中生生不息。我们的劳动也失去了许多个人意义，因为这些劳动成果似乎很少会超越我们的生命范畴，如此，我们的生命也就随着我们入土为安而落下帷幕。

现代社会的孩子，难以在日常工作中观察父母，也无法从自己的观察中理解其意义所在，因此他们会发现自己很难由此而“敬重”父母。因为父母已不再像过去那样受到孩子的尊敬，所以也很难如过去一般深深爱着自己的孩子。过去，当孩子因钦佩父母所做之事而给予父母独一无二的尊重并且父母也深以为然时，父母对孩子深深的爱就轻松自然地产生了。

现代中产阶层的孩子几乎没有什么机会在父母工作时观察他们，考虑到许多现代职业的复杂性，他们也没有机会去理解为什么父母的工作很重要，对家庭的生存和幸福也很重要。过去看到父亲收割庄稼的孩子会毫不怀疑父亲是在直接为家庭福祉而劳作，看到母亲做饭、缝衣服、打理菜园的孩子也会这样认为。如今，这一情况仍然适用于部分孩子，比如那些在家庭农场长大的孩子，但这样的孩子越来越少了。相比而言，看着父母在百货商店挑选衣服，在超市里挑选瓶瓶罐罐，还有开车上下班，这些都不会让孩子觉得父母是在为他的幸福而努力工作。孩子也只会听到他们这么说，但是相比于自己天天看到的，这些口头的话语并没有什么分量。中产阶层的孩子大多在父母休闲或者消费时观察他们是否引人注目。这很难让他觉得父母所做之事是重要的。即使父母做一些对家庭有益的事务，如打扫房间或洗衣服，许多孩子对它们的价值也不以为意。因为在他看来，这些事情很大程度上与父母对他的批评一脉相承。那是在说他没有保持房间的整洁，东西到处乱放，造成了打扫困难，他也没法让自己干干净净、衣衫整洁。孩子会对父母的这些话感到不满，这让他很难看到做家务的价值。

当孩子看到父母里里外外修理房子，或者以其他方式改善家庭状况时，情况就完全不同了。这对他来说很有意义，由此也对父母在这方面的技能印象深刻。他通常会很乐意帮忙，并为自己的贡献感到自豪，前提是父母对此也感到满意。因此，孩子相信父母所做之事是有价值的，才会钦佩和尊重父母以及他们的生活方式。当孩子只能在父母闲暇时看到他们，往往就很难正确地评价父母的生活方式。唯有怀着敬意，孩子才愿意认真对待父母说的话，倘若没有这份敬意，父母的要求也就没有什么分量了。

如今这个富裕的社会已经使得父母与孩子的生活相互分离开来，也让双方之间的物理距离变得十分遥远。最糟糕的是，许多现代中产阶层的家庭是由一群在成长过程中并没有学会如何与他人很好地相处的人组成的。父母自己没有获得在艰难困苦中与他人和睦相处的能力，没有获得和他人一起亲密生活的能力，他们也无法很好地应对因此而产生的问题和困难，那么他们就不能言传身教，把这种能力教给孩子。于是，所有人都因彼此情感上的疏离而痛苦。为了让我们的家庭更有意义，我们需要在情感上亲近彼此，因为如今能将一个家庭联结在一起的，只能是家庭的情感纽带——太多的人已经失去了在亲密的身体接触中彼此和睦相处的能力。然而，当我们在物理距离上都不想靠近彼此时，也就不可能获得情感上的亲密。虽然“眼不见，心不烦”这句话未必正确，但相比于成人，这句话在儿童身上更为适用。当然，物理距离上的亲近并不会自然而然地带来情感上的亲密。许多年轻人已经失望地知道了这一点，因为即使彼此同住一个社区，或者同居在一起，他们的内心仍然很孤独。然而无论如何，如果没有一段时间的亲密接触，彼此之间的亲密关系就难以建立。

多近才算太近

如果说建立亲密关系的能力将会支撑我们的一生，那我们必须尽早获得这种能力，在生命早期，一切都是凭直觉发展而来的。婴儿依偎在母亲怀里时就学会了这一点，毯子的温暖永远都比不上母亲的身体所给予的。盖上毯子，孩子的身体也会感到暖和，但如果没有人来提供这种身体上的温暖，孩子的内心就感受不到情感上的温暖，而正是情感上的温暖才会令他对自己感觉良好。

一句古老的德国谚语说，人生最大的一堂课就是“根据被子来伸展身体”（stretch according to the cover）。这句谚语可以追溯到过去某个时期——当时不仅孩子们会睡在一块儿，全家人都会睡在一张床上，盖一床被子。在那些日子里，孩子们确实从小就要学着去适应与他人亲近的生活。如果一个孩子抢走了被子，他的兄弟姐妹就会叫醒他，然后再把他们盖的那部分扯回来。而如果一个孩子踢被子了，那另外一个就会抗议，说自己一晚上都没睡好。如果一个孩子做了噩梦，而待在床上又得保持安静，不能因不安而叫嚷和翻来覆去的话，另外一个孩子就会帮着他再次入睡。因此，如果孩子们想不受干扰地安心睡觉，他们很早就得学会（而且几乎是凭直觉就学会了）相互让步和相互调整，这对于如今人们的和睦相处来说如同对当年的那些孩子一样不可或缺。

哲学家叔本华（Schopenhauer）把人类的困境比作两只豪猪（长刺的野猪）在寒冷的冬天里挣扎求生。为了不被冻死，豪猪们窝在一个山洞里，即使这样也还是很冷，因此它们彼此紧紧地靠在一起互相取暖。然而它们越靠近对方，就越被对方身上的刺扎到。它们伤痕累累且气恼难当，为了避免互相刺痛而拉开了距离。现在它们失去了所有能给彼此的安慰和温暖，并再次面临被冻死的危险。因此，它们再次拉近了距离。最终，随着来回挪动，它们学会了如何共处，以使双方都不会被刺痛，而且还足够靠近，能够还算舒适地待在一起。这意味着我们必须学会如何在不伤害彼此的情况下亲密相处。如果我们没有学会这一点，我们要么因彼此太亲近而感到不舒服，要么因相互疏远而无法获得情感上的温暖。

人类的生活在过去曾被传统所束缚，因为生存所需，一个人无法随心所欲安排自己的生活。几个世纪以来，随着生活条件的改善，人们已学会保持最佳距离以避免被他人控制或过于孤立。许多传统就这样建立起来，而且毫无疑问得到了遵守，其中包括对许多关系的规范，例如夫妻关系及其社会角色、亲子关系、社会阶层之间的关系，以及所有那些长久以来被认为是上帝赋予的关系。所有这些传统都是几个世纪以来不断试错的结果，目的是在任何给定的生活条件下都能找到人与人之间相处的适当距离。这种尝试往往以一种令人感到不适且受限但又仍然可以一起生活的妥协而告终，这种妥协介于个人自由（正如我们今天所设想的那样，在过去这种自由非常少）与社会依赖之间，而且伴随着这样一种感觉，即必须守住自己的位置（我们能感觉到，当时人们对自己的位置都有许多的坚守）。

这个富裕的社会已发生了很大的变化，“豪猪洞穴”里现在有中央供暖系统了。如今在这个设备齐全的洞穴里，我们倾向于疏远彼此，待在自己的私人角落里，这是对过去在试图逃避冻死而忍受刺痛的一种反应，在这个角落里，我们独自生活，这样就不会再刺伤别人，也不会被别人刺伤。这是对以前“迫使他人”或“被他人迫使”感到焦虑的一种逃离，这样仓促地逃离也带来了情感上的分离。这导致许多人无法很好地与他人生活在一起，因为他们在孩童时期并未掌握这种能力，他们不得不陷入社会孤立中，最终总是会产生一种存在的绝望感。这些人从未失去，但也从未学会像没有中央供暖系统的豪猪那样互相取暖。洞穴又大又热，他们并非因寒冷而发抖，而是因孤独而颤抖，他们甚至不明白自己为何发抖。

难怪那些在情感孤独中长大的人很难建立持久的关系，他们的生活条件也从未让他们去学习如何根据被子来伸展自己的身体。他们在寻找自己丢失的东西，但找不到，因为他们还未学会如何应对亲密生活中常有的困难。他们在成长过程中，没有过或几乎没有过亲密关系的体验，成年时，他们也无法与他人建立亲密关系。因此，许多婚姻最终都会破裂——他们曾经也希望在婚姻中能找到自己儿时错失的亲密关系，不幸的是，结果大多令人失望，因为双方都无法给予彼此如此渴望的那份亲密。

父母离异的孩子通常很害怕建立亲密关系，因为他们与父母一方曾建立起的亲密关系是以痛苦失望告终的。由于害怕重复这一体验，他们不敢把自己完全托付给另一个人，因此他们的婚姻也易失败。有过这种经历的孩子难以发展出一种归属感，因为他们被剥夺了自己曾经希望在父母双方的生活中都“理所当然”且永远存在的位置，而不只在父母一方的生活中占有这种位置。

孩子生活中的不稳定性使他很难甚至不可能产生归属感，这种不稳定不一定总是父母婚姻破裂的结果。过多地从一个地方搬到另一个地方，并由此与朋友中断联结，也会产生同样的结果。甚至过于频繁地换学校也会不利于孩子发展出强烈的归属感。这一切都是显而易见的，几乎不需要进一步讨论。

还有一些情况，与过去也有所不同。在过去的日子里，一个人若一生都被束缚在其出生之地，那往往让人感觉很煎熬。然而，倘若他期望在那里度过一生，很可能他的孩子也是如此，那么这就有助于他们对这个特定的地方产生强烈的归属感，即使不这样，他们也会对在同一个地方度过一生的一小群人产生归属感。

关于这一点，参观一下那些重新修建的工业革命前我们祖先居住的村庄，会很有启发性。这些村庄通常都很小，所有村民都比邻而居。不仅如此，即使在非常富裕的家庭里，物理距离的界限也非常有限。例如，马萨诸塞州斯特布里奇村一位杰出公民的房子，就是由楼上房间和楼下的小厨房、餐厅以及客厅组成。每个房间的面积大概是我们现在适当大小的房间的四分之一；天花板很低——只有这样房间才能在冬天保持温暖，这让人有一种温馨的感觉。楼上实际上是一个阁楼，分为两个房间，分别是父母的卧室和孩子的卧室。这两个房间被一层薄薄的木隔板隔开，孩子们可以很容易地听到父母卧室里的动静，父母也可以听到孩子房间的声音。那里用不上内部对讲系统。

每间卧室勉强够放 2 张床和几件家具，孩子们睡在脚轮矮床上，据我们所知，至少有 4 个孩子（男女都有）住在一个房间里。就像在今天的以色列集体农场里那样，4 个没有血缘关系的孩子，通常是 2 个男孩和 2 个女孩，直到 18 岁之前都睡在同一间小卧室里。有趣的是，这种生活方式并没有引发任何性行为。相反，性观念在当时和今天的以色列集体农场里，比我们睡在自己房间的中产阶层年轻人要严格得多。

更重要的是，两三个孩子常常睡在一张床上。如前所述，这种睡在一起的方式在孩子很小的时候就教会他们如何在不打扰其他人睡觉的情况下找到温暖、安全感和陪伴，以及当有人半夜从不安的梦中醒来时，如何互相抚慰。今天，孩子们仍会互相抚慰，例如，在以色列集体农场里，当有的孩子在夜里感到不安时，会有其他的孩子站出来说自己会保护大家。

在斯特布里奇村，孩子的房间里只能找到一把木马摇椅、一个玩具娃娃还有它的摇篮这些玩具。孩子们几乎很少因为挑选玩具而争吵，因为没什么玩具可选，也不会因为穿什么衣服而吵闹，因为天天都只有那一套衣服，周日的时候换另一套。家里没有什么易碎物品，几乎不存在“不要碰”这样的说法。由于必须从村子的井里打水，而这实在是太难太累了，因此当时可能很少有人会坚持让孩子们每天在饭前和便后频繁洗手。一个户外厕所就够整个家庭使用了。

美国历史学家丹尼尔·布尔斯廷（Daniel Boorstin）对重建后的威廉斯堡发表了一句最有见地的评论：只有在游客住宿处安装了室内卫生设施，游客才会纷至沓来。如果威廉斯堡殖民地时期的露天污水渠和户外厕所也被重建使用，那么臭味会把现代游客吓跑。然而几代人以前，这些气味是生活环境的重要组成部分。那时，人们不会因为体味而畏缩，也不会因为过于严格的如厕训练而疏远自己的身体。事实上，粪便本身并不让人觉得恶心，反而可以好好收集起来作肥料用，就像中国到20世纪90年代仍在使用“夜香”（night soil），游牧民族也会把粪便作燃料用。在过去的那些日子里，如厕训练永远不会像现在这样，让人对自己的身体产生厌恶感，因为身体的排泄物是有价值的，而且是被尊重的。

这种对自己和他人身体机能的自然亲近，在性方面曾经也是如此。在弗洛伊德之前的很长一段时间里，人们都不可能会“发现”像婴儿性欲这样的现代化概念。从历史上来看，成人对孩子性行为的疏远（这导致了孩子对自身的疏远），是缓慢产生的，直到维多利亚时代才达到顶峰。

在我们这个富裕的社会里，许多现代化趋势并不是我们为美好家庭生活精心规划的，而是我们对狭窄空间里拥挤的居住环境所做出的反应，就在不久前这种狭窄空间还很典型。过去，大多数人都难以拥有自己的私人空间。如今，我们对此做出反应——我们渴望让每个孩子都拥有自己的卧室，如果可能的话，也让他们有自己的浴室，这样我们就不必在清洗自己的身体时碰到彼此，也不用被迫去学着分享彼此的亲密行为。这是一种相当舒适的生活方式，实际上从婴儿出生起父母与孩子就相对分离开来，因为大多数婴儿已不再像以前那样睡在父母的床上或床脚边。

如今，父母之间的亲密行为通常会被小心翼翼地隐藏起来不让孩子知道。我并不是说，如果我们的孩子能够观察到父母的亲密行为，他们就会成长得更好。然而，现在我们让孩子几乎不可能从婴儿期就学会与自己的身体或他人亲密相处了，他们也不可能随着年龄的增长一步一步地学会建立亲密关系，而这又发生在一个社会和经济条件迫使我们试图仅靠情感上的亲密来建立家庭凝聚力的时代。

我们的青少年其实能意识到，这种身体疏远是一种缺陷，他们也会对此做出反应。他们与维多利亚时代和后维多利亚时代的父母有所不同，如果让他们来选，他们不会选择在宽敞明亮而且有足够大的空间来分散群体的房间里举行派对。相反，如今的青少年喜欢在昏暗的迪斯科舞厅里挤作一团，彼此贴近，几乎没有什么活动的空间。他们终于后知后觉地重建了殖民时期的亲密生活。然而青春期才开始学习建立亲密关系已经太晚了，他们付出努力的收获往往只是身体上的亲密，而非情感上的亲密。

第 26 章

支持性家庭

大家族意味着快速的帮助。

——塞尔维亚谚语

如果要确保所有成员的福祉，在所有社会组织中家庭对凝聚力的要求是最高的。凝聚力在现代社会尤其难以获得，当我们既要确保家庭成员的个体性又要获得凝聚力就更难了。父母都想要有孩子，觉得孩子会丰富他们的生活，但今天许多父母也担心为人父母将剥夺他们的个人自由。他们甚至在怀孕时就已经开始有这种矛盾心理了。一对年轻的已婚夫妇在告诉我他们为什么要出国旅行时，简洁地说："这是我们'作为一个人'的最后机会。回来后，我们就要当爸妈了。"他们非常清楚地知道自己想要孩子，但他们也知道这需要自己放弃一些非常重要的东西。

只要每个人的角色和活动都受到传统的约束，也就是说，只要个性化被认为是不可能、不可取或不重要的，那么家庭团结就相当容易维持。尽管这种团结在很大程度上限制了每个个体的自由，但这被认为是绝对必要的，而且，大家也理所当然地认为事情就该如此。然而，一旦人们接受了这样一种观点，即每个人应该被允许而且也有义务做真正的自己，应该按照自己的意愿发展个性，作为一个人而非家庭、部落或阶层的一部分来寻求自己人生目标的满足时，家庭成员之间的紧张关系就会加剧，在极端的情况下还会变得几近失控。

人们像以往一样深切渴望着家庭内部的社会性凝聚力，但很难拥有它，因为在努力争取自己的自主性时，家庭成员之间会产生一些强烈的情绪或冲突。同时，在发展自身个性的过程中，我们还是会感到需要帮助，如果没有得到帮助，我们就会感到不满。在一个家庭中，只要团结氛围占据优势，大家就会很乐意生活在一起，这不是因为他们没有遇到问题和困难，而是因为他们不会在遇到问题和困难时责怪彼此或自己，大家会作为一个整体来一起面对困难。精神医学治疗的主要目的就是让那些没有体验过家庭团结的人不那么痛苦。这也是矛盾之处，尽管家庭团结会让我们在个性化的过程中体验到情感上的安全感，但我们又倾向于在与他人的对比中（主要是与我们最了解的人做比较）来定义自己的独特性，而这样的对比会破坏人际和睦。

对此，安全感是唯一破解之法。只要我们觉得自己对于那些在我们生活中举足轻重的人来说是非常重要的，我们就会体验到安全感，同样，由嫉妒所引发的紧张感也会减少。如果家庭中某一成员在遭遇不幸时能得到其他所有家人的支持，让一人的不幸变成大家共同关心的事情，那么这一家人生活在一起是很幸福的。幸福的家庭并不意味着事事顺利，而应该是即使出了问题，造成这一问题的人或为此受难的人也不会被指责，而是会在危难之中获得大家的支持。因为，如果某一家庭成员在感到沮丧时不被家人鼓励，那他怎么能感觉到这个家是他安全的避风港呢？

那么，现代社会的中产阶层家庭该怎么办呢？我们不会也不能指望通过外部威胁来团结大家。所有人不再因纯粹的生存需要而被迫长时间地一起辛苦劳作来维持家庭生计。我之前曾含蓄地表达过，若将生存必需品比作蛋糕，爱与情感曾经是这块蛋糕上的糖霜，是在纯粹必需品基础上添加的额外联结。如今，爱与情感已成为联结家庭的必要纽带了。既然物质上的安全感已不再是家庭向所有成员提供的主要服务，那么取而代之的就必然是情感上的安全感了。尽管进行了各种试验，但人类社会从来没有找到一种比在家庭中抚养孩子更好的方式，同样，也没有找到任何比家庭更好的模式来为我们提供情感上的幸福，或者比家庭更好的框架能让我们在其中真正地与父母亲密相处，而这种亲密关系将为孩子的一生提供内在的安全感。

社会所提供的安全感固然不错，但它不能让人有一种内在的安全感，既没有情感上的温暖和幸福，也不能让人有自尊感，更无法提供一种价值感。所有这些，只有父母才能给予孩子，倘若孩子能与父母相互给予的话，父母会做得更好。如果一个人不能从父母那里获得这些情感体验，那么在以后的生活中也很难获得；即使获得，也无法稳定地拥有这些体验。因此，这一切都取决于现代家庭能否提供这种情感上的安全感，它是基于所有家庭成员之间的亲密体验以及相互的爱与尊重而产生的。

让我们来思考这样一个典型的例子，当中产阶层家庭的孩子迫切需要情感上的安全感，而这又应当且只有在他的家庭中才能获得时，会发生什么呢？例如，一个孩子放学回到家，他因为分数不及格感到沮丧，觉得自己一文不值，生活对他而言没有任何希望，同时也觉得老师甚至全世界的人都对他态度不好。那么，父母是听从《圣经》的训诫来鼓励这个受挫的孩子，还是把失败归咎于孩子自身（他已经感觉到如此挫败了），从而进一步挫伤他的信心呢？此刻，其实孩子最需要的是体会到家庭的支持，并且需要知道以后当自己在青年生活中遭受痛苦时，家人也会支持他。有多少父母会同情他的不幸并鼓励他往前看呢？又有多少父母会因为批评孩子而加重他的无价值感呢？

如果孩子带着自己取得的好成绩回家，父母会理所当然地表达喜悦之情，他们也应当如此。如果这个孩子只有在自我感觉良好的时候才会得到认可和支持，当他自我感觉不好的时候受到的就是批评与指责，他怎么能不觉得父母与“酒肉朋友”并无两样，在急需时根本指望不上呢？

当一个孩子因为重要情感联结的断裂而深感失望时，在这个中产阶层家庭中又会发生些什么呢？例如，一个青少年可能经历了人生中一次非常沉重的打击，他和一位同学是非常亲密的朋友，但是突然间，就像这个年龄段的人经常发生的那样，他觉得自己被这个最好的朋友背叛了。尽管青少年之间的关系比成年人的关系要短暂得多，但当下他们的体验同样深刻。这样的一个青少年可能会觉得自己无法面对那个让他如此受伤又失望的朋友。作为父母，如今我们必须在满足所有家庭成员情感需求的基础上努力建立我们的家庭，那么我们有没有对孩子流露出我们对他感受的重视呢？这样他才会明白，这些感受才是他与别人，尤其是与父母和兄弟姐妹建立联结的关键所在。

如果我们经历了这样的打击，我们通常会避免再见到这个人，我们不希望这个叛徒看到我们的痛苦或对此幸灾乐祸。我认识这样一些成年人，在一段亲密关系破裂之后，或者在对一位亲密朋友极度失望之后，他们会在数月或数年的时间里避免与那个伤害了自己的人相见。然而，当十几岁的孩子遭受情感上的打击而陷入最痛苦的境地时，我们会鼓励他专注于为这段关系哀悼吗？我们会因为他的心已“病入膏肓”而让他不上学、休养几天吗？如果是这样，在重新遇到那个伤害自己感情的人之前，他会有足够的时间来疗愈伤口。或者我们会坚持要他第二天早上继续去上学，尽管他肯定会遇到那个曾经最亲密但最近却已反目的朋友。就好像失去一个最好的朋友远没有普通感冒重要，若是感冒了，我们还会非常愿意让他待在家里。即使这个孩子非常优秀，不会因缺课几天就退步，家长也会让他坚持上学，更不允许他待在家里闲晃，从而向孩子证明，在他们的价值体系中，学业成绩要优先于给他时间抚平内心的创伤。同样也是这些父母想把家庭建立在情感联结上，但是他们这样的做法又与之相矛盾。

即使这个孩子将自己难过的原因说给父母听，他们通常还是试图说服他不要把自己的感受看得那么重，就好像只说一句“这没什么好伤心的”就可以消除他所有的痛苦一样。若是父母想让孩子相信他们是真的很看重情感上的联结而不只是口头上说说而已，那么我们最起码要做到的，就是同情孩子的感受，继而让他避免遇见那些给他带来这般痛苦的人。

若我们坚持让他去上学，那就是在用行动表明我们希望他只重视与我们（即父母）的情感联结，而非和他人的，但是人的情感并不能像精神分裂那样被一分为二，与家庭有关的就是“重要”的情感，而其他的，比如与朋友有关的就是“不重要”的情感。情感联结要么是重要的，要么就是不重要的，孩子会根据我们如何回应他的感受来评估我们的看法。如果我们不能恰当地回应孩子的感受，不仅是给予温言良语，还要有所行动，他可能会决定今后不把自己的感觉讲出来，这会让我们没有办法帮助他。

有个孩子曾深深依恋着他一年级的一位老师，这位老师在冬季突发心脏病去世了。这孩子哭了一整天，第二天不肯去上学，但父母坚持要他去，这样他才不会耽误学习，不被班上的其他同学落下。因此，这个孩子迫于无奈去上学了，他很讨厌那个新老师和听她话的其他同学，他仍然忠于第一位老师（也是朋友）。结果，他在学习上一点进步都没有。的确，这是一个不太寻常的案例，但是如果我们允许这个孩子去平复他的痛苦（这至少需要好几天的哀悼，并且须为此倾注全部的情感能量），他很可能会接受这个新老师并继续学习。更重要的是，虽然这个孩子的父母希望孩子会爱他们，但直到成年以后，他也永远无法原谅他的父母，因为在他还是个孩子的时候，父母是如此不尊重他绝望的失落感，他们甚至不让他有一天的喘息时间来缓解悲痛。其实，我们一定要认真对待孩子的悲伤。而有些父母不愿如此，我曾与他们谈论过这种情况，我当时试着用莎士比亚的话来提醒他们："每个人都能控制悲伤，但处于悲伤之中的人除外。"

对于孩子的悲痛与难过，许多父母在回应或未能回应时，表现得都好像是孩子还小还不成熟，因此他的痛苦也很小很不成熟，但是只要他们想一想并观察一下孩子的忧愁，就会知道事实并非如此。通常，让人们忽视了孩子的悲伤或认为孩子可以轻易克服悲伤的原因并不是父母不敏感。更常见的情况是，父母深切地希望自己的孩子可以免去这种不快乐的感觉。可以理解，父母希望孩子快乐，而不是在这么小的年纪就遭受那些生活给予的不可避免的痛苦。这些愿望在不知不觉中就使父母相信了关于快乐童年的虚假且空洞的陈词滥调。另外，由于人们普遍认为父母有义务让孩子度过快乐的童年，所以我们很难接受孩子时而会有的不开心，它似乎反映出我们这个父母当得不怎么样，因此我们宁愿相信孩子的悲伤只是一件相对较小而且很容易就能克服的事情。然而所有对孩子的观察都表明，与其他年龄段的人一样，他们的生活其实也充满了痛苦和悲伤。不接受这个事实，不对此做出恰当的反应，其实就是在轻视孩子。

即使是那些希望孩子能够认真对待重要事情的父母，他们的做法也没有什么不同，因为在大多数情况下，父母只会关心他们自己觉得重要的事情，很少会触及孩子认为重要但父母认为并不重要的事情，比如刚刚提到的失去朋友或失去老师的例子。这种态度很容易在担心核战争危险的父母身上体现出来，而且他们也会把孩子拉到这些成年人的担忧之中。这样的父母可能会感到高兴，因为孩子能分担他们的忧虑而且对父母认为的最重要的事情是如此上心。然而，这种对毁灭性战争的焦虑显然会影响孩子们的幸福，而幸福同样又是这些父母希望他们的孩子能享有的。显而易见，孩子们对阻止核战争其实是无能为力的。

如果父母认为他们可以决定孩子应该认真对待什么、不应该认真对待什么，那这是很不幸的。那些把自己的不确定性或焦虑投射到孩子身上的父母，通常不愿相信孩子自身感受的深刻性。而且当他们认为孩子没有或几乎没有理由如此时，也就无法理解孩子承受了多大的痛苦。无论一个人多大年龄，由他人（甚至是我们父母）所做出的关于我们应该和不应该对什么有深刻感受的决定，都会被我们体验为他们对我们知之甚少，而且对我们的感受漠不关心。

出于这种态度，父母经常试图让一个非常难过的孩子从他的痛苦中振作起来。他们的做法往往都会成功，孩子处在一个不利的位置因而无力抗拒，而且对他来说，父母想让他快乐的愿望是一个非常重要的信号，这表明了他对父母的重要性。此外，孩子的情绪比大多数成年人更容易波动，他可以很容易由沮丧转变为（或被转变为）更愉快的情绪；但这并不意味着他的感受不如成年人那样深刻，例如，即使他似乎暂时忘记了对失去朋友的深切感受，但感受会继续影响着他。很快他又会重新体验到悲痛，令他感觉更糟的是，自己竟一时忘记了最深切的感受是什么。那些成功地让悲伤的孩子高兴了一会儿的父母，会因此认为孩子的感受并没有那么深刻，而且他们还会习惯于试图通过不认真对待孩子的感受来让他摆脱悲伤情绪。然而，即使孩子的痛苦暂时减轻了，不过要是他想到父母竟认为他的感受如此浅薄以至于轻易就能让他从中振作起来的话，他还是会感到很受伤。

如果我们真的把孩子的感受当回事，那么在他伤心难过时，就不会试图让他从这些伤痛中振作起来。当我们自己为失去所爱之人而哀悼时，如果一位朋友试图鼓励我们走出悲痛，我们会认为这很冷酷无情。我们期待有一个真正的朋友会尊重我们内心的丧失感，与我们一起哀悼，并以这种方式来帮助我们。如果他试图通过开玩笑的方式把我们从痛苦中解脱出来，我们会感到惊诧。如果我们也这样对待自己的孩子，他也会有同样的感受。然而，他无法告诉我们，当我们将他的丧失看得如此之轻而不和他一起哀悼时，他对此是多么怨恨。他也无法讲述，当我们对此轻描淡写时他有多受伤。如果我们真的这样做，他就会对这样的行为感到深深的怨恨，就像我们在朋友试图用笑话让我们走出悲痛时感受到的那样。

失去朋友只是让孩子不开心的众多情况之一。无论他的外在表现怎样，对于我们努力让他高兴起来而不是试着共情他的感受这样的行为，他都会认为我们只关心自己的感受（也就是我们希望他不要不开心），根本不关心他当时那些极其痛苦的感受。

如果我们想通过家庭成员之间的情感联结为家庭生活打下坚实的基础，那么我们必须非常认真地对待彼此的感受，尤其是一些负面感受。因为如前所述，心情好的时候，几乎每个人都会很享受彼此的陪伴。所以，非常重要的是在孩子很痛苦的时候，我们也要给予他最大的关注和最深切的同情。我们要向他表明，我们并不认为他没心没肺，以至于很快就能克服深切的痛苦。我们还需要从一开始就强调情感联结在我们生活中的重要性，并尽可能用心去滋养。我们必须要对这些情感联结很上心，就像我们的祖先苦苦寻求救助与生存一样。以前的父母花了多少时间与精力和孩子一起劳动来维持家庭的经济状况，我们现在就必须花同样多的时间和精力在彼此的情感联结上。在过去，物质需求曾是将家庭联结在一起的关键要素，而且当这个家庭想方设法要一起好好生活下去时，这种联结让每个成员都为自己属于这个家庭而感到高兴，并因此获得安全感。如今，所有这些都必须由情感联结来完成。我们将这些联结建立得越牢固，我们的孩子就越有可能成长为坚强又有安全感的人。

忠于家庭

从前，全家人一起劳动来维持家庭生计是件严肃的正事。那时，生活本身总是不易，而且往往异常艰难，尽管人们试图忘记这一点并想在节日当中获得补偿。幸福的家庭会在大大小小的生活困境中支持着每一个成员。过去，没有人会想到有什么比作为这样一个幸福家庭的一分子更令人幸福，也都知道生活处处是艰难。

而当代家庭日常生活中那些最令人烦恼的问题往往源于这样一种期望，即生活应该是幸福的，若非如此，至少也应该是平稳的，再严重的困难也不应该损害家庭生活。因此，过去家庭幸福的试金石——在遇到困难时，幸福的家庭会团结一致生存下来——近来却成为令许多家庭“搁浅”的“暗礁”。这是因为人们错误地认为，当一个家庭出现严重困难时，家庭本身必定存在问题，因此必须找出应该被追责的人或事。

当代中产阶层家庭已经很少相信他们是作为一个整合单元在求生存了。此外，家庭会因为成员在遇到困难时归咎于自己或其他人而受到损害，而这恰恰是为了大家的幸福需要相互支持的时候。当然，这种家庭成员在出问题时互相指责的倾向是有合理的心理原因的。原因之一是人们普遍认为，如果孩子遇到了严重的问题，那一定与父母的养育方式有关。面对这种公然或隐晦的批评，这个家庭会为自己辩称“错不在家庭本身，而只应该归咎于造成这一问题的人”。因为他一个人的行为让家庭受到责备，会让全家人都对他感到气愤。现在，这个出了问题的孩子无处寻求喘息的机会，如果这发生在过去，他很容易就能获得来自家庭内部的安慰性支持。

过去，大多数父母完全专注于如何确保孩子的生存和身体健康，很少考虑他们自己对孩子心理发展的影响。他们只知道自己需要为孩子树立一个好榜样，教孩子明辨是非。考虑到父母要为生存所需而艰苦劳作，因此一旦他们切实地满足了孩子的生理需求，便不必担心孩子自己（抑或其他人）会批评他们照料得不好。这样，他们就能够以一种基于自身内在安全感的平和心态来处理许多心理问题（那时候当然也会发生心理问题，就像它们会在所有的亲密关系中出现一样），而且也增强了孩子的安全感。

世界各地有许多地方仍像从前那般；但在我们的家庭中，父母和孩子相互给予安全感这种情况，如今已变得困难重重又纷繁复杂。其中一个原因是，父母认为他们最重要的任务和义务是为孩子创造心理和情感健康的内在条件，这不仅是着眼于当下，更是为了他的将来！这些心理现象的复杂性，以及如何才能最好地实现这些难以企及的目标的不确定性，往往会让父母对自己的所作所为缺乏信心。自然而然，父母的这种不安全感也就增加了孩子的不安全感。于是，父母陷入了困境，因为给孩子提供内在的安全感现在被认为是做好父母的首要条件之一。

每个孩子都深受父母不安全感的影响，但更糟的是，他也有自己的不安全感，他的不安全感源于他对世界的认识有限、对自己处理生活问题的能力的不自信，以及最重要的是他对自己是否值得被爱的不确定。只有父母信任孩子，信任他有能力管理好自己的生活，在这种信任的支撑下，他才能应对好这些不安全感——即便现在不行，等他长大后也能做到。父母的这些信念是孩子唯一拥有而且可以信赖的指引，因为他知道，父母对这个世界和世界上的诸多问题都了解得更多。然而当父母对孩子的生活和他未来的发展缺乏信心时，孩子就会处于双重危险之中，他既被自身的不安全感所胁迫，同时也受到来自父母缺乏信心的威胁。由于父母比孩子更有能力评估当下的情况，因此在孩子看来，父母对他和他未来的担忧似乎是来自他们发现了某些他自己没有意识到的问题。更糟糕的是，孩子并不知道这些问题究竟是什么，也不知道自己能得到什么样的补救。相比于那些我们知而未解的不安全感，更令人感到痛苦和混乱的，是那些我们对其来源一无所知的不安全感。因此，对自己的孩子和他的未来忧心忡忡的父母，恰恰创造了自己最担忧的存在——一个极度缺乏安全感的孩子。与此相反，对自己的养育方式保持信心的父母，正是通过自己的信心，减轻了孩子的不安全感，让他感到更加踏实。

当然，所有父母都会对孩子的许多事情感到担忧，作为一个关心孩子的父母我们不可能无动于衷。在抚养孩子的过程中，很多问题都取决于担忧和信任之间的巧妙平衡——我们担忧自己能否做好父母，担忧孩子的种种；但我们又相信，既然是我们的孩子，那他一定是个好孩子，而且永远都会是个好人，他也能够应对生活的种种挑战。相信自己在尽己所能地抚养好孩子，自然就会相信因为父母尽职尽责，所以孩子也不会差，尽管他有时也会表现出一些转瞬即逝或小小的不足。未来总是不确定的，所以我们无法预知孩子在生活中究竟会遇到什么问题。因此，在孩子的人生道路上，我们能给予他最好的东西，就是对他的信任和对他自身价值的肯定。

一个小小的例子也许可以说明这一点。小时候在维也纳，我的一个堂兄误入了歧途。这自然被视为一种可怕的不幸，但在那个时代，没有人指责他的父母。相反，每个人都安慰他的父母说这样的事情发生在这么优秀的孩子身上是多么不公平。然后，为了应对这一紧急情况，我们大家族里的二十多个家庭聚集在一起，帮助和安慰那些正在遭受痛苦的当事人。大家筹集了一些钱，把我的堂兄送到国外，让他开始新的生活。要是他受了一点批评，那也是很隐晦的，而非公开指责。大家虽然怀着沉重的心情送走了他，却也用善意和美好的祝福支持着他。

鉴于这意味着能在一个新的国家开始新的生活，远离父母唠叨的压力和他们不和谐婚姻所带来的沉重包袱，而且还有这么多亲戚出乎意料地支持和鼓励，我的堂兄振作了起来，很快就在他跌倒的地方站了起来。因为他的父母在最需要帮助的时候得到了这个大家族的情感支持，所以他们也更容易带着祝福而非责难送孩子出国。那些支持，以及必须安排孩子出国的需要，让这对父母没有互相争吵，而是更加紧密地合作，他们的婚姻状况也至少暂时得到了改善。在亲戚们的支持而非指责下，父母没有理由对自己或对孩子生气，也没有被孩子陷入困境带来的不可避免的痛苦压倒。因此，家庭结构对所有成员来说都非常有价值。

事情进展得如此顺利，是因为他们坚信，在这个家族里不可能有一个成员是真的坏。他们确信，家族中每个人本质上都是好的，而这种信念让父母和孩子成功地克服了自我怀疑。这件事情的有利结果取决于家族对其所有成员的高度评价。当时，塞尔维亚古老的谚语“大家族意味着快速的帮助”仍然有效。

大约20年后，情况却不再如此。我的另一个亲戚在美国国内也过得不好并被送往国外，但不幸的是，此时家庭结构已经松散而且不再能给家庭成员提供好的意见了。虽然他并没有犯像我堂兄那样的过失，但是他没有工作，花钱大手大脚。即使没有做什么大错特错的事情，但似乎并不能把生活给过好。那时候，很多现代社会生活因素错综复杂，减弱了家庭凝聚力，核心家庭以外的成员都不知道这个孩子遇到了什么麻烦。尽管这个家族可能仍然会像20年前那样给予帮助，但这个男孩的父母害怕（并非毫无理由），家族里的其他亲戚会对孩子和自己（作为他的父母）持非常批判的态度，所以他们谁都没告诉。这个年轻人也被送到了国外，这次不是去北美，而是去南美，到那里寻找出路。由于没有得到大家族的支持和祝福，这个男孩一直都对自己评价很低。不仅如此，他还感受到了来自父母的不信任，他们也因他使他们蒙羞而恨他。没有家人对他的信任，他在新环境里也没能比以前有任何进步。

人们很容易反驳说，故事中的两个男孩是不同的，所有其他细节也是不同的，所以结果才不同。很有可能的确如此，但当时也存在着这样一个事实，即在许多其他大大小小的情况下，大家族在成员遇到压力或困难时已不再那么乐于提供支持了。“无论对错，都是我的家人”，这样的态度在客观上是值得商榷的。然而在主观上，它曾在逆境时为我们提供庇护，为我们挡住最糟糕的后果，也让我们有机会喘息，得以恢复。

时至今日，再遇到类似的情况，父母往往已经得不到他们迫切需要的来自大家族的支持了。此外，他们还会感到内疚，被那些过去曾经应该安慰他们的人责难。这反过来又会让他们对造成困难的那个家庭成员感到愤怒，而这只会雪上加霜。因此，造成当代家庭困难的一个主要原因，是人们对家庭困境的看法和应对方式都发生了巨大变化。

这种观念上的改变，在很大程度上是由于我们已经认识到个体心理特征的重要性：我们在生活中和与他人相处时遇到的重大困难，大多是由我们的人格和亲密关系问题造成的。人们不那么容易接受的是，恰恰是生活的富足才让这种对心理的强调成为可能。个体的心理洞察力与社会经济条件（特别是家庭关系层面上的社会经济条件）密切相关，因此，如果只孤立地考虑前者会造成曲解。在过去，若是没有其他家庭成员的支持，我们自己就无法存活，所以我们有理由把所有的问题都归咎于外部因素，因为只有这样大家才能继续和谐共处来确保共同生存。今天，我们可以承认所经历的困难本质上是心理上的，而且这些心理上的困难可能还是由家庭成员造成的，这是我们以前因无力承受而无法看到的。

我们有充分理由认为，正是父母的不足或是他们的抚养方式有问题，造成了很多子女难题，但是只有当这种看法指引孩子和父母做出改变时，他们才会因认同这一看法而受益。否则，这种看法只会平添更多的痛苦。例如，孩子有时候会出于潜意识而设法陷入麻烦之中——学习成绩不及格、辍学以及行为不良，他这么做常常是为了惩罚父母，因为他知道这么做会让父母感到伤心和内疚，而且会因为他的恶劣行径受到指责。同时，父母也会对“孩子可能证明了他们是很糟糕的父母”这样的想法感到愤愤不平。由于父母对此深感焦虑，他们往往会对孩子的正常缺点和其他不足之处反应过度，因为他们把这些看作不祥之兆，预示着以后可能会发生更糟糕的事情。孩子不仅要应对由自身能力不足带来的焦虑（这已经够难了），还要应对他父母的焦虑，这是一种莫名其妙的负担，自然会让孩子感到不满。证明自己就已经够难了，他还得额外去证明父母对他的养育是有价值的，孩子就是厌恶这个。如果可以把问题归咎于一个年轻人因对世界无知而误入歧途，或者归咎于人类的经典词“运气不好”，那么解决亲子纠纷该变得多么容易啊！

父母要是预料到孩子心中有敌意和排斥的态度，就会感到不安和害怕，而且往往在孩子解释之前，他们就已经生气了。过去，当一个坐在儿童椅上的孩子把牛奶或粥洒得满地都是时，他的妈妈并不会想到这可能是孩子对她或对世界不满的一种愤怒表现，也不会认为这是孩子未来无法应对生活的一种征兆。她确信，这只是因为孩子还太小、有点笨拙。对许多妈妈来说，这样的小意外似乎表明孩子非常需要妈妈来帮着拿食物，这会让她觉得自己对于孩子来说更重要了。（当然，过去喂孩子吃饭的盘子是用木头或锡制成的，被推到地板上也不会碎掉。另外，地板通常都很粗糙，溅上食物也没有什么影响，而昂贵的地毯被溅上食物却很容易留下污渍。）和许多其他情况一样，生活富足对孩子而言是喜忧参半的事，而且常常让父母很难用好心情来对待他奇奇怪怪的行为，甚至难以宽容地睁一只眼闭一只眼。今天，当我们怀疑这种小意外可能是孩子因恼怒或反抗故意而为时，我们会认为这可能意味着孩子在拒绝我们或拒绝我们为他精心准备的食物，由此，我们认为自己对孩子很重要而产生的所有友善的态度都会被破坏掉。当我们感到被拒绝时，我们可能会对他打翻、弄掉或打碎东西的行为做出恼怒或愤怒的反应，而不会接纳这些孩子气的笨拙行为。

尽管无知从来都不是福气，但正如犹太法典学家所知道的那样，一知半解也可能是件危险的事。人们都知道，没有父母的照料孩子就无法存活下来，孩子的生存取决于父母的好意。因此，在知道孩子在爱父母的同时也会拒绝父母之前，父母未曾想过孩子会拒绝自己，所以也不曾把孩子的行为归结为对自己的拒绝。如今，我们已经明白爱与拒绝同时存在，因此我们会将孩子的消极行为视为一种拒绝。拒绝的情况的确可能发生，但比许多焦虑的家长所认为的要少得多，这就是所谓的“一知半解也可能是件危险的事”。了解得更全面一些我们就会知道，许多事情看起来像是孩子在拒绝父母，实际上这只是孩子对自己的不足感到沮丧。拿孩子打翻食物来说，这更多是一种对自己的挫败感的表达，因为他不能自己好好吃饭，或因无法自己选择食物种类和就餐时间而感到挫败。因此，许多现代父母所认为的孩子的拒绝行为，其实都只是因为他对自己极度失望而已。过去那些将一切都归咎于孩子的笨拙的无知父母，往往比现代那些焦虑的父母更接近真相，那些现代父母总在担忧自己是不是足够好，也因为焦虑，所以很容易在孩子的行为中看到他对自己的拒绝或是其他消极态度。因此，要成为足够好的父母，我们就必须相信自己就是足够好的父母。

今天，就是这种对我们自己以及我们爱孩子的内在安全感，让我们不会在孩子只是或者主要是因自己或自己的有限性而受挫时将其体验为他对我们的拒绝。过去的父母只能看到孩子能力不足，而更全面的知识理应让我们看到孩子为此而产生的深深的挫败感，并意识到这往往就是孩子各种行为的主要动因。这是一个格雷希恩（Gratian）所说的真理："有知识而无智慧，是双重愚蠢。"关于我们自己的智慧就是，虽然我们不完美，但如果我们大部分时间都深爱我们的孩子，并尽我们所能抚养好他们，那么我们就是足够好的父母。这一智慧，或者说真理，可以让我们不会愚蠢地认为孩子所做的一切都只是在针对我们。孩子所做的大部分事情其实主要与他自己有关，与我们和我们所做的事情也只是间接或表面关系。关于自己和孩子的智慧会让我们明白，看起来像是针对我们的敌意——当我们看时，我们忍不住会怨恨并因此对孩子做出消极的反应，实际上往往是孩子对自己的不满。认识到这一点，我们就会心系孩子，会尽最大努力帮助他渡过难关。如果我们这样做了，我们会为自己有能力帮助孩子渡过难关感到高兴，孩子会知道，这是一个能在需要时伸出援手的家庭，成为其中一分子是多么美好的事情，如此我们的家庭也会一切都好。

第 27 章

充满魔力的日子

男女老少纵情徜徉在阳光明媚的节日里。

——弥尔顿，《欢乐颂》(Milton，“L’Allegro”)

感觉某个庆祝活动是为自己特别准备的，这会令人非常兴奋，就像一个孩子在他生日时感受到的那样。这些对个人而言意义重大的时刻确实值得珍惜，因为它们在那一刻给我们带来了巨大的幸福感，同时也让我们对未来一直怀有希望。我们越看重自己在这个世界上的一席之地，对此越没有把握，就越需要别人来肯定我们的重要性。如果可能的话，我们希望全世界都能肯定我们的重要性，但最起码那些对我们而言最重要的人要肯定我们。

正如我们在庆祝孩子的节日时所认识到的那样，孩子特别需要这样的节日体验，无论这节日是个人性质的（例如生日），还是属于所有孩子的（例如圣诞节）。在这些时刻，孩子们会成为情感关注的焦点，也会由衷感受到自己的重要性。礼物是他们被爱以及值得被爱的明证。如果能在恰当的氛围中庆祝这些时刻，它们的光辉会照耀孩子一生。有规律的重复举办这样的庆祝活动能让孩子持续地确认自己的重要性。节日刻画了孩子的岁月和人生，是孩子的高光时刻，它让孩子知道，这些时刻快乐丛生。

我们并不清楚最初的节日要表达什么，但几乎可以确定，它们是在庆祝生命和维系生命的万事万物。因此，丰盛的节日大餐仍然是所有节日庆典的核心部分，往往也代表着节日的氛围。在这里，必须把宗教意义上的圣日（例如斋戒日和奉献日，对信徒而言这是重要的精神仪式）和孩子们以及社会大众一起庆祝的大众节日区分开来。对于这种大众节日，就连弥尔顿这样虔诚的宗教信徒也觉得适合男女老少“出来欢庆”。

历史上所记载的人类最初那些有组织而且成为惯例的节日都是宗教仪式，它们的目的是确保万物能够生生不息。其他一些节日则是为人类成长过程中的发展阶段或者一年中的季节而举行的仪式，目的是给予这些时刻以保障、庄严与荣光。在古老的犹太教－基督教传统中，宗教节日是集体的狂欢。事实上，希伯来语中用于节日或庆典的单词“chag”源自词根“chug”，意为环绕着一起跳舞。直到今天，哈西德派犹太人仍然用这种方式庆祝宗教节日的到来。希伯来语中，逾越节的字面意思是“跳跃的节日”。今天，无论是宗教节日还是爱国节日，美国最盛大的节日都在歌颂和庆祝“诞生”——基督圣婴的诞生、主的复活以及美国的诞生（就像孩子庆祝自己的生日一样）。（基督教会决定将冬至作为耶稣诞生的纪念日，这表明救世主的诞生与西方世界生命周期自然轮回的觉醒之间有着紧密的象征性联系。）逾越节不仅庆祝犹太民族摆脱奴隶制获得自由，也庆祝犹太民族的诞生。它使得《十诫》得以颁布，这是犹太律法的基础。最后的晚餐（也就是逾越节晚餐）开启了之后的一系列大事件，并导致了复活节那天的救赎和重生——“新生命”由此降临。

所有这些节日都是神奇事件，还有什么能比一个婴儿的诞生或世界的重生更让人感到神奇呢？对人类而言，没有什么比能预示一个新篇章更具有魔力了！最初，人们为了庆祝这些节日，需要穿上具有仪式感以及充满魔力意义的祭服，从现在的复活节服饰和人们在生日或者新年聚会上戴的滑稽帽子还能隐约看到它的影子。孩子们收到的圣诞节礼物和生日礼物象征着三圣王的礼物，烟花象征着新的太阳，它将带来自由的光明和喜悦，也和被点亮的圣诞树一样象征着崭新的生命希望。

早在北欧人把点亮圣诞树作为庆祝圣诞节活动的一部分之前，在异教徒时代，冬至那天山顶上的巨大篝火就象征和祈求着太阳延长照耀时间并再次温暖大地。将圣诞柴火带回家并燃烧起来是这个习俗的残留痕迹，虽然柴火的数量只剩下一根了。对于犹太人来说，比点亮圣诞树更古老的习俗，是在光明节盛宴期间点燃蜡烛的传统，这一传统庆祝的是一个神迹，即耶路撒冷圣殿中的灯在灯油耗尽后仍然在继续燃烧着。因此，这样的仪式（包括点燃树木和蜡烛等）一直都在持续进行着，只不过随着时间的推移，渐渐被赋予了更多不同的含义。无论过去我们的圣诞庆祝仪式有什么意义，今天它们象征的是圣婴的诞生，他创造了一个新的时代（我们自己的时代）并赋予了人类生活新的意义。

孩子的节日具有一个独一无二的特点，那就是等级和权威上的差别会被消除甚至颠倒过来。一个孩子在他生日那天就是国王，他可以在万圣节那天向大人提出要求，甚至吓唬他们；他还可以在愚人节那天愚弄他们。这些地位颠倒以及隐含的“魔力”意义就是节日对于儿童而言意义非凡而且能让他感到快乐的重要原因。如果一个孩子不能充分享受这些特殊节日，或者不能从它们所蕴含的象征意义中有所获益，那么他内心会感到很匮乏，而这些象征意义一直镶嵌在我们对世界的潜意识体验中。因此，虽然节日是我们所有人都可以享受的，但我们小时候庆祝节日的方式可以而且确实会对我们今后的生活产生最深远的影响。

诗人朗费罗（Longfellow）以成人对话的方式提醒我们："节日是心灵的秘密周年纪念日。"小时候，我们对这些一年一度的日子总是充满期待，即使不是几个月或者一整年都在期待，也要期待好几个星期。节日是我们生活中最愉快的时刻，它给我们的生活带来了积极的意义。长大成人后，我们常常认为自己不应该再拘泥于这种幼稚的观点，即"是什么给生命带来意义"，因此我们很多人都倾向于不去谈关于节日的感受——不跟别人谈，也不让自己去体验。然而，节日之于我们的意义仍然深深根植于我们的潜意识中，这就是为什么朗费罗称它们为"心灵的秘密周年纪念日"。我们对这些特殊日子的感受被内化为我们所隐藏的内在生活的一部分。

节日的象征意义

许多节日的庆祝方式已经发生了很大的变化。例如，圣诞节本质上是一个只给孩子们准备礼物的宗教节日，到了 19 世纪，圣诞节逐渐发展成一个全民参与、彼此互赠礼物的家庭节日。当然，任何形式的家庭节日都没什么不好。事实上，这类家庭庆祝活动是多多益善的。老一辈人都还记得，在他们的童年时代，几乎每个星期天都是家庭聚会的节日，这可能意味着二十来个或更多的人相聚一堂，因为那时的家庭规模往往更大，亲人之间的身体接触、情感交流和社会交往也更加密切。即使偶尔也难免会有磕磕绊绊，但在丰盛的美食和其乐融融的氛围里，那也只是逗个乐子，很快就会一笑置之。大人们相交甚欢，孩子们一起玩闹，家庭问题也可以得到讨论和解决。

小时候，我经常和年龄相仿的堂兄弟姐妹们（我们被称为"小家伙"）一起在一张大桌子下面玩耍，有时候周围会围坐着十几个成年亲属，他们常常会忘记我们在他们脚下，这是我童年时代最快乐的记忆之一。我们会躲在那块几乎垂到地板上的大桌布后面一起玩耍，里面黑乎乎的，但很舒服。我们边玩边听那些被称为“大家伙”的人们聊天、讨论问题。因此，我们和他们，每个星期日各自都会度过这样一段美好的时光。

对许多孩子和家庭来说，感恩节是最能让人体验到这些的。对于小孩子，感恩节最首要的是吃一顿丰盛的火鸡大餐，其次是全家人聚在一起享受这样一个特别的时刻。老师和父母可能会给孩子们讲述感恩节的历史，但在孩子们心中（甚至在成年人心中）印象最深的还是丰富的食物和融洽的氛围。在意识层面，这样的节日对孩子来说是有意义的，主要是因为所有的庆祝活动都会在孩子身上唤起温暖的感觉，这随后会为与庆祝活动相关的抽象概念洒上愉悦的光芒。而在前意识层面上，这个日子的象征意义会持续发挥着它的影响作用。

对身体匮乏和情感匮乏的恐惧是人的两大焦虑，身体匮乏和情感匮乏的基本表现形式分别是饥饿与遗弃（而死亡又是遗弃的终极形式）。年幼的孩子不理解死亡，因此不惧怕自己会死亡，但他们害怕父母会死亡——这代表着自己被永久地遗弃了。尽管在我们的社会中，孩子们不会真的挨饿，但是每个人都或多或少体验过饥饿的感觉。每个孩子也都会在父母不在身边时体验到短暂的被遗弃感。大多数孩子最初体验到的这两种匮乏感在潜意识中都会极大地被放大——在潜意识中，它们代表着所有的焦虑情境。（甚至在孩子们的噩梦中，对危险动物的恐惧也会被他们体验为害怕被遗弃的特殊情况，因为这些凶猛的动物之所以危险，就是因为父母不在身边，否则父母会把它们赶走，保护好自己。）

庆祝家庭节日时，大家会围坐在餐桌旁，一起享用丰盛的节日大餐，这可以抚慰孩子们最严重的那些焦虑。这样的庆祝方式是一种现实经历，更重要的是它的象征意义。“家族聚会”能让孩子安心，他会意识到自己不必只依靠父母，还有许多其他亲戚可以在危难中保护自己免遭遗弃。充足的食物同样可以提供安全感，无论是在现实层面，还是在更重要的象征意义上，都可以让孩子抵御饥饿焦虑。因此，无论是在意识层面还是在潜意识层面，家庭节日都是孩子在面对强烈焦虑时所能拥有的最令人安心的体验之一。这也是我们能为孩子提供的最有益于增强他内心安全感的体验之一。

因此，感恩节的故事强调，大丰收使清教徒们免于冬天的饥寒交迫。所以，节日象征着救援，象征着更美好和更有保障的开始，也象征着在更好的基础上重生。总而言之，我们所有最重要的庆祝活动——圣诞节、复活节、独立日、生日——都是在纪念出生或重生。无论我们是否有所察觉，这种象征意义所蕴含的希望都会源源不断地对我们产生持久而深刻的影响。

纵观人类历史，节日仪式本身还有它所带来的幸福感，都已经超越了最初设立节日的那些特定事件或想法。就像之前提到的，这些想法会随着时间的推移而改变。例如，圣诞节一开始是作为庆祝太阳和大自然重生的异教徒仪式，很久以后却被赋予了纪念基督诞生的意义。同样，那些最古老的节日仪式，那些承载着最深层的潜意识和情感意义的仪式，也会以不同的形式重新出现，有时会在几个世纪之后出现。因此，冬至时，在高高的山顶上点燃熊熊的篝火，以祈求太阳延长光照时间，而几个世纪之后，这些篝火会以圣诞树上的彩灯这种形式重新出现。这样的庆祝活动是如此重要，我们不能舍弃它们，因为它们满足了人们深层的，而且常常是潜意识层面的需求。随着时间的推移，人们对这些传统节日的庆祝方式发生了变化，节日的意义也发生了变化，不仅如此，作为个体，我们一生中也在改变着自己庆祝节日的方式。根据自身经验，我们都知道自己关于圣诞节的观念是如何随着我们的成长而发生变化的——从圣诞老人和他的驯鹿，到给予精神；从收到礼物的快乐，到给予他人礼物的快乐。

有形的庆祝活动和庆祝仪式是亘古持久而且至关重要的，但它们的核心抽象观念可能会发生改变，但几乎所有这些抽象观念都有一个具体的初期形象，否则就会空无一物。例如，从《圣经》中可知，上帝禁止犹太人构建（或描绘）他的形象。因为人们太想要以具象化的方式来想象他了，实在很难不把他具象化，他们会把他描绘成一个长着胡子的老人，更有甚者还会描绘成金牛犊子。然而，除了崇高、不朽、年迈的老人形象以外，今天的孩子几乎很少会想到上帝的其他形象。对于我们大多数人来说，随着自己的成长，这种形象会逐渐被一种抽象的概念取代，我们会视情况将上帝视作无形的超然存在、万物的本质或造物主。尽管如此，我们仍然钦佩伟大的艺术家们将上帝塑造成人类的形象，例如米开朗基罗曾在西斯廷教堂的天花板上创作了亚当。而且，上帝也是以此类某个形象出现在我们的梦中，这表明，即使我们早已不再以幼稚的具化形象来想象上帝，但在我们的潜意识中，他还和我们儿时想象的一样。

所以，我们为什么还要担心孩子将圣诞节具象化为圣诞老人的形象呢？随着孩子的成长，即使作为父母的我们什么也不干涉，孩子也会自己放下关于圣诞节的这种具化形象。然而，在生命的头 6 年里，许多现代的孩子坚信自己心中的魔法形象（例如圣诞老人和复活节兔子）是真实存在的，尽管他们觉得有义务要对父母的看法说些什么奉承话。接下来的一两年里，尽管他们仍然更愿意完全相信自己以前的信念，但他们会开始感到不确定。再往后，这一切就变成了一场他们乐此不疲的假装游戏。当父母试图打破孩子的这些幻想时，孩子会感到不满。如果父母将自己所认为的“真相”告诉孩子，那么在孩子们看来，父母这么做是因为嫉妒他们能从这种想象中获得乐趣。这种乐趣的关键在于，孩子们能够假装相信有这些魔法形象存在，同时又认为自己确实比父母所认为的要聪明。他们很享受自己能够愚弄父母，让父母以为自己的孩子仍然充分相信这些虚构形象的真实存在，但实际上并不是这样。在这种虚构的信念中，与这些形象有关的对魔法的原始感受，会继续唤起快乐的情绪和体验，从而以最令人愉悦的方式将父母和孩子联系在一起。

美国一项研究说明了孩子关于虚构形象的信念是如何与他的需求直接相关的。研究表明，几乎所有 4 岁的孩子都相信圣诞老人和复活节兔子是真实存在的，但其中只有 20% 的人相信牙仙子的存在。这种差异的原因在于，在 4 岁的时候，没有多少孩子开始掉牙（或者即将要掉牙）。到 6 岁时，只有三分之二的人仍然相信有圣诞老人和复活节兔子，但因为孩子大约在那时起开始掉乳牙，所以相信牙仙子存在的人与相信前两个虚构人物的数量一样多了。当孩子 8 岁的时候，仍然相信圣诞老人和复活节兔子的人数下降到只有三分之一，而有三分之二的孩子相信牙仙子的存在。因为还是有很多孩子在这个年龄段才开始掉第一颗牙的，于是他们就保留了对牙仙子的信念。因此，在这个具有补偿作用的魔法信念（牙仙子）与令人害怕的掉牙体验之间，存在着直接的联系。

孩子需要（或者更确切地说是渴望）继续假装相信这些以及其他魔法人物的存在，也许是为了确保他们的父母会继续准备礼物，但更可能是为了享受前文所提到的那种假装的乐趣。事实上，尽管到 8 岁时只有三分之一的孩子声称他们仍然相信有圣诞老人，但有四分之三这个年龄的孩子还是会留下食物、饮料或者别的什么东西（比如为圣诞老人画的一幅画），让圣诞老人从烟囱中出来后可以享用或欣赏，他们也仍然会虔诚而且小心翼翼地将长筒袜挂在壁炉旁，好让圣诞老人在袜子里装满礼物。

不是只有孩子需要借助具体形象来领会抽象概念，对于大多数成年人来说，其实也是如此。例如，我们中很少有人能真正领会美，除非我们能想到一些具体的事物，这些事物的完美性会给抽象概念以情感意义。只有当一个孩子爱上他所认为很美的东西——不管成年人如何看待这些东西的价值，他以后才会理解抽象概念上的美，并且爱上这种美。如果我们以成年人的见地和教养为标准，来对体现孩子审美观的某一物体的美感提出异议，那么这个孩子可能会永远无法享受美，因为我们曾经让他不相信自己对美的判断。他可能仍然会认为美是一种抽象的东西，但当与之相遇时，他会无法爱上它，因为他被迫过早地将自己的价值判断与相应的情感（这些情感本身就能使美给人以深深的满足感）分隔开来。抽象地对一个孩子谈美，并不能帮助他了解美能给他带来什么以及美有什么价值。尽管他也可能会学着有智慧般地去谈美，但这却无法如爱上一个很美的东西那般温暖他的灵魂。

因此，应当允许孩子们相信圣诞老人、复活节兔子和牙仙子的存在，因为这是相应的抽象概念的具象前身，这些概念会随着孩子心智的成熟而不断发展，而这些具象前身则会持续地让孩子们对这些重要概念怀有强烈的情感。对年幼的孩子来说，牙仙子（会给他一枚硬币来换他一颗掉落的牙齿）既是正义的保证，也是正义的化身。她象征着一种善意，这种善意来自一个不希望孩子失去任何东西却得不到补偿的世界。

相比之下，如果父母给孩子一枚硬币来换他掉落的牙齿，现实中的这种事情几乎补偿不了什么，因为孩子知道，父母可以给他硬币也可以收回硬币。对于孩子来说，失去身体的一部分其实是件可怕的事情，父母通过送他礼物来补偿诚然很好，但是孩子可以信任父母这样的做法吗？他们以后也会一直这样做吗？父母可以让新的牙齿长出来吗？然而，若是超自然力量以牙仙子的名义参与进来，那么孩子就会感到更加安心，因为这代表了一种可以确保他的损失一定会得到补偿的秩序。正是基于这样的体验，他的正义感和公平意识才得以树立。无论在什么年龄，真正的正义感的威严，如果不以孩子般幼稚的信念为基础，就不可能被内化于心——即使那些不成熟且充满幻想的念头已被遗忘许久并沉入到潜意识之中，但这些幼稚的信念仍会继续承载着深刻的情感信念，即一种情感层面的确信感（这种情感信念也正是由那些幻想的念头衍生而来的）。如果一个人的信念仅仅是理性思考的结果，那么他的道德感就不会那么强烈，因为在孩子成长的过程中，其实理性发展要晚得多。

节日的快乐所蕴含的积极魔力的奇妙之处在于，它能在孩子一年里最需要的时候给他提供安全感，即使在生活糟糕透顶的情况下也是如此。孩子们知道这一点，而且一旦有机会，他们就会利用节日氛围所提供的象征性安全感，在最需要的时候为自己提供精神上的支持。瑞典精神分析学家斯特菲·佩德森（Stefi Pedersen）讲的一个故事可以说明这一点。

在纳粹占领挪威后，佩德森为一群难民（其中包括几名儿童）担任向导，他们在深冬翻越高山逃往瑞典。当时，除了他以外，其余人背的东西都很少，因为攀登非常困难，又必须保证速度。对于其中大多数人来说，这并不是他们第一次逃离纳粹的统治，因为几年前他们就是从德国或奥地利逃到挪威的。因此，这些难民已经知道只带上最重要的东西，其他所有东西都要丢弃。这群人在抵达瑞典境内的安全地带后才迫不及待地休息了一下。他们吃完随身携带的少量食物后，孩子们的小背包里的东西也所剩无几了。佩德森碰巧看到一个孩子的包，在那可怜的几件东西中，她发现了一颗小银星，就是挂在圣诞树上的那种。她惊讶地拿起它，但接着她感觉到那孩子正尴尬地盯着她，仿佛她发现了一个最宝贵的秘密。佩德森什么也没说，小心翼翼地把星星放回了孩子的包里。

当大家抵达在瑞典的目的地后，佩德森要继续对这些孩子负责，而且作为一名儿童精神分析学家，她对那些也许能为孩子提供心理安全感的事物深感兴趣，于是，佩德森决定去研究孩子们在离家逃难途中可能会选择什么样的东西作为他们“最宝贵的财富”。因此，她翻看了其他孩子的书包，一次又一次地发现了劣质的圣诞树装饰品——用硬纸板做的星星和铃铛，上面银光闪闪的。这就是这些孩子选择从挪威带来的东西。这些孩子中的大多数都是犹太血统，但成长在文化同化的家庭中，这些家庭除了把圣诞节作为一个宗教节日之外，更把它当作一个家庭节日来庆祝——但主要也是孩子们的节日。除了这些星星和铃铛以外，他们什么都没带，也就只有身上那身衣服了。佩德森得出结论，他们所携带的其实是过往幸福的象征，因为只有这些象征，才能在他们踏上一段前往未知恐惧之旅时，为他们施展一道安全的符咒，为他们驱除途中的种种痛苦。在走向未知的旅途中，那些亮闪闪的小装饰品（他们曾经在家中、在家庭里所看到过的幸福的象征）减轻了他们的孤独感及无力感，也给他们带来了希望。

那天晚上，当他们到达瑞典边境的一个村庄时，一个年轻的挪威女人加入了他们的行列。为了活命，她不得不仓皇出逃，甚至连收拾一些生存必需品的时间都没有。她需要在荒野中奔逃数天，因此背包不能太重。现在，她第一次打开了行李——除了少量的衣物之外，她随身携带的只有一个沉重的铜制音乐盒。她有点儿不好意思地解释道："好吧，我必须带上点好东西，因为我要永远地离开了。"

丹麦演员特谢尔（Texiere）曾说，在飞往瑞典的航班上，他唯一要随身携带的东西是一个小鼻烟壶，它曾属于汉斯·克里斯蒂安·安徒生（Hans Christian Andersen）。鼻烟壶本身没有什么意义，但象征着他当时不得不放弃的富足生活。还有一个女人，在几件适合跋山涉水的厚实耐用的运动服中，裹着一双金色高跟鞋。在这些难民要永远离开家园时所携带的有限物品中，从客观角度来看，有些东西似乎是奇怪的选择，因为若是要考虑一个难民最需要什么，这些东西完全不适用。在这些物品中，没有一样与他们的处境存在合理的相关性，却又象征着他们生命中最美好的东西，因此它们既是过去美好生活的最后余韵，又预示着后续的生活也会有幸福时刻。

任何有过类似绝望经历的人都会倾向于做出这样类似的事情。最值得注意的是，成人和孩子在极端逆境中所信赖的东西是不同的。成人通常会随身携带一些象征着自己与身边其他人的幸福经历的物件。原来，那个沉甸甸的音乐盒是一个曾经与这位女士相爱的人送给她的。那双金色高跟鞋则是那个女人在她一生中最快乐的一天所穿的鞋子，那时她觉得自己特别漂亮又成功。与大人不同，孩子们则会选择某些能够使他们想起与父母一起度过的快乐时光的物件，并通过它们来寻求安慰，但同时这些东西也象征着比父母更强的力量。最重要的是，它们还象征着一些可预见的而且每年都会有的节日——同时也是专为孩子们设立的快乐节日。尽管他们当时处于绝望的境地，但这些圣诞装饰品似乎向孩子们保证：将来，幸福会再次属于他们。

因此，对孩子来说，圣诞节最深刻、最令人宽慰的意义可能就在于它是逆境中支撑着自己的一份美好回忆，就如它曾支撑着那些陷入极度痛苦中的年幼的难民一样。当一切似乎都毫无希望的时候，小小的圣诞装饰品所蕴含的象征性承诺给孩子们带来了希望，他们在前意识里是这样感觉的。这就是他们为什么坚信圣诞老人的故事，因为对他们而言，圣诞老人承载着非常特殊的象征意义。

不愉快的节日体验所引发的周年反应

诗人朗费罗在他关于“心灵的秘密周年纪念日”的见解中，预见到了精神分析学家煞费苦心的研究结果——这些周年反应塑造着我们对生活的看法，既有积极的一面，也有消极的一面。在突显节日的重要性方面，其消极作用的破坏性力量要比积极影响更令人印象深刻。虽然这种积极影响十分受人喜爱，但成年人往往不重视它，因为他们认为这是幼稚的反应，并将其压制于前意识中。

对一些严重的病理性行为的研究表明，这些行为经常是周期性的，出现在重大事件的周年纪念日或时段里，通常是在人们不知道原因的情况下出现的，不过也并不总是如此。在心理学文献中，这些被称为周年反应，它们具有独特的个人含义，是一年中发生重大不幸事件（如父母或孩子死亡）的某个日子或某段时间。有时候，这些反应在节日前后特别明显，尤其是在圣诞节前后。自杀通常与某一节日或是个人不幸的周年反应有关，这表明在前意识里，我们非常清楚地记得当时在我们身上发生了什么。快乐事件的后续影响同样强烈，但是由于我们没有理由压抑这些快乐的记忆（这不同于有些记忆太过痛苦而必须被压抑），因而那些有积极作用的周年反应没有那么引人注目，也就不那么容易被观察到了。例如，小时候在圣诞节期间有过不愉快经历的人，往后余生在圣诞节期间都会经受严重的周年抑郁之苦；而小时候快乐度过圣诞节的人，之后则不会在这段时间里变得沮丧抑郁，甚至在生活变得孤独与匮乏时，也不会如此。他们对快乐节日的记忆会持续发挥作用，让他们能够在当前的困难中坚强地生活下去。

我曾认识一个女人，她在自己的生活中很成功，但是每年感恩节前后，她都会变得非常沮丧。她会因感恩节而产生孤独感和匮乏感，尽管她很清楚，就自己当前的状况而言，没有理由产生这种感觉。然而她对童年时期感恩节的情形记忆犹新，至少她记得当时自己永远无法确定家里是否会有感恩节庆祝活动，因为她不能确定，父亲是会及时带着火鸡回来享用大餐，还是根本就不会回家团聚。尽管她的父亲往往都会在感恩节团聚的最后一刻赶到，并且常常也会带一只火鸡回家，但她的预期性焦虑还是完全毁掉了她的节日体验。因此，在期待中感受到的焦虑与期待中的快乐一样，会如以后的周年反应那般对我们产生巨大的心理影响。不幸的是，正如这个例子所表明的，即使我们认为这种焦虑并无根据，但它仍然存在，而且，当事情发展与预期相反时，期待中的那种快乐也会被彻底毁掉。

相比于其他大多数场合，孩子在属于自己的那些节日里会感觉更有活力而且更加本真——所有人都会从这种体验中获益。生日对孩子们来说是最特别的庆祝日，因为庆祝生日会让孩子确信：自己来到这个世界并成为家庭一员对父母来说确实是一件快乐的事情。难怪他们需要在生日这天感觉自己非常特别。无论什么时候，若这一庆祝不是专门为他的生日准备的，孩子就会感到受伤。我简单地举两个例子。一个生于 12 月 21 日的男孩终生都痛恨他的父母，因为他们为了避免在很短的时间里连续举行两次庆祝活动，便将他的生日放到圣诞节那天一起庆祝了。另一个在圣诞节当天出生的男孩本该因圣诞节与自己的生日是同一天而感到很特别，但实际上却有一种深深的匮乏感，因为他无法经历两次特别的庆祝活动，也无法一年两次体验到自己对于父母的重要性，相反，他一年只能庆祝一次。在第一个例子中，在 12 月 21 日为这个男孩庆祝生日其实相当容易，他父母却认为这太麻烦了，孩子便准确地将其解读为对父母而言，在几天内为他操劳两次似乎是不值得的。而对于孩子出生在圣诞节的父母来说，事情确实困难得多，但只要有一些独创性，他们也可以找到解决办法的。例如，他们也许可以庆祝孩子的命名日，这一纪念日在其他一些文化中也很重要。在这里当然也是如此，以英国国王或王后的生日为例——官方庆祝的日期并不同于他（她）真正出生的日期。因此，可以指定不是孩子生日的某一天来专门为他庆祝，孩子自己也会将这一天标记为一个特殊的节日。而且，他会乐意将另一天（原来的生日）作为替代节日或附加节日，这就是为了享受快乐。因此，例如有些父母会为孩子准备“七月圣诞节”派对，这会让孩子想起他在圣诞节的快乐时光，同时也会给他留下这样一个印象：父母竭尽全力为他办了一场快乐的活动，而别人的父母可能并不会如此。

在某些情况下，因节日被毁掉或被完全剥夺而感受到的痛苦并不局限于一年中某个特定的时间，而是会给整个人生都蒙上阴影。例如，有个女孩，妹妹出生在她生日的前几天，因此，为简单起见，父母决定将两姐妹的生日放在同一天庆祝，而不是在一周之内分别庆祝两人的生日。父母们还认为，让孩子们尽早收到礼物会更好，所以两个生日庆祝活动都安排在妹妹的生日当天。大一点的这个女孩觉得自己被欺骗了，因为正如她所说的，她的生日被“抢了”，她不得不邀请自己的朋友“在我妹妹生日那天，参加她的生日派对”。她从一开始就对妹妹的出生感到不满——妹妹让她失去了作为家中唯一孩子的地位，而现在她更恨透了这个妹妹，因为自己必须和妹妹一起过生日。她觉得自己没有真正的生日，对她来说，这表明父母只关心妹妹而不关心她。结果，她对自己收到的礼物也喜欢不起来，尽管她能足够理性地意识到这些礼物和妹妹收到的礼物一样好。

当这个女孩长大一点后，她拒绝邀请任何人来为她庆祝生日，因为对她来说，这不是她的生日，而是她妹妹的生日。我不知道这个妹妹对于不得不和姐姐分享生日及生日派对有什么反应，但是姐姐从未原谅父母——他们为了自己方便剥夺了她的生日。她既愤怒又沮丧地说：“我是在妹妹生日那天收到礼物的。”即使她已经完全长大成人，也无法消除心中对妹妹的怨恨，尽管她知道一起过生日并不是妹妹的错，但是这件事向她表明，父母并没有把她当作一个有自主权的独立个体。在这个问题上，她把自己一生的自卑感和匮乏感都归咎于妹妹，而只有当她能为自己的孩子筹备美好的生日会时，这种感觉才在某种程度上有所改善。

这个女孩之后的发展就是一个很好的例子，能够说明，和自己的孩子一起庆祝同一事件会对周年反应产生积极的影响。有个女人曾经每年到了感恩节都会陷入沮丧中，但当她开始为自己的孩子筹备一个特别美好的感恩节时，她自己的情绪也会随之高涨起来。我认识不少犹太孩童，因为过去没有体验过圣诞庆祝活动，所以他们每年都会在圣诞节前后感到抑郁，但在他们开始为自己的孩子筹备圣诞节活动之后，他们的情绪状态也好了很多。圣诞节的庆祝对他们很有帮助，但小时候他们自己的父母庆祝的是光明节，那对他们没有什么用。部分原因在于，虽然这两个都是宗教节日而且孩子们都能收到礼物，但圣诞节象征着庆祝一个孩子的出生，并由此颂扬孩子的降临和他的童年，而光明节却没有这些含义。另外，欧美各地都会庆祝圣诞节，生活处处也都洋溢着它的节日气氛。因此，以快乐的心态与自己的孩子重新体验童年时代的不幸事件，可以在相当大的程度上纠正和改善由糟糕的童年经历所导致的后续效应。

不幸的是，这种矫正性的情感体验并不是总会发生。有一篇文献报告了几个这样的例子：这些人在童年时期失去了父母（一方），此后每年在相应的时间段里都会出现严重的抑郁性周年反应。当他自己的孩子——要么是自己最喜欢的孩子，要么是跟自己同性别的孩子——到了自己失去父母的同一年龄时，这个不幸的成年人，会因为这个孩子此时的行为和情绪想起自己童年的那个时候，从而陷入深深的甚至是自杀性的抑郁之中，或者是罹患精神分裂症。案例中的这些父母通过自己的孩子间接地再体验了自己在孩子这个年龄所经历的一切，这再次激活了他们的心理创伤——在当时，他们根本无法应对这一创伤。而此刻对这一部分的觉察也以最具破坏性的方式加剧了周年反应的严重性。因此，周年反应会被加剧，或者被减轻甚至彻底消除，完全取决于那些令人痛苦的事件是以何种方式被再次体验的。不幸的是，通过自己的孩子来间接地再体验那些创伤经历，往往会增加它们的破坏性影响。

所有这一切只是为了再次说明一点，孩子们可以通过他们自身的存在以及与父母在情感上的亲近，来对父母产生最深远的影响（积极影响与消极影响并存），而父母对孩子的生活所产生的影响总是更大一些。因此，我们最明智的做法就是为孩子们筹备美好而又特别的节日，并且让自己也充分享受其中，因为正如之前所说的那样，这些快乐的庆祝活动会在很大程度上对我们过去的匮乏体验发挥补偿作用。

第28章

不相信有圣诞老人?

弗吉尼亚，你的朋友们说得不对。在这个怀疑一切的时代，他们都染上了怀疑的习性。他们不相信任何东西，除非是亲眼所见。他们觉得自己的小脑袋瓜什么都能够理解。……不相信有圣诞老人？……怎能没有圣诞老人？感谢上帝！他不仅现在活着，还会永远活着。从现在起的一千年以后，他仍会继续把快乐带向孩子们的心里。

——弗朗西斯·法塞勒斯·丘奇，《纽约太阳报》

(Francis Pharcellus Church in the *New York Sun*)

1897年9月21日

如果儿童被剥夺了属于他们自己的那几个特殊的节日，就会感到极为痛苦，而且若是这些节日不那么被重视，他们也会失去生活的许多乐趣。在美国的文化中，对大多数孩子来说，除了毕业典礼和宗教仪式（如坚信礼）以外，只有生日和圣诞节仍然是一年中真正属于儿童的节日。基督的诞生对所有基督徒都有深刻的宗教意义，但只有圣诞老人才会以一种无形的“给予精神”来满足孩子们的需要。作为爱与善意的象征，交换礼物可以在任何时间和场合进行，这当然也是圣诞节的一部分。然而，没有一个孩子相信圣诞老人会给他们的父母带礼物，他们反而会认为父母把袜子挂在壁炉架上让圣诞老人放礼物是一种愚蠢的行为。同样，圣诞节是救世主诞生的日子，对每个人来说也是斋戒和祈祷的日子，但是憨态可掬的圣诞老人却专属于孩子们，他从烟囱里下来，把送给孩子们的礼物放在圣诞树下。这就是为什么那些被允许相信有圣诞老人并全心全意享受这种信念的孩子，他们一生都会将圣诞节体验为个人尤为幸福的时刻——比那些认为圣诞节主要是宗教仪式的孩子要快乐得多；而且他们自己做父母以后，也能够给孩子一个快乐的圣诞节，因为他们心中仍然保留着童年的情感温暖。

所有节日都是通过魔法含义来获得其最深刻的意义的。如果我们剥夺了节日对于孩子而言的魔法力量，那么它就会失去许多象征意义和潜意识意义。一旦失去了这些意义，节日也就失去了它原本可以在孩子以后的人生中发挥的令其安心而且有益的作用。此外，剥夺一个节日的魔法力量也并不能保护人们免受不愉快的节日体验所带来的灾难性后果。过早的理性，就像所有其他过早的经验一样，会让我们无法应对未来生活的变幻无常。

有一个聪明的小男孩，在他 6 岁时，他的父母决定，是时候让他知道圣诞老人只是一个虚构的故事了。因此，在圣诞节庆祝活动中，圣诞老人如期而至，此时他清楚地意识到，圣诞老人竟然是他所熟知的人——约翰叔叔。男孩开始痛哭起来：“为什么真正的圣诞老人不来找我呢？”他那理性的父母目瞪口呆，他们没有认识到在这个年龄，孩子们仍然需要魔法力量的支持来应对生活，他们的孩子非但无法相信他们所谓理性的解释，还会感到极度失落，因为在所有的小孩当中，只有自己没有被“真正的”魔法人物拜访过。即使有证据表明“真正的”圣诞老人也没有拜访过其他孩子，但这也动摇不了这个男孩的信念：只有他是被圣诞老人单独挑选出来拒绝的。当他被告知拜访其他孩子的也是一个像他约翰叔叔一样的圣诞老人时，男孩很有逻辑地回答："约翰叔叔总不能拜访所有的孩子！"这反映了这个男孩的聪明才智，而且就他的年龄来说，他的逻辑思维也很合理。同样，这也反映了他的愿望，即无论父母告诉他什么，甚至是他知道了"圣诞老人"是一个穿着红衣服的叔叔，他都要坚信圣诞老人的存在。所以，当男孩被告知其他孩子的圣诞老人也是由他们自己的叔叔或其他家人朋友扮演的时，他仍然坚持说："但是真正的圣诞老人总会去拜访一些孩子的！"

为了避免有人认为这是一个特别顽固的男孩，应当说明的是，他通常很愿意听道理，除非是他非常情绪化的时候。在这一点上，其实我们都是如此。这个男孩既聪明又敏感，而且可以公开表达自己的想法，于是他就这样做了。许多孩子的想法和他完全一样，却不敢表达内心深处的渴望，因为他们认为父母肯定会对他们发脾气。所以，很多孩子会因为"真正的"圣诞老人没有来找他们感到十分痛苦，却把这种悲伤藏在心里，同时暗暗为此责怪父母。他们认为，出于某种原因，生活中美好的事物（比如"真正的"圣诞老人）正在避开他们，并担心这将永远是他们的命运。

一个 5 岁的孩子试图用一种不同的方式让这个魔法人物活在他的心里，尽管他的父母努力让他接受一个关于"圣诞节是什么"这样过早理性的观点。实际上，这些父母想让他们 5 岁的孩子以他们的认知来庆祝圣诞节，就好像一个 5 岁的孩子对节日的感受和他父母的感受是一样的。

这个男孩的妈妈决定让他知道，其实世界上并没有圣诞老人，因为她觉得孩子应该知道所谓的"真相"了。于是，她告诉孩子圣诞老人不是真的，而只是人们给孩子讲的一个美好的故事。她接着谈到了"给予精神"，说圣诞老人就象征着这种精神。男孩似乎接受了这个解释，但是过了一会儿，他问："如果圣诞老人从烟囱下来时壁炉里有火怎么办？"妈妈认为这个问题毫无意义，因为家里根本没有烟囱。她回答说不要担心，因为这仅仅是一个故事而已。然而在夜里，这个男孩醒过来并用悲伤的语气问道：

"有圣诞老人吗?"到这时，妈妈已然分不清儿子到底相信的是什么：是相信圣诞老人是真实存在的，不然他为什么半夜问这样一个问题；还是相信这仅仅是一个故事，就像她白天告诉他的那样，而当时他似乎已经接受了。

男孩醒来后询问是否有圣诞老人，以及他担心当圣诞老人下来时烟囱里正烧着火怎么办，这都表明他无法接受妈妈关于没有圣诞老人的理性解释。这位妈妈之所以认为儿子的这种担心是令人费解的，是因为她不能从儿子的视角去看待这个世界。她将这种担心看作是毫无意义的，但这对儿子来说却是意义非凡的，因为他相信圣诞老人的存在，并且知道圣诞老人就是从烟囱里下来的。当这个妈妈看到她的儿子变得如此困惑时，她开始怀疑，在这件事上（即告诉了儿子圣诞老人是不存在的）自己是不是做对了。

她愿意接受儿子的幻想，但不幸的是，对他们俩来说，她的接受仅限于一定程度。她犹豫着是否要认可儿子相信有圣诞老人的这种信念，但她却完全不能接受儿子竟然相信圣诞老人会从一个不存在的烟囱里下来。不过，既然对这个孩子来说圣诞老人是真实存在的，而且既然圣诞老人又是从烟囱里下来的，那么按照孩子的逻辑，不管他们家有没有烟囱，圣诞老人都会从烟囱下来。

毕竟，魔法精灵们才不会被某个实体障碍物挡住去路呢！一旦我们认为现实对精灵会有所约束，我们也就不再相信精灵的存在了。如果一个孩子相信有圣诞老人，他就会认为圣诞老人肯定是从烟囱里下来的，即使没有烟囱也会如此。如果我们用理性的成人思维去理解这样的逻辑，那会很困难，但它对孩子们来说是极有意义的。当我们自己还是孩子的时候，它对我们来说也是如此，不过我们可能已经忘了这一点，因为作为成年人，我们总想把自己看得比实际上更加理性。

很难想象一个5岁的孩子会相信"给予精神"是看得见摸得着的存在，但这放在圣诞老人身上就不一样了，因为圣诞老人是一个更为具象有形的精灵！这位妈妈出于自身的原因，想让孩子按照她对圣诞节的理解来看待圣诞节。然而，若孩子必须以成人的视角来体验他自己的节日，那庆祝这些节日又有什么意义呢？我们为什么还要费心去庆祝孩子们的节日呢？这位妈妈所处的窘境在于，她希望儿子能接受她现实层面的观念；而这个男孩所面临的困难，却是母亲不愿意承认他对现实的看法也是符合逻辑的。

这位妈妈说她只是想让儿子幸福快乐地成长。她之所以告诉儿子没有圣诞老人，是因为她不想对儿子撒谎，并且她担心如果儿子依然相信圣诞老人的存在，别的孩子可能会嘲笑他的幼稚。实际上，她希望儿子在智力上和情感上，可以比他实际能达到的水平有更超前的发展。这就是为什么她希望他能以一种“给予精神”来代替圣诞老人，由此放弃幼稚的象征形象，取而代之以抽象概念。

当孩子相信世界上有这么一个会给所有孩子都带来礼物的魔法人物时，他会获得情感上的满足，而父母的理智化观念永远无法替代这种情感满足。这位妈妈所说的“给予精神”和她儿子所说的“圣诞老人”完全不是一回事。她希望儿子能通过理解“给予精神”来代替相信有圣诞老人的这种信念，也希望他能以交换礼物及互道祝福这样成熟的方式来享受圣诞节的快乐。然而，若这个节日是用来庆祝“给予精神”，那就需要所有的参与者都能相互给予，这就意味着孩子也必须成为一个给予者。也许圣诞老人，或者是发明圣诞老人这一形象的人，更了解孩子内心的本质需求。传说中，圣诞老人一年到头都在北极为孩子们准备礼物。他是一个善良的精灵，不求任何回报，这就是为什么他选择半夜才来还不让人发现，尽管我们在不遗余力地想象着他。我们和孩子都知道，被某个根本不求回报的精灵赠送礼物和从朋友亲戚那里收到礼物是有很大区别的，因为朋友亲戚至少还是希望得到一些感激的。

如果有关圣诞老人的信念过早地幻灭，可能会导致一个人一生都以理性的方式来看待圣诞节，我们长大后的人生追求也会缺乏情感色彩，而这种情感色彩只能由童年时代的美好记忆所赋予。由这样的父母（希望孩子能以一种“给予精神”来取代圣诞老人的父母）为孩子准备的圣诞节，也许只会在孩子的心智层面发挥作用，因为父母的这种“给予”也只是由他们的心智推动的。这样一来，孩子内心的感性需求不仅得不到满足，甚至都无法被唤醒。没有什么抽象的“给予精神”能与圣诞老人从烟囱里下来的形象相媲美，因为不管怎样，孩子总能在节日期间看到关于圣诞老人的各种插图。

年龄小一点的孩子只能以具象化的形式来理解抽象概念。对他们来说，圣诞老人就是“给予精神”的具象化形式。皮亚杰举了一个生动的例子，说明了孩子关于现实的概念是如何发展的，以及与成人有什么不同。有一次，皮亚杰带着他的小儿子在屋后的花园里散步，皮亚杰问他：“爸爸在哪里呢?”儿子指着皮亚杰书房的窗户说：“在那儿。”在儿子这个年龄，他的安全感源于他“知道”爸爸是在书房里的。如果皮亚杰在他儿子心理发展的这个阶段，试图让他相信爸爸不可能同时出现在两个地方，那非但不会增进这个孩子对现实的理解，反而会让他为此感到困惑与不安。知道爸爸在书房里，这一点给了男孩在生活中的安全感，如果有人告诉他爸爸此刻不可能在书房，因为他就在花园里，这个孩子会被吓到以至于对一切都会感到不确定。

皮亚杰的故事说明了在这个孩子的现实生活中，以身体形式存在的爸爸和以精神形式存在的爸爸是相互独立存在的，这两种存在非但没有相互削弱，反而丰富了彼此。对幼儿来说，重要的人物会同时存在于许多地方，精神形式和身体形式都有。这就是为什么父母很难理解，一个孩子不会因圣诞期间身边同时出现这么多圣诞老人而感到困扰，而且他还乐此不疲，尽管在我们看来这都很俗套。原因是，这个阶段的孩子已经开始（尽管他还没有完成这个发展）将抽象概念从这些实体化身中分离出来，正如当时皮亚杰的儿子将“在书房里认真工作的爸爸”的概念与正在花园里和他玩耍的实体爸爸分离开。对于成年人而言，这些街头圣诞老人或许会破坏圣诞节所有的美好与神秘；但是对小孩子来说，这些圣诞老人恰恰是现实和无所不能的神秘事物同时存在的保证。皮亚杰的观察还说明，一个孩子是怎么能够相信同一个圣诞老人可以在同一时刻给全世界的孩子们带去礼物的。

如果一个孩子还没有准备好为冰冷的现实世界放弃这个和蔼可亲的形象，那么即使有些经历是很极端或者糟糕的，也无法动摇他的愿望与需要——他仍然想要（而且需要）相信圣诞老人的存在。一位犹太妈妈与她 5 岁儿子的经历就说明了这一点。因为这是一个犹太家庭，所以家里没有人会谈论圣诞老人或圣诞节，但是这个男孩在学校和电视上都接触过这些。在他妈妈带着他到购物中心买东西时，男孩感觉很无聊。因此妈妈叫他四处逛逛，等他玩够了再回来找她。令她惊讶的是，男孩过了一会儿回来说："我去看了圣诞老人。"他妈妈问他对圣诞老人说了什么，孩子回答说："我问圣诞老人，他是怎么区分犹太儿童和基督教儿童的，他会给基督教儿童带什么样的礼物。"然后他补充道，"你知道吗，妈妈，圣诞老人都被我搞糊涂了。"尽管他的家人从来没有庆祝过圣诞节，但这个男孩仍然确信有圣诞老人的存在——一个只给基督教儿童送礼物的圣诞老人。好在，他的母亲没忍心多说什么。

通过圣诞老人来接受和馈赠礼物

圣诞节原本只是一个普遍的宗教节日，并不是一个专门为儿童设立的节日，当圣诞老人的传说与圣诞节联系在一起时，人们这么轻易就接受了它，是有原因的。因为有了圣诞老人的存在，圣诞节就真正成了孩子的节日，因为唯有相信圣诞老人的存在，孩子才能让自己尽情享受圣诞礼物。有许多孩子觉得，因为自己的行为方式不那么令人满意，并且还对父母有些负面的想法，所以他们没有资格收到父母的礼物。也有越来越多的孩子觉得，收到父母或者亲人的礼物后需要对这些人表达感激，即使不想这么做，也还是必须心存感激。然而孩子知道，自己对圣诞老人可是没有任何负面想法的，而且圣诞老人本来就不期望得到感激，因此他们可以坦然接受圣诞老人的礼物，而不会产生矛盾的心理。

从父母那里收到的礼物会和与父母相关的情感掺杂在一起。这就是为什么孩子可能会对这些礼物有矛盾的感觉，也不能充分享受它们，或者在与之玩耍时会感到内疚。有些孩子甚至会拒绝父母送的礼物，而且要是礼物不合适，他们还会认为这就说明父母对他们的关心和了解还不够多。然而没有一个孩子会拒绝圣诞老人的礼物，也不会对他有矛盾的感觉。即使圣诞老人带来的礼物不完全是他期盼的，也就是说圣诞老人也犯了一个错，对他也不够了解，但这种情况并不会牵连到父母。

也许当这个节日不是什么“大制作”的时候，给孩子们过圣诞节并享受他们相信有圣诞老人的这种乐趣，对父母而言会更容易些。紧锣密鼓的商业运作已经把孩子们对圣诞节的期望提升到了一个很高的水平，以至于现实常常达不到他们的期望值，这会让父母和孩子都感到有些沮丧。圣诞营销大张旗鼓的宣传会诱使父母为孩子做更多自己在心理上和经济上都负担不起的事情。此外，由于父母试图让圣诞节成为对孩子们来说更加值得称道的节日，他们对得到孩子们的认可也变得愈发执着。当礼物不怎么贵重的时候，父母很容易假装说礼物是圣诞老人送的；但是当他们为这些礼物花费了大量的金钱和精力时，尽管出发点是好的，他们还是希望得到孩子的认可和感激。父母这种无意识的愿望，只会让孩子更渴望相信圣诞老人的存在，于是彼此之间就会产生误解与冲突。

当然，所有的孩子都明白他们的父母在筹备圣诞节的过程中起着重要的作用，因为他们看到所有的烹饪、烘焙和其他准备工作都是在家里进行的。正是这种幻想与现实的融合，使得圣诞节成为一个如此美好的节日。孩子是否会以这种方式体验圣诞节，完全取决于父母对这个节日的态度（他们会以这种态度来筹备圣诞节的具体活动），以及节日本身的魔法含义。要让圣诞节成为对孩子而言意义重大的节日，幻想和现实缺一不可。

孩子对圣诞节的深层意义有着非常敏锐的觉察，以至于我们成年人越沉浸于圣诞节的现实层面，孩子们的幻想就越会被激发和满足。最有意义的就是圣诞树，任何与孩子一起把圣诞树带回家的父母都可以观察到，当孩子第一次看到装饰过的圣诞树闪闪发光时，现实中的松树就变成了实现梦想的愿望之树，这真的是一种充满魔法的变换（因为它就是基于孩子们关于魔法的信念而产生的）。这也就是为什么圣诞树毫无疑问可以成为如此恰如其分的象征：它明明是一棵活生生的树，却又是一个任何树都无法比拟的存在。在圣诞节期间，父母已然把孩子的日常生活环境变成了梦幻仙境。如前所述，父母亲手制作的礼物也很特别。没有哪家商店卖的布娃娃玩偶安（Raggedy Ann doll）能比得上父母亲手给孩子缝制的玩偶。家里做的积木也变成了孩子幻想的对象，这些积木搭在一起成了孩子自己的城堡，自制的娃娃则变成了孩子自己的宝宝。

除了宗教意义之外，圣诞节真正的神奇之处就在于孩子的心灵所缔造的奇迹，这个奇迹能让孩子把隐藏在圣诞老人形象背后的父母那笨拙的伪装，变成对这个世界充满善意且令人满足的承诺。对孩子来说，除了所有其他象征意义之外，圣诞老人不仅象征着父母的慷慨，也象征着全世界的善意。这种善意无法通过一定数量的礼物或是礼物的精美品质而获得保证，而是由父母愿意每年一次为孩子创造一个符合他愿望及魔法思维的世界来体现的。圣诞老人的出现，象征着对孩子幸福成长的亲善和关怀，它会给孩子带来安全感——大于父母以自己的身份赠送的任何数量的礼物所带来的安全感。

在西方社会里，圣诞老人在许多方面都代表着黄金时代古老信念的最后残余。在那个黄金时代，我们曾被给予一切，却没有被期望去做任何与之匹配的事情或给予任何回报。所以说，这个圣诞神话是对婴儿世界的投射。圣诞老人的大肚子似乎“孕育着”他要送出的所有好东西，从这个意义上来说，它象征着幸福的子宫生活。尽管我们已经成长为一个理性的成年人，但令人惊讶的是，我们仍然被这种幸福生活的古老意象所吸引，这种幸福生活就是我们的黄金时代。当我们意识到我们并不是在被无止境地给予，而仅仅是能力相当有限的父母在给予我们时，现实就会让我们心中的这个黄金时代成为泡影。

孩子每天都能很深切地意识到父母和现实的局限性。因此，他们完全有理由怀有这样一个愿望，即相信梦幻仙境（或婴儿式的天堂），至少可以每年重新体验一次这个仙境，或者最少也可以在几个小时的想象中体验。对孩子们来说，这些体验是最令人安心的，因为它们意味着黄金时代不会永远消失。这会给予他们力量来继续面对当下的困难并对未来抱有希望。然而，父母却坚持认为这种愿望根本没有现实基础，圣诞老人每年都会回来一次更是无稽之谈，正是父母的这种固执让这个世界变得非常不友好。

当谈到圣诞老人时，一个 10 岁的孩子说："我知道圣诞老人是不存在的，也没有牙仙子会在我枕头下放一枚硬币。"接着，他忍不住开始哭泣，哽咽着说："我讨厌现实。"他之所以对现实充满憎恨，是因为被迫过早地放弃了这些实现愿望的幻想。父母的理性解释非但没有像他们希望的那样让孩子更接近对现实的正常理解，反而让他与现实疏远了，因为如果没有一些幻想的轻松调剂、没有一些使人感到特别满足的庆祝活动或仪式，那单调乏味的现实对年轻人来说就太难以忍受了，甚至对很多不那么年轻的人来说也是如此。孩子需要相信魔法的存在，以及运用魔法思维来控制焦虑（如相信有守护天使或善良仙女），并重新燃起和维系对美好事物终会到来的期盼（相信圣诞老人和复活节兔子的存在），从而帮助他驾驭现实生活的其他方方面面。

通常，孩子最需要这种魔法的年龄大约是在他们 4 ～ 10 岁的这 6 年里，而这段时间正好是孩子必须学会如何应对现实世界的时候。魔法思维最终会日渐式微，但在孩子正常的发展过程中，这种情况不应该在小学之前发生。当孩子早期的理性被推动着向前发展时，魔法思维的需求便会被压抑。然而，魔法思维并没有被遗弃，而是在潜意识中完全被封存了起来。如果它被这样压抑着，就无法在理性思维日益强大的冲击下经历正常而缓慢的消解过程。而当青春期的孩子从父母的严管之中解脱出来时，魔法思维的力量可能也会完全显现出来。那些过早被告知圣诞老人不存在的孩子，他们是在现实生活中而非神话故事中长大的，他们在上大学的时候往往会去相信占星术、相信《易经》(*I Ching*) 能为生活中的问题提供答案，或者学习塔罗牌来预测未来。这种后天沉浸在魔法思维中的青少年，会试图以此来补偿自己早年被迫失去的体验。

通常情况下，随着孩子对现实世界的体验日益丰富并且也更有能力应对现实，他会逐渐放弃魔法思维。总有一天，不管父母说什么，孩子都不会相信有圣诞老人了，尽管圣诞老人可以变成父母和孩子都喜欢玩的装扮游戏。在这个游戏中，他们暂时重现了一个孩子般幼稚的幻想世界，而且双方都乐在其中。然而，对孩子来说，只有曾经认为圣诞老人确实是一个真实的存在，而且没有被迫过早地接受成人对这些幻想的看法，他才有可能享受由圣诞幻想带来的由衷的快乐。

因此，如果我们希望帮助孩子对现实有一个正常合理的理解与应对能力，我们不仅要让他能够在一段时间内保持自己的幻想，还要让他的幻想在重要时刻成为现实。这就是节日对儿童的心理经济所起到的重要作用：增强他的生活能力。

A Good Enough Parent

第29章

“真的”圣诞老人、复活节兔子和魔鬼

最重要的一点，他极其讨厌说教、
标语以及广告……圣诞树、
复活节蛋、洗礼，他注意到了这些。

——卡尔·杰伊·夏皮罗，《为死去的士兵而唱的挽歌》

（Karl Jay Shapiro，“Elegy for a Dead Soldier”）

事实上，如果圣诞节的商业化和无处不在的电视广告没有激起孩子对圣诞节不合理的期望，那么收到几件礼物可能比收到一大堆礼物更能令他们满意。少送给孩子一点礼物，可以消除他们对于“给予”和“接受”的矛盾心理（前面已经讨论过了）。孩子们的这种矛盾心理在圣尼古拉斯节

（Saint Nicholas's Day）中就有所体现。这是一个许多欧洲国家都会庆祝的儿童的节日，包括荷兰，它曾从荷兰传到纽约，从而传到了新世界（New World）。在这一天，也就是 12 月 6 日，孩子们会得到少许而且挺便宜的礼物，这样的话即使是最穷的父母也能参与进来一同庆祝，并感受节日的氛围。没有一个孩子会因为接受了礼物而感到内疚，即使他认为自己是个坏孩子而且不配得到这些礼物，他也还是会欣然接受。

虽然美国人现在不庆祝这个节日，但在此讨论它，可能有助于我们理解圣诞老人的形象以及他在孩子们的潜意识里意味着什么。圣诞老人与我们心中一些最重要的情感联系在一起，也正是通过圣诞老人，我们才能最大限度地了解如今圣诞节对于孩子的意义。

在很长一段时间里（比现在的圣诞节的庆祝形式存在的时间还要长得多），圣尼古拉斯是西方教会中最受尊敬和最受欢迎的圣人。几个世纪以来，圣诞节严格来说是一个宗教节日，而圣尼古拉斯节可能是最受欢迎的世俗节日。

就这位圣人本身而言，记录显示，在小亚细亚的吕基亚（Lycia）古城米拉（Myra）可能有两位以这个名字命名的主教。第一位被认为生活在 3 世纪或 4 世纪，据说有很多关于他的神迹，但都没有具体的记载，甚至不知道他是否真的存在。而更有力的证据表明，米拉的另一位主教尼古拉斯生活在 6 世纪，但也很少有人确切地知道他。所以久而久之，就合二为一了，即为米拉的圣尼古拉斯，而且许多各种各样的神迹也都被归于他身上。当时，这位圣人变得十分受人尊敬，早在 11 世纪就有人派遣远征队前往米拉（那时米拉城已经被摧毁）去保护他的遗物。意大利巴里有一座教堂建于 1087 年，就是用来保存他的一些遗物的，这座教堂成了普利亚的四座宫殿式教堂之一，足见它的重要性。从那时起，欧洲各地许多大大小小的教堂都专为这位圣人而设，自此，人们普遍开始庆祝关于他的节日，即圣尼古拉斯节。

圣尼古拉斯的许多神迹与我们讨论的话题有关。他曾把许多孩子从致命的危险中解救出来，还复活了许多孩子，因此成了孩子们的守护神。他还曾将自己继承的一大笔财产赠送给了三位正直善良的姑娘，因为她们没有嫁妆就结不成婚。传说在她们睡着的时候，圣尼古拉斯给她们每人身边放了一袋金子，这样她们就不知道这些礼物的来历了。圣尼古拉斯选择在人们都睡着的午夜，匿名给他们赠送礼物，这种送礼物的方式，已经成为圣诞老人这一角色的一个要素。

圣尼古拉斯不仅是孩子们的守护神，也是父母和掌管人类生育的守护神，这方面也许可以追溯到更古老的异教徒生育崇拜。那时，圣尼古拉斯是家庭的守护神，也是帮助人们繁衍后代的守护神，因此那些希望怀上孩子的已婚夫妇，尤其是希望怀上孩子的妇女，经常祈求圣尼古拉斯的保佑。同样，需要嫁妆的少女们也向他祈祷。众所周知，他总是乐于帮助女人怀孕。在阿尔卑斯山附近的国家中，如果说一个妇女向圣尼古拉斯祈祷，就等于说她怀孕了；如果有人说圣克洛斯（Saint Klos，在某些方言中就是圣尼古拉斯的名字，这很可能就是他被称为圣诞老人的由来）来过这个家庭，就意味着这个孩子已经出生了。

在瑞士的部分地区，据说为人们带来新生儿的不是鹳鸟，而是萨密克劳斯（Smichlaus，圣尼古拉斯名字的另一种方言）。在布列塔尼，希望怀上孩子的妇女们会去一个小教堂，这个教堂就是为这位圣人设立的，在那里，他的一尊神像被一根绳子吊在天花板上。据说，这些妇女将这尊神像往自己身上蹭一蹭，并向圣尼古拉斯祈祷，她们就会怀孕。关于异教徒的生育习俗是如何形成以这位圣人为中心的宗教仪式的，这就是一个例子。因此，早在 11 世纪，人们对圣尼古拉斯的崇拜就与“怀孕和生育”以及“半夜送新生儿或礼物”密切联系起来了。在一些地区，据说在他的命名日，圣人会在半夜骑着他那匹白色的（或灰黑花色的）骏马在屋顶间穿梭，然后视情况，把新生婴儿或给儿童的礼物放下。这也就是关于圣诞老人在屋顶上骑着雪橇和驯鹿这一传说的起源。在庆祝圣尼古拉斯节的盛会中，代表圣尼古拉斯的主教可能会穿着主教专有的服装，或者有时候会穿着红衣主教的服装，这可能就是圣诞老人一身红色装束的起源。

圣诞老人的哪些特征可能会激起孩子的潜意识，尤其是与圣诞节的其他庆祝活动或特点相关的呢？许多元素以组合或整体的形式所唤起的潜意识反应，与单一元素所唤起的一样多。例如，每个孩子都想知道他的出生对于父母来说意味着什么，很多孩子都担心他们是否受到欢迎。因此，任何庆祝孩子出生的活动都能让孩子感到安心，而圣诞节显然就是庆祝孩子出生的节日。这种喜悦被孩子视为一个信号，表明他的出生对父母而言是一件欢乐的事情，甚至对更广泛的群体来说也同样欢乐，因为在美国，每个人都会庆祝圣诞节。

圣诞节前的这段时间就像孩子出生前一样，让人充满期待，每个人都在等待快乐时刻的到来。为了迎接孩子的出生，房子会被重新布置，正如圣诞节前那样。圣诞老人在半夜到来是件神秘的事，孩子的出生也一样很神秘，因为他们很多都是在晚上出生的。婴儿降生时要穿过“一条狭窄而黑暗的通道”，从而出现在世界的光亮之中。圣诞老人也是如此，他是从烟囱下来的，通过壁炉——这个给家里提供温暖以维持生命的地方——进入家中，而且圣诞老人的大肚子就像一个孕妇的大肚子一样。有一个流传已久的传说是，鹳鸟会带来新生儿，并把他们从烟囱里扔下来，这是圣诞老人与圣尼古拉斯之间的另一个相似之处。最后但同样重要的是，父母知道怀孕和孩子出生的真实缘由，但他们觉得这些不应该让孩子知道，所以就会给孩子讲一个不同的故事。同样地，父母也知道圣诞老人的真相，但告诉孩子的也是一些不同的内容。最终，圣尼古拉斯节和圣诞节以各自的方式庆祝着新年和新生命的诞生。尽管在美国，人们并不会很积极地庆祝圣尼古拉斯节，但如果一个孩子对“圣诞老人的到来”与“孩子的出生”这二者之间的种种相似之处毫无反应，至少在某种潜意识的层面，那他就太迟钝了。这些象征意义的结合可能会使圣诞节成为孩子生活中最重要的快乐事件。

小时候我住在奥地利，当时那里的人们与许多其他国家一样，庆祝圣尼古拉斯节的方式和几个世纪前差不多，现在也继续这样庆祝着。在这一天，会有两名成年男性去拜访孩子们的家。一名装扮成主教，扮演圣尼古拉斯，另一名则是他的助手或仆人，或者是与他相对应的角色，根据当地习俗，这个角色的穿着和名字也都不同。当他扮演成一个拿着一袋礼物的仆人时，人们通常叫他鲁普雷希特（Ruprecht），但更多的时候，人们叫他黑彼得（Black Peter）、克拉普斯（Krampus）或格拉普斯（Grampus）——在这种情况下，他的脸会被涂黑，代表着魔鬼，他会戴上一个有角、尾巴甚至是蹄子的面具，身穿黑衣，带着一个麻袋或其他容器。然而，黑彼得的袋子里没有礼物，它是用来装坏小孩的。他几乎总是带着铁链，还让它发出咣当咣当的声音，威胁着要把坏孩子锁起来。然而，尽管他看起来或表现得很邪恶凶残，却臣服于善良的圣尼古拉斯主教，因此圣尼古拉斯总是会很快阻止他，并且就像传说中的那样去拯救孩子们。

在圣尼古拉斯节当天，圣尼古拉斯与黑彼得（其实是由两名街坊邻居装扮的）会挨家挨户地问父母他们的孩子是听话还是顽皮，彼时父母们都已经预料到了他们会来。在大多数情况下，父母的回答都是“基本上是很听话的，但有时也顽皮”。这时，魔鬼（即黑彼得）会走上前，试图抓住孩子，想用鞭子抽他几下，但孩子几乎总是尖叫着跑掉。无论如何，在黑彼得假装随便惩罚了一下孩子之后，善良的圣尼古拉斯就会来救孩子，并让黑彼得老实待在自己的位置上，明确表示他将保护所有的孩子。接着，圣尼古拉斯会告诫孩子要听话懂事，并给他一些小礼物，通常是些水果和糖果。而在他送的更传统的礼物当中，有一件礼物特别有意义，即像克拉普斯手中的白桦鞭子一样的树枝。不过，圣尼古拉斯送的树枝是闪闪发光的，上面还挂着小水果或糖果。于是，圣尼古拉斯送的树枝就变成了象征性的糖果树。这些树枝其实是惩罚工具（用以偶尔惩罚孩子）的一种粗陋的模拟，此时却变成了一种给孩子们带来快乐而且深受他们喜欢的东西。因此，在圣尼古拉斯节，通过这样一个大家都很喜欢的小游戏，父母在养育孩子的过程中所产生的矛盾情感的消极面，以及孩子对自己坏表现（也许还包括坏点子）产生的内疚感，会因受到魔鬼般的人物施加的威胁或象征性惩罚而得到宣泄，然后矛盾情感中的积极面就胜出了，孩子也会收到比象征性惩罚更即刻更真实的礼物。（为了完整起见，我想补充一点，当孩子们完全沉浸于享受他们所收到的礼物时，父母会偷偷地给访客一些钱来补偿他们的花费，通常还会加上一些酬金，来答谢他们的付出。）

圣尼古拉斯节的这两个人物总是成对出现，以一种大家都能理解的方式反映出我们人格的两面性。他们象征着，无论是在孩子身上还是在成人身上，好坏都不是孤立存在的。父母对这二人的询问做出的回答，表明他们知道自己的孩子不全好也不全坏，而孩子也可以尽情地享受他的小礼物而不用感到内疚。当然，圣尼古拉斯令人印象深刻的主教装束（身穿红色的主教外套，戴着发冠并手持权杖），以及黑彼得艳丽而独特的装扮也都增加了很多乐趣，就像圣诞老人一身红色棉衣一样。在父母的全力配合下，大人们用这种方式为孩子打扮和表演，给孩子那些令人害怕的幻想和令人向往的幻想都提供了肉体凡身和真实的场景，这也意味着，父母显然是赞同这些幻想存在的。

节日中的根本性变化

圣诞节象征性地庆祝着新生命的诞生以及大自然的重生，但它并不是唯一一个属于孩子们的节日。五朔节（May Day，在每年 5 月 1 日）——如今美国已经不怎么庆祝它了——也曾是所有人都积极参与的一个庆祝活动，尤其深受孩子们和年轻人的喜爱。那天人们会围绕着五朔节花柱跳舞，真的是“男女老少都出来玩”的一天。（今天，“五一节”依然被社会主义者以一个“预示着一个新的开始”的意义上进行庆祝。）另一个庆祝新开始的盛大节日是复活节（Easter Day）——耶稣基督的复活日，也是庆祝重生的节日。如果没有复活节，耶稣基督的故事将以他被钉死在十字架上而告终，但有了复活节，那就预示着新的生命、新的时代以及新的希望的开始。和圣诞节一样，复活节最初主要是一个宗教节日，但现在也已经成为孩子的节日。

正如它那古老的名字以及许多与之相关的仪式所表明的那样，复活节也具有与出生、重生以及生育相关的深刻的象征意义。复活节这个名字源于日耳曼春之女神奥斯塔拉（Ostara），她也是掌管万物生育的女神。鸡蛋是她的象征，兔子是她的使者——这就是复活节彩蛋和复活节兔子的起源。蛋在世界各地的创世神话中都有显著的地位，象征着“出生”，而且早在公元4世纪，蛋就与复活节仪式联系在一起了。到了12世纪，罗马天主教会通过引入这种“祈福蛋”（Benedictio Ovarum），并授权在复活节这一神圣的日子里特别使用蛋，从而使这种联系合理起来。从那时起，蛋就在复活节的庆祝活动中扮演着重要的角色，从滚彩蛋的习俗到孩子们寻找彩蛋，再到赠送彩蛋作为特别礼物。兔子（包括野兔及后来的家兔）的繁殖能力很强，因此是生育能力的自然象征。1572年，日耳曼人第一次有文献将野兔与复活节彩蛋联系起来，但那时这已经是一个古老的习俗了。许多仪式以及常识都证实了蛋与“出生”之间的象征性联系。例如，在匈牙利吉卜赛人中，当一个妇女正在忍受痛苦的分娩时，她的亲人们会来看她，其中一人会把一个鸡蛋放在她身上，同时所有人都唱着：“鸡蛋，鸡蛋是圆的/肚子也是圆的；出生吧，孩子，愿你身体健康！/上帝，上帝，呼唤你！”

因此，所有那些重大的孩子的节日——生日（在世界上的某些地方则是孩子的命名日）、圣诞节、复活节——都是纪念和庆祝孩子出生的日子，并以此向他保证，他的到来是件让人开心的事，是父母及全世界都热切期盼的。我们越是庆祝这些节日，孩子就越能确信自己是被爱着的。

为了获得情感上的安全感，孩子不仅需要被爱被珍视，还需要感受到他更“黑暗”的那一面也可以被接受。传统的圣尼古拉斯节仪式就承认了这一事实，即孩子不可能一直都表现得很好。复活节前后的某些习俗也承认这一点，那时孩子的“反社会”倾向在一定范围内是被允许的。例如，过去在英国牛津郡，复活节前的一个星期，成群的男孩和女孩会挨家挨户地去讨要礼物。当他们唱了一首复活节歌曲却没有收到礼物时，他们就会大叫：“这儿坐着一个坏妻子 / 魔鬼来夺去她的生命吧 / 把她放在转盘上 / 送到魔鬼那里去。”然后，孩子们会剪断门闩，用泥土堵住钥匙孔，或者在门前留下一些其他表示不满的东西。

另一个允许孩子表达其“黑暗面”的节日是四月愚人节（April Fools' Day），在孩子的日历上，愚人节曾一度是最欢乐的节日。当时，各种各样的恶作剧都是针对大人的，而且他们还只能开心地接受。此外，根据当地的风俗习惯，还有其他类似的节日，如新年、情人节，或是忏悔星期二（Shrove Tuesday）——它曾是人们惹是生非和叛逆的日子，大家也会聚在一起斗鸡。不过，圣尼古拉斯节尤其受年轻人欢迎，他们可以在这一天释放自己的坏想法。黑彼得或格拉普斯是大人对孩子的负面情绪的一种表达。然而，等圣尼古拉斯拜访（或游行，这可能是一种习俗）结束后，当天夜里晚些时候，成群的男孩女孩会把自己的脸涂黑，一起吵吵闹闹地在街上游荡，遇到一个人就追着他跑，还会弄脏墙壁和窗户，总之就是大搞破坏。这种行为在荷兰尤其普遍，而大人还必须欣然接受。

虽然在美国，我们没有一个儿童节日如此清晰并欢乐地关注矛盾的两面性，但是我们曾有过一个节日，人们会仪式性地庆祝，并让孩子释放自己对成人世界的负面部分：万圣节。万圣节起源于凯尔特人的一个夏季快要结束时的节日，牧民们放牧回家并重新生起炉火。

到了现代，孩子可以在万圣节那天表现出他们对大人的怨恨，因为这些大人一年到头都希望他们表现得更举止得体一些；孩子觉得大人总是希望他们表现得比他们自己感到舒服的程度更好、更干净、更整洁。那时，在万圣节这一天，孩子也可以威胁和恐吓大人，因为他们觉得自己一年到头也都是被大人这样对待的。当晚，他们可以在门窗上胡乱涂抹来让自己开怀；可以通过破坏茅房来发泄自己的愤怒——这些愤怒就是源于自己曾不得不接受的过于严格的如厕训练；他们还可以搬动栅栏，这样就能让自己感觉到不那么被限制。简而言之，在这一天晚上，孩子可以团结起来对抗成人世界，因为他们觉得，大人就是这样一年到头联合起来给他们提要求的。

当然，万圣节之所以对孩子们来说意义非凡，是因为大人会在孩子面前表现出害怕的样子，还会收买他们以摆脱威胁，即给予糖果来回应“不给糖果就捣蛋”的要求，以此也融入万圣节的氛围当中来。这一天晚上，大人不得不接受孩子想要“使坏”或“撒野”的冲动；也不得不依从孩子的要求并表现得好像受到了他们的威胁一样——这是和正常生活相反的。孩子之所以认为万圣节如此令人快乐，正是因为这种反转——这是来自成人世界的一种极大的认可，即他们承认孩子也可以有自己的负面情绪，甚至也有权利表达这些负面情绪。任何没有融入这种节日气氛中来、也不愿和孩子一起调皮捣蛋的人，都是扫兴之人，这就如同那些在孩子面前否认有圣诞老人的人一样，而孩子其实是想要相信圣诞老人的存在的。

万圣节期间，父母和孩子之间持续存在的潜在积极联结得到了巩固，毕竟，是大人们促成并鼓励孩子这种调皮捣蛋的爆发，而假装被吓到的背后几乎就是大人自己的欢乐。这个节日告诉孩子：尽管父母总是要求他变成一个符合社会要求的人，但在内心深处，他们也并没有完全排斥他对父母的负面情绪。父母知道孩子负面情绪的存在，那也就必须给他们合理的机会来表达这种情绪，至少象征性地每年要有这么一个晚上。孩子在万圣节释放了自己的敌对情绪后，在几个星期后的圣诞节期间，他们也就可以全心全意地去爱父母。

万圣节和圣诞节一样，曾是一个宗教节日，也是一个古老的异教传统，基督教的含义被移植到了这个传统上。还有一个共同点在于，万圣节的仪式也根植于我们潜意识的最深处，在这里，我们的情绪最为强烈。如前所述，圣诞老人代表着婴儿般的幻想，即幻想拥有一位黄金时代的充满善意的父母——那时我们所有的愿望都会立即得到满足。因此，一方面，在某种程度上，圣诞老人是孩子心中“百分百好母亲”的化身。而万圣节代表着我们矛盾人格的“阴暗面”。因此，圣诞节象征着我们所有愿望的满足，而万圣节则象征着我们的迫害焦虑。骑在扫帚上的女巫是万圣节的主要象征，她是“坏母亲”的化身，充满了敌意的破坏性。而魔鬼则代表着“坏父亲”，它是一个在各个方面都象征着阳具攻击（蹄、尾、角）的形象。万圣节曾为 3 岁至青春期的男孩和女孩提供了一个独特且重要的机会，让他们表现出自己的一些攻击欲望，这样的话，孩子不仅对这些攻击欲望会有所了解，而且在某种程度上也可以更好地掌控它们。

以前，在万圣节还未发生变化时，孩子曾经可以获得一个晚上的权力。那时候他们可以装扮得并且表现得像一个女巫、魔鬼或幽灵一样，通过这样的方式，他们会觉得自己好像也拥有了这些魔法人物的神秘力量。孩子并不全然是在这种玩闹中缠扰着大人，也不只是出于他们想对成人世界进行“反戈一击”的愿望。它更深入于潜意识之中，满足了与这些原始神秘力量认同的早期原初需求。这是我们人格中极为原始的部分，为了将其驱除，孩子必须有这么几个小时的时间来肆意胡闹，而大人也必须确保孩子能够安全地这样胡闹。

甚至在上一代人之前，这都还是一场狂欢，因而也是一种深刻的宣泄体验，但如今，这一令人难忘的活动已变成了一场化装舞会。万圣节的实质性作用也已经被否定和舍弃了。从前那种由人类最焦虑、最具破坏性的驱力（试图从压抑中挣脱出来的驱力）所引发的象征性行为，现在已经变得完全去神秘化和文明化了。现在，在美好的中产阶级家庭中，这种魔鬼和女巫（我们内在所有的黑暗力量）的仪式化再现，已经被淡化成了一种为了最美好的事业而进行的最温和的索要，比如为联合国儿童基金会募捐。因此，如果我们对孩子内在的那些强大而野性的力量予以否认，并试图教化他们，那也难怪其中有些孩子长大后会憎恨所谓的“文明”。因为“文明”将他们一年才一个晚上的时间都给剥夺了，他们原本可以在这个晚上自由支配并表达自己天性中原始而重要的那些部分。

最近，在美国的一些地方，比如加利福尼亚州和纽约市，大人也开始在万圣节装扮成鬼怪和女巫，让他们自己也成了这个节日的一部分，这样就剥夺了孩子的这个专属节日。在这天晚上，孩子不再试图吓唬大人；当大人表现得和他们一样时，孩子就失去了每年一次可以宣告自己的支配权的机会。孩子会理所当然地将其解释为大人们其实是嫉妒他们的快乐，所以才改变了万圣节原本的含义。以这种方式行事的大人，可能在小时候就被剥夺了这种快乐，他们在万圣节那天也许曾被迫去为有价值的事业募捐，而不是疯狂追逐和吓唬大人，也没有机会每年一次地表达自己的“反社会”倾向，并通过这种装扮胡闹的方式来将其驱除。因此，当他们长大后，就会试图为自己儿时所失去的那些体验做出补偿。然而这样一来，他们就不可能让自己的孩子每年至少有一次机会来对父母和所有其他大人进行反攻。

我们庆祝美国独立纪念日（the Fourth of July）的方式也在发生着改变，这同样也破坏了节日更深层的情感意义。一直以来，独立日都是美国人表达爱国之情的家庭欢庆的日子，而不仅仅是孩子的节日。这一节日的设立是为了庆祝美国革命的胜利，因此在当时这也是喧嚣的一天。过去，7 月 3 日前一晚有燃放鞭炮、烟火的活动，接着在独立日当天，参加社区庆祝活动的演说者们，就可以成功地把注意力集中在美国革命的积极成果上——建立了一种新的政府形式。如今，庆祝活动中较为粗暴的部分已经不复存在，而爱国热情也几乎荡然无存。生活中许多事情往往也是如此，当我们摆脱人类矛盾人格中的阴暗面时，美好的一面也会失去它的情感力量。

这种矛盾人格就是我们所意识到的人类“光明”与“黑暗”的人格两面性。我们总是试图将许多庆祝活动进行美化和文明化，希望以此来消除这种矛盾两面性，却让这些庆祝活动脱离了我们人类生存最深层的动力根源，使之徒有其表。正如亚里士多德所认识到的，只有先净化自己内心的黑暗力量，才能为更高的目标释放自己。传统上，这种净化是通过我们在情感上参与两种演出来实现的：一种是令人深思的经典悲剧；另一种是羊人剧（satyr play）或喧闹的喜剧，又或者是庆祝狂欢的酒神节（Dionysian holiday）。如今，我们既然已经否认了本应在万圣节这天可以表现出来的“黑暗力量”，那也就使“救赎力量”显得毫无必要。在为孩子创造这些平淡乏味的节日时，我们也已经为他创造了一个索然无味的世界，这个世界既不承认孩子和我们自己内心最深的恐惧，也不承认那些最能令人满足的愿望。更不幸的是，如果让孩子觉得这个世界是平淡无奇的，就会促使他对我们的感觉也变得平淡无奇，这就是父母和孩子会共同遭受的痛苦。如果我们能将魔法归还给孩子，那我们与孩子之间的关系也会恢复，并得以发展。

希望书中的这些例子对父母们能有所帮助，这种帮助是指如果在养育孩子的过程中遇到任何问题，能有助于他们找到好的解决方法，这本书的目的就是鼓励父母在养育孩子的某些方面做出自己的思考。努力做到这一点，将会让他们成为足够好的父母，这对父母自身和孩子都有益处。足够好的父母也总会意识到：受孕、生育、将孩子带到这个世界上来，是父母一生中最为奇妙的事情。出生也是孩子一生中最为奇妙的事情。父母养育着孩子、孩子被父母养育着，他们越能以各自的方式一起享受由此带来的快乐，他们的生活就会越幸福。

如果这本书在某种程度上有助于让这种潜在的幸福成为一种现实，那么它的目的就达到了。

致　谢

首先感谢温尼科特提出“足够好的母亲”这个概念。在孩子的发展中父母双方是缺一不可的，因此我将书名改成了《足够好的父母》。我们不应该为了抚养好孩子而努力去成为完美的父母，就像不应该奢望得到一个完美的小孩或是期待他变成完美的存在。完美是平凡的我们所不能企及的。而对完美的奢求，也会让我们无法去包容他人，包括我们孩子的不完美，而这种对不完美的涵容恰恰是我们建立一个良好关系的必要条件。

然而成为足够好的父母——很好地去养育我们的孩子，却是有可能的。为了达到这一目的，我们必须通过正确地对待我们的孩子来弥补那些因我们对孩子情感上过度投入而犯下的错误。本书的目的就是帮助我们去成为这样足够好的父母。

这些年来，在许多人的影响下，我的养育观也在持续变化发展着。他们源于各种各样的问题，有些是我亟待解决的，有些是我自己遇到的，有些是别人需要我来解决的。尽管我无法在此向那些以各种形式对我养育观的形成给予过帮助的人一一表达我的谢意。然而，我还是要特别感谢乔伊斯·杰克，在写这本书时给予我巨大的帮助。她的孜孜不倦使本书的可读性更上了一层楼。凯瑟琳·伯纳德也在她的提议下通读了本书的手稿并提出了宝贵的建议，在此向她们表示深深的感谢。

很多年前，西伦·雷恩就曾建议我写一本关于养育孩子的书，这也是我写本书的原动力。在此我也想谢谢他。其次是罗伯特·戈特利布，他对本书表现出的兴趣以及对我的鼓励让我感激不尽，他以非比寻常的耐心陪伴着我经历这个漫长的过程。

科学教养

硅谷超级家长课
教出硅谷三女杰的 TRICK 教养法
978-7-111-66562-5

自驱型成长
如何科学有效地培养孩子的自律
978-7-111-63688-5

父母的语言
3000 万词汇塑造更强大的学习型大脑
978-7-111-57154-4

有条理的孩子更成功
如何让孩子学会整理物品、管理
时间和制订计划
978-7-111-65707-1

聪明却混乱的孩子
利用“执行技能训练”提升孩子
学习力和专注力
978-7-111-66339-3

欢迎来到青春期
9~18 岁孩子正向教养指南
978-7-111-68159-5

学会自我接纳
帮孩子超越自卑，走向自信
978-7-111-65908-2

叛逆不是孩子的错
不打、不骂、不动气的温暖教养术
（原书第 2 版）
978-7-111-57562-7

养育有安全感的孩子
978-7-111-65801-6

原生家庭

《母爱的羁绊》

作者：[美] 卡瑞尔·麦克布莱德 译者：于玲娜

爱来自父母，令人悲哀的是，伤害也往往来自父母，而这爱与伤害，总会被孩子继承下来。

作者找到一个独特的角度来考察母女关系中复杂的心理状态，读来平实、温暖却又发人深省，书中列举了大量女儿们的心声，令人心生同情。在帮助读者重塑健康人生的同时，还会起到激励作用。

《不被父母控制的人生：如何建立边界感，重获情感独立》

作者：[美] 琳赛·吉布森 译者：姜帆

已经成年的你，却有这样“情感不成熟的父母”吗？他们情绪极其不稳定，控制孩子的生活，逃避自己的责任，拒绝和疏远孩子……

本书帮助你突破父母的情感包围圈，建立边界感，重获情感独立。豆瓣8.8分高评经典作品《不成熟的父母》作者琳赛重磅新作。

《被忽视的孩子：如何克服童年的情感忽视》

作者：[美] 乔尼丝·韦布 克里斯蒂娜·穆塞洛 译者：王诗溢 李沁芸

“从小吃穿不愁、衣食无忧，我怎么就被父母给忽视了？”美国亚马逊畅销书，深度解读“童年情感忽视”的开创性作品，陪你走出情感真空，与世界重建联结。

本书运用大量案例、练习和技巧，帮助你在自己的生活中看到童年的缺失和伤痕，了解情绪的价值，陪伴你进行自我重建。

《超越原生家庭（原书第4版）》

作者：[美] 罗纳德·理查森 译者：牛振宇

所以，一切都是童年的错吗？全面深入解析原生家庭的心理学经典，全美热销几十万册，已更新至第4版！

本书的目的是揭示原生家庭内部运作机制，帮助你学会应对原生家庭影响的全新方法，摆脱过去原生家庭遗留的问题，从而让你在新家庭中过得更加幸福快乐，让你的下一代更加健康地生活和成长。

《不成熟的父母》

作者：[美] 琳赛·吉布森 译者：魏宁 况辉

有些父母是生理上的父母，心理上的孩子。不成熟父母问题专家琳赛·吉布森博士提供了丰富的真实案例和实用方法，帮助童年受伤的成年人认清自己生活痛苦的源头，发现自己真实的想法和感受，重建自己的性格、关系和生活；也帮助为人父母者审视自己的教养方法，学做更加成熟的家长，给孩子健康快乐的成长环境。

更多>>>

《拥抱你的内在小孩（珍藏版）》 作者：[美] 罗西·马奇-史密斯

《性格的陷阱：如何修补童年形成的性格缺陷》 作者：[美] 杰弗里·E. 杨 珍妮特·S. 克罗斯科

《为什么家庭会生病》 作者：陈发展